高等教育“十三五”规划教材

创新应用型人才培养立体教材

本书获第三届“物华图书奖”二等奖

本书获“中国大学出版社图书奖”优秀教材二等奖

物流概论（第二版）

主　编/胡建波

副主编/张建军　许　丹

王丽梅　秦　俭

WULIU GAILUN

西南财经大学出版社

图书在版编目(CIP)数据

物流概论/胡建波主编.—2版.—成都:西南财经大学出版社,2019.6
(2022.2重印)
ISBN 978-7-5504-3543-8

Ⅰ.①物… Ⅱ.①胡… Ⅲ.①物流—概论 Ⅳ.①F252

中国版本图书馆CIP数据核字(2018)第136619号

物流概论(第二版)
主　编:胡建波
副主编:张建军　许丹　王丽梅　秦俭

责任编辑:王琳
封面设计:墨创文化　张姗姗
责任印制:朱曼丽

出版发行	西南财经大学出版社(四川省成都市光华村街55号)
网　　址	http://cbs.swufe.edu.cn
电子邮件	bookcj@swufe.edu.cn
邮政编码	610074
电　　话	028-87353785
照　　排	四川胜翔数码印务设计有限公司
印　　刷	郫县犀浦印刷厂
成品尺寸	185mm×260mm
印　　张	23
字　　数	597千字
版　　次	2019年6月第2版
印　　次	2022年2月第3次印刷
印　　数	3501—4500册
书　　号	ISBN 978-7-5504-3543-8
定　　价	48.00元

内容简介

本书获第三届“物华图书奖”二等奖、“中国大学出版社图书奖”首届优秀教材二等奖。本书是创新应用型人才培养立体化教材、精品在线开放课程配套教材。

本书注重理论基础夯实与能力培养。编写团队秉承“产学研用”有机结合的精神，按照“管理活动导向”的理念，遵循由浅入深的认知规律，按照模块化教材编写思路，对物流概论课程内容进行了重构与优化，设置了物流概述、现代包装与集装单元化技术、储存保管、运输与配送、装卸搬运、流通加工、物流信息、物流系统、企业物流、第三方物流、物流组织与管理、物流中心与物流园区、国际物流、供应链管理十四章内容。

本书充分挖掘课程思政元素，开发课程思政素材，凸显课程思政地位；任务引领、项目导向，涵盖校园超市供应链的设计、供应链运作与管理等实验（实训）项目；角色扮演，游戏教学，寓教于乐；内容新，紧贴行业发展，包含供应链的全球化、绿色化、数字化、精益化、敏捷化及物流与供应链金融等内容；问题驱动，支持探究式学习；语言流畅，表述准确，逻辑严谨；图文并茂，术语准确；提供大量新案例，增强教材可读性。

本书可作为高等院校物流管理与工程类、工商管理类、电子商务类、交通运输类、管理科学与工程类专业及其他相关专业的教材，也可作高职院校相关专业的参考书，且适合相关领域的从业人员做培训教材。

序

随着我国社会主义市场经济体制的建立、经济全球化进程的加快，物流产业已步入高速发展期，越来越多的企业把物流管理作为提升企业竞争力的重要手段。

物流活动是社会经济基础活动，是国民经济的重要保障。在社会生产力水平低下时期，物流活动处于企业生产经营的次要地位；进入20世纪50年代，由于生产力水平迅速提高，产品数量膨胀，流通成本居高不下，为了降低流通费用，人们开始研究物流活动的规律，物流科学应运而升；随着科技进步，社会发展，人们购买力进一步增强，消费已进入个性化时代，需求呈现多品种、小批量的特征，对物流的准时性有了更高的要求，物流的内涵逐渐深化；供应链管理理论的形成并迅速发展，全面拓展了物流管理。在供应链管理时代，物流作为供应链流程的一部分，在供应链整合中起着十分重要的作用。

在物流业快速发展之际，物流专业人才的匮乏成为行业发展的瓶颈。目前，我国应用型物流专业人才的培养仍处于起步阶段，能满足创新应用型人才培养所需的物流类教材匮乏，精品罕见。

本书借鉴并吸收了国内外物流管理领域的最新研究成果，密切结合我国物流业发展的实际需要，克服了现行同类教材的不足，强调理论与实践的有机结合，突出了创新应用型人才培养的特点，充分体现了能力本位、应用性、创新性和实践性的要求。

本书行文流畅，表述准确，理论深浅适度，配有大量物流实物图片，文中穿插了大量经典案例和较新的案例，并配套构建了网上教学资源库，有助于学生学习，有利于教师组织教学。

为此，我愿意向广大师生和物流从业人员推荐胡建波教授主编的这本《物流概论》教材，并希望能培养出更多更好的创新应用型物流人才，为促进现代物流业发展做贡献。

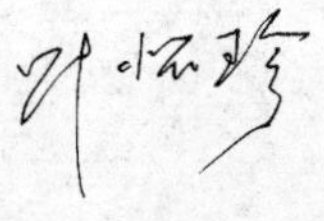

西南交通大学　教授　博士生导师

2019年1月1日

前言

2014年9月，国务院发布了《物流业发展中长期规划（2014—2020年）》，指出物流业是融合运输、仓储、货代、信息等产业的复合型服务业，是支撑国民经济发展的基础性、战略性产业；强调加快发展现代物流业，对于促进产业结构调整、转变发展方式、提高国民经济竞争力和建设生态文明具有重要意义；提出到2020年，基本建立布局合理、技术先进、便捷高效、绿色环保、安全有序的现代物流服务体系；物流企业竞争力显著增强，一体化运作、网络化经营能力进一步提高，信息化和供应链管理水平明显提升，形成一批具有国际竞争力的大型综合物流企业集团和物流服务品牌。

2017年10月，国务院办公厅又颁布了《关于积极推进供应链创新与应用的指导意见》，提出到2020年，形成一批适合我国国情的供应链发展新技术和新模式，基本形成覆盖我国重点产业的智慧供应链体系；培育100家左右的全球供应链领先企业，重点产业的供应链竞争力进入世界前列，中国成为全球供应链创新与应用的重要中心。

物流业涉及领域广、吸纳就业人数多，对促进生产、拉动消费的作用大。目前，我国物流业增加值占GDP的比率为6.8%，占服务业增加值的比率为14.8%。物流从业人员约5 012万人。物流业产值每增加一个百分点，可以增加10万个工作岗位。同时，与发达国家相比，我国物流成本（全社会物流总费用）占GDP的比率偏高。物流成本占GDP的比率每降低一个百分点，将带来3000亿元的效益。为提高物流业的整体水平，亟需加快培养一支规模庞大的创新应用型物流从业人员队伍。

本书获第三届“物华图书奖”二等奖、“中国大学出版社图书奖”首届优秀教材二等奖。本书是创新应用型人才培养立体化教材、精品在线开放课程配套教材。

本书注重理论基础夯实与能力培养。编写团队秉承“产学研用”有机结合的精神，按照“管理活动导向”的理念，遵循由浅入深的认知规律，按照模块化教材编写思路，对物流概论课程内容进行了重构与优化，设置了物流概述、现代包装与集装单元化技术、储存保管、运输与配送、装卸搬运、流通加工、物流信息、物流系统、企业物流、第三方物流、物流组织与管理、物流中心与物流园区、国际物流、供应链管理十四章内容。

本书具有以下主要特色。

(1) 凸显课程思政地位。编写团队充分挖掘课程思政元素，开发课程思政素材。依托中国物流在世界崛起、供应链上升为我国国家战略等素材，培养学生的家国情怀、专业认同感及勇于担当和勇于创新的精神。

(2) 校企双元团队合作开发、编写。为践行产学研用有机结合的精神，我们构建了校企双元编写团队，由全国物流教学名师、中国物流学会理事、西南财经大学特聘教授胡建波领衔，多所高校的物流教师和行业龙头企业的专家参与编写。

(3) 配套数字资源丰富。教材中印制了二维码，配套构建了网上教学资源库，包含物流与供应链视频、碎片化教学视频（专家、教授、名师授课视频）、微课视频、案例库、试题库、拓展资源、在线测试与讨论等内容。学习者扫描二维码即可获取相关课程资源。方便学生自主个性化学习，方便教师开展线上线下“混合式”教学，有利于“翻转课堂”的组织实施。

(4) 任务引领、项目导向。本书涵盖校园超市供应链的设计、供应链运作与管理等实验（实训）项目。要求学生开展企业调查并完成调查报告，撰写设计方案，完成实验（实训）报告，系统培养学生的综合能力。

(5) 游戏教学，寓教于乐。在供应链运作与管理等实验（实训）项目的教学中，角色扮演，游戏教学，寓教于乐。

(6) 问题驱动，支持探究式学习。本书在每章的开头设置了引例，并设计了引导问题。在书中设计了思考题，引导学生开展探究式学习。

(7) 课后同步测试。本书在每章结束后设计了判断、选择、计算、情境问答、综合分析、案例分析、方案设计等题型。题型多样而灵活，着重培养学生的物流运作与管理及创新能力，体现应用导向。

(8) 内容新，紧贴行业发展。本书包含供应链的全球化、绿色化、数字化、精益化、敏捷化及物流与供应链金融等内容，引领学生认知物流外包的发展趋势及物流外包风险成因与减弱对策。

(9) 物流术语准确。本书根据现行国家标准，准确界定每个物流术语。

(10) 提供大量新案例。本书提供了大量新案例，如中外运长航集团与招商局集团的合并成效斐然、京东商城的无人物流中心、顺丰公司打造核心竞争力的秘密武器等，增强了可读性。

(11) 配大量物流实物图片。本书配有大量物流实物图片，增强了直观感，有助于提高学生的学习效果。

本书由全国物流教学名师、中国物流学会理事、西南财经大学特聘教授胡建波担任主编，内蒙古农业大学张建军副教授、南京审计大学金审学院许丹副教授、吉林工商学院王丽梅副教授、成都工业学院秦俭副教授担任副主编。具体分工如下：由胡建波教授设计全书内容框架，并编写第一章、第九章、第十章、第十四章，最后统稿；由张建军副教授编写第第二章和十二章；由许丹副教授编写第四章和第十一章中的"物流组织机构"；由王丽梅副教授编写第三章和第十一章中的"物流服务管理"；由秦俭副教授编写第五章和第十一章中的"物流质量管理"；由成都信息工程大学谢庆红副教授编写第七章；由广西师范学院陶章博士编写第八章；由成都师范学院曾雪副教授编写第十三章；由西南财经大学天府学院李俊松副教授编写第十一章中的"物流成本管理"；由银川能源学院白鹤讲师编写第六章；由绥化学院张滨丽讲师编写第十一章中的"库存管理"；由韶关学院廖明星讲师编写第十一章中的"物流标准化"。

在本书编写过程中，参考了一些案例，引用了一些图片和视频。由于来源较广，未一一注明出处，在此对各位作者表示感谢。

在本书出版之际，特别感谢北京络捷斯特科技发展股份有限公司邵清东总经理，上海智教信息科技有限公司徐海峰总经理，京东物流副总裁吉芥，京东赋能学院总监陈丽曼，深圳市鸿益达供应链股份有限公司成都分公司副总经理程建德，风神物流有限公司运营总监刘杨，苏宁云商集团股份有限公司成都分公司总监江曼莉，中联思科物流科技成都有限公司总经理刘晓源，中铁集装箱运输有限责任公司成都分公司副总经理王刚，中国联合网络通信股份有限公司成都分公司市场总监陈梁，西南民族大学彭安金教授、胡敏副研究员，西南交通大学胡骋希，四川省现代物流协会陈敏、郭瑜，成都铁路局刘玲、王蓉、冉钟月、宋炜泰。他们为本书的出版作了大量工作，在此一并致谢。

本书可作为高等院校物流管理与工程类、工商管理类、电子商务类、交通运输类、管理科学与工程类专业及其他相关专业的教材，也可作高职院校相关专业的参考书，且适合相关领域的从业人员做培训教材。

因编者水平所限，书中不足之处在所难免，恳请使用本书的广大师生提出宝贵意见，以便进一步完善。

编　者

2019 年 1 月

目录

第一章 物流概述

【引例】

美国"守诺者大会"的物流运作

视频链接：物流的认知

"守诺者大会"要依赖良好的物流管理来保证其活动准时开展，在全美主持23项重要活动——参加者从50人到8万人不等。其中许多活动的运作规模很大，需要大型卡车公司来承担这些活动的物流工作。承运人利用定时送货来协调捐献物品的供应，设备必须先进行组装，然后分秒不差地送到活动场所。由于活动一般在体育场、赛车场或类似场所举行，同一周末这些场所还安排有其他活动（球赛、赛车等）。整个过程大约有30车物料的运输活动需要协调，货物要准点送到、准时离开，以免妨碍其他活动的物流工作。此外，运作中还运用了计算机技术跟踪卡车，以保证各个环节配合得天衣无缝。

引导问题：

1. 什么是物流？
2. "守诺者大会"诸多活动的开展能否离开物流的有效支撑？为什么？
3. 物流在工商企业及其他各类组织的正常运作中能起到什么作用？

近年来，越来越多的企业管理者从物流过程角度对企业经营活动进行重新审视，并把物流管理作为提升企业竞争力的重要手段。物流已成为继降低劳动力成本和物资消耗之后的"第三利润源"。通过本章内容的学习，读者应理解物流的概念和内涵，树立现代物流观念，掌握物流的基本功能和价值，了解物流的分类与作用，以及物流的起源、产生和发展。

第一节 物流的基本概念

一、物流概念的产生和发展

中国物流在世界崛起（微课）

供应链上升为我国国家战略（微课）

（一）物流概念在美国的演变

物流概念最早诞生于美国。1905年，美国少校琼西·贝克（Major Chauncey B. Baker）提出并解释了Logistics（后勤学），但它主要应用于军事领域。1915年，美国经济学家阿奇·萧在《市场流通中的若干问题》（*Some Problems in a Market Distribution*）一书中提出："物流是与创造需求不同的一个问题"，并提到"物质经过时间和空间的转移，会产生附加价值"。这里物质的时间和空间的转移后被称为实物流通。20世纪30年代，美国出版的教科书《市场营销的原则》中涉及了“实物供应”（Physical Supply）这一概念，并将市场营销定义为“影响产品所有权转移和产品实物流通的活动”。该定义所指的实物流通与现代物流同义。1935 年，美国市场营销协会（American Marketing Association）最早对物流做出了如下定义：“物流（Physical Distribution，P. D）是包含于销售之中的物质资料和服务，从生产地到消费地流动过程中伴随的种种活动。”显然，P. D 是指销售物流。

第二次世界大战期间，美国将运筹学运用于军事领域，对军火的储存、运输、补给进行全面管理，并首次采用了“后勤管理”（Logistics Management）一词。第二次世界大战后，该概念被成功地运用于流通领域，被称为商业后勤（Business Logistics）。

1963 年，美国物流管理协会（National Council of Physical Distribution Management，NCP-DM）成立，并对物流做了如下定义：“物流（P. D）是把产成品从生产线的终点有效移动到消费者手里的活动，有时也包括从原材料供应源到生产线起始点的移动。”显然，该定义已包括供应物流，但尚未涉及生产物流。

1962 年，现代管理之父彼得·德鲁克在《财富》杂志上发表了《经济的黑大陆》一文，提出“流通是经济界的黑大陆”。因为流通包括商业流通和实物流通，故德鲁克所说的流通已经涉及物流。特别是进入 20 世纪 70 年代，美国理论界和实业界逐渐认识到有效的物流管理能带来巨大的经济效益，物流管理的范围逐步从流通领域扩展到包括供应物流、生产物流、销售物流等活动在内的“整体化的物流管理”，进入现代物流综合管理阶段。

1985 年，美国物流管理协会更名为 Council of Logistics Management（CLM），并重新对物流进行了定义：“物流（Logistics）是对货物及相关信息从起源地到消费地有效率、有效益的流动和储存这一过程进行计划、执行和控制，以满足顾客要求的过程。该过程包括进向、去向、内部和外部的移动以及以环境保护为目的的回收。”Logistics 取代 P. D，成为物流科学的代名词，这是物流科学走向成熟的标志。

信息技术的有力支撑，使物流管理发展到了供应链管理阶段。1998 年，美国物流管理协会再次将物流的定义修改为：“物流是供应链流程的一部分，是以满足客户要求为目的，对货物、服务及相关信息在产出地和销售地之间实现高效率和高效益的正向和反向流动及储存所进行的计划、执行与控制的过程。”到目前为止，该定义以其完整和简要，得到了国际上的普遍公认和引用。2005 年 1 月 1 日，有着 40 多年历史的美国物流管理协会再次更名为美国供应链管理专业协会（Council of Supply Chain Management Professionals，CSCMP）。这一变化从某种意义上揭示了世界物流的发展趋势。

综上所述，物流概念的产生和发展经历了实物配送、物流综合管理和供应链管理三个阶段。

（二）物流概念的传播

20 世纪 60 年代，P. D 的概念传入日本并被译为“物的流通”，日本著名学者平原直用“物流”代替“物的流通”后，物流一词迅速被广泛采用。平原直也因此被尊称为“物流之父”。在日本，关于物流的定义有多种，其中最具代表性的是 1981 年日本日通综合研究所对物流所下的定义，“物流是货物由供应者向需求者发生的物理性位移，是创造时间价值和场所价值的经济活动。它包括包装、搬运、保管、库存管理、流通加工、运输、配送等活动”。

1979 年 6 月，中国物资工作者代表团赴日本参加第三届国际物流会议，归国后在考察报告中首次引用了物流这一术语，成为现代汉语中物流这一名词使用的肇端。1989 年 4 月，第八届国际物流大会在北京召开，此后，Logistics 这一名词普遍为我国物流界所接受。2001

年8月1日实施的中华人民共和国国家标准《物流术语》（GB/T18354-2001）明确规定“物流”对应的英文是Logistics，并对物流做了如下定义：物流即“物品从供应地向接收地的实体流动过程，根据实际需要，将运输、储存、装卸、搬运、包装、流通加工、配送、信息处理等基本功能实施有机结合”①。该定义比较符合目前我国的国情。

由于不同国家、不同历史时期、不同学派、不同产业界对物流的定义各不相同，联合国物流委员会为促进沟通并统一规范对物流的认识，对物流概念进行了如下界定：“物流是为了满足消费者需要而对从起点到终点的原材料、中间过程库存、最终产品及相关信息所进行的计划、管理和控制的过程，以实现其有效的流动和储存。”

物流的概念是在发展中形成的，同时也处于不断发展变化中；物流是一个动态的概念，它将随着社会经济的进步不断向更高层次拓展与深化。

二、现代物流的科学内涵

（一）物

物流概念中的“物”是指一切有经济意义的需要发生空间位移的物质实体，其特点是能够发生位移，而固定设施如建筑物等便不在此列。

一般而言，与“物”相关的概念包括“物资”“物品”“物料”“商品”以及“货物”等，有必要对其进一步明确。

物资在我国专指一些重要生产资料，有时也泛指全部物质资料，但较多地指工业品生产资料。在计划经济条件下，大多数物资未能真正纳入商品流通的范畴，而是采用计划调配，因而形成了这一特定概念。但其作为经济物品，存在着与其他商品相同的流动形式，因而，仍属于物流中的“物”。

物料是生产领域中的一个专门概念。工业企业习惯将最终加工完成的产成品以外的流转于生产领域的原材料、零部件、半成品、辅料、燃料以及在加工中产生的边角、余料、废料和各种废物统称为“物料”。

货物是交通运输领域中的一个专门概念。交通运输领域将其服务对象分为旅客和货物两大类。货物即为一般意义上所说的物流中的“物”。

商品是用以交换的产品，该概念与物流概念中的“物”在外延上是交叉的。凡是商品中可发生物理性位移的物质实体，都属于物流概念中的“物”的范畴。如债券、股票、基金等有价证券，以及商品房等则不在此列。

物品则是一般的用语，泛指各种东西。

（二）流

物流概念中的“流”是指物的物理性运动，既包括空间位移也包含时间延续，它属于一种经济活动。

总之，尽管物流的定义在文字表述上有所差异，但实质是相同的。

第一，物流是一项经济活动，是创造时间价值和空间价值，实现物品空间位移的经济活动，其活动内容包括运输、仓储、包装、搬运装卸、流通加工、配送、物流信息处理等；

第二，物流是一项管理活动，即对物流各环节有效地进行计划、组织、执行与控制，高效率、高效益地实现物品从供应者到需求者的流动；

---

① 中华人民共和国国家质量监督检验检疫总局和中国国家标准化管理委员会于2006年12月4日联合发布、2007年5月1日开始实施的中华人民共和国国家标准《物流术语》（GB/T18354-2006）仍维持了该定义。

第三，物流是一项服务活动，是物流企业①或物流供给者为社会物流需求者提供的一项一体化服务业务，以满足用户多方面的需求；

第四，物流贯穿生产领域和流通领域，是供应链的一个重要组成部分，在供应链管理与整合中起着非常重要的作用。

三、物流与流通

(一) 流通在社会经济中的地位

现代商品经济有一个非常突出的形态特征，这就是经济模式呈现为高度专门化的分门类经济，即专业化生产。譬如作为服装生产者，大可不必成为从棉花购入到服装产出全过程的生产者，而仅需要成为其全过程中一部分的专业生产者，如棉线的染色等，这样可能对生产者或者生产的全过程来说都更加有利，这就是分门类经济的优势所在。

但同时我们必须看到，专业化生产的高度发展也带来了另一个不容忽视的问题，这就是生产者和消费者之间在社会、空间和时间三种要素上所表现出来的分离趋势越来越大。而唯一能够克服这种分离趋势的就是联系生产与消费的纽带——流通。

商品流通是指以货币为媒介的商品交换过程，包括简单商品流通和发达商品流通两种形式。简单商品流通是为买而卖，它始于卖而终于买，交换的目的是为满足购买者对商品使用价值的需要。而发达商品流通则是为卖而买，它始于买而终于卖，交换的目的是为实现商品的价值和货币的增值。发达商品流通是商业作为一个独立的行业从三次社会大分工中产生的，是商品流通最普遍、最重要的形式。

流通是商品生产得以产生和发展的前提条件，同时流通对生产又具有反作用。生产决定流通，生产方式决定流通的性质，生产力的发展水平和速度决定流通的规模与方式。生产是流通的物质基础，没有生产就没有商品供给市场，自然也就没有流通。而流通对生产的反作用表现在：流通的规模和方式制约着生产的规模及其发展水平与速度。一方面，原材料、辅料等生产资源要从上游的生产资料市场获取，如果供应渠道不畅，生产就会受到影响，同时，生产资料的供应价格也会影响企业的经营成本，影响企业的利润；另一方面，产成品只有通过流通才能到达消费者手中，才能实现其价值和使用价值，而生产者也才能收回生产成本并从中获得补偿，否则就会失去再生产的条件，经营活动将难以为继。

(二) 流通领域的支柱流

现代流通领域主要涉及商流、物流、信息流、资金流和人才流五大流，如图 1.1 所示。

(1) 商流。商流是生产者和消费者之间进行“物”的所有权转移时所发生的商业交易活动，包括商品销售、商务谈判、订购货物、签订合同以及伴随着商业活动出现的市场调查与预测、市场策划、公关等活动。

(2) 物流。流通领域的物流活动主要包括上游生产资料以及下游产成品在流通中所发生的运输、配送等物流活动。

(3) 资金流。资金流是指商品在流通中所涉及的资金支付、资金周转等所有与资金有关的活动，包括金融、信贷、保险、支票、保证金、现金支付、资金结算、账户管理、索赔与理赔、网上银行、电子资金转账（EFT）等内容。资金流有助于流通的实现。

---

① 物流企业（Logistics Enterprise）是“从事物流基本功能范围内的物流业务设计及系统运作，具有与自身业务相适应的信息管理系统，实行独立核算、独立承担民事责任的经济组织”。——中华人民共和国国家标准《物流术语》（GB/T18354-2006）

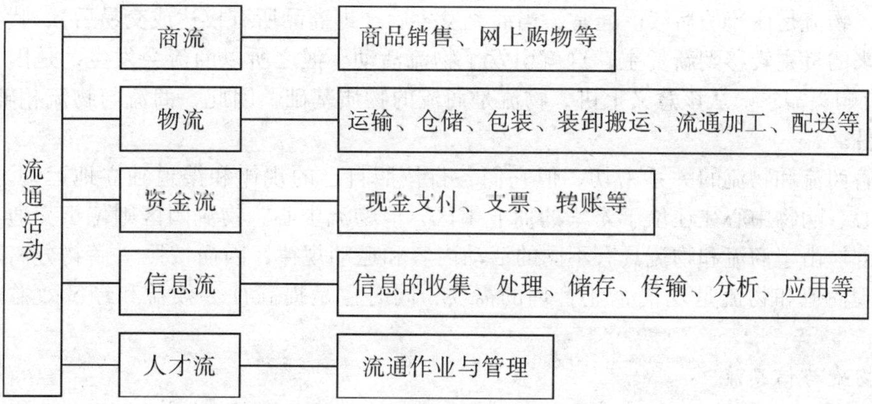

图 1.1　流通领域的支柱流

（4）信息流。信息流是现代流通领域中与其他支柱流相伴而生的情报、信息以及相关的服务和支持活动，包括数据与信息的收集、处理、储存与传输，信息系统的运行与维护，数据库管理等活动。信息流也有助于流通的实现。

（5）人才流。在现代流通领域，一切业务活动的开展都离不开人，特别是具有一定专业知识和管理经验的人才。如果离开了人才流，流通领域的其他几大流都将失去存在的基础。

在上述五种流中，商流和物流是流通领域最重要的支柱流。换言之，流通主要是由商流和物流构成的。因为资金流是在商品所有权更迭的交易过程中发生的，可以认为从属于商流，而信息流则包括商流信息和物流信息。因此，商流和物流主要代表流通的两个侧面，各自有着不同的功能和定位。一般认为，商流是解决生产者和消费者之间社会性分离的途径，而物流是解决生产者与消费者之间空间性和时间性分离的途径。

社会性分离是指商品生产者与商品消费者之间存在的人格性差异，若商品所有权从生产者转移到消费者，则这种社会性分离将随之克服。例如，海尔将电冰箱大量地生产出来，若电冰箱长期存放在库房里未售出，那么它们的价值和使用价值就无法得到实现。只有当消费者购买并使用了电冰箱后，这些产品的功能和价值才能得以实现。可见，在流通领域物的所有权转移极为重要，它是克服生产者和消费者之间社会性分离的唯一途径，其表现形式为买卖交易，也称交易流通或商品流通，简称商流。

空间性分离是指商品的生产场所与消费场所之间的差异性。随着全球经济一体化进程的加快，企业的市场范围也在不断扩大。只有通过运输、配送等物流活动，才能克服产销之间在空间上的分离。

时间性分离是指商品的生产和消费在时间上的差异性。这种差异性常常表现为两种形式，即商品集中生产，全年消费或者商品全年生产，集中消费。例如，蔬菜的生产就具有明显的季节性特征，而我们全年都需要消费；反之，服装则是全年生产、集中消费的商品。通过仓储、运输等物流活动，以缩短时间差、弥补时间差或延长时间差，便可克服这种时间性分离，创造时间效用。

综上所述，商流可实现商品的所有权转移从而创造社会价值，物流可以消除商品的时空分离从而创造时间价值和空间价值，两者配合共同完成商品的完整流通。

（三）物流与商流

商流和物流是流通的关键构成要素，两者关系密切、互为前提。一般地，商流是物流的先导，物流是商流的后续。通常，当商流发生后（即商品所有权达成交易后），货物必然要从原来的货主转移到新货主，这就引发了物流活动。但之所以商流会发生，是因为人对“物”有购买需求。从该意义上讲，物流是商流的物质基础。因此，商流与物流相辅相成，互为条件。

尽管商流和物流的关系密切，但它们各自按照自己的规律和渠道独立地运动。例如，商贸中心、购物中心往往位于繁华的商业街区，但物流中心、物流园区则位于交通条件较好的城郊。由于商流和物流具有不同的活动内容和运动规律，因而按照“商物分离”的原则来处理商流和物流是现代企业管理的需要，同时也是提高社会效益和经济效益的客观需要。

（四）物流与信息流

在信息时代，商流、物流以及其他支柱流都离不开信息，否则，将会影响流通体系的正常运转。因此，信息流是发展商流、物流和其他支柱流的基础。特别地，物流是一个产生并集中大量信息的领域，而且物流信息会随时间的推移不断变化。如果说现代商流是以物流系统作为保障的话，那么现代物流更是离不开信息流的支撑。

与物流关系密切的信息技术主要包括：销售时点系统（POS）、电子数据交换（EDI）、自动识别与数据采集（AIDC）、射频识别（RFID）、全球定位系统（GPS）、地理信息系统（GIS）、仓库管理系统（WMS）、货物跟踪系统（GTS）、智能交通系统（ITS）、电子订货系统（EOS）等。

[案例1-1] 沃尔玛独领风骚的卫星通信系统

早在20世纪80年代，沃尔玛就建立起自己的商用卫星系统。在强大的信息技术的支持下，如今的沃尔玛已形成了“四个一”，即：“天上一颗星”——通过卫星传输市场信息；“地上一张网”——有一个便于用计算机网络进行管理的采购供销网络；“送货一条龙”——通过与供应商信息系统的集成，供应商就可以对沃尔玛的货架进行补货；“管理一棵树”——利用计算机网络把顾客、分店或山姆会员店和供应商像一棵大树一样有机地联系在一起。

（五）物流与资金流

现代物流与资金流的关系也非常密切，物流是表象，资金的流动才是实质。换言之，物流本质上是资金的运动过程。例如，物流活动中资金的周转、支付，物流相关的保险（货物保险、车辆保险），国际物流中的信用证制度、口岸异地结算等都属于资金流动的范畴。物流业是商物分离的产物，而现代物流与商流的融合正日益加强。相应地，物流与资金流的关系将更加紧密。

（六）物流与人才流

现代物流和传统物流相比，系统管理复杂、科技含量高。这种观点无论是从物流管理角度，还是从物流设备、物流技术抑或物流各功能要素环节来考察无疑都是十分正确的。正因为如此，要开展好现代物流业务，我们就必须拥有一大批专业知识过硬、业务能力强且具有丰富管理经验的优秀人才。无论是尖端的物流技术，还是先进的物流设备，乃至科学的物流管理，归根结底都离不开人才。如果缺少了人才流的支持，现代物流系统的高效运转将无从谈起。

四、物流与生产

传统物流观点（P. D）认为，产品从工业企业生产制造出来以后，经分销到达消费者手中的过程为物流过程。而现代物流观点（Logistics）则认为，从原材料的购入起，经过生产加工转换得到产成品，再经过分销到达消费者手中的全过程都是物流过程。因此，物流贯穿企业生产经营活动的全过程，与生产有着密不可分的联系。一般而言，物流对企业生产系统有如下影响：

（1）企业物流系统为高效、连续、均衡的生产活动提供了重要保障。例如，原材料、原辅料、外购件等的采购与供应，零部件、在制品、半成品等加工对象在各工作中心之间的流转，物料、工具、产品等的储存保管，原料与成品的运输，等等，都必须要有一个高效的物流系统作为支持；否则，企业生产活动便难以顺利进行。

（2）物流费用一般在企业生产经营活动的总成本中占有较大比重。随着“第一利润源”和“第二利润源”的逐渐枯竭，人们已将目光投向了物流，期望通过加强包括生产物流在内的企业物流管理，实施合理化物流，降低物流成本，挖掘“企业脚下的金矿”，获取“第三利润源”。

（3）物流状况对企业生产环境和生产秩序具有决定性的影响。在生产作业现场，各工作中心处于固定的位置，而物流始终处于运动状态，物流路线纵横交错，上下升降，形成了错综复杂的立体动态网络。物流线路不畅，节奏不均衡，都有可能造成生产秩序的混乱；物料堆放不合理，也将对生产环境造成不良影响。故有专家认为，企业物流状况最能体现企业管理水平的高低。

总之，物流具有服务商流、保障生产、服务生活等作用。

五、现代物流科学的性质

（一）现代物流学是综合性的交叉学科

在物流科学诞生之前，人们往往只是从不同侧面对其进行研究。例如，从运输或仓储管理的角度出发，探索物流系统中某个侧面的运作规律。自从物流科学诞生之后，人们发现物流学实质上是一门综合性的交叉学科，对它的系统研究几乎涵盖了现代学科领域的各个层面。

首先，在社会科学层面，物流系统的管理属于管理科学的范畴，而物流成本控制和物流费用预测又涉及技术经济学和计量经济学的内容；同时现代物流强调提供优质服务，注重满足顾客的个性化服务，这又和社会科学中的人文科学、心理学有着密切的关系；另外，物流作为国民经济的支柱产业，是第三产业新的经济增长点，既涉及国家的方针政策与法律法规，又涉及政治学的研究内容；甚至在研究物流包装时还需要美学的知识。

其次，物流学渗透到了自然科学和工程技术等领域，如：物流管理中的应用数学知识；仓储技术、包装技术中所运用的物理学、化学和生物学知识；运输、搬运技术中运用的交通工程学、机械工程学和电气自动化等学科知识。此外，现代物流以信息技术作为其产业支撑，因而信息科学也是它的一个重要研究领域。

综上所述，现代物流学是一门介于社会科学和自然科学之间的交叉学科，或是管理科学和工程技术科学之间的交叉学科。它的研究方向渗透到现代科学的各个领域，研究范围极其广泛，必须综合运用各学科的研究成果，才能更好地解决现代物流所面临的实际问题。

（二）现代物流学具有系统科学的特征

系统性是物流学最基本的特性。物流学具有系统科学的一切要素。物流科学产生的标志就是人们发现了各物流环节之间存在着相互关联、相互制约的关系，证明了它们是作为统一的有机整体的一部分而存在的，这个体系就是物流系统。这一观念的确立，使系统科学的一整套原理、原则和方法在物流领域中得以广泛应用。例如，系统最优化理论、系统效益最大化原理、发展与权变的理念、系统分析与系统综合的方法、系统模型制作方法等，都成了物流科学研究的重要内容。同时，物流学和系统科学的融合，使其迅速形成了一个完整的研究体系，这也是现代物流科学走向成熟的重要标志。

（三）物流学属于应用科学范畴

虽然物流学的研究领域涉及了众多的基础科学，但总体上讲，它仍然属于应用科学的范畴。现代物流科学的强大生命力正是在于它的实践性与应用性。它的产生和发展是和社会分工、技术进步以及商品流通的发展密切相关的，其研究的出发点和目的也是为社会实践服务的。物流科学的价值之所以受到人们特别关注，正是在于它的应用性特征及其在实践中所体现出的巨大经济利益。

第二节　现代物流的分类

按照物流系统的作用、属性及物流活动的空间范围等标准，可以从不同角度对物流进行分类。

一、按照物流的作用分类

按照物流系统的作用，可将其划分为供应物流、生产物流、销售物流、逆（反）向物流与废弃物物流五种类型。

（一）供应物流（Supply Logistics）

供应物流是“提供原材料、零部件或其他物料时所发生的物流活动”（GB/T18354-2006）。工业企业需要购入原材料、零部件等生产资料，商业企业需要采购经营的商品，消费者需要购买生活资料。因而供应物流是从买方角度出发的交易行为中所发生的物流活动。故从严格意义上讲，生产企业、流通企业或消费者购入原材料、零部件等生产资料或生活资料的物流过程称为供应物流。企业的大部分流动资金被外购的原料、辅料、备品、备件等物资物料及在制品、半成品等占用，因而供应物流合理化对于降低企业的生产成本有着重要的意义。

（二）生产物流（Production Logistics）

生产物流是指“企业生产过程中发生的涉及原材料、在制品、半成品、产成品等所进行的物流活动”（GB/T18354-2006），即从生产企业原材料的购进入库起，经过加工转化得到产成品，一直到成品库止这一全过程的物流活动。生产物流是工业企业所特有的，它和生产流程同步。原材料、半成品、在制品等加工对象按照工艺流程在各个工作中心之间的移动、流转便形成生产物流。如果生产物流流程中断，生产过程也将随之停止。生产物流合理化对工业企业的生产秩序、生产成本有很大影响。生产物流均衡稳定，可以保证加工对象的顺畅流转，缩短工期。加强生产物流的管理和控制将有利于在制品库存的减少和设备负荷的均衡化。

（三）销售物流（Distribution Logistics）

销售物流是“企业在出售商品过程中所发生的物流活动”（GB/T18354-2006）。显然，销售物流是物品从生产者或持有者到用户或消费者之间的物流活动。特别地，它是指从卖方的角度出发所进行的交易行为中的物流活动。通过销售物流活动，企业可收回资金，并进行再生产。销售物流费用在顾客成本中占有相当的比例，故销售物流的效率与效果关系到企业的竞争力，关系到企业的生存与发展。因此，销售物流合理化对企业尤为重要。

（四）逆（反）向物流（Reverse Logistics）

小知识：

回收逆向物流的物品种类

在生产及流通活动中，有些资材需要回收并加以利用，如作为包装容器的纸箱、塑料筐、酒瓶以及建筑工业的脚手架等就属于这类物资。此外，有些废弃物可通过回收、分类、再生以重新利用，比如，废旧的报纸、杂志、书籍、纸张等通过回收、分类，再制成纸浆以重新造纸；再如，金属类废弃物，因金属具有良好的再生性，回收后可重新熔炼成有用的原材料。目前，我国冶金工业生产中，每年约有0.3亿吨废钢铁作为炼钢原料使用。换言之，我国钢产量中有30%以上是由回收的废钢铁冶炼而成的。由于回收物资品种繁多，流通渠道不规则且多变，因而管理控制的难度较大。

逆向物流也称反向物流，是指“物品从供应链下游向上游的运动所引发的物流活动”（GB/T18354-2006）。逆向物流具有分散性、缓慢性、混杂性、多变性等特点。按照回收物品的特点，可将其划分为退货逆向物流和回收逆向物流两部分。前者是指下游客户将不符合订单要求的产品退回给上游供应商，其流程与常规产品流向正好相反；而后者则是指将用户所持有的废旧物品回收到供应链上各节点企业。逆向物流管理应遵循事前防范重于事后处理、绿色①、效益、信息化、法治化、社会化等原则。

［案例1-2］**雷兹集团公司的逆向物流服务**

美国雷兹集团公司（APC）是一家以提供运输和配送服务为主的大公司。优质和系统的服务使物流企业与货主企业结成战略伙伴关系，一方面有助于货主企业的产品迅速进入市场，提升其竞争力；另一方面则使物流企业有稳定的货源。雷兹集团公司向货主企业提供的物流服务，包括了售后退货管理、货物回收销毁等逆向物流的增值服务部分。

（五）废弃物物流（Waste Material Logistics）

废弃物物流是指“将经济活动或人民生活中失去原有使用价值的物品，根据实际需要进行收集、分类、加工、包装、搬运、储存等，并分送到专门处理场所的物流活动”（GB/T18354-2006）。生产和流通过程中所产生的无用废弃物，如开采矿山时产生的土石，废水、废气、废渣（简称“三废”）以及其他无用废物，若不妥善处理，不但没有再利用价值，往往还会造成环境污染。将这些废弃物进行处理便产生了废弃物流。废弃物流没有经济效益，但具有不可忽视的社会效益。为了更好地保障生产生活的正常秩序，开展废弃物综合治理研究，提高废弃物流的处理效率，减少资金消耗，是很有必要的。

二、按照物流系统的性质分类

按照物流系统的性质，可将其划分为社会物流、行业物流和企业物流三种类型。

（一）社会物流（External Logistics）

社会物流是“企业外部的物流活动的总称”（GB/T18354-2001）。社会物流一般是指流

① 绿色原则也称5R原则，即Reevaluate（再评估）、Reuse（再利用）、Reduce（减量化）、Recycle（再循环）、Rescue（保护）。

通领域所发生的物流，是全社会物流的整体，故有人称之为大物流或宏观物流。社会物流的一个标志是——它伴随商业活动而发生，亦即物流过程与物品的所有权更迭相关联。

可以认为，物流科学的整体研究对象是社会物流，社会物流网络是一国的经济命脉，流通网络分布是否科学、合理，流通渠道是否畅通极为重要。故有必要科学、有效地管理和控制社会物流活动，须采用先进的技术手段，确保物流活动高效、低成本地运行，以获取巨大的经济效益和社会效益。

（二）行业物流（Profession Logistics）

行业物流是指同一行业中企业的物流活动。在过去，同行企业间往往视对方为竞争对手，而随着供应链管理时代的来临，在上下游企业间加强合作的同时，物流联盟①也悄然兴起。行业内企业间的协作，对促进行业物流系统的合理化具有非常重要的意义。同样，物流企业间的联盟也有利于促进物流产业的发展。

例如：行业内企业建立共同配送中心，开展共同配送②活动；建立共同集货系统；建立共同流通中心；等等。再如，在大量消费品方面采用统一发票，统一商品规格，统一托盘规格以及包装模数化等。行业物流系统化使行业中的企业均受益。

（三）企业物流（Enterprise Logistics）

企业物流是指“生产和流通企业围绕其经营活动所发生的物流活动”（GB/T18354-2006）。企业是营利性的经济组织，是提供产品或服务的经济实体。工业企业要购进原材料，经过若干工序加工转换，形成产品后再销售出去，运输企业要按客户的要求将货物运输到目的地。在企业经营范围内由生产或服务活动所形成的物流系统即为企业物流。根据企业物流活动发生的前后次序，可以认为企业物流由供应物流、生产物流、销售物流、逆向物流与废弃物物流构成。

总之，对物流系统进行分类是为了便于发现、分析、研究物流活动规律，提高物流效率，降低物流成本，为经济建设服务。

三、按照物流活动的空间范围分类

按照物流活动的空间范围，可将其划分为地区物流、国内物流和国际物流三种类型。

（一）地区物流（District Logistics）

地区物流中的“地区”有不同的划分原则。若按行政区域来划分，可分为如华北地区、华南地区、西南西北等地区；若按经济圈来划分，可分为如苏（州）、（无）锡、常（州）经济区，黑龙江边境贸易区等；若按地理位置来划分，可分为如长江三角洲地区、珠江三角洲地区、环渤海地区等。其中，地区物流按经济圈或地理位置来划分比较科学。

当前我国区域物流的研究重点是如何发展好三个经济圈的区域物流并最终带动全国物流的大发展。这三个经济圈的区域物流是：①以北京、天津为中心的首都经济圈物流；②以上海为龙头的包括苏南、浙东各主要城市在内的长江三角洲经济圈物流；③以广州、深圳、珠海为中心外联港澳、内接珠江三角洲各新兴城市的珠江三角洲经济圈物流。

地区物流系统对于提高该地区企业物流活动的效率，改善当地居民的生活福利环境，

---

① 物流联盟（Logistics Alliance）是指“两个或两个以上的经济组织为实现特定的物流目标而采取的长期联合与合作”。——中华人民共和国国家标准《物流术语》（GB/T18354-2006）

② 共同配送（Joint Distribution）是“由多个企业联合组织实施的配送活动”。——中华人民共和国国家标准《物流术语》（GB/T18354-2006）

具有不可或缺的作用。发展地区物流，应根据本地区的特点，从本地区的利益出发组织好物流活动。例如，在中心城市建设大型物流中心或物流园区，对于提高当地物流活动的效率、降低物流成本、稳定物价有极为重要的作用。但是，也会引起因供应点集中、货车来往频繁、交通拥挤以及噪声、废气污染等消极问题。因此，应从城市建设规划和地区开发计划出发，统筹安排、合理规划。

（二）国内物流（Domestic Logistics）

国内物流是拥有自己领土和领空的主权国家在国内开展的物流活动。国家制定的各项方针政策、法令法规、发展规划都应该为其自身的整体利益服务。物流是一国的支柱产业，是国民经济的重要组成部分，应纳入国民经济总体发展规划的范畴。物流事业是我国现代化建设的重要组成部分。全国物流系统的构筑必须从全局出发，破除部门割据、条块分割，树立全国一盘棋的思想。在物流系统的建设投资方面，应从全局出发，统筹规划，分步实施，使一些大型物流中心、物流园区尽早建成，服务于经济建设。

（三）国际物流（International Logistics）

国际物流是“跨越不同国家（地区）之间的物流活动”（GB/T18354-2006）。随着经济全球化进程的加快，国际的经济贸易往来越来越频繁，物资流通越来越发达。许多企业国内成熟，国外拓展。多国公司、全球公司、国际公司、跨国公司相继出现。对跨国经营而言，原材料采购、产成品的运输、配送乃至整个物流活动在地域上跨度大，因而导致管理复杂、协调难、费用高。如何提高国际物流活动的效率，降低物流成本，成了国际物流研究的重要课题。相应地，国际物流已成为现代物流的一个重要分支。

第三节 现代物流的价值

在现代物流科学诞生之前（P. D 时代），人们就已经发现物流能够创造物品的时间价值和场所价值。随着人们对物流科学研究的逐步深入，人们还发现了物流的形质价值、系统功能价值、利润价值、环境价值、服务价值和产业价值，从而使物流的内涵不断丰富，外延不断扩大。

（一）时间价值

著名物流学家詹姆斯·约翰逊和唐纳德·伍德则指出：“为使市场经济达到适当的用户，在适当的时候，花最少的费用获得他们所需要的产品和服务这一目标，一个有效的物流系统是关键。”

由于商品的生产和消费往往存在时间上的差异性（集中生产，全年消费或全年生产，集中消费），通过有效的物流活动，便可缩短时间差、延长时间差或弥补时间差，最终克服这种时间性分离，创造时间效用。

（二）场所价值

通常，物品的产地与消费地并不同一，这便产生了生产与消费之间的空间性分离。通过有效的物流活动，可实现商品从集中生产场所流入分散需求场所，或从分散生产场所流入集中需求场所，抑或从甲地（产地）流入乙地（需求地），最终克服这种空间性分离，创造地点效用。

（三）形质价值

一般来说，商品的价值是在工厂中形成的，例如，通过生产加工将原材料、零部件、外购件等生产资料转化为产成品，加工对象的外形和品质将发生很大变化。而在实物流通中，主要是维护商品的价值并通过适当的手段增加商品的价值，从而实现商品的保质和增值。例如，在配送中心，通过开舱卸货以及产品组合等方式，改变产品的装运规格和包装特性，以此来改变产品的形式。通过以托盘为单位进行货物分装，以及通过流通加工将货物的大包装改为小包装，抑或将货物进行尺寸的分割等，都可以改变商品的外形并创造商品的附加价值。我们将这类价值称为形质价值。

(四) 系统功能价值

虽然早在20世纪30年代学术界就已提出了物流的概念，但真正发现物流的系统功能价值却是在第二次世界大战期间。在战争中，美军将现代物流管理理念运用于整个军事后勤系统，将军事物资单元化、组合化，并将仓储、运输、包装、装卸、装备有机地结合在一起，构筑了一个高效、有力的军事后勤保障系统，从而为最终取得战争的胜利提供了强有力的支持。在这一过程中，物流成了一项系统工程，成功地实现了以往单方面的物流活动所不能达成的目标，人们首次认识到了物流的系统功能价值。

第二次世界大战结束以后，物流作为一项军事后勤技术被成功地运用到了民用领域，证明了军事物流的系统管理思想、方法和技术在社会经济领域同样具有强大的生命力，人们再一次发现了物流的系统功能价值。

(五) 利润价值

西方发达国家从20世纪五六十年代开始进入第二次世界大战后经济高速增长期，在经济繁荣的背后，物流越来越显现出其巨大的利润价值。在这期间，产业界引入了物流技术和物流管理模式，有效地激活了企业的活力和潜能，提高了企业的经济效益，大大增加了企业的利润。事实上，在产业革命之后很长的一段历史时期，产业界一直把目光停留在降低原材料成本和提高劳动生产率这两个利润源的挖掘上。然而，企业经营管理者发现利润上升的空间越来越小，寻找新的利润源泉迫在眉睫。正在此时，物流作为“第三利润源”被发现了。

1973年爆发了世界第一次石油危机，引发了能源、原材料以及劳动力价格的全面上扬。传统的第一利润源泉和第二利润源泉反而成了企业巨大的成本负担，而物流却成了降低企业成本的“第三利润源”。在此期间，许多企业经营管理者优化了物流系统，强化了物流管理，创造了巨大的成本降低空间，有效地缓解了原材料、能源和劳动力价格上涨的压力，使人们再一次认识到了物流的利润价值。

(六) 环境价值

随着物流系统的有效开发，物流合理化进程的日益推进，以及高效率、高效益的物流管理的广泛实施，物流在展现自身功能价值和利润价值的同时，呈现出更加有序、更加节约、更加合理和更加高效的趋势。人们惊喜地发现，物流对于节约能源、减轻污染、改善环境以及可持续发展具有不可或缺的作用；人们逐渐认识到了物流的环境价值。开展对物流环境价值的研究，有利于我们解决诸如交通混乱、环境污染等问题，有利于建设资源节约型、环境友好型社会，实现可持续发展。

(七) 服务价值

20世纪70年代以后，随着人们对物流科学研究的进一步深入以及现代企业制度的导入，企业经营管理者从企业发展战略的角度出发，逐渐发现了物流的服务价值。

利润最大化是企业经营的目标，但该目标的实现必须建立在企业通过向顾客提供让其满意的产品或服务的基础之上。产品有形，服务无形，但其实质相同，它们所代表的是一种价值、一种顾客认同的价值。货主企业与客户达成交易后，需要物流服务作为支撑，物流企业则专门为货主企业及客户提供物流服务。

提供良好的物流服务有利于企业参与市场竞争，有利于树立企业的品牌形象，有利于与客户结成长期、稳定的战略联盟。在市场竞争日益激烈的今天，这对企业的生存与发展具有深远的现实和战略意义。

［**案例 1-3**］**物流服务创造了价值**

某折扣店通过互联网商品目录和杂志广告销售计算机软件，他们希望能与本地零售商竞争。由于他们可以实现规模经济，所以有价格优势。他们的运作集中在一个地点，使用的是低成本的仓库型空间，而不是高成本的零售型空间。员工主要是电话订货的接线员和履行订单、运输货物的仓库管理人员。通过集中管理，库存与销售量的比率保持在最低水平，同时还提供众多的花色品种，保持很高的产品可得率。

另外，零售商也有优势，大多数产品都可以即时供货，对性急的客户而言，这就抵消了折扣店的价格优势。为了抵消本地零售商在交货中的优势，折扣店承诺客户可以通过对方付费的电话订货，并在当天履行订单，连夜利用航空快递运送货物，在第二天早晨送到客户家中或工作地点。

许多消费者觉得这与在本地零售商店购买基本上一样快，而且很多情况下还更方便。这样，企业通过物流服务为繁忙的消费者创造了价值。

（八）产业价值

进入 20 世纪 90 年代，随着计算机技术的日臻完善以及以因特网为代表的信息技术的飞速发展，信息技术在整个社会物流体系中的运用日益广泛，物流运作效率及其经济效益呈几何级数增长，现代物流与传统物流已不可同日而语。

近年来，物流业已成为国民经济的一个非常重要的服务产业。作为一个新兴产业，它比传统产业更具朝气，同时也更加富有挑战性。物流业涉及领域广、吸纳就业人数多，对促进生产、拉动消费的作用大。目前，我国物流业增加值占服务业增加值的比率为 16.1%，占 GDP 的比率为 6.9%。物流业涉及的从业人员约为 2 000 万人，物流业增加值每增加一个百分点，可以增加 10 万个工作岗位。我国物流成本占 GDP 的比率为 18.1%，物流成本占 GDP 的比率每降低一个百分点，将带来 3 000 亿元的效益。因此，加快发展现代物流业，建立现代物流服务体系，必将促进其他产业的发展。物流产业价值的发现为未来物流产业的发展奠定了重要的理论基础。

综上所述，除了时间价值和场所价值以外，人们还发现了物流的形质价值、系统功能价值、利润价值、环境价值、服务价值和产业价值。这是物流价值的新发现。

第四节　现代物流的基本功能

物流活动是物流诸功能的实施与管理过程，一般包括运输、仓储、包装、装卸搬运、配送、流通加工以及物流信息处理等内容。

（一）运输（Transportation）

运输的功能就是改变物的空间位移，它构成了物流的主体功能。物流企业或企业物流部门通过运输来解决物资在生产地和消费地之间的空间性分离，从而创造商品的位移效益，实现商品的价值和使用价值，所以运输是物流的首要功能。运输可扩大经济作用的范围并在一定的经济范围内促进物价的均衡。随着现代社会化大生产的迅速发展，社会分工越来越细，产品种类越来越多，无论是原材料、零部件还是产成品的需求量都大幅度增加，地区间的物资交换更加频繁，这必然促进运输业的发展，相应地，运输能力将得到提升。所以，产业的发展促进了运输技术的革新和运输水平的提高；同样，运输手段和运输工具的发展也将促进产业的发展，它们是各行各业发展的重要支柱。

（二）仓储（Warehousing）

仓储和运输是物流系统的两大基础平台。仓储功能包括对进入物流系统的货物进行堆码、保管、保养、管理和维护等一系列活动，在物流系统中起着包括运输整合、产品组合、物流服务、防范偶发事件以及物流过程平衡等一系列增加附加价值的作用。仓储功能主要通过仓库设施来实现，而仓库是物流系统的重要组成部分，包括普通仓库和现代化立体仓库等。一般而言，仓库具有三个最基本的功能：储存、移动和信息传递。为提高库存周转率以及仓库的运行效率，及时满足顾客的需求，仓库的移动功能和信息传递功能正越来越受到人们的重视。

（三）包装（Packaging，Package）

无论是产品还是材料，在装卸搬运以及输送之前，都要对其进行某种程度的包装，或将其装入适量的容器，以保证产品完好地送达消费者手中，故包装常被称为生产的终点、社会物流的起点。

包装的作用是保护物品，使物品的形状、性能、品质在整个流通过程中不受损坏；通过包装还可以使物品形成一定的单位，作业时便于处置；此外，包装可使物品醒目、美观，以便促销。

为使货物完好地送达用户，更好地满足服务对象的要求，需要对大多数商品进行不同方式、不同程度的包装。包装按功能可分为运输包装（Transport Package）和销售包装（Sales Package）两种。运输包装也称工业包装，其作用是方便运输，并保护在途货物；销售包装也称商业包装、消费者包装或零售包装，其目的是便于最后的销售。因此，包装的功能体现在保护商品、单位化、便利化和商品广告等几个方面。前三项属物流功能，最后一项属营销功能。

（四）装卸与搬运

视频链接：
河马生鲜自动传输系统

装卸（Loading and Unloading，Handling）是以垂直位移为主的实物运动形式，而搬运则是以水平位移为主的物流作业。一般来说，装卸搬运在物流过程中并不产生附加价值，但物流的主要环节，如仓储和运输活动要靠装卸搬运才能衔接起来，物流其他各个环节也要靠装卸搬运来连接，从该意义上讲，装卸搬运在物流系统的合理化中占有相当重要的地位。装卸搬运活动不仅发生的次数频繁，而且作业内容也复杂多样，并且往往耗费人力和动力。通常，其所消耗的费用在物流总费用中占有相当大的比重。此外，装卸搬运活动频繁发生、作业繁多也是产生货损的重要原因。

装卸作业的代表形式是集装箱和托盘化，使用的装卸机械设备有吊车、叉车、传送带和各种台车等。在物流活动的全过程中，对装卸搬运的管理，主要是对装卸搬运方式、装卸搬运机械设备的选择和合理配置与使用以及装卸搬运合理化，应尽可能减少装卸搬运次数，以节约物流费用，获得较好的经济效益。

（五）配送（Distribution）

配送是一种特殊、综合的物流活动形式，是商流与物流紧密结合的产物。从物流角度来看，配送几乎包括了所有的物流功能要素，是物流的一个缩影或在某一范围内的全部物流活动的体现。一般的配送集包装、装卸搬运、储存保管和运输于一体，通过这一系列活动来实现将货物送达客户的目的。特殊的配送还要进行流通加工，因而所涵盖的物流活动的范围更广。但是，配送的主体活动与一般物流活动有所不同，一般物流活动主要涉及仓储和运输，而配送则主要是货物的拣选、组配与运送。分拣配货是配送的独特要求，也是配送的特色功能活动，而以送货为目的的运输则是最后实现配送的主要手段，因而，人们习惯于将配送简化地看成运输的一种形式。

从商流的角度来说，配送与物流的不同之处在于，物流是商物分离的产物而配送则是商物合一的结果，配送本身就是一种商业活动形式。虽然配送在具体实施时，也有可能以商物分离的形式来实现，但从配送的发展趋势来看，商流与物流的紧密结合，是配送成功的重要保障。

配送功能的设置，可采取物流中心集中备货、集中储存、订单分拣、货物组配、搭配装载、线路规划、共同递送的形式，依靠配送中心的准时配送，使客户企业实现零库存，或只持有少量的安全库存，以降低客户企业的库存成本。因此，配送是现代物流最重要的特征之一。

（六）流通加工（Distribution Processing）

流通加工是物品从生产领域向消费领域流动的过程中，为了促销、维护产品质量以及实现物流效率化，对物品进行加工处理，使其发生物理变化或化学变化的功能。流通加工的内容有装袋、定量化小包装、贴牌、贴标签、拣选、配货、混装、刷标记等。流通加工虽仅为初级加工，但可以弥补生产领域加工的不足，可以使产品的功能得到强化，可方便配送，可增加商品的附加价值，可更好地衔接生产和需求，可更好地满足顾客的个性化需求，可使流通过程更加合理化。流通加工是物流的一项重要增值服务，也是现代物流发展的一个趋势。

（七）物流信息处理（Logistics Information Processing）

[案例1-4] 沃尔玛快速响应的物流信息技术

沃尔玛之所以取得成功，很大程度上是因为它至少提前10年（与竞争对手相比）将尖端科技和物流系统进行了有机整合。早在20世纪70年代，沃尔玛就开始使用计算机进行管理；20世纪80年代初，他们又花费4亿美元购买了商业卫星，实现了全球联网；20世纪90年代，采用了全球定位系统（GPS）控制公司的物流，提高了配送效率，以速度和质量赢得了用户的满意度和忠诚度。

沃尔玛是世界上第一个建立全球物流数据处理中心的企业，由此实现了集团内部24小时计算机物流网络化监控，实现了采购、库存、订货、配送和销售业务的一体化。例如，顾客到沃尔玛店铺购物，销售人员通过POS机打印发票；与此同时，负责制订采购计划的人员以及供应商的电脑上就会同步显示信息，各个环节就会通过及时、有效的信息沟通协同运作，从而减少了时间，加快了物流的循环。

现代物流需要依靠信息技术来保证物流系统的正常运行。物流信息处理包括对各项物流功能有关的计划、预测、动态的信息（货运量、收货量、发货量、库存量）以及有关的费用信息、生产信息和市场信息的处理。对物流信息进行处理，要求建立健全物流管理信息系统，并建立相应的信息渠道，正确选定情报科目，对数据信息进行收集、处理、汇总、统计、储存、传递与使用，充分保证信息的时效性和可靠性，以服务于决策。

物流信息的主要作用表现在：①缩短从接受订货到发货的时间；②库存适量化；③提高搬运作业效率；④提高运输效率；⑤使接受订货和发货更为省力；⑥提高订单处理的精度；⑦防止发货、配送出现差错；⑧调整需求和供给；⑨提供信息咨询等。

物流信息处理必须建立在计算机网络技术和国际通用的电子数据交换（Electronic Data Interchange，EDI）等信息技术的基础之上，才能高效地实现物流各环节的无缝衔接，真正创造“时间效用”和“地点效用”。可以说，信息是物流活动的中枢神经，物流信息在物流系统的运行中具有不可或缺的重要作用。

综上所述，现代物流包括运输、储存保管、包装、装卸搬运、配送、流通加工以及物流信息处理等基本功能。现代物流活动是对物流诸功能的实施与管理的过程。

第五节　现代物流的特点

现代物流的功能具有运输合理化、仓储自动化、包装标准化、装卸机械化、加工配送一体化和信息管理网络化等突出特点。现代物流具有以下主要特征：

（一）物流反应快速化

物流服务商对货主企业的物流配送需求的反应速度越来越快，提前期越来越短，配送频率越来越高，配送速度越来越快，商品周转次数越来越多。

（二）物流功能集成化

现代物流注重将物流与供应链的其他环节进行集成，包括物流与商流的集成、物流渠道之间的集成、物流功能的集成、物流环节与制造环节的集成等。

（三）物流服务系列化、个性化

现代物流强调物流服务功能的准确定位、完善及其系列化、个性化。除了运输、配送、包装、装卸搬运、流通加工以及储存保管等基本服务外，现代物流服务还拓展到了市场调查与预测、采购及订单处理、货款回收与结算以及物流系统规划、物流方案设计、物流咨询和教育培训等增值服务。而在现代物流的内涵方面，主要是提高了以上服务对决策的支持作用。

（四）物流作业规范化

现代物流强调物流功能要素、物流作业流程、物流作业活动以及物流操作的标准化与程式化，以便使复杂的物流作业变得简单化、易于推广和考核。

（五）物流目标系统化

现代物流从系统论的角度出发，统筹规划一个公司经营所涉及的全部物流活动，力求处理好物流与商流之间、物流、商流与公司目标之间以及物流功能要素之间的关系，不是追求物流活动的局部最优，而是追求物流系统的整体最优。

（六）物流手段现代化

现代物流采用先进的技术、设施和管理手段以提供服务支持。生产、流通以及销售的规模越来越大、涵盖的范围越来越广，使得物流技术、物流设施、物流管理方法与手段越来越现代化，导致计算机技术、通信技术、机电一体化技术和语音识别等技术在物流活动中得到了广泛应用。世界上最先进的物流系统运用了全球定位系统（GPS）、卫星通信技术、射频识别（RFID）以及机器人等先进技术，实现了物流作业的自动化、省力化、机械化、智能化和无纸化。

（七）物流组织网络化

为了能对企业的生产经营活动提供快速、全方位的物流支持，并给顾客提供更大的让渡价值，现代物流需要有健全、完善的物流网络。物流系统中节点与节点之间的物流活动必须保持高度的一致性和协调性，以有效避免节点间库存的重复设置，保证整个物流系统以最低的库存来维持较高的服务水平，进而对市场需求做出快速反应。

（八）物流经营市场化

现代物流管理引入市场机制，无论是企业自营物流还是物流外包，都应该权衡利弊，在“服务”与“成本”之间寻求平衡。国际上既有自营物流相当出色的例子，如沃尔玛、海尔等著名企业，也有大量利用第三方物流企业提供物流服务的例子，如 Dell 、HP 等。相较而言，物流的社会化、专业化已是主流，即使是非社会化、非专业化的物流组织也都实行了严格的经济核算。

（九）物流信息网络化

由于信息技术在物流领域的广泛应用，现代物流过程的可视化（Visibility）明显增加，物流过程中库存积压、延迟交货、库存与运输不可控等风险大大降低，从而可以加强供应商、物流商、批发商、零售商在组织物流过程中的协调与配合，以便对物流过程进行有效控制。

综上所述，现代物流具有反应快速化、功能集成化、服务系列化个性化、作业规范化、目标系统化、手段现代化、组织网络化、经营市场化、信息网络化等主要特点。

第六节 现代物流的发展趋势

进入 21 世纪，经济全球化进程明显加快，尤其是我国加入 WTO 以后，物流产业迎来了空前的发展机遇。综观国内外物流业的发展，可以发现国际物流呈现如下发展趋势：信息化、自动化、网络化、智能化、柔性化、标准化、社会化、精益化以及绿色化。

现代物流的发展趋势主要表现在以下几方面：

（一）专业物流形成规模，共同配送成为主导

国际专业物流企业是伴随制造厂商经营取向的变革而产生的，由于制造商为满足消费者日益精细化、个性化的产品需求而采取多品种、小批量的生产方式，因而多频次、小批量的配送需求也随之产生。它有利于厂商降低流通费用，提高经营运作的效率，并有利于生产企业将资源和能力集中于核心业务，培养并提升企业的核心竞争力。

共同配送是经长期发展并探索出的一种追求合理化配送的方式，也是包括日本等国在内的发达国家应用较广、影响较深远的先进物流运作模式。从整个社会的角度来说，共同配送可减少车流总量，缓解交通拥挤，改善交通运输状况；通过货物的搭配装载，可有效提高车辆的实载率，节省人力、物力和财力，降低物流作业成本，实现运输配送的规模经济；此外，还有利于改善商业物流环境，提高人们的生活品质。

（二）物流企业向集约化、协同化、全球化方向发展

国外物流企业向集约化、协同化方向发展，主要表现在两方面：一是大力建设物流园区，二是物流企业间的兼并联合。物流园区是多种物流设施和不同物流企业在空间上集中

布局的场所，是具有一定规模和综合服务功能的物流集结点。建设物流园区，有利于实现物流企业的专业化和规模化经营，发挥它们的整体优势和互补优势。世界上各行业企业间的国际联合与并购，必然会带动国际物流业加速向全球化方向发展，而物流全球化的发展趋势，又必然会推动和促进各国物流企业的并购与联合。新组成的物流联合企业、跨国公司将充分发挥互联网的优势，及时、准确地掌握全球物流动态信息，调动自己在世界各地的物流网点，构筑起本公司全球一体化的物流网络，节省时间和费用，将空载率压缩到最低限度，战胜对手，为货主提供优质服务。除了并购之外，另一种集约化方式是物流企业之间的合作并建立战略联盟。

（三）电子物流需求强劲，快递业发展迅猛

基于互联网的电子商务迅速发展，促使了电子物流（E-Logistics）的兴起。通过互联网加强企业内部、企业与供应商、企业与消费者、企业与政府部门之间的沟通、协调、合作与联系，消费者可以直接在网上获取有关产品或服务的信息，从而实现网上购物。这种“一站式”服务使企业能快速、准确、全面地了解顾客需求，开展基于客户订单的生产运营和物流服务。此外，电子商务物流可以在线跟踪发出的货物，实现投递线路的规划、物流调度以及货品检查等。可以说电子商务物流已成为21世纪国际物流发展的大趋势。电子商务物流的兴起，刺激了传统邮政快递业的需求和发展，因为通过Internet进行的电子商务交易双方距离比较远，通过电话销售、直复式营销以及网络营销等方式促成的交易就为包裹邮寄和快递业务提供了巨大的空间。除传统邮政业向电子商务物流方向拓展外，一些国际著名的快递企业在电子商务物流中充当前锋，一些新兴的物流企业也因将视角瞄准电子商务这一新的物流需求市场而迅速崛起。

（四）绿色物流将成为新的增长点

物流虽然促进了经济发展，但是物流的发展同时也会给城市环境带来负面影响，如运输工具的噪声、废气的排放、交通阻塞，以及生产和生活中废弃物的不当处理等都会对环境造成不良影响。为此，21世纪对物流提出了新的要求，即绿色物流。绿色物流的内涵主要包括两个方面：第一，对物流系统污染进行控制。在物流系统和物流活动的规划与决策中尽量采用对环境污染小的方案，如采用排放量小的货车车型、近距离配送、夜间运货（以减少交通阻塞，节省燃料和降低废气排放）等。发达国家政府通过在污染发生源、交通量、交通流三个方面制定相关政策来倡导并推动绿色物流的发展。第二，建立工业和生活废料处理的物流系统。

（五）物流技术快速发展，物流管理水平不断提高

目前已经形成以信息技术为核心，以信息技术、运输技术、配送技术、装卸搬运技术、自动化仓储技术、库存控制技术、包装技术等专业技术为支撑的现代物流装备技术格局。其发展趋势表现为信息化、自动化、智能化和集成化。其中，高新技术在物流业的应用与发展表现得尤为突出。

[案例1-5] 京东商城全球首个无人物流中心在上海投入运营

2017年10月9日，京东商城首个全流程无人物流中心正式在中国上海亮相。这是全球首个落成并规模化投入运营的全流程无人物流中心，也是全球首个大型绿色无人物流中心。物流中心的顶部全部是太阳能电池板，白天充电，以供库房晚上使用。该无人物流中心实现了入库、存储、包装、分拣全流程、全系统的智能化和无人化，这对全球物流的发展具有里程碑意义。

（六）物流专业人才需求增长，教育培训体系日趋完善

在物流人才需求的推动下，一些经济发达国家已经形成了较为合理的物流人才教育培训体系。如在美国，已建立了多层次的物流专业教育，包括研究生、本科生和职业教育等。许多著名的高等院校中都设置了物流管理专业，并为工商管理及相关专业的学生开设了物流课程。除去正规教育外，在美国供应链管理专业协会（CSCMP）的组织和倡导下，还建立了美国物流业的职业资格认证制度，所有物流从业人员必须接受职业教育，经过考试获得上述职业资格证书后，才能从事有关的物流工作。

小结：

本章阐述了现代物流的基本观念，介绍了物流概念的产生和发展历程、现代物流的分类、现代物流科学的性质以及现代物流的科学内涵。物流具有服务商流、保障生产、服务生活等作用，具有时间价值、场所价值、形质价值、系统功能价值、利润价值、环境价值、服务价值和产业价值。物流活动是物流诸功能的实施与管理过程，一般包括运输、仓储、包装、装卸搬运、配送、流通加工以及物流信息处理等内容。现代物流具有反应快速化、功能集成化、服务系列化个性化、作业规范化、目标系统化、手段现代化、组织网络化、经营市场化、信息网络化等主要特点。现代物流正朝信息化、自动化、网络化、智能化、柔性化、标准化、社会化、精益化以及绿色化方向发展。

同步测试：

一、判断题

1. 以 Logistics 取代 P. D，成为物流科学的代名词，这是物流科学走向成熟的标志。（　　）

2. 企业的第三利润是通过企业物流合理化来取得的。（　　）

3. 系统性是物流科学最基本的特性。（　　）

4. 生产决定流通，生产是流通的物质基础；反之，流通也决定生产，没有流通，生产也无法进行。（　　）

5. 生产企业的物流状况对企业生产环境和生产秩序起着决定性的影响。（　　）

二、单项选择题

1. 物流业是一种（　　）行业。

A. 生产性　　B. 生活性　　C. 服务性　　D. 消费性

2. 用（　　）观点来研究物流活动是现代物流科学的核心问题。

A. 静态　　B. 动态　　C. 系统　　D. 全面

3. 向社会提供运输、储存、装卸搬运、流通加工、包装以及物流信息等服务的能力称为（　　）。

A. 物流需求　　B. 物流链　　C. 物流供给　　D. 物流量

4. 生产企业出售商品时，物品在供方与需方之间的实体流动称为（　　）。

A. 采购物流　　B. 企业内物流　　C. 销售物流　　D. 退货物流

5.（　　）的标志是：它是伴随商业活动发生的，也就是说物流过程和所有权的更迭是相关的。

A. 企业物流　　B. 行业物流　　C. 社会物流　　D. 国际物流

三、多项选择题

1. 可以从物流系统的作用、属性及作用的空间范围等角度对物流进行分类。若按照物流系统的性质，可将其划分为（　　）。

A. 销售物流　　B. 国内物流　　C. 社会物流　　D. 行业物流

E. 企业物流

2. 按照物流系统的作用，可将其划分为（　　）等几种。

A. 供应物流　　B. 生产物流　　C. 销售物流　　D. 逆向物流

E. 回收物流

3. 流通包含商流、物流、资金流和信息流等多种流。可以认为其中的信息流从属于（　　）。

A. 资金流　　B. 物流　　C. 商流　　D. 管理流

E. 信息流

4. 除了时间价值、场所价值和系统功能价值外，物流的价值还包括（　　）。

A. 利润价值　　B. 环境价值　　C. 产业价值　　D. 服务价值

E. 形质价值

5. 物流活动是物流诸功能的实施与管理过程，一般包括运输、仓储以及（　　）等内容。

A. 包装　　B. 装卸搬运　　C. 配送　　D. 流通加工

E. 物流信息处理

四、简答（述）题

1. 什么是物流？我国国家标准对物流的定义与美国供应链管理专业协会（CSCMP）的定义有何不同？你是怎样理解这种差异的？

2. 现代物流的科学内涵是什么？

3. 怎样理解物流与流通的关系？

4. 什么是第一利润源泉？什么是第二利润源泉？什么是第三利润源泉？为什么近年来人们把目光投向了第三利润源泉？

五、综合分析题

废旧电池的回收物流

废旧电池经过长期机械磨损和腐蚀，使其内部的重金属和酸碱等泄漏出来，进入土壤或水源，就会通过各种途径进入人的食物链，危害人类的健康。我国电池产量占全世界电池产量的1/2强。近年我国电池出口贸易快速增长，已成为全球关注的重点行业。

欧盟在2006年5月通过一项指令，要求从2008年开始，强制回收废旧电池，回收费用由生产厂家负担。

欧盟该指令要求：从2009年开始，所有在欧盟境内销售的电池都必须标明具体使用寿命；2012年之前，欧盟境内1/4的废电池必须被回收；到2016年，这一比例应达到45%。这项指令目前已获得欧盟理事会与欧盟议会批准，即将成为欧盟法律。

我国作为世界电池制造和出口大国，欧盟的该项法令对我国电池制造业的回收问题提出了严峻考验。

问题：请为我国旧电池回收找出问题症结所在，并提出可行性解决方案。

六、实训题

课余查阅以下网站内容，并以对物流的认识为主题，撰写一篇不低于800字的调查报告。

http://www. iotcn. org. cn/中国物联网

http://www. cflp. org. cn 中国物流与采购网

http://www. 56net. com 物流网

http://www. chinawuliu. com. cn 中国物流联盟网

http://www. china-logisticsnet. com 中国物流网

http://www. 51. com. cn 中国物流人才网

http://www.cosco.com/ 中国远洋海运集团有限公司

http://www.cmhk.com/main/a/2015/k07/a199_201.shtml 招商局集团

七、案例分析题

月山啤酒集团的物流管理改革

月山啤酒集团在几年前就借鉴国内外物流公司的先进经验，结合自身的优势，制订了物流管理改革方案。首先，公司成立了仓储调度中心，对全国市场区域的仓储活动进行重新规划，对产品的仓储、转库实行统一管理和控制。由提供单一的仓储服务，到对产成品的市场区域分布、流通时间等进行全面的调整、平衡和控制，使仓储调度成为销售过程中降低成本、增加效益的重要一环。其次，以原运输公司为基础，月山啤酒集团注册成立了具有独立法人资格的物流有限公司，引进现代物流理念和技术，并完全按照市场机制运作。作为提供运输服务的“卖方”，物流公司能够确保按规定、要求，以最短的时间、最少的投入和最经济的运送方式，将产品送至目的地。最后，筹建了月山啤酒集团技术中心。月山啤酒集团应用建立在Internet信息传输基础上的ERP系统，筹建了月山啤酒集团技术中心，将物流、信息流、资金流全面统一在计算机网络的智能化管理之下，建立起各分公司与总公司之间的快速信息通道，及时掌握各地最新的市场库存、货物和资金流动情况，为制定市场策略提供准确的依据，并且简化了业务运行程序，提高了销售系统的工作效率，增强了企业的应变能力。

通过这一系列改革，月山啤酒集团获得了很大的直接和间接经济效益。首先是集团的仓库面积由7万多平方米减少到不足3万平方米，产成品平均库存量由12 000吨下降到6 000吨。其次，整个产品物流实现了环环相扣。销售部门根据各地销售网络的要货计划和市场预测，制订销售计划，仓储部门根据销售计划和库存及时向生产企业传递要货信息；生产厂有针对性地组织生产，物流公司则及时地调度运力，确保交货质量和交货期。最后，销售代理商在有了稳定的货源供应后，可以从人、财、物等方面进一步降低销售成本，增加效益。经过一年多的运作，月山啤酒的物流管理改革取得了阶段性成果。实践证明，现代物流管理体系的建立，使月山集团的整体营销水平和市场竞争能力大大提高。

根据案例提供的信息，请回答以下问题：

1. 月山啤酒集团的物流管理改革包括哪几方面的内容？取得了哪些成效？
2. 月山啤酒集团为什么要进行物流管理改革？
3. 月山啤酒集团的物流管理改革主要是针对企业物流的哪个领域进行的？
4. 怎样理解“仓储调度成为销售过程中降低成本、增加效益的重要一环”这句话？
5. 月山啤酒集团成立的物流有限公司属于哪种类型的物流企业？（参见本书第十章）
6. ERP系统对月山啤酒集团的物流运营管理起到了什么作用？（参见本书第九章）

第二章　现代包装与集装单元化技术

【引例】

视频链接：现代包装技术

耐克公司的包装创新

在过去几年中，为减小包装的生态影响，NIKE公司进行了大量包装创新工作。

1995年，NIKE公司对包装盒进行了一次全面的重新设计，将18种包装盒改为2种，然后改为1种良性生态包装，用来盛放运动鞋、滑雪板、太阳镜等商品。这种包装采用了一种开创性的折叠式设计，其结构中不使用重金属、油墨、胶水，这样每年为NIKE公司节约了8 000吨纤维材料。

旧包装盒作为再生原料，被投入一个封闭循环系统的粉碎设备中处理。换句话说，在处理过程中，对周围环境不会造成污染。这些纸箱超出美国环保局所要求的环保标准。1998年5月，新粉碎设备应用到纸箱生产中，提高了纸箱的性能。这些纸箱的重量减轻了10%，但强度不变。仅此一项，每年节约4 000吨的纤维原料。

在配送中心，NIKE公司正在试验重新利用包装箱的可行性。由于是新技术纸板，这些纸箱不易被损坏，易于重新使用。但在纸箱的再利用中，上面的标签成为潜在的易导致错误的因素。

引导问题：

1. 为什么耐克公司要进行包装创新?
2. 包装创新为耐克公司带来了哪些益处?
3. 为什么标签成为纸箱再利用时易导致错误的潜在因素?
4. 有哪些常见的包装技术？如何实现包装的合理化?

包装是生产的重要组成部分，很多产品只有经过包装后，才算完成了它的生产过程，才能进入流通和消费领域。同时，包装也是物流活动的基础，很多产品只有经过合理的包装后，才能使物流的其他功能活动得以实现。通过本章内容的学习，读者应掌握包装的概念与功能，了解包装的分类，能识别基本的包装标志；掌握包装合理化的途径；掌握集装箱、托盘的特点。

第一节　现代包装概述

在生产及流通过程中，包装都具有特殊的地位。一般而言，包装位于生产的终点和社会物流的起点，贯穿整个流通过程。

一、现代包装的概念

包装（Packaging；Package）是“为在流通过程中保护产品，方便储运，促进销售，按一定技术方法而采用的容器、材料及辅助物等的总体名称。也指为了达到上述目的而采用容器、材料和辅助物的过程中施加一定技术方法等的操作活动”（GB/T18354-2006）。现代包装把包装的物质形态和盛装产品时所采取的技术手段、装潢形式以及工艺操作过程融为一体。这个概念较以往人们仅仅把包装看作“产品的包扎”“包含着内容物的容器”“产品的容器与盛装”等而言，概念更完善。

商品包装具有从属性和商品性两种特性。包装是其内装物的附属品，包装选用的材料、采取的包装技法、设计的结构造型以及外观装潢，都从属于其内装物的需要，包装必须与内装物的性质相容，并能给予稳妥的保护。商品包装又是社会生产的附属于内装商品的特殊商品，具有价值和使用价值，其价值包含在商品实体的价值中，在出售商品时予以体现。而且优良的包装不仅能保证商品的质量完好，还能提高商品的艺术性和精美度，从而增加商品的附加价值。

二、现代包装的功能

商品包装主要有保护、容纳、方便和促销等功能。

（一）保护功能

保护功能即保护商品不受损伤的功能。这是商品包装最基本的功能，主要体现在以下几方面：

1. 保护商品不受机械伤害

适当的包装材料、包装容器和包装技法，能确保商品在运输、装卸、堆放过程中经受住颠簸、冲击、震动、碰撞、摩擦、翻滚、跌落（如由于操作不慎造成包装跌落）、堆压（如库房储存堆码，使最低层货物承受强大压力）等外界作用力情况下的安全，保护商品不至于变形、损伤、渗漏和挥发。

2. 保护商品不受环境损害

商品包装必须能在一定程度上起到阻隔水分、潮气、光线以及空气中各种有害气体的作用，要能保证商品在流通和储存过程中抵御外界温度、湿度、风吹、雨淋、日光、尘埃、化学气体等不良环境变化带来的危害，保护商品在流通中的安全，不至于出现商品干裂、脱水、潮解、溶化、腐烂、锈蚀、氧化、老化、发霉、变色等品质变化。

3. 保护商品不受生物损害

鼠、虫及其他有害生物对商品有很大的破坏性，适宜的包装能有效地阻隔鼠、虫、微生物等的侵害，保护商品不至于虫蛀、霉烂、变质等。

4. 保护商品不受人为损害

封装牢固的包装，能防止因人为随意挪动、操作不当而造成的商品损害，还能避免偷窃行为造成的商品损失。

（二）容纳功能

容纳商品是包装的重要功能之一，主要体现在以下几方面：

1. 容纳使商品形成一定的形态

许多商品（如气态、液态、粉粒状商品）本身并没有一定的集合形态，依靠包装的容纳才具有了特定的商品形态，才能进行运输和销售。

2. 容纳能保证商品卫生

对于食品、药品、化妆品、消毒品、卫生用品等商品，由于包装物起到了商品保护层的作用，因而保证了商品的卫生，有利于商品质量稳定。

3. 容纳使商品成组化

成组化即单元化，是指包装能把许多件商品或一些包装物组合在一起，形成一个整体。这种成组化的容纳能将商品聚零为整，变分散为集中，以达到方便物流作业和方便商业交易之目的。从物流方面来考虑，包装单元的大小要和装卸、保管、运输能力等条件相适应，应当尽量做到便于集中输送以便获得最佳的经济效益，同时又要求能分割及重新组合以适应多种装卸搬运条件及分货要求。从商业交易方面来考虑，包装单元大小应与交易的批量相适应，如零售商品其包装应适合消费者的一次购买。

4. 容纳能节省储运空间

通过包装的容纳作用，可使结构复杂的商品外形整齐，使质地疏松的商品经过合理的压缩而缩小体积。因此，容纳不仅可以充分利用包装容积，还能方便装卸搬运及堆码作业，提高装卸搬运、堆码的效率以及车辆、库房的利用率，从而节约包装费用、节省储运空间。

［案例2-1］美国强生公司产品包装的改变

美国强生公司生产的卫生产品占有很大的市场份额。公司利用尿布生产中开发出的技术，生产出一种船形杯子状的产品，名叫“Serenity”。每个包装盒装有12个或24个产品。当营销人员审查这种产品时，有人担心该产品太过轻泡，会影响销量。因为零售店内的货架空间有限，产品不得不就此展开争夺，所以可能会导致经常缺货，也限制了产品在消费者面前展示的机会。物流管理人员提出了解决问题的办法：改变产品密度。他们将产品对半折叠，再压成袋状，包装盒的尺寸比原来的一半还小。这样做不仅满足了市场营销的要求，还节约了仓储、运输和包装成本。

（三）方便功能

商品包装具有方便流通、方便消费的功能。在物流活动全过程中，商品所经过的流转环节，合理的包装都会提供巨大的方便，从而提高物流活动的效率和效果。商品包装的方便功能主要体现在以下几方面：

1. 方便装卸搬运

商品经适当包装后为装卸作业提供了方便。完整整齐的商品包装便于各种装卸搬运机械的使用，有利于提高装卸搬运机械的使用效率，使装卸搬运简单省力。包装的规格尺寸标准化后为集合包装提供了条件，从而能极大地提高装载效率。

2. 方便运输

包装的规格、形状、重量等与货物运输关系密切。包装尺寸与运输车辆、船只、飞机等运载工具的箱、仓容积相吻合，方便了运输，提高了运输效率。而且包装的各种标志（如商品分类标志、储运标志、收发货标志等），便于商品安全装运、准确运达目的地。

3. 方便储存保管

从商品验收的角度来看，易于开包，便于重新打包的包装方式为验收工作提供了方便，而且包装的组合化、定量性，对于节约验收时间，加快验收速度也起到了十分重要的作用；从搬运的角度来看，商品出、入库时，包装的规格尺寸、形态等适合仓库内的作业，为仓库的搬运工作提供了方便；从堆码的角度来看，完整整齐的商品包装，能够承受一定压力，便于商品堆码并可达到一定的安全高度，能够充分利用库房容积；从商品在库保管的角度来看，商品包装为保管工作提供了方便，便于维护商品本身的使用价值，并且包装的各种标志，使仓库的管理者易于识别、存取、盘点，有特殊要求的易于引起注意。

商品包装除了以上提及的方便功能之外，还有方便分发、方便识别、方便销售、方便携带、方便使用、方便回收、方便处理等方便功能。方便功能使商品与物流各环节具有广泛的适应性，使物流过程快捷、准确、可靠、便利。

（四）促销功能

促销功能与商流密切相关，该功能主要体现在以下两方面：

1. 传达商品信息，指导消费

通过包装上的文字说明，向人们介绍内装商品的名称、品牌、性能、用途、规格、质量、数量、价格、使用方法、保存方法、注意事项、生产日期、生产厂家和产地等信息，对商品进行无声宣传，帮助消费者了解商品，指导消费。

2. 表现商品，激发购买欲望

精美包装的造型、色彩、文字、图案，尤其是经过艺术加工的礼品包装，更能刺激消费者的感官，引起人们的注意，激发人们的购买欲望，让人产生购买行为。

小知识：

创意包装等于 5 秒钟广告

创意包装对吸引视觉能起到关键作用。有资料显示，在美国一家经营 15 000 个产品项目的普通超级商场里，一般购物者大约每分钟可浏览 300 件商品，假设 53% 的购买活动属于冲动购买，那么，此时的包装效果就相当于 5 秒钟的电视广告。因此，企业应重视创意包装，在色彩的搭配、字体的选用上加大视觉刺激的力度，使商品通过货架展示，吸引顾客视觉，促进销售。

三、现代包装的分类

为了适应各种商品的性质差异和各种装卸搬运机械、运输工具等的不同要求，包装在设计、选料、包装技法、包装形态等方面出现了多样化，从而导致了现代包装种类繁多，商品品种复杂。

一般而言，商品包装在生产、流通和消费领域的作用不同，不同部门和行业对包装分类的要求也不同，各种分类方法的分类目的和分类标准也有所不同。

（一）按照包装的层次或位置分类

按照包装的层次或位置来划分，商品包装可分为自包装、内包装和外包装三种。

1. 自包装

自包装是指直接接触商品，与商品同时装配出厂，构成商品组成部分的包装。如简装奶粉的袋子、香水的瓶子、牙膏的铝管等。商品的自包装上多有图案或文字标识，这类包装具有保护商品、方便销售以及指导消费的作用。

2. 内包装

内包装是指贴近商品的包装。内包装多为具有一定形状的容器，如牙膏的包装纸盒、糖果的塑料袋等。商品的内包装具有防止商品受外力挤压、撞击而发生损坏或受外界环境影响而发生受潮、发霉、腐蚀等变质变化的作用。

3. 外包装

外包装是商品最外部的包装。外包装多是若干件商品集中的包装，如箱、盒、袋等。商品的外包装上都有明显的标记，注明商品的名称、型号、规格、数量、重量、产地等。这类包装具有保护商品在流通中的安全（如防水、防盗、防破损等）以及方便储运等作用。

（二）按照包装在流通领域的作用分类

按照包装在流通领域的作用来划分，商品包装可分为销售包装和运输包装两种。

1. 销售包装

销售包装又称小包装、内包装或商业包装，是指随同内装商品一同销售，以促进商品销售为主要目的的包装。例如，礼品包装。这种包装的特点是：①造型和表面设计新颖、美观，装饰性强，有激发购买欲望的艺术魅力，还具有丰富的引导选购和指导使用的商品信息；②不仅在销售活动中，而且在流通过程中都能起到保护商品的作用；③包装件小，方便携带和使用；④包装单位适于顾客的购买量和商店柜台陈设的要求。

［案例2-2］**改进商品包装，人参价值倍增**

俗话说："货卖一张皮。"商品的包装要与其价值和质量一致，货价相当。我国东北出口的优质人参，开始采用木箱或纸盒包装，每箱20~25千克，低劣的包装使外商怀疑其是不是真正的人参。后来改用小包装，不同等级的人参包装不同，上品内用木盒，外套印花铁盒，每盒1~5支，精致美观；一般的人参则采用透明塑料盒包装。由于采用等级包装，东北人参身价倍增。

想一想：东北人参为什么要采用等级包装？这是运用了何种物流管理方法？

2. 运输包装

运输包装又称大包装、外包装或工业包装，是指以满足货物运输储存要求为主要目的的包装。它是为了在商品流通过程中，方便货物的装卸搬运、运输配送和储存保管等工作，提高物流作业效率，保护货物所进行的包装。运输包装一般不随商品出售，通常不与消费者见面（但如电视机、洗衣机等大型家电商品的运输包装，也是其销售包装）。因此，运输包装的外观不像销售包装那样讲究，但包装上的标志必须清晰。这种包装的特点是：体积大，容量大，荷重大，结构坚固，外形规则，实用性强，包装费用低廉，如快递纸箱，见图2.1。

（三）按照包装的使用范围分类

按照包装的使用范围来划分，商品包装可分为专用包装和通用包装两种。

1. 专用包装

专用包装是指专供某种或某类商品使用的一种或一系列的包装。采用专用包装是根据商品某些特殊的性质来决定的。这类包装都有专门的设计制造和科学管理方法。例如，品牌茶叶的专用包装，见图2.2。

2. 通用包装

通用包装是指一种包装能盛装多种商品，被广泛使用的包装容器。通用包装一般是不进行专门设计制造，而是根据标准系列尺寸制造的包装，用以包装各种无特殊要求的或标准规格的产品。例如，盛装可口可乐的罐、酒瓶等，见图2.3。

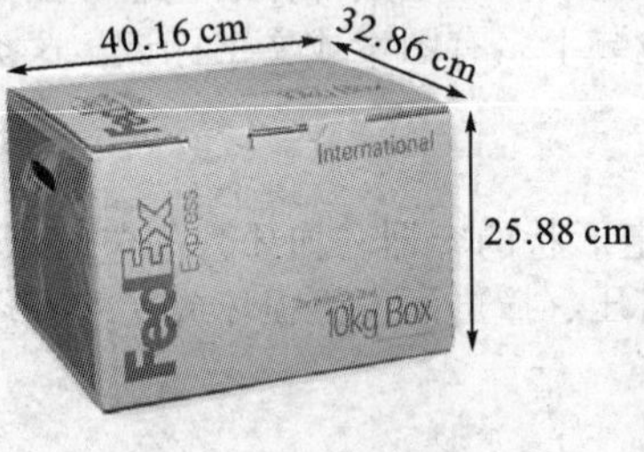

图2.1　FedEx纸箱

图2.2　品牌茶叶的专用包装

图2.3　可口可乐的罐

除了以上分类外，包装还可以按照材料、技术方法和内容物等标准进行分类。

四、现代包装作业

包装作业是指为了达到包装在流通过程中保护商品，方便储存，促进销售的目的而进行的操作活动，既包括商品包装前的技术处理，又包括机械包装的辅助工作。

视频链接：现代包装作业

（一）充填

充填是指将商品按要求的数量装入容器的操作。充填是包装过程的中间工序，在此之前是容器准备工序（如容器的盛开加工、清洗消毒、按序排列等），在此之后是封口、贴标、打印等辅助工序。在充填过程中，精密地计量内装物是很重要的。充填主要分为固体内装物充填和液体内装物充填。

1. 固体内装物充填方法

固体内装物充填方法有称重法、容积法和计数法三种。①称重法是将内装物用秤进行计重，然后充填到容器中的包装方法。对于一些中小块状不一的商品，一般采用称重法。②容积法一般采用定量杯（槽）或通过机械元件（如螺杆、定量阀门等）的传动来达到既定量又完成商品包装的全过程。它适用于不易吸潮和比重无变化的干粉、粒状商品，尤其对小颗粒状商品更为适宜。③计数法有机械计数与电子计数两种方法。机械计数是通过孔穴板（板上钻有一定数量的孔穴），采用回转盘或往复插板的结构，既计数又完成定量进料的工序。该方法计量比较准确，但速度较慢。为了加快计数，有时采用多头电子计数装置。在商品自动化包装中，采用电子计数时，还必须在前一段工序选择配置检验商品的机械。对大小不一致的块状商品，大多采用计数法。

2. 液体内装物充填方法

液体内装物的充填，又称为灌装。其方法按原理可分为重力灌装、等压灌装、真空灌装和机械压力灌装四大类。①重力灌装方法是利用液体自身重力充填容器的方法；②等压灌装适用于含气液体，如啤酒、汽水等，生产时采用加压的方法使液体内含有一定的气体，而在灌装时为了减少气体的溢出和灌装的顺利进行，必须先在空瓶中充气，使瓶内气压与储液缸内气压相等，然后再进行液体灌装；③真空灌装是将容器中的空气抽出后灌装液体的方法，如灌装果汁、糖浆、牛奶、酒精等，它不适于容易变形的软性包装容器，如软塑料瓶、椭圆形的金属罐等；④机械压力灌装是对黏度大的半流体内装物，如牙膏、香脂等，采用机械压力进行充填的方法。

（二）包装封口

包装封口是指将商品装入包装容器后，封上容器开口部分的操作。包装封口是包装操作的一道重要工序，它直接关系到包装作业的质量与包装密封性能。

针对不同容器和密封性能要求的不同，有不同的封口方法，主要有黏合封口、胶带封口、插接封口、捆扎封口、铰结封口、装订封口、热熔封口、收缩封口、盖塞封口、焊接封口、卷边封口、压接封口、缝合封口、真空封口、胶泥封口、浸蜡封口等。

（三）捆扎

捆扎是指将商品或包装件用适当的材料扎紧、固定的操作。常用的捆扎材料有钢带、聚酯带、聚丙烯带、尼龙带和麻绳等。选用捆扎材料时，要根据被捆扎物的要求以及包装材料的成本及供应情况等综合考虑；捆扎的基本操作过程是先将捆扎带缠绕于商品或包装件上，再用工具或机器将带扎紧，然后将两端重叠连接。捆扎带两端连接方式有：用铁皮箍压出几道牙痕连接、用铁皮箍切出几道牙痕并间隔地向相反方向弯曲连接、用热黏合连接以及打结连接等。

（四）裹包

裹包是指用一层或者多层柔性材料包覆商品或包装件的操作。用于裹包的材料主要有纸张、织品、塑料薄膜以及蒲席等。裹包的方法主要有直接裹包、多件裹包、收缩裹包、压缩捆包与卷绕裹包等形式。

（五）加标和检重

加标就是将标签粘贴或拴挂在商品或包装件上。标签是包装装潢和标志，因此加标也是很重要的工作。检重即检查包装内容物的重量，它关系到企业和消费者的利益。

常见的包装设备如图 2. 4 所示。

收缩膜包装机　　灌装机　　封口机

图 2.4　常见的包装设备

五、现代包装的合理化

在现实生活中，存在很多不合理的包装现象。所谓包装不合理，是指在现有条件下可以达到的包装水平而未达到，从而造成了包装强度过低或过高、包装材料选择不当等问题。

包装合理化是指在包装过程中使用适当的材料和技术，制成与物品相适应的容器，节约包装费用，降低包装成本，既满足包装保护商品、方便储运、有利销售的要求，又要提高包装的经济效益的包装综合管理活动。目前，包装合理化正朝着智能化、标准化、绿色化、单位大型化、作业机械化、成本低廉化等方向不断发展。

（一）智能化

物流信息化的一个重要基础是包装智能化。若包装上的信息量不足或错误，就会直接影响物流各环节活动的进行。随着物流信息化程度的提高，包装上除了应表明内装物的数量、质量、品名、生产厂家、保质期及搬运储存所需条件等信息外，还应粘贴商品条形码和物流条形码，以实现包装智能化。

（二）标准化

包装标准是针对包装质量和有关包装质量的各个方面，由一定的权威机构所发布的统一的规定。包装标准化可以大大减少包装的规格型号，提高包装的生产效率，便于被包装物品的识别和计量。它包括包装规格尺寸标准化、包装工业产品标准化和包装强度标准化三方面的内容。

（三）绿色化

在选择包装方式时，应遵循绿色化原则，即通过减少包装材料、重复使用、循环使用、回收利用等包装措施，以及生物降解来推行绿色包装，节省资源。

[案例 2-3]　回收盛装谷物的盒子

在德国，政府要求零售杂货店在销售点回收盛装谷物的盒子。通常，消费者购买产品后，打开盒子，将里面的产品倒入从家中带来的容器里，随后将空盒子扔进垃圾箱。销售者负责回收用过的盒子，重新包装，投入使用，或者丢掉。

（四）单位大型化

随着交易单位的大量化和物流作业的机械化，包装大型化的趋势越来越明显。

大型化包装有利于装卸搬运机械的使用，有利于提高物流活动的效率。

（五）作业机械化

包装作业机械化是减轻人工包装作业强度、实现省力、提高包装作业效率的重要举措。包装作业机械化首先从个装开始，之后是装箱、封口、挂提手等与包装相关联的作业。

（六）成本低廉化

包装成本中占比例最大的是包装材料费用。因此，降低包装成本首先应该从降低包装材料费用开始，在保证包装功能的前提下，尽量降低包装材料的档次，节约包装材料费用支出。

第二节 现代包装标志

商品包装标志在商品的销售包装上往往表现为商品使用说明或商品标签，在商品的运输包装上则通常表现为商品的运输包装标志。

一、销售包装标签

(一) 销售包装标签的概念

销售包装标签是指附属于商品销售包装容器的附签、吊牌、文字、符号、图形以及其他说明物。

销售包装标签是卖方传达商品信息、表现商品特色、推销商品的重要手段，也是消费者选购商品、正确保存养护商品和科学消费的指南。销售包装标签是销售包装起到“沉默推销员”作用的主要工具。

(二) 销售包装标签的内容

(1) 国产商品销售包装标签的内容。根据国家质量技术监督局于 1997 年 11 月 7 日发布实施的《产品标识标注规定》，商品销售包装标签的内容包括商品名称、生产者名称和地址、商品标准号、商品质量检验合格证明。同时，根据商品特点和使用要求，标明商品的规格、等级、数量、净含量，所含主要成分的名称和含量以及其他技术要求；限期使用的商品，应标明生产日期、安全使用期（保质期）或失效日期（保存期，用年、月、日表示）；使用不当，容易造成商品本身损坏或者可能危及人体健康和人身财产安全的商品，如剧毒、放射性、危险、易碎、怕压、需要防潮、不能倒置及有其他要求的商品，就当标注警示标志或中文警示说明，标明储运注意事项；性能、结构及使用方法复杂、不易安全使用的商品，应当有详细的安装、维护及使用说明；实行生产许可证管理的商品，应当标明有效的生产许可证标记和编号。此外，获得质量认证的商品，可以在认证有效期内，在生产的商品上标注认证标志；获得条码的商品，可以标注有效的商品条码。例如，在食品标签上应标明的内容有食品名称、配料表、净含量及固形物重量、厂名、批号、日期标志，以及储藏指南、食（使）用方法指导、质量等级、商品标准代号、已获准的注册商标及商品条码等。

销售包装的最大表面积小于 10 平方厘米的商品，可以仅标注商品名称和生产者名称，但限期使用的商品还应当标注生产日期、安全使用期（保质期）或失效日期（保存期）。商品标识使用的汉字、数字、字母，其字体高度不得小于 1.8 毫米。

(2) 进口商品销售包装标签内容的特别规定。对于一般商品，必须在其进口商品的每个小包装上用中文标注：商品名称、原产地国名和地方名、中国代理商或进口商或销售商在中国依法登记注册的名称（全称）和详细地址。而关系到人身财产安全的商品，对其标签的内容则有更详细的规定。目前强制实行的有：家用电器商品在每个销售小包装上不仅必须有中文说明，还必须有中国检验检疫局 CCIB 安全认证标志和粘贴中国电工产品认证委员会长城安全认证标志。

二、运输包装标志

运输包装标志由简单醒目的文字、数字或图像组成，是在运输包装外面，于明显位置，涂刷或粘贴或拴挂的特定记号或说明。运输包装的标志按表现形式，可分为文字标志和图形标志两种；运输包装的标志按所起的作用，可分为运输包装收发货标志、包装储运图示标志和危险货物包装标志等。

(一) 运输包装收发货标志

收发货标志主要用来供收发货人识别商品，以便操作。其内容如下：

(1) 必用标志。分类标志（代号 FL）属于必用标志，是用几何图形和简单文字表明商品类别的特定符号。分类标志的图形在《运输包装收发货标志》（GB6388-86）标准中均有具体规定，如图 2.5 所示。

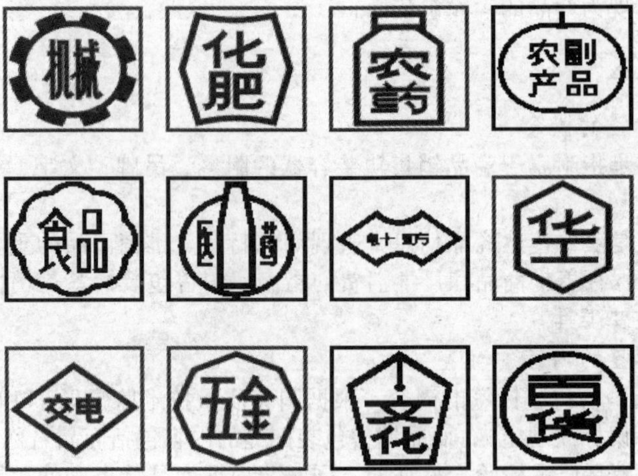

图 2.5　商品分类图形标志

(2) 可自行合理选用的标志。可自行合理选用的标志包括供货号（代号 GH，供应该批货物的供货清单号码，出口商品用合同号码）、货号（代号 HH，商品顺序编号，以便出入库、收发货登记和核定商品价格）、品名规格（代号 PG，商品名称或代号，标明单一商品的规格、型号、尺寸、花色等）、数量（代号 SL，包装容器内含商品的数量）、重量（代号 ZL，包装件的重量，包括毛重和净重）、生产日期（代号 CQ，产品生产的年、月、日）、生产工厂（代号 CC，生产该产品的工厂名称）、体积（代号 TJ，包装件的外径尺寸长×宽×高=体积）、有效期限（代号 XQ，商品有效期至××年××月）、收货地点和单位（代号 SH，货物到达站、港和某单位或某人收）、发货单位（代号 FH，发货单位或人）、运输号码（代号 YH，运输单号码）、发运件数（代号 JS，发运的件数）。

(二) 包装储运图示标志

包装储运图示标志是根据商品性能的特殊要求及不同商品对物流环境的适应能力，而提出的正确对待货物的图案标志，用醒目简洁的图形和文字标明在装卸运输及储存过程中应注意的事项，以保证商品的安全。由国家质量技术监督局于 2000 年 7 月 17 日发布、从 2000 年 12 月 1 日起实施的中华人民共和国国家标准《包装储运图示标志》（GB 191-2000）代替了 GB 191-1990。GB 191-2000 标准中规定，包装储运图示标志颜色应为黑色，如果包装的颜色使得黑色标志显得不清晰，则应在印刷面上用适当的对比色，最好以白色作为图示标志的底色；应避免采用易于同危险品标志相混淆的颜色；除非另有规定，一般应避免采用红色、橙色或黄色。标志的名称和图形图示标志共 17 种，如图 2.6 所示。

(三) 危险货物包装标志

危险货物包装标志是用来标明化学危险品的专用标志。此类标志采用特殊的彩色或黑白菱形图示，以起到在储运中引起有关人员的警惕，对各类危险品及时加强相应的防护措施，以保证人身和货物安全的作用。

我国国家标准《危险货物分类和名称编号》（GB6944-86）把危险货物分为九类：第一类

爆炸品，第二类压缩气体和液化气体，第三类易燃液体，第四类易燃固体，第五类氧化剂和有机过氧化物，第六类毒害品和感染性物品，第七类放射性物品，第八类腐蚀品，第九类杂品。

在储运过程中，应根据各类危险品的性质及时加强相应的防护措施。为引起有关人员的注意及警惕，保证人身和货物的安全，必须在各类危险品的运输包装上标贴表明内装物危险特性的危险货物包装标志。

由国家质量技术监督局于 1990 年 12 月 25 日批准、从 1991 年 7 月 1 日起实施的中华人民共和国国家标准《危险货物包装标志》（GB 190-1990）代替了 GB 190-1985。GB 190-1990 标准规定了危险货物包装图示标志（以下简称标志）的种类、名称、尺寸及颜色等。标志的图形共 21 种、19 个名称，其图形分别标示了 9 类危险货物的主要特性，如图 2.7 所示。

图 2.6　包装储运图示标志

(符号:黑色,底色:橙红色)	(符号:黑色,底色:橙红色)	(符号:黑色,底色:橙红色)

(符号:黑色或白色,底色:正红色)	(符号:黑色或白色,底色:绿色)	(符号:黑色,底色:白色)

(符号:黑色或白色,底色:正红色)	(符号:黑色,底色:白色红条)	(符号:黑色,底色:上白下红)

(符号:黑色或白色,底色:蓝色)	(符号:黑色,底色:柠檬黄色)	(符号:黑色,底色:柠檬黄色)

(符号:黑色,底色:白色)	(符号:黑色,底色:白色)	(符号:黑色,底色:白色)

(符号:黑色,底色:白色)	(符号:黑色,底色:白色,附一条红竖条)	(符号:黑色,底色:上黄下白,附二条红竖条)

(符号:黑色,底色:上黄下白,附三条红竖条)	(符号:上黑下白,底色:上白下黑)	(符号:黑色,底色:白色)

图 2.7　危险货物包装标志

第三节　集装单元化器具

集装单元化技术也称集装成组化技术，是指将一定数量的散装或零星成件商品组合在一起，以便在装卸搬运、运输保管等物流活动中将其作为一个整件进行技术和业务处理的包装技术。

集装单元化的表现在于采用了集合包装。集合包装是将一定数量的包装件或商品，组合在具有一定规格、强度、周转使用期的更大容器内的包装。如把许多商品包装成一个包，若干包又打成一个件，若干件最后装入一个集装箱，这便是集合包装的简单组合过程。

商品集合包装容器主要有集装箱、托盘、集装袋等。其中，集装箱和托盘在运输储存环节应用广泛，被称为集装系统的两大支柱。

一、集装箱（Container）

视频链接：集装箱堆场(CY)

（一）集装箱的概念

集装箱也称“货箱”或“货柜”，是“具有足够的强度，可长期反复使用的适于多种运输工具而且容积在1立方米以上（含1立方米）的集装单元器具①”（GB/T18354-2006）。换言之，集装箱是具有固定规格和足够强度，能装入若干件整装商品或散装商品的专用周转大型容器。集装箱是集合包装容器中最主要的形式，如图2.8所示。

专用集装箱

罐式集装箱

铁路集装箱

海运集装箱

空运集装箱

图2.8　各种类型的集装箱

（二）集装箱的特点

根据国际标准化组织（ISO）TC/04委员会对集装箱所下的定义与技术要求、我国国家标准《物流术语》（GB/T18354-2006）、国家标准《系列1集装箱——分类、尺寸和额定质量》（GB/T1413-1998）以及《集装箱名词、术语》对集装箱所下的定义，集装箱应具有

① 国家标准《物流术语》（GB/T18354-2006）中提及，集装单元器具（Palletized unit implements）是“承载物品的一种载体，可把各种物品组成一个便于储运的基础单元”。

如下特点和技术要求：①具有足够的强度，能长期反复使用；②适于一种或多种运输方式运送货物，途中无须倒装；③设有供快速装卸的装置，便于从一种运输方式转到另一种运输方式；④便于箱内货物装满和卸空；⑤内容积大于或等于 1 立方米。

(三) 集装箱的分类

1. 按集装箱的用途分类

按集装箱的用途分类，可分为通用集装箱和专用集装箱两种。

(1) 通用集装箱。它适用于装载对运输条件无特殊要求的各种不同规格的干杂货，进行成箱、成件集装运输。这类集装箱的箱体，一般有密封防水装置，又称密封式集装箱或适应集装箱。

(2) 专用集装箱。它是根据某些商品对运输条件的特殊要求而专门设计的集装箱。一般箱内设有通风、空调或货架等设备，可用于装载鲜活、易腐、怕热、怕冻或体积较大的商品等。如适合精密仪器等商品运输的恒温型集装箱、适合鱼肉等食品运输的冷藏型集装箱、适合新鲜水果蔬菜等商品运输的通风型集装箱、适合服装运输的吊挂型集装箱、适合石油等商品运输的液体型集装箱，以及适合大件商品运输的开顶式集装箱、机械拆解式集装箱等。

2. 按集装箱的制作材质分类

按集装箱的制作材质分类，可分为钢质集装箱、铝合金集装箱、玻璃钢质集装箱、薄壳式集装箱四种。

(1) 钢质集装箱。这是由钢材和不锈钢焊接而成的集装箱。它具有强度大、结构牢固、水密封性好的优点；其缺点是耐腐蚀性差。目前采用不锈钢为材料，则耐腐蚀性增强，外形也美观，但造价较高。

(2) 铝合金集装箱。铝合金集装箱的主要部位是用铝合金铆接而成的。它具有重量轻、美观、抗腐蚀等优点。

(3) 玻璃钢质集装箱。这是由玻璃纤维和树脂混合，加入适当的加强塑料后，胶附于胶合板两面而制成的集装箱。它具有强度高、刚性好、隔热性和耐腐蚀性好等优点；其缺点是自重较大，塑料老化等问题不易解决。

(4) 薄壳式集装箱。这种集装箱是将骨架、外板等部件组合成一个不能拆卸的整体，近似飞机的结构。薄壳式集装箱具有重量轻、能承受外力冲击与扭力而不会变形的优点。

二、托盘 (Pallet)

(一) 托盘的概念

视频链接：韩国托盘共用公司(KPP)和韩国物流箱共用公司(KCP)

托盘也称集装托盘或集装盘，是指“在运输、搬运和存储过程中，将物品规整为货物单元时，作为承载面并包括承载面上辅助结构件的装置（GB/T18354-2006）”。换言之，托盘是用于集装、堆放、搬运和运输放置作为单元负荷的货物和制品的水平平台装置。其承载面有供叉车(如图 2.9 所示)从下部叉入并将台板托起的辅助结构(叉入口)。

图 2.9　叉车

（二）托盘的特点

1. 托盘的优点

托盘主要有以下优点：

（1）自重轻。与集装箱相比，托盘装卸、运输的劳动强度较小，无效运输及装卸负荷较小。

视频链接：货物分拣

（2）返空容易。由于托盘造价低，很容易实现抵补，以减少返空量。即使返空，其占用运力也很少，比较容易操作。

（3）装盘量适宜、组合量较大。虽然托盘的体积一般不低于 1 立方米，但它的装载量比集装箱小，适合整体装卸、堆码。

（4）方便装运机械化。托盘结构简单，由垫板、横梁和垫块组成，垫块形成的插口，可方便铲车（叉车）的铲叉插入连接，实现机械化操作。

（5）节约包装材料，降低包装成本。

2. 托盘的缺点

托盘也有一些不足之处。例如：托盘对货物的保护性不如集装箱好；托盘承装的货物范围有限；托盘货载时，必须捆扎牢固；托盘货载露天存放困难，需要有仓库等配套设施；等等。

（三）托盘的分类

托盘有多种分类方法，可以按照托盘的材质、结构、承载面等进行分类。

（1）按照托盘材质分类。按照材质，可将其划分为木制（质）托盘、钢制（质）托盘、塑料托盘、纸质（质）托盘以及复合托盘等类型，如图 2. 10 所示。

木质托盘　　塑料托盘　　金属托盘　　再生资源托盘

图 2. 10　托盘按材质分类

（2）按照托盘结构分类。按照结构，可将其划分为平托盘、箱式托盘、网箱托盘、柱式（型）托盘、轮式托盘等类型，如图 2. 11 所示。

平托盘　　箱式托盘

网箱托盘　　柱式(型)托盘　　轮式托盘

图 2.11　托盘按结构分类

(3) 其他分类方法。例如：根据托盘的承载面是单面还是双面，可将其划分为单面托盘和双面托盘两种类型；根据单面托盘的形状，还可将其进一步划分为川字托盘和九脚托盘等类型。如图 2.12 所示。

双面托盘　　单面托盘　　川字托盘　　九脚托盘

图 2.12　平托盘的类型

三、集装袋 (Flexible Freight Bags)

集装袋亦称柔性集装箱，是集装单元器具的一种。它是“以柔性材料制成可折叠的袋式集装单元器具” (GB/T18354-2006)。具体而言，集装袋是采用合成纤维布（如高强度聚丙烯纤维布）、复合材料、皮革以及塑料扁丝编织物等制成的圆柱形、方形或长方形抽口式大口袋。其顶部周围设有吊环，可方便起重机、传送带机械化装卸，进而实现集装单元化运输。如图 2.13 所示。

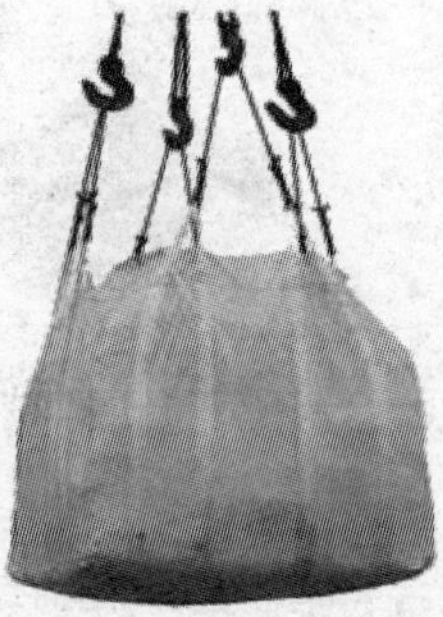

图 2.13　集装袋

集装袋具有结构简单、自重轻、可以折叠、回空所占空间小、价格低廉等特点。根据其性能参数，可将其划分为一次使用和重复使用两种类型；根据形状，可将其划分为圆桶型、方型、圆锥型和折叠型等多种类型；按照提升方式，可将其划分为顶面提升型、底面提升型和侧面提升型等类型；根据材料的不同，可将其划分为橡胶型、塑料型和帆布型等多种类型。

集装袋的充填重量有0.5吨、1.0吨、1.5吨、2.0吨、2.5吨和3吨等规格。其容积有500立方米、640立方米、840立方米、1 000立方米、1 250立方米、1 500立方米、1 750立方米和2 000立方米等规格。

集装袋适合装运大宗散装粉粒状物料，如食盐、大米、化肥、水泥等散装商品。通过集装单元化，可以提高装卸、搬运的效率，节约人力、物力和财力。集装袋包装被誉为粉粒状商品运输方式的一次革命。

小结：

包装是指为在流通过程中保护产品，方便储运，促进销售，按一定技术方法而采用的容器、材料及辅助物等的总体名称，也指为了达到上述目的而采用容器、材料和辅助物的过程中施加一定技术方法等的操作活动。包装具有从属性和商品性两种特性以及保护、容纳、方便和促销等主要功能。包装有多种分类方法。包装合理化正朝着智能化、标准化、绿色化、单位大型化、作业机械化、成本低廉化等方向发展。集装单元化的表现在于采用了集合包装。集装单元化器具主要有集装箱、托盘、集装袋等。其中，集装箱和托盘是集装系统的两大支柱。

同步测试：

一、判断题

1. 物料的集装单元化是现代物流的特征之一，而标准化则是集装单元化的关键。 ( )

2. 集装单元化技术是物流系统中的一项先进技术，是便于实现自动化管理的一种现代科学技术，但它只适合小批量、短距离输送。 ( )

3. 商品条码化和包装标准化是实现分拣自动化的前提。 ( )

4. 包装的规格和托盘、集装箱关系密切，在制定包装尺寸标准时，只需与托盘、集装箱规格相符即可。 ( )

5. 集装就是以最有效地实行物资搬运作为基本条件，将若干货物恰当地组合成的包装。它既是一种包装，也是一种运输或储存形式。 ( )

二、单项选择题

1. 单个包装也称小包装，是物品送到使用者手中的最小单位。这种包装一般属于( )。

A. 工业包装　　B. 运输包装　　C. 商业包装　　D. 内包装

2. ( ) 被称为生产物流的终点，同时也是社会物流的起点。

A. 运输　　B. 仓储　　C. 流通加工　　D. 包装

3. 按照包装的功能，可将包装划分为 ( ) 两类。

A. 工业包装和商业包装　　B. 内包装和外包装

C. 单个包装和整体包装　　D. 轻薄包装和模块包装

4. 商品包装可以分为自包装、内包装和外包装三种类型。这是按照包装的 ( ) 来划分的。

A. 功能　　B. 作用　　C. 特点　　D. 层次

5. 按照包装的使用范围来划分，商品包装可分为（　　）。

A. 工业包装和商业包装　　B. 内包装和外包装

C. 专用包装和通用包装　　D. 销售包装和运输包装

三、简答（述）题

1. 简述包装的基本功能。
2. 包装有哪些分类方法?
3. 简述包装合理化的内涵及包装合理化的发展方向。
4. 简述集装箱和托盘的特点。

四、实训题

学生以小组为单位，课余寻找一家大型超市，对超市中陈列的商品的包装进行观察、分析、讨论，撰写一篇不低于1 000字的调查报告。

五、案例分析题

TECH PLASTUS联合公司包装管理的优化

TECH PLASTUS联合公司是《财富》杂志上排名500强的塑料容器制造商。其产品主要是盛装食物的塑料容器，它由盒与盖两个组件组成。公司原来的作业方式是将配套好的盖和盒，以一对的形式包装储存。传统的操作过程要求首先分别生产盒与盖，然后在生产线上完成盒与盖的配套包装过程，再将其送到仓库中。随着业务的发展，产品的品种从80种增加至500种，而这些产品的盒与盖又有许多是可以相互匹配的。这样，传统的操作过程使得产品库存迅速增加，同时，缺货现象又经常发生。仓库操作人员经常需要从现有库存物品中打开包装，拿出产品，再进行重新装配，以使产品满足已有订单的需求。这样做，一方面使工作效率降低，另一方面也常常不能满足客户的需求，同时产品库存的准确性也受到了影响。

TECH PLASTUS联合公司的解决方法是在生产线末端重新设计包装过程，将盒与盖进行独立的包装，再分别放入仓库的一个配套装配工作区，而不先进行盒与盖的配套。每天收到客户订单时，再根据需要将所需的盒与盖放入包装线，两者被压缩包装在一起，并按顾客的要求打上标签，然后将成品放上拖车运走。对于需求量大的盒与盖，平时可以多装配一些，然后包装入库储存，需要时再进行大量库存物品的打标签和装运。

TECH PLASTUS联合公司用于包装线的投资不到2万美元。而把配套包装作业放到仓储过程中去完成，使流动资金的周转率大大提高，仓库的空间利用率也得以提高，同时库存的精确度也达到一个更能接受的水平。

根据案例提供的信息，请回答以下问题：

1. TECH PLASTUS联合公司遇到了什么问题?
2. 是什么原因使TECH PLASTUS联合公司遭遇困境?
3. TECH PLASTUS联合公司采取了何种应对策略?有何好处?
4. 结合本案例，请谈谈你对“管理出效益”这句话的理解。
5. 结合本案例，请谈谈你对流程管理的理解。

第三章　储存保管

【引例】

视频链接：储存保管

远程仓储在亚洲

远程仓储已在越来越多的跨国公司中成为一种节约成本、方便运营的运作方式。如今到亚洲采购已成为一种趋势：越来越多的公司不再像以前那样把商品进口后储存在本国仓库中备用，而是充分利用当地廉价的劳动力，把货物存放在亚洲的仓库里，随后直接运到客户手中。专家估计，通过在亚洲原产地附近存储货物，可以使美国进口商在仓储和货物搬运方面的成本节省百分之二三十，同时把货物分拣、包装、拼箱等物流服务项目也放到亚洲，更可以节约一笔开支。

从上海外高桥保税区的上海物流中心的发展可以看出这一趋势愈演愈烈。该中心去年为施乐、埃克森美孚、西门子这样的跨国公司建设了面积达45万平方英尺（1英尺=0.304 8米）的仓库设施。该中心预计，今年平均每月所处理的货盘数将从去年的3 000个增长到1.2万个。使用该仓库的美国公司将从5家增至30家。尽管有些货主仍坚持自己在亚洲设立仓库，但大部分企业已把仓储业务外包给像美国Consolidation公司这样的第三方物流公司。该公司称其设在深圳盐田港的仓库容量5年内已从17万平方英尺增长到50万平方英尺；常年利用率达75%。Accessory Network公司主要进口箱包、皮带和其他服饰附件，该公司利用的就是Consolidation公司位于盐田的仓库，同时，Consolidation公司还为它分拣和包装货物，Accessory Network公司预计这样为公司节约了百分之二三十的库存成本。

马士基物流公司发现，越来越多的零售商把仓储放在亚洲，一旦客户需要，就随时运送出去。而且这样做，对跨国公司还有一个好处：一旦供应商在商品销售方面出现变化，企业可以做出最快速的反应，及时调整库存，而不必像以往那样把货物再从美国送回亚洲。对那些从事季节性商品采购的进口商来说，这种“远程仓储”的方式尤为有利。比如，进口商可以让生产厂家在比较空闲的12月份生产出万圣节用的面具，然后存上大半年，到需要时再运到美国。货主还可以一次性以优惠价订下大批量货物，存放在廉价的“远程仓库”里。不过，要想有效地管理这样一个“远程仓库”，信息技术非常关键，不仅需要高水平的数据可视系统，而且应对需求有准确的预测。只有这样，货主才可以放心地把货物存放在生产地附近，并能随时对之进行遥控。

引导问题：

1. 为什么越来越多的跨国公司在亚洲设立仓储业务？
2. 有效管理“远程仓库”的关键是什么？为什么？
3. 储存保管在现代物流管理中有何重要地位？
4. 怎样才能实现储存保管的合理化？

储存保管是一种普遍存在的社会经济现象。储存保管在经济活动特别是物流活动中起着举足轻重的作用，它与运输一起被称为物流系统的两大支柱。通过本章内容的学习，读者应了解储存保管的概念和分类，掌握储存保管的作用和作业流程，掌握商品储存合理化的措施；了解仓库的概念和分类，掌握仓库布局及其合理化的原则；掌握自动化立体仓库的概念、特点及常见的储存保管技术。

第一节　储存保管概述

在经济和社会生活中，储存保管现象随处可见。一家工业企业要对其原材料、零部件、半成品、劳动工具以及产成品进行储存保管，一家商业企业要对其经销的商品进行储存保管，一家物流公司要对其客户的货物进行储存保管，一个家庭也要对其生活用品进行储存保管。

一、储存保管的概念

储存（Storing）是指“保护、管理、贮藏物品”（GB/T18354-2006），保管（Storage）是指“对物品进行储存，并对其进行物理性保管的活动”（GB/T18354-2006）。因此，储存保管是指在一定的时期和场所，以适当的方式对一定数量和质量的物品进行贮藏、保护、管理和控制的活动。

储存、储备与库存是较为相近的一组概念，且在实际工作中，储存与储备经常混用。储备是一种有目的地储存物资的行动，是有目的地在生产领域、流通领域将物料、物质处于暂时停滞的状态，其目的就是为了保证社会再生产高效、连续不断地进行。而库存（Stock）是“储存作为今后按预定的目的使用而处于闲置或非生产状态的物品。广义库存还包括处于制造加工状态和运输状态的物品”（GB/T18354-2006）。

显然，储存保管包含了库存和储备两层含义，是一种广泛存在的社会经济现象。

二、储存保管的作用

储存保管作为社会再生产各环节之间“物”的停滞，在国民经济中既有其积极作用也有其消极作用。

（一）储存保管的积极作用

1. 改变“物”的时间状态，调节供求

前已述及，生产与消费一般不可能完全同步，它们之间往往存在着时间差。而供给与需求的时差矛盾，可以通过对商品的储存保管来加以解决。我们可以形象地把储存比喻成社会再生产这条大河中“商品流”的“蓄水池”。当大河上游生产（供应）的商品大大超过下游的消费需求时，就可暂时把过剩的商品存入这个“蓄水池”，这样就不会导致“江河泛滥”；反之，当上游生产（供应）的商品一时不能满足下游需求时，“蓄水池”中的库存则可用于满足下游消费者的紧急需求。特别是在现代化大生产条件下，专业化程度不断提高，市场竞争日趋激烈，使越来越多的商品需要经过各种不同形式的储存保管来调节供求关系。

2. 保证商品在库安全和维护商品的使用价值

储存保管的基本职能就是保管商品。保管的基本要求是要做到商品在库不丢不损，数量准确，质量完好。处于相对停滞状态的储存商品，时时刻刻都受到各种不良因素的影响，每一种商品都在以不同的方式和速度发生着物理变化和化学变化，甚至因技术进步而被淘汰，成为呆滞库存、积压物品。储存保管工作能针对每一种在库商品的自然属性，结合环境条件和社会因素，延缓在库商品发生有形损耗和无形损耗的速度，维护在库商品的使用价值。在库商品短少、缺损，或质量变化失去使用价值，抑或损耗过大，都将给企业的财产造成损失。

3. 储存是创造“第三利润源”的重要领域之一

首先，企业有了储存职能，就可以选择有利的采购时机，批量采购，获取价格折扣，从而降低采购成本费用。其次，企业有了库存保障，就可以避免在客户追加订单时加班赶工，就可以省去相应的赶工加班费用，从而避免增大企业的运营成本。再次，企业有了储存保证，就能在有利时机进行销售，增加利润。最后，因储存中的节约潜力是巨大的，故通过储存保管的合理化，就可以降低储存投入，加速资金周转，降低储存成本，增加企业利润。

（二）储存保管的消极作用

1. 储存保管要产生相应的成本费用

储存保管需要投入一定的资源，如修建或租赁库房，购买或租赁货架、巷道堆垛起重机等设施设备，此外，还需要雇佣专门的储存保管人员以及装卸搬运工人，必然会产生相应的成本费用（包括仓库的投资建设费用、租赁费用、仓库管理人员的工资福利费用等）。另外，商品在储存保管期间，往往还存在一定的安全风险（如被盗、虫霉、鼠咬等），因此，还会引起保险费用的支出（近年来我国已经开始对储存商品采取投保措施）。

2. 储存保管会造成库存商品的有形损耗

库存商品在装卸搬运过程中会造成一定的机械损伤，在库存放期间可能会由于自身特性或外界因素的影响而发生各种变化（包括物理、化学、生物等方面的变化），严重时会导致商品失去全部价值和使用价值。

3. 储存保管会造成库存商品的无形损失

商品在储存期间经常发生陈旧损失和跌价损失，造成价值衰减。此外，库存商品还会占用资金，产生利息费用，并增加企业的机会成本①。

综上所述，储存保管既有积极的作用，也存在负面的影响。因此，我们在物流管理中就应充分发挥其积极作用，并尽量减轻、化解其不利影响，以满足企业生产经营的需要。

三、储存保管的分类

储存保管有多种分类方法，其中较常见的是以下两种分类。

（一）按照储存保管的集中程度分类

按照储存保管的集中程度，可将其分为集中储存、分散储存和零库存三种。

1. 集中储存

集中储存是指将一定数量的储存物质集中于一个场所进行存储。这是一种大规模的存储方式，可以产生“规模效应”。集中储存有利于采用先进的科技手段，有利于采用机械化、自动化的储存设施设备。从储存的调节作用来看，集中储存有较强的调节能力以及对

① 机会成本是使用资源而放弃的收益。

某一需求更大的满足、保证能力。集中储存能使储存保管的设施、工具、人员等资源得到充分利用，从而降低单位储存费用，取得较好的经济效益。

2. 分散储存

分散储存在地域上分布较广，各储存点的储存数量相对较少。分散储存是规模较小的储存方式，一般和生产企业、流通企业以及消费者的具体需求相结合。分散储存不是面向社会，而是面向特定的企业或个体，其储存量一般取决于企业生产经营规模及具体需要。分散储存的特点是储存位置离需求源较近，储存易与需求密切结合，但由于库存数量有限，其供应保证能力一般较弱。

3. 零库存

零库存是现代物流学的一个重要概念，是指某一领域不再保有库存，以无库存（或很低库存）作为生产或供应保障的一种系统方式。零库存管理思想认为库存是一种浪费，是在为掩盖管理工作的失误提供方便。零库存管理是企业库存管理的理想目标，是企业库存管理的发展趋势。

（二）按照储存的位置分类

按照储存的位置，可将其分为仓库储存、车间储存、港站场储存三种。

1. 仓库储存

仓库储存是储存的一种正式形式，该储存方式是将商品储存于各种类型的仓库、库棚、料场之中。进行仓库储存，需要有一整套基础设施设备，还需要有入库、出库等正式手续。

2. 车间储存

在生产过程中，仓库储存仍然是一种正式储存形式，相应的储存计划是整个生产计划的一部分。而车间储存则是生产过程中的暂存形态，属于非正式储存形式。

3. 港、站、场储存

港、站、场储存是物流过程中运输线路衔接点（即物流结点）的储存。设置该储存方式的目的是为发货、收货、提货以及转运等提供服务支持。因而该储存仍属于一种暂存形式，是一种附属性的储存方式。相对于生产储存而言，其计划性较弱。

四、储存保管的作业流程

储存保管的基本作业过程可以分为三个阶段，即货物入库阶段、货物保管阶段以及货物出库阶段，包括实物流和信息流两个方面。

视频链接：货物入库与出库作业

实物流是指库存物品实体的空间位移过程。它是从库外流向库内，并经合理停留后再流向库外的过程。从作业内容和作业顺序来看，实物流主要包括货物接运、检查验收、入库存放、维护保养、备货出库、货物发运等环节（见图3.1）。实物流是仓库作业中货物最基本的运动过程。仓库各部门、各环节的业务工作，都要保证和促进库存物的合理流动。在保证库存物质量完好和数量准确的前提下，加速货物流转，尽可能消除库存物不必要的停滞，缩短物流作业时间，提高物流作业效率，降低仓储费用，获取更好的经济效益。

实物流是借助于一定的信息来实现的。仓库物资信息的流动形成信息流。这些信息包括与实物流有关的物资单据、凭证、台账、报表、技术资料等文件，它们在仓库各作业环节的填制、核对、传递、保存即形成信息流。信息是实物流的前提，它控制着物流的流向、流量、速度和目标。

图 3.1 储存保管基本作业流程

（一）货物入库作业

货物入库主要涉及货物接运、检查验收、搬运入库以及办理入库手续等几个环节的作业。

1. 货物接运

货物接运的主要任务是向托运人①或承运人②办清业务交接手续，按质、按量、及时地将货物安全接运回库。货物接运主要有以下几种形式：①到车站、码头提货；②到货主所在地提货；③托运人送货到库，仓储部门接货；④经铁路专用线送货到库，仓储部门接货。

2. 货物验收

货物验收是保证入库物资数量准确无误、质量规格符合要求的关键作业环节，应遵循认真、准确、及时、经济的原则。货物验收的依据主要是货主的入库通知单、货物调拨通知单、订货合同或采购计划，在这些文件中，最常见的是货主的入库通知单。

货物验收的作业程序一般为：验收准备、核对凭证、实物检验、填写验收报告、处理验收问题。

（1）验收准备。做好验收准备工作是保证货物迅速、准确验收入库的重要环节，也是防止出现差错、缩短验收入库时间的有效措施。验收准备工作主要包括人员准备、资料准备、机械设备及计量检验器具准备、货位准备、苫垫用品准备等。

（2）核对凭证。在进行实物检验以前，收货人员应先检查货物的入库凭证，并把货物的入库凭证与收货员所拥有的相应单据进行核对，以确认凭证的真实性、准确性、完整性和合法性。在一般情况下，入库货物都应具备下列凭证：①入库通知单和订货合同副本，这是仓库接收货物的凭证；②供应商提供的产品材质证明书、装箱单、磅码单、发货明细表等；③承运人提供的运单。

（3）实物检验。实物检验是根据入库单和有关技术资料对实物进行数量、质量以及包装等检验。其内容主要包括数量检验、质量检验以及包装检验三个方面。

①数量检验。数量检验的形式主要有计件、检斤、检尺求积三种。计件是指对按件数供货或以件数为计量单位的商品，做数量验收时的清点件数；检斤是指对按重量供货或以重量为计量单位的商品，做数量验收时的称重；检尺求积是指对以体积为计量单位的商品，先检尺，后求体积。

②质量检验。质量检验是检查制造商和供应商所提供的商品质量是否合格、完好，它与入库商品的抽检（抽样检验）是紧密结合、同时进行的。质量检验的方法有感官检验法和仪器检验法（又称理化检验法）两种。

感官检验法是借助人的感觉器官（即视觉、听觉、味觉、嗅觉、触觉等）来检验商品

① 托运人（Consigner）是指“货物托付承运人按照合同约定的时间运送到指定地点，向承运人支付相应报酬的一方当事人”。——中华人民共和国国家标准《物流术语》（GB/T18354-2006）

② 承运人（Carrier）是指“本人或者委托他人以本人名义与托运人订立货物运输合同的当事人”。——中华人民共和国国家标准《物流术语》（GB/T18354-2006）

质量的一种方法，如气味、弹性、硬度、光滑度等。感官检验法具有以下优点：方法简单，快速易行，不需要专门的仪器设备和特定场所，一般不损坏商品实体，成本低廉。感官检验法是现在较常用的检验方法。但是感官检验法不能检验商品的内在质量，结果不能用数字而只能用比较性或定性词语表示，结果容易受到检验人的主观因素，如知识、经验、审美观和感官灵敏度等的影响。

为弥补感官检验的不足，验收人员应根据实际情况采用仪器检验法对商品进行检验。仪器检验法是借助各种仪器、设备、试剂，通过物理或化学作用来测定和分析商品质量的一种方法，如热学法，电学法等。仪器检验法具有检验结果精确，可用数字表示，检验结果客观，不受检验者主观意志的影响，能深入分析商品的内在质量等优点；但是需要专门的设备和场所，往往需要破坏一定数量的商品，消耗一定数量的试剂，费用较高，检验时间较长。在实际操作中，仪器检验作为感官检验的补充手段，一般在感官检验之后进行。

③包装检验。包装对货物安全运输和储存关系甚大，是验收中必须检查的一项内容。凡业务单位对货物包装有具体规定（如对木箱、铁皮、纸箱、麻袋、草包、筐等质量有具体要求）的，都要按规定进行验收。对入库货物包装的外观检查，通常要查看选用的材料、规格、制作工艺、打包方式、有无水湿、油污、破损等情况。

仓库开箱拆包验收的货物，一般应由三人以上在场同时操作，以明责任。验收后在箱件上应该印贴已验收的标志，由开验人注明日期，签章负责。对于查明不宜续用的包装，经过更换包装后，应重新填写货物装箱单。

（4）填写验收报告。检验人员应该把验收情况做详细的记录，并让相关人员签字确认，以此作为划分责任的依据。

（5）处理验收问题。验收中可能出现许多问题，检验人员应根据实际情况进行迅速处理。一般常见的问题及处理方法如下：

①数量不符或规格不符。经开箱，拆包核点商品细数时，发现数量或规格不符，应立即和送货单位联系，补送、取回，或调换。

②包装不符。对于包装破损不牢固的情况，若破损轻微或少量，检验人员可会同送货人对残损包装内的货物进行细数清点，如果发现数量缺少，应及时请送货单位处理；若数量准确，可自行加固整修；若严重破损或不符合存货单位对包装质量的要求时，可以拒收。对于包装潮湿的情况，若潮湿轻微或少量，应予以剔除，或摊开晾干后入库堆码；若潮湿严重，应与送货单位联系调换；如果数量过多，可以拒收。

③质量有异状。如果质量有轻微异状，供货单位又同意承担责任，可先收货，但要把异状情况详细记载在入库凭证上；如果质量异状严重，若数量较少，应将其剔出，向送货单位进行调换，若数量较多，应当拒收。

④单据不齐或单货不符。对货到而单据未到齐的商品或单货不符的商品，要一边接收商品单独存放、妥善保管，一边及时和有关部门联系进行处理。

3. 货物入库

货物入库是指把经验收的商品放入仓库储存区域恰当货位的工作。其主要内容包括选择恰当的储存货位，进行合理的苫垫堆码、登账、立卡及建立货物档案等。

视频链接：货物入库作业

（二）货物在库作业

货物在库是储存保管业务的中间环节，是持续时间相对较长的一个阶段。该阶段的作业主要包括对库存物品进行检查、盘点、维护保养以及库存量控制等，详见本章第四节。

（三）货物出库作业

视频链接：货物出库作业

货物出库是储存保管业务的最后一个阶段，它使仓储工作与运输部门和货物使用单位直接发生联系。货物出库是根据存货单位或业务部门开具的正式出库凭证，按凭证所列的品号、品名、产地、规格、数量、件数、印鉴、库位等进行全面核对，做到数量准确、质量完好、包装完整、标志清晰。货物出库的主要业务流程是根据运输调度的指示，进行货物出库前的准备、凭证核对、备货、复核、点交、清理现场及单据。货物出库要加强复核，避免发生差错、事故。货物出库要贯彻“三先”原则，即“先进先出”“易坏的先出”和“接近失效期的先出”的原则。另外，在进行点交时工作人员一定注意要与相关人员共同清点货物，然后双方在相应的单据上签字或盖章，即“当面点清，签字确认”。

1. 货物出库的依据

货物出库的主要依据是有关单位开具的正式出库凭证，如货主开具的货物调拨通知单等。应杜绝凭信誉或无正式手续的发货。

2. 货物出库的基本要求

货物出库必须符合有关规定和要求。对货物出库业务的基本要求如下：

（1）凭证出库。出库业务必须依据正式的出库凭证进行，任何非正式的凭证均视为无效凭证，不能作为出库的依据。

（2）严格执行出库业务程序。出库业务程序是出库业务顺利进行的基本保证。为防止出现工作失误，在进行出库作业时，必须严格履行规定的出库业务程序，使出库业务有序进行。

（3）发货及时。仓储部门平时应经常主动向业务部门了解货物调拨供应情况。业务部门召开的订货会和交流会等会议，仓储部门都应派人参加。仓储部门应及时了解情况，及时备货，及时发货。

（4）发货准确。仓储部门在发货工作中，无论是自提还是送货，都要特别强调复核工作，通过复核严格把住货物出库这一关。从核单、出库到配货、包装，一直到将货物交给提货人或运输员，环环都要注意复核，力求准确，防止出现差错。

（5）货品安全。对于货物出库作业，一定要注意安全操作，防止压坏包装及货物，防止货物震坏，保证出库货物安全、质量完好。不允许将过期失效、变质、损坏、失去使用价值的货物分发出库。

3. 货物出库方式

货物出库主要有以下几种方式：

（1）自提。自提也称提货制。它是由需方派人持业务部门开具的提货单，到仓库提货。仓库管理人员（简称库管员）根据提货单上所列的品名、规格、牌号和数量等商品信息，经核实后把货物当面点交给提货人，并办妥交接手续。

（2）送货。即由业务部门开具提货凭证，经内部传送到仓库，库管员按凭证所列的商品办理出库手续，再由备货人员进行配货、包装、拼箱、贴标签、集中理货待运，然后与运输员办理交接手续，分清储、运双方的责任，最后由运输员托运或装车，发给收货人。

（3）移库。这是一种不经过购销业务活动的货物出库形式。根据保管或业务需要，把货物由甲库移到乙库储存。这类货物出库，也要由业务部门开具货物移库单。

（4）取样。这也是一种不经过业务活动的货物出库形式。业务部门为方便购货单位了解商品情况，从仓库取样并布置样品室；或因商品化验需要，抑或为方便在供应会、交流会上介绍商品，向仓库提取货样。库管员根据业务部门开具的正式样品出库单上的品名、规格、牌号、数量等信息进行备货，然后将货物直接交给提货人。

(5) 过户。过户是指将在库商品通过在保管账簿上记账转付。过户的商品虽未出库，但已由甲单位调拨或销售给了乙单位。商品过户时，仓储部门必须凭甲单位开具的正式发货凭证以及乙单位填制的商品入库凭证才能转账过户。

五、储存保管合理化

储存保管合理化是指充分利用各种资源，采取科学的保管方法，以尽量低的储存保管成本去实现储存保管的最佳功能。货物合理储存的实质是在保证货物储存功能的前提下尽量减少投入，是一个投入与产出的关系问题。

(一) 不合理储存的现象

不合理储存是指在现有保管条件下可以实现的最佳保管功能未能实现，从而造成仓储资源的浪费。目前，商品不合理储存的现象主要有：

1. 储存保管时间过长

从“时间效用”的角度来考虑，商品储存一定时间，其效用可能会增大，但随着储存时间的增长，效用增加的幅度就会减缓甚至出现效用降低的现象。对绝大多数商品而言，过长的储存时间都会影响其总效益。

2. 储存保管数量过大或过小

储存数量过大会引起储存损失增加，而管理能力一般不能同比增长，甚至还可能出现当储存量增加到一定程度，储存损失陡增的现象；而储存数量过小，又难以实现储存的“规模经济效应”，而且会严重降低储存对供应、生产及消费的保证能力。因此，储存保管数量应适宜。

3. 储存保管条件不足或过剩

储存保管条件不足，往往会造成储存商品的损失；而储存保管条件过剩，又会使储存商品担负过高的储存成本，甚至出现亏损。

4. 储备结构失衡

储备结构失衡的表现有以下几种情形：①储存商品的类型、品种、规格失调；②不同类型、品种、规格的商品，其储存期或储存量失调；③储存商品的储存地域失调。

(二) 储存合理化的标志

商品储存合理化的标志主要有：

1. 商品质量标志

保证储存商品的质量，是完成商品储存功能的基本要求。唯有如此，商品的价值和使用价值才能最终得以实现。因而，保证储存商品的使用价值是商品储存合理化的主要标志。

2. 商品数量标志

商品储存合理化的另一个标志是数量标志。由于商品储存保管的数量过大或过小均不宜，因此，有必要对储存商品合理的数量范围做出科学的决策。

3. 商品储存时间标志

商品储存时间合理与否与储存商品的数量及出库速度有关。商品储存量越大，而出库速度越慢，则商品储存时间就越长，反之就越短。在实务中，衡量商品储存时间往往用库存周转速度指标来反映，如库存周转率①、库存周转天数②等。

4. 商品储存结构标志

商品储存结构合理与否是从被存储商品不同品种、不同规格、不同花色的储存数量比例关系来判断的。尤其是相关性很强的商品之间的数量比例关系更能反映储存商品结构的合理性。

5. 商品储存分布标志

商品储存分布标志是指不同地区商品储存数量的比例关系。通过对商品储存分布的分析，可以预测当地市场需求及变化。通过对需求的满足保障制度的分析来判断该指标对整个物流系统的影响。

6. 商品储存费用标志

商品储存费用包括仓库设施设备的资金占用成本和仓库运营成本。这些费用都能反映商品储存的合理与否。

（三）储存合理化的措施

实现商品储存合理化，可以采取以下主要措施：

1. 加快库存周转

库存周转加快，会带来一系列好处，如资金周转加快、资本效益提高、货损降低、仓库吞吐能力增强、成本降低等。在网络经济时代，以信息代替库存，及时把握供求信息，实现有效衔接，就可以减少库存，加快周转。另外，采用集装单元储存和快速分拣系统等物流技术，也可以加快库存周转。

2. 对库存物品实施分类管理

物品分类管理也称重点管理或 ABC 分类管理，是 80/20 原则在物流领域中的应用。其主要思想是针对重要性不同的物品，给予不同程度的管理，达到既能保证供应又能节约订购和储存费用之目的。一般而言，库存物品品种繁多，但价值差异较大。其中，有些物品虽然数量少，但价值高，占用的库存资金较多；有些物品数量多但价值低，占用的库存资金较少；还有一些物品，其数量和价值介于上述两类物品之间。因而，对不同等级的物品，必须分级管理，分级控制。ABC 分类法是以某类库存物品数量占库存物品总数的百分比和该类物品金额占库存总金额的百分比为依据，将库存物品分为三类甚至更多的类别，进行分类（级）管理。通过市场预测和经济分析，做到及时进货，保证满足需求，加速资金周转，避免资金积压，从而提高企业经济效益。

3. 采用“先进先出”的作业方式

“先进先出”是一种先进有效的作业方式，可以保证商品的储存周期不至于太长。“先进先出”的作业方式主要有以下几种：

（1）联单制。每个货箱有两个联单，其中一联贴在货箱上，另一联按时间先后顺序放在文件夹内。需用物料时，依据文件夹中联单的时间先后次序顺序发货。

---

① 库存周转率（Turnover Rate of Inventory/Inventory Turn Over，ITO）是指单位时间内的库存周转次数。其计算公式为：库存周转率=一定期间的出库总金额/该期间的平均库存金额=一定期间的出库总金额×2/（期初库存金额+期末库存金额）。库存周转率没有绝对的评价标准，通常是同行业相互比较，或是与企业内部的其他期间相比较。

② 库存周转天数是指物料从入库起至出库所经历的时间（天数）。库存周转期越短，说明存货变现的速度越快。其计算公式为：库存周转天数=一定时期/该期间的库存周转次数，如：年库存周转天数=360/年库存周转次数，月库存周转天数=30/月库存周转次数。

（2）计算机存取系统。即通过软件排序，实现货物的先进先出。该方法还能将“先进先出”和“快进快出”结合起来，即在保证“先进先出”的前提下，将周转快的货品存于便于存取之处，加快周转，减少劳动消耗。

（3）贯通式货架系统。即利用货架的每层形成贯通的通道，从一端存入货物，从另一端取货，货物在通道中自行按序排队不越位。这是一种最有效的“先进先出”方式，既可以提高仓库空间利用率，又能实现仓储作业的机械化、自动化。

（4）双仓法。双仓法也称双区制，是指给每种被储存物准备两个仓位或货位，轮换进行存取，再配以“一个货位中的货必须取完才可以补充”的规定，就可以保证实现“先进先出”。该方法管理简单，设备投入少，但库存水平较高，适合那些资金占用不大、经常使用又无须进行重点管理的物品。

（5）重力供料制。物料从上部入仓、下部出仓，比较适合散装物料。

4. 提高储存密度，提高仓容的利用率

例如高层堆码、缩小库内通道宽度、减少库内通道数量等，都可以提高储存密度。而此举的主要目的是减少储存设施的投资，降低储存成本，减少土地占用。

（1）高层堆码。例如，采用高层货架仓库或采取集装单元化储存等都可以增加储存高度。

（2）缩小库内通道宽度以增加储存有效面积。具体方法包括：采用窄巷道式通道、配以轨道式装卸车辆，以降低车辆运行宽度要求；采用侧叉车、推拉式叉车，以缩减叉车转弯所需的宽度。

（3）减少库内通道数量以增加储存有效面积。具体方法有：采用密集型货架，采用可进车的可卸式货架，采用各种贯通式货架，采用不依靠通道的桥式吊车装卸技术。

5. 采用有效的储存定位系统

商品储存定位的含义是对储存商品位置的确定。如果定位系统有效，能节省寻找、存取商品的时间，不仅可以节约物化劳动和活化劳动，而且能防止差错、便于货物清点和货位管理。储存定位方法有“四号定位”和电子计算机辅助定位等。

“四号定位”是用一组四位数字来确定商品存取位置的固定货位方法。这是我国仓储工作中采用的手工管理方法。这四个号码是：库号、架号、层号和位号。这就使一个货位有一个组号，在商品入库时，按规划要求，对商品进行编号，记录在账、卡、台上。提货时，按四位数字的指示，很容易将货物拣选出来。这种定位方式要求对仓库区域事先做出规划，它能方便、快速地存取商品，有利于提高商品存取速度、减少差错。

计算机辅助定位是利用射频识别（RFID）技术和计算机储存容量大、检索迅速的优势，在商品入库时，将商品的存放货位、入库时间输入计算机，出库时向计算机发出指令，并按计算机的指示人工或自动寻址，找到存放货物，拣选取货的方式。如采用电子标签辅助拣货系统（Computer Aided Picking System，CAPS），借助安装在货架储位上的电子设备，通过计算机软件的控制，就可以准确显示货位与货物数量，引导拣货人员快速、轻松地完成拣货作业。CAPS 包括摘取式拣货系统（Digital Picking System，DPS）和播种式拣货系统（Digital Assorting System，DAS）两种类型。

6. 采用有效的监测清点方式

该方式是通过对储存商品数量和质量的监测，掌握商品储存的实际情况。在实际工作中稍有差错，就会账、卡、货不符，所以必须及时、准确地掌握商品储存情况。经常对账、卡、货进行核对，这无论是对人工管理还是计算机管理都是必不可少的。因此，经常的监测也是掌握被储存商品状况的重要工作。仓储管理中常用的监测清点方式有：“五五化”堆码、光电识别系统和电子计算机监控系统。

（1）“五五化”堆码。这是我国仓储管理中常用的一种方法。储存商品时，以“五”为基本单位，堆成总量为“五”的倍数的垛形，如梅花五、重叠五等。采取这种方式堆码后，有经验的人可以过目成数，大大加快人工点数的速度，减少差错。

（2）光电识别系统。这是在货位上设置光电识别装置，该装置对被储存的商品进行扫描，并将准确数目自动显示出来。这种方式不需要人工清点就能准确掌握库存商品数目。

（3）电子计算机监控系统。这种方式是用计算机指示商品的存取，可以防止人工存取容易出现的差错。如在被存商品上采用条形码认寻技术，使识别计数和计算机联结，每存取一件商品时，识别装置会自动将条形码识别并将其输入计算机，计算机会自动做出存取记录。用户需要查询商品信息时，只需向计算机查询，就可以了解所储存商品的准确情况，而无须再建立对实物的人工监控系统。

［案例 3-1］**香港机场货运中心的物流水平在世界上处于领先地位**

香港机场货运中心是现代化的综合性货运中心。在其 1 号货站，货运管理部对需要入库的货物按标准打包，之后，一般规格的包装通过货架车推到一列摆开的进出口；在电脑输入指令后，货架车就自动进入轨道，运送到六层楼高的除了货架车通道就是布满货架的库房，自动进入指定仓位。当需要从库房提取货物时，也是通过电脑的指令，货物就自动从进出口输送出来。对于巨型货架，则用高 3 米、宽 7 米的升降机运送到仓库的货架。搬运货物主要用叉车、拖车，看不到人工搬运。

7. 采用现代商品储存保养技术

采用现代商品储存保养技术是实现储存合理化的重要手段。如气幕隔潮、气调储存、塑料薄膜封闭等。

8. 采用集装箱、集装袋、托盘等运储装备一体化的方式

集装箱等集装设施的出现，给储存带来了新观念。采用集装箱后，箱体本身便是“一栋仓库”，不需要再有传统意义的库房。在物流过程中，也就省去了入库、验收、清点、堆垛、保管、出库等一系列储存作业，因而对改变传统储存作业有很重要的意义，是实现储存合理化的一种有效方式。

9. 在形成一定的社会总规模的前提下，适当集中储存，追求规模效益

适度集中储存是储存合理化的重要内容之一。所谓适度集中储存，是指利用储存规模优势，以适度集中储存代替分散的小规模储存，以此来实现合理化。

10. 其他措施

如采用虚拟仓库和虚拟库存等，也可实现合理化。

第二节　仓　　库

一、仓库概述

仓库是进行仓储活动的实体，是储存保管商品的建筑物和场所的总称（见图 3.2）。仓库是一个历史范畴，是伴随着物资储备的产生而产生的。现代仓库作为物流服务的据点，在物流作业中发挥着重要作用。

图 3.2　储存保管设施

仓库的基本职能是对商品进行保管保养，兼具多品种小批量的配送功能，以及附加标签、重新包装等流通加工功能。此外，仓储业务还涉及检验、分类、拣选配货等作业。

二、仓库的分类

为了科学管理、有效利用仓库，可以按照不同的分类标准对仓库进行分类。

（一）按经营性质分类

1. 自营仓库

自营仓库（Private Warehouse）是“由企业或各类组织自营自管，为自身提供储存服务的仓库”（GB/T18354-2006）。换言之，自营仓库是指工业企业、流通企业或其他组织为了满足自身经营的需要而修建的仓库，主要用于储存本企业的原材料、燃料、产成品等物资。

对企业而言，自营仓库一般位于工厂内或营业所内，在生产或销售过程中，物料搬运距离较短，损失较小；此外，企业自建仓库，可使一体化流通体系的设计成为可能，有利于改善企业物流系统；同时，有利于企业管理人员积累仓储管理经验。但自营仓库需要企业投入仓库建设资金，期初投资大；仓储业务量容易受到季节等多种因素的影响，容易出现忙闲不均的状况（旺季有可能满足不了需求，淡季又造成仓储资源的浪费）。

2. 公共仓库

公共仓库（Public Warehouse）是“面向社会提供物品储存服务，并收取费用的仓库”（GB/T18354-2006）。换言之，公共仓库是指某些企业为专门经营仓储保管业务，根据仓储业管理的有关法规设立的仓库。公共仓库的功能是为委托人保管好受托物品，并应委托人的要求随时分批或全部办理出库或转让业务，进而收取合理的保管费。对货主而言，使用公共仓库可避免企业自行投资，可避免由于季节性业务波动或需求发生变化导致仓库的利用率不高或不能满足需求等情况出现。

对公共仓库而言，由于仓储企业面向众多货主提供社会化的保管服务，比较容易实现仓库空间的有效利用。此外，公共仓库作为专业化的仓库，无论是保管技术还是内部管理都比一般的自营仓库具有优势。通常，公共仓库拥有比较健全的赔偿制度，对于货物在保管期间发生的货损或货物灭失等行为，要按照保管合同予以赔偿；由于灾害引起的货损则根据保险法的有关规定予以赔偿；在库存管理上也比自营仓库严格。但公共仓库与货主企业物流系统之间的联系相对较弱，货主使用公共仓库不便于将货物的储存保管与本企业物流系统进行密切衔接，有时双方很难实现信息的实时传递与共享。当然，随着信息技术的飞速发展以及企业间合作的加强，这方面的问题会得到解决。

3. 租赁仓库

租赁仓库是仓库设施所有者不直接提供保管服务，而是将其拥有的仓库设施租赁给别的企业以用于储存保管该企业物品的仓库。当然，承租人还可再转租。

（二）按保管对象分类

1. 普通仓库

普通仓库是用于保管普通货物的仓库。这类仓库可用于保管诸如小型钢材、优质钢材、金属制品、有色金属材料、车辆配件、水泥、化工原料、机械设备等受雨雪侵袭、风吹日晒及温度的影响易造成损坏的物质。

2. 材料、制品库

这类仓库用于保管工业企业的原材料、辅料、半成品以及产成品等。

3. 冷藏仓库

这类仓库用于保管生鲜鱼肉、冷冻食品等农畜水产品及加工食品。冷藏仓库一般在10℃以下的低温环境下保存物资。为保持低温，该类仓库的建筑具有隔热性，且安装有制冷设备。

4. 恒温恒湿仓库

这类仓库能使库房保持恒定的温度和湿度，能满足高精密仪器及设备等的保管要求。

5. 露天仓库

这类仓库是用于保管不受风雨影响、对保管条件要求很低的物品的露天货场，保管的物资一般多为原料（如原木）、生铁锭、毛坯、钢轨、大型钢材、铸铁以及大型粗制配件等。

6. 储备仓库

储备仓库用于储备石油、粮食等战略物资，储存期一般较长。

7. 水面仓库

水面仓库也称水面储木场，是指利用港湾或河流，在水面周围筑堤或用其他物料围成的水面保管设施，用来保存原木的仓库。

8. 危险品仓库

危险品仓库用于保管易燃、易爆、有毒、具有腐蚀性和放射性等对人体或建筑物有一定危险的物资，如汽油、炸药、压缩气体、毒品等。这类仓库在建筑结构及库内布局等方面有特殊要求，而且还必须远离工厂和住宅区。

9. 保税仓库

保税仓库是经海关批准，在海关监管下，专供存放未办理关税手续而入境或过境货物的场所。我国规定，保税仓库允许存放的货物范围包括：缓办纳税手续的进口货物、需要做进口技术处理的货物、来料加工后复出口的货物、不内销而过境转出口的货物。

（三）按储存物资的种类分类

1. 综合性仓库

综合性仓库又称为通用型仓库，即在一个仓库里能够储存多种不同属性的物资，但这些物资的物理性质和化学性质必须是互不影响的。例如，烟草和皮革就不宜存放在一个库房里，精密仪器和粉尘类物质也不宜存放在一个库房中。

2. 专业性仓库

在一定时期内，一个仓库里只存放某一大类物品，或虽然储存两类以上的物品，但其中某一类物资的数量占绝大多数，如金属材料仓库、机电设备仓库等。由于专业性仓库存放的物资单一，比较容易实现仓库作业的机械化和自动化。

（四）按建筑结构分类

1. 平房仓库

这类仓库只有一层，结构简单，作业方便，造价低廉。

2. 楼房仓库

该类仓库拥有两层以上的库房，土地占用较少，作业机械化程度相对较高。底层一般用于存放重质、体积大、批量大、收发作业频繁、保管条件一般的物质，如金属材料、金属制品等；中间层适合存放体积小、重量轻、保管条件较高的物质，如电工器材、仪器仪表等；顶层适合存放收发作业不太频繁、保管条件一般的轻质物品，如纤维制品、塑料制品等。

3. 高层货架仓库

高层货架仓库是机械化和自动化程度都比较高的立体仓库（见图 3.3），出入库作业在计算机的控制下进行。例如，海尔的自动化立体仓库（见图 3.4）。

图 3.3 高层货架仓库

图 3.4 海尔的自动化立体仓库

4. 罐式仓库

这类仓库呈球形或柱形，用于储存石油、天然气、化工原料等液态或气态物质。

5. 简易仓库

该类仓库构造简单、造价低廉。例如，货棚、料棚等。可用于保管诸如中型钢材、钢轨配件、优质木材、耐火砖、电缆等受日晒雨淋易变质损坏、而温度、湿度的变化对其无显著影响的物质。

三、仓库的布局

为了合理利用仓库面积和充分发挥仓库的功能，需要对仓库进行合理布局。仓库布局包括仓库规模大小的确定、仓库选址以及仓库内部布局等几方面的内容。

（一）仓库规模的确定

准确地确定仓库的规模，对于合理地进行仓库整体布局设计具有重要的作用。缺乏对仓库规模的计划和计算，错误地估计客观需要，以至于盲目地进行仓库的选址与规划就会造成巨大的浪费。如果对仓库的规模估计过高，导致设计的仓库容量大于实际需求，将降低仓库设施设备的利用率；反之，如果对仓库的规模估计不足，导致设计的仓库容量小于实际需求，就会严重影响商品的储存和各项仓储技术作业的正常进行。因此，在对仓库进行规划布局之前，必须根据仓库储存规模的各种影响因素，准确地计划和计算仓库的建设规模。

直接影响仓库规模的因素是拟储存的商品数量。商品的储存量越大，所需建设的仓库容量也就越大，仓库的规模必然也会随之增大。仓库规模的大小不仅取决于商品的储存数量，而且与商品的储存时间有关。在商品储存量不变的情况下，如果这些商品在仓库里储存的平均时间越短，所需要的仓库容量也就越小。因此，在确定仓库的规模之前，必须认真仔细地收集有关信息来预测商品的储存数量和储存时间。

（二）仓库选址

仓库选址，对充分发挥仓库的功能起着重要作用。在选择仓库地址时，应综合考虑各影响因素，在充分调查研究的基础上对各备择方案进行综合评估，以确定最佳的库址。

一般而言，仓库选址应综合考虑以下因素：

1. 地质条件

要选择承载力较强的地基，要求地质坚实、平坦且干燥。

2. 水文及水文地质条件

要调查和掌握有关的水文资料，特别是汛期洪水的最高水位等情况，防止洪水侵患。

3. 交通运输条件

必须要有良好的交通运输条件，如果可能，还应考虑铺设铁路专用线或建设专用水运码头（见图 3.5）。

图 3.5　铺设有铁路专用线的库房

4. 政策法规

要考虑在指定的用地区域范围内是否有不准建立仓库设施的土地政策规定。此外，还要预测政府的政策对整个区域发展规划的影响。

5. 水、电供应条件

应该选择靠近水源、电源的地方，保证方便、可靠的水电供应。

6. 周围建筑环境条件

仓库应与周围其他建筑物特别是工厂、居民区保持一定的安全距离，避免各种潜在的危险。此外，还应该考虑周围环境对仓储商品的影响，应该分析附近工厂的性质以及其他可能的污染源，防止商品在储存过程中受到污染。仓库一般不宜建在工厂下风处或化工厂的附近。

7. 其他影响因素

除了上述因素外，还应该考地价、现有的技术水平以及未来仓库的发展需要。

（三）仓库的内部布局

仓库内部布局就是根据库区场地条件、仓库的业务性质和规模、商品储存要求以及技术设备的性能和使用特点等因素，对仓库的主要和辅助建筑物、货场、站台等固定设施和库内运输线路进行合理安排和配置，以最大限度地提高仓库的储存和作业能力，并降低各项仓储作业费用。

仓库的内部布局和规划是仓储业务和仓库管理的客观需要，其合理与否直接影响到仓库各项工作的效率和储存商品的安全。仓库内部布局的主要任务就是如何合理地利用库房面积。在库房内不但要储存商品，而且需要进行其他作业，如果为了提高库房储存能力，就必须尽可能增加储存面积；如果为了方便库内作业，又必须尽可能适应作业要求，相应地安排必要的作业场地。但是，库房内部的面积是有限的，所以库房合理布局所要解决的中心问题就是设法协调商品储存和库内作业对库房面积的需要，保证库房面积得到充分的利用。仓库内部布局主要包括仓库总平面布局、仓库作业区布局和库房内部布局。

1. 仓库总平面布局

仓库总平面布局包括库区的划分以及建筑物、构筑物平面位置的确定，运输线路的组织与布置，库区安全防护以及绿化和环境保护等内容。仓库总平面布局应满足如下要求：①方便仓库作业和商品储存安全；②最大限度地利用仓库面积；③防止重复搬运、迂回运输和避免交通阻塞；④有利于充分利用仓库设施和机械设备；⑤符合安全保卫和消防工作要求；⑥要具有前瞻性。应综合考虑当前仓储业务的需要和公司未来的发展，尽量减少将来仓库扩建对正常业务造成影响。

2. 仓库作业区布局

仓库作业区在布局时，应以主要库房为中心对各作业区加以合理布局，力求最短的作业路线，尽量缩短库房内货物运输距离并减少道路占用面积，以降低作业费用并有效提高仓库面积利用率。

仓库作业区在布局时应考虑以下因素：

（1）货物吞吐量。对于吞吐量较大的库房和货场，应使它们尽可能靠近铁路专用线或库内运输干线，以减少搬运和运输距离。

（2）机械设备的使用特点。必须从合理使用机械设备的角度出发，确定库房、货场在作业区内以及与铁路专用线的相对位置。

（3）库内道路。尽可能减少运输作业的混杂、交叉和迂回；最大限度地减少道路的占地面积，并相应扩大储存面积。

（4）仓库业务及其作业流程。必须按照各个作业环节之间的内在联系对作业场地进行合理布置，使作业环节之间紧密衔接。

3. 库房内部布局

库房内部布局的主要目的是提高库房内作业的灵活性以及有效利用库房的内部空间。库房内部布局要在保证货物储存需要的前提下，充分考虑到库房内作业的合理组织，协调储存和作业的不同需要，合理地利用库房空间。

按照库房作业的主要内容来分类，可把库房分为储备型和流通型两大类。储备型库房以货物保管作业为主，其内部布局的突出特点是强调提高储存面积占库房总面积的比例；流通型库房以货物收发作业为主，其内部布局的特点是要充分考虑提高作业效率，缩小储存区，增加检货以及出库准备区。

第三节　自动化立体仓库

一、自动化立体仓库的概念

所谓自动化仓库（Automatic Warehouse）是指由电子计算机进行管理和控制，不需要人工搬运作业，而实现收发作业的仓库。立体仓库（Stereoscopic Warehouse）是指采用高层货架以货箱或托盘储存货物，用巷道堆垛起重机及其他机械进行作业的仓库。将上述两种仓库结合称为自动化立体仓库。

根据我国国家标准《物流术语》（GB/T18354-2006）的定义，自动化立体仓库亦称立体仓库或自动存储取货系统（Automatic Storage and retrieval System，AS/RS），是“由高层货架、巷道堆垛起重机（有轨堆垛机）、入出库输送机系统、自动化控制系统、计算机仓库管理系统及其周边设备组成，可对集装单元物品实现机械化自动存取和控制作业的仓库”。

自动化立体仓库是现代仓库的发展趋势。

二、自动化立体仓库的特点

自动化立体仓库技术是仓储领域的最新技术，它的使用能产生巨大的社会效益和经济效益。自动化立体仓库虽然有许多优点，但也有其不足之处。

（一）自动化立体仓库的优点

与普通仓库相比，自动化立体仓库具有如下优点：

（1）提高了仓库平面面积的利用率和空间利用率，节约了用地。自动化立体仓库使用高层货架存储货物，存储区可以最大限度地向三维空间发展，使单位土地面积存放物资的数量得到提高。在相同的土地面积上，建设自动化立体仓库比建设普通仓库的储存能力高几倍甚至十几倍。这样，自动化立体仓库大大提高了仓库平面面积的利用率和空间利用率，节约了大量的土地。

（2）降低了劳动强度，提高了劳动生产率。由于自动化立体仓库存取作业运用机械化和自动化设备进行，运行和处理速度很快，大大提高了劳动生产效率，降低了操作人员的劳动强度，同时使物资进出库的时间大大减少，缩短了作业时间。而且一个很大的仓库只需要几个工作人员，节约了大量的劳动力。

（3）减少了货物处理和信息处理过程的差错。计算机能够始终准确无误地对各种信息进行存储和管理，因此能减少货物处理和信息处理过程中的差错。而利用人工管理由于受人为因素影响，很难做到这一点。

（4）能较好地满足特殊仓储环境的需要。采用自动化技术后，能较好地满足黑暗、低温、污染、有毒和易爆等特殊条件下货物的存储需要。如冷冻自动化仓库和存储胶片的自动化仓库，在低温和完全黑暗的库房内，由计算机自动控制，实现货物的进出库作业。

（5）提高了作业质量，保证货物在整个仓储过程的安全运行。自动化立体仓库一般采用集装单元化存储，在搬运过程中，搬运机械不直接与货物接触，因此，有利于防止货物搬运过程中的破损。

（6）合理有效地进行库存控制，提高仓储管理水平。利用计算机管理能有效地利用仓库的储存能力，随时掌握库存情况，比较容易贯彻先进先出等库存管理原则。而且通过自动化立体仓库的信息系统与其他各子系统集成，使之成为一个有机的综合系统，可以从整个系统的角度对各作业环节进行优化，从而达到系统最优的目的。总体而言，自动化立体仓库使仓储的管理水平达到了一个新的高度。

（二）自动化立体仓库的缺点

自动化立体仓库虽然具有上述优点，但仍然有其不足之处。

（1）结构复杂，配套设备多，基础建设和设备投资大；

（2）技术条件要求高，施工比较困难，且施工周期长；

（3）储存货物的品种受到一定的限制，不同类型的货架仅适合于不同的货物储存，因此，机动灵活性较差。

三、自动化立体仓库的适用条件

自动化立体仓库是在社会生产力和科学技术不断发展的情况下产生的一种现代化仓储管理技术和手段。然而，它必须具备一定的条件才能发挥其应有的效能，建立和使用自动化立体仓库应具备以下几个条件：

（一）货物出入库频率较高，且货流量较稳定

货物的仓储总量必须足够大，而且出入库作业频繁，货流量稳定，否则，就会出现仓

储空间浪费、仓储设施设备闲置等不良状况，不利于发挥自动化立体仓库的优势。

(二) 需要有较大的资金投入

自动化立体仓库除了建筑投资外，还必须有相应的配套设施与设备投入，这不仅要求初期投入，而且还要考虑设施与设备的使用维护费用。所以，自动化立体仓库的资金投入是相当大的，准备建库的企业必须具备雄厚的财务实力。

(三) 需要配备一支高素质的专业队伍

从自动化立体仓库的规划设计到投入运营的整个过程，组成自动化立体仓库的各个子系统的正常运行和维护均需要由专业人员来进行，因此，自动化立体仓库的运转不仅要求工作人员具有较高的专业技术素质，而且要求工作人员具有高度的责任心。

(四) 对货物包装要求严格

自动化立体仓库采用巷道堆垛起重机和高层货架来储存与搬运货物，采用自动化输送设备进行货物的输送，因此，要求货物的包装必须符合有关标准，且外包装的规格尺寸要统一。

(五) 仓库的建筑地面应有足够的承载能力

由于自动化立体仓库的仓容大，单位面积的利用率较高，因此，要求仓库单位面积的承载能力必须大于仓库设计要求的承载能力。

总之，自动化立体仓库的建设必须综合考虑各方面的因素，紧密结合企业实际，不能盲目投资兴建，否则将会造成很大的损失。

四、自动化立体仓库的几大系统

视频链接：仓储与配送

(一) 信息自动采集系统

在自动化立体仓库中，信息自动采集系统是整个系统运行的基础。目前在自动化立体仓库中广泛应用的是条码自动采集技术。条码自动采集系统是一种最方便、最经济的信息采集技术手段。利用条形码阅读器光学解读商品上的条形码，就可以迅速、准确地把商品信息自动输入计算机，实现自动登录、自动控制、自动处理的目的。

视频链接：大福物流

(二) 自动输送系统

自动输送系统是自动化立体仓库中根据自动控制系统的指令自动完成货物输送任务的系统。

根据自动化立体仓库输送工作任务的要求和特点，常见的自动输送装置有由连续输送机械系统和自动导引车辆组成的自动导引车系统。连续输送机械是以连续工作方式沿着一定的线路从装货点到卸货点均匀地输送散料和成件包装货物的自动化系统（见图 3.6）。

图 3.6　连续自动输送系统

自动导引车辆系统由若干台自动导引车（Automatic Guided Vehicle，AGV）组成，分别按照控制系统的指令，沿着给定的导引路径，将货物从某一地点搬运到目的地的一种自动化搬运系统，见图 3.7。

视频链接：自动导引车（AGV）系统

图 3.7　自动导引车

（三）自动存取货系统

自动化立体仓库由高层货架储存货物，其存取动作是由巷道堆垛起重机根据控制指令自动进行的，自动存取货系统由高层货架、托盘和巷道堆垛起重机（见图 3.8）组成。

视频链接：世界先进的大型物流中心货物自动分拣系统

图 3.8　巷道堆垛起重机（有轨堆垛机）

（四）自动分拣系统

物流中心每天要接收大量不同品类的货物，如何在最短的时间范围内将这些货物按一定的规则（如品种、货主、储存位置或发往地点等）快速、准确地分类，然后将其运送到仓储区指定的位置；同时，又如何按客户订单或配送路线的要求，将不同品种的商品在最短的时间范围内从储存区拣取出来，运送到不同的理货区域或配送站台，以备装车配送，这就需要一套自动分拣系统来自动完成这些工作。

视频链接：快速分拣系统与服务

自动分拣系统通常与自动输送系统配套使用。自动分拣系统是实现自动化立体仓库高速运转的基本条件，在出入库作业中，分拣作业的工作量最大，分拣作业是制约自动化立体仓库运转效率的关键因素。自动分拣系统一般由控制装置、分类装置、输送装置以及分拣道口组成，见图 3.9。

图 3.9　自动分拣系统

(五) 自动控制系统

视频链接：仓储与配送

自动控制系统是自动化立体仓库能否正常运行的核心系统，它关系到整个系统运行的成本和效率。为了实现整个系统的高效运转，自动化立体仓库内所用的各种存取设备和输送设备都需要配备相应的控制装置，用于接受控制系统的指令，实现各自的控制功能。如对巷道堆垛起重机的控制，巷道堆垛起重机上配置的控制器能够接受控制系统的指令，实现对堆垛机的位置控制、速度控制、货叉控制及方向控制等，整个系统构成一个相互协调的有机系统。

按照控制系统的布局可分为集中控制系统和分层分布控制系统两大类。集中控制系统是在自动化立体仓库内使用一台计算机通过可编程控制器（PLC）对仓储过程中的所有作业机械和设备进行统一控制的系统。分层分布控制系统是对自动化立体仓库各个功能的控制不集中在一台或几台控制器上，且控制是分层次的，系统既可在高层次上运行也可在低层次上运行。

第四节　储存保管技术

常见的储存保管技术主要有商品分区分类定位储存技术、堆码技术、盘点技术以及商品养护技术等。

一、商品分区分类定位储存技术

在仓库中，对储存商品进行科学管理的一种重要技术是分区分类定位储存技术。所谓分区，就是按照库房、货场条件将仓库划分为若干货区，并采用一定的编码方法，为每个货区编配一个特定的号码；所谓分类，就是按照商品（货物）的不同属性或不同货主或不同发往地或不同运输方式或运输路线将储存商品划分为若干大类，分类也遵循一定的编码规则，为每一类商品编配一个特定的号码；所谓定位，就是在分区、分类的基础上把每种商品固定在仓库中具体存放的位置。

(一) 货位编号

在商品分区分类定位储存技术的运用中，对分出的货位进行恰当的编码十分重要。对货位进行编码后，当商品入库时，根据商品堆放位置，把货位编号标注在入库凭证上，登记在账目上。当商品出库时，也要把货位号标注在出库凭证上，以便于核号查找货位。若商品要改变货位号，账面也要及时更正以防止发生差错。

实行货位编号主要有以下优点：

（1）便于提高仓库收发货效率，缩短收发货作业时间，降低串号和错付发生的概率；

（2）便于库管员之间合作互助，若某库管员不在，其他库管员也可以代付；

（3）有利于在库商品的统计和检查监督，保证账货相符。

（二）商品分区分类定位储存必须考虑的因素

1. 商品的性质和货位条件

（1）凡同类商品，性质相近，有消费连带性的，要尽量安排在一起储存。

（2）彼此相互影响，不宜混存的商品，要分别存放。例如，化学危险品与一般商品不能混存在一个库房。互相串味，影响商品质量的，如茶叶和肥皂等不可混存。

（3）怕热商品要放在低温库、地下室或其他阴凉场所储存；怕晒、怕冻商品不能存放在露天货场或楼上；货台负荷小的，可存放轻泡货；低矮的库房不能堆码过高的商品等。

2. 商品进出库的方便性

进出库频繁的商品，在分区上，要尽量安排在靠近库房出入口，或车辆出入方便之处；笨重体大的商品，不宜放在库房深处。

3. 商品的安全性

（1）搬运安全性。重货与易碎品不易存放一处，以免在搬运时影响易碎品的安全。

（2）消防安全性。消防灭火方法不同的物质应分别储存。例如，油漆或橡胶制品就不宜与精密仪器存放一处，因为前者需用泡沫灭火器灭火，而后者需用二氧化碳灭火器灭火。

（三）商品分区分类的方法

商品分区分类的方法主要有以下几种：

1. 按照商品种类和性质划分储存区域

该方法分为两种：一种是按照业务部门经营的商品种类来划分储存区域，进而保管商品的分区分类方法；另一种则是按照商品的自然属性来划分储存区域，将怕热、怕潮、怕光、怕通风等多种不同性质的商品分别集中起来，安排在适于储存的场所进行保管的分区分类方法。

2. 按照运输方式及运输路线进行分区分类

此方法主要适用于中转仓库或待运仓库。具体做法是：首先将商品（货物）按照运输方式（公路、铁路、水路、航空、管道）进行分区分类，然后再按照到达的站、港的路线来分区分类。该方法虽然不是按照商品（货物）种类和性质来划分储存区域，但仍然应该注意，对危险品和彼此相互影响的商品以及运价不同的货物，要分别堆放。

3. 按照货品的危险性进行分区分类

这种分区分类方法主要适用于化学危险品仓库。它是根据危险品本身所具有的易燃、易爆、有毒等性质，以及所采用的不同灭火方法等来分区分类储存。

（四）商品分区分类保管的技巧

1. 摸清商品进出库规律，及时进行货位调整

根据历年商品储存动态、销售季节性变化，以及本年度储存计划执行中可能变化的预计等情况，摸清分季、分月的主要商品进出库规律，有计划地调整货区或货位。

要做好季节性的储存调整工作，注意季节的差异和市场上销售商品品种、数量的变化。对于过季少销的商品，要适当合并货位；对季节变化、保管条件不一的商品，也要及时调

整储存场所。

要做好日常的货位调整工作。每天都要统计空仓空位，进行商品进出货位平衡工作，随时整理并垛，腾出空位，为商品入库创造条件。

2. 预留机动货位

通常是在整个仓库划分货区时，预先留出一定货位作为机动货区，其大小可视仓库业务性质，商品储存量及品种的多少，商品性质和进出频繁程度，以及仓储设备条件等而定。在一个库房内部也可留出适当的机动货位，以便就近调剂使用。

商品分区分类应该粗细适当。一般批发仓库，如大中型二、三级站仓库和储运公司仓库，货量多，库房、货场面积较大，商品分区分类以细为宜；小型三级仓库和零售仓库，商品储存量较少，而品种多，就不宜划分过细，可按商品分成大类和小类。

二、堆码技术

商品堆码是入库商品堆放操作的方式和方法的总称。搞好商品堆码是为了便于进行保管，并维护商品储存安全，因而要根据商品的性能、数量和包装质量、形状，以及仓库条件按照季节变化采取适当的方法、方式将商品堆放稳固、整齐。

（一）商品堆码的具体要求

（1）要保证人身、商品与仓库的安全。商品堆码时，必须根据包装的坚固程度和形状、商品性能的要求，以及仓库设备等条件进行操作，应该轻拿轻放，按照安全操作规定使用各项设备，使堆垛作业正确，货垛稳固，防止货垛倒塌、毁货以及伤人事故的发生。

堆码货垛不得超过仓库地面、货架的设计负荷。货垛不宜过高，垛顶要与库房天棚、栋梁和照明保持一定的安全距离。同时，货垛与墙、柱及固定设备之间以及货垛与货垛之间都应有一定的间距，以便于商品检查、养护和操作，同时满足消防安全的需要。

（2）要方便商品出入库作业。为了实现商品先进先出和快进快出，货垛要统筹安排。要防止货垛阻塞通道，应注意货垛之间，货垛与设备之间保持适当的距离，以便于发货、商品检查及养护工作的进行。

（3）要节约仓容和苫垫物料。为使堆码在符合安全、方便的原则下达到多储，要不断改善、提高堆码方法和操作技术，要做到货垛大小、高低适当，垛型合理，节约仓容和苫垫物料。

（二）商品堆码的基本方法

（1）压缝堆码法。这是一种较普通使用的堆码法。此方法是将同一种规格的若干件商品，利用其包装的长度、宽度不同，将商品层层纵横拼配排列。其重叠的两层，商品排列朝向相反，做到每层之间商品互相压缝，依此逐层叠高，先拼出定数的小货垛，再由小垛拼成大垛。常见的有“二顶一”“三顶二”“四顶三”“五顶三”等。如图 3.10 所示。

图 3.10　压缝堆码法

目前广泛采用的五五堆码法是堆码系列中较好的一种。它是以“五”件为每层货组的基数，层层均为五件。长方形包装的商品，以“三顶二”等方式，每五件拼配排列为一层，层层互相压缝，等数堆高至五层为一个货垛的单元共计 25 件，再以几个单元向上或向四周扩展拼成一个以“五”为位数的大货垛。货垛的每层均可标明数量（分层标量）。除正方形、不规则形状或圆形等易滚动的包装外，所有长方形包装的商品都可用等数压缝式堆码。其主要优点有：一是货垛稳固，整齐美观；二是操作方便，点数容易；三是组配灵活，节约仓容。

（2）重叠堆码法。重叠堆码法又称直叠法。商品一件件直叠上去，一个个直叠小货垛可拼成大货垛。操作时，一般是一层平排放若干件，层层重叠，码高而成货垛，货垛每层商品排列一致，数量相同，层层互不压缝。如图 3.11 所示。

图 3.11　直叠法堆码货物

此方法较适用于呈正方形或包装体积较大的商品。其优点是堆法简便、操作快；其缺点是不能堆得太高，尤其是孤立货垛以单件为底，直叠过高容易倒垛。

（3）交叠堆码法。该方法是将商品件与件、层与层交互压住，层层排列相反，互相交替压叠，堆高成垛。其优点是适应某些成圈状包装的商品堆码、货垛稳固，通风良风，节约仓容。如图 3.12 所示。

（4）通风垛堆法。这种货垛的各件商品的前后、左右留有一定空隙，利于通风，其堆码方法多种多样，常见的有“井”字形、“非”字形、“示”字形、旋涡形等。该方法适用于需要通风散潮，防霉及怕闷热的商品。如图 3.13 所示。

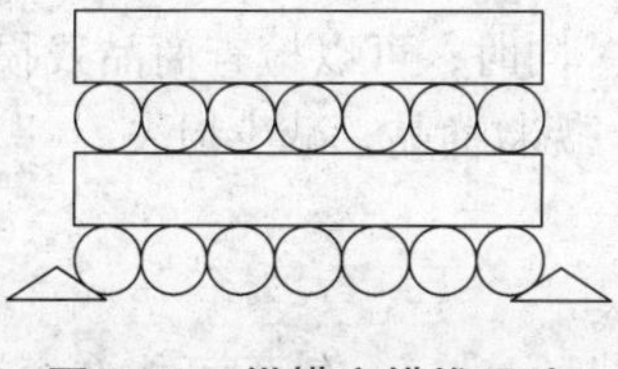

图 3.12　纵横交错堆码法

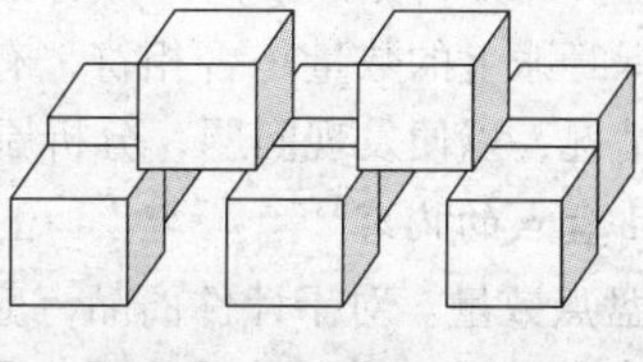

图 3.13　通风垛堆法

（5）牵制式堆码法。此方法用于包装松软和体积小、不易堆码平整的商品，在每层或间隔一两层商品之间夹进木板片或芦席等，使货垛的横断面平整而又互相牵制，以加强货垛的稳固性。有时可以在一货垛四周夹垫木板条或木片等，中间部分则不加夹垫，使大垛略向中间倾斜，这样不易倒垛。这种货垛一般都较大。

（6）缩脚式堆码法。用此方法堆码形成的货垛，每一层或数层的左右或前后，向内缩进半包装位置，叫做“梯形垛”或“宝塔式”；货垛下脚几层不缩进，上部二三层内缩的叫“屋脊式”。对于包装外形不规则、桶装、筒形或体积较小的商品，不易直叠或压缝的可用此方法。

（7）直立式堆码法。主要用于受压容易损坏、不宜平放堆叠的商品。油毛毡以直立堆码为宜，平放叠压容易层层粘连。

（8）栽柱式堆码法。该方法用于存放钢管、铁管等大五金商品，可在货垛两侧各竖埋若干对立柱，将商品堆码其间，堆高 0.5 米左右，两侧相对的立柱端部用铁丝拉紧。如图 3.14 所示。

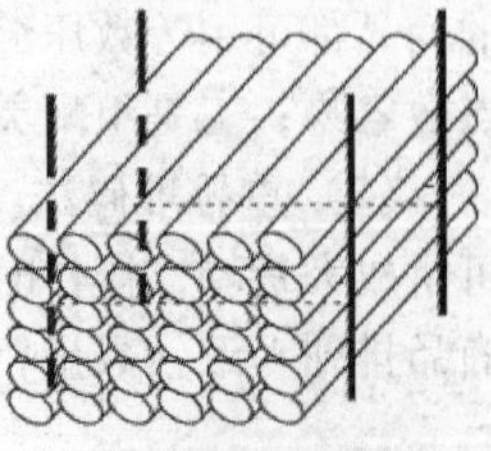

图 3.14　栽柱式堆码法

（9）立靠式堆码法。此方法又称斜靠式堆码法。如储存磅秤，可先将第一台前部垫高固定斜放，底面与地面成 36 ~ 45 度角，第二台再斜靠在第一台上，依此类推，到最末一台在其后轮下加垫，防止滑动。

（10）托盘堆码法。用叉车进行堆码作业时，以托盘堆货为基本章，直叠成纵列，排列成行，组成货垛。用此方法堆码商品与托盘规格、形式和结构等有关，目前大型仓库已较普遍采用该方法。如图 3.15 所示。

视频链接：货物分拣

另外，对于拆零发货、怕压不宜堆高、性能独特需要特殊保管的商品，还可以采用货架保管。

图 3.15　托盘堆码

三、盘点技术

商品盘点对账，是加强商品保管的一项重要工作。其主要内容是核对库存商品实际数量与商品保管账上的数量是否相符，有无盈余与短缺。同时，可以检查商品残损情况以及呆滞库存情况，以便发现问题，分析原因，采取措施，挽救商品，减少损失。

（一）商品盘点的内容

（1）盘点数量。对于计件商品，应全部清点。

（2）盘点重量。对于计重商品，因全部过磅工作量太大，一般不可能在短期内做到，可会同业务部门据实逐批抽件过秤。

（3）核对账与货。根据盘点商品实数逐笔核对商品保管账所列结存数。

（4）账与账核对。仓库商品保管账应定期与业务部门的商品账核对。

（二）商品盘点方法

为了获得正确的库存资料，一般采用“账面盘点”与“现货盘点”相结合的方法进行。

（1）账面盘点。账面盘点也称“永续盘点”，是指把每天出入库商品的数量及单价记录在电脑或账簿的“库存账卡”上，并连续地计算汇总出账面上的库存结余数量及库存金额。

（2）现货盘点。现货盘点又称“实地盘点”或“实盘”，是指实际库内清点数量，再依商品单价计算出实际库存金额的方法。若按照盘点时间及盘点发生频率的不同，现货盘点还可进一步分为期末盘点与循环盘点两种。

①期末盘点。这是指在会计核算期末统一清点所有物品数量的方法。一般是每月或每季度进行一次。通常是由业务部门派人会同仓库保管员、账务员一起盘点对账。该方法工

作量大，要求严格，常采取分区分组的方式进行。一般一个小组至少需要三人参加，分别负责清点数量并填写盘存单，复核数量并登记复查结果，第三人核对前两次盘点数量是否一致，如不一致则进行检查。盘点结束后再与账面数核对。

②循环盘点。通常对价值高或重要物品检查的次数多，且监督严密，而对价值低或不太重要的物品盘点次数少。采用该方法，一次只对少量物品进行盘点，通常由保管人员自行对照库存资料点数检查，也可采用专门的循环盘点单登记盘点情况。

（3）日常核对。应做到随时核对（动碰复核），并及时反映出入库商品的动态数量及库存数量。这是保证库存商品账货相符的基本方法。

（4）临时盘点。原来的保管员调动工作，或仓库发生事故造成损失后，需要对库存商品进行临时盘点（局部或全部清查）。临时盘点一般由专门的清查小组进行，清查时保管员必须参加。

在保管实务中，应综合运用以上几种盘点方式与方法。

［案例3-2］X公司库存的“账”“实”差异

X公司是一家从事保健品分销的企业，总部位于四川省成都市（公司目前的服务区域是四川省和重庆市）。公司成立了销售部、财务部、人力资源部以及物流部等部门。公司目前有100多名员工，其中有10余人从事保健品的物流运作（外部物流配送采取了业务外包模式，公司先后与中国邮政、蚂蚁物流等公司合作，目前与三家快递公司合作，采取了AB角制）。目前公司采用的财务管理软件是用友软件。通常，片区销售经理从四川和重庆各二级市场向总部发回销售订单，在订单录入财务管理系统后，物流部的工作人员就根据出库单向二级市场的零售商发货。运作一段时间后，物流部仓储管理人员就会进行现货盘点。公司管理层经常发现现货盘点的结果与财务管理系统中的库存信息不符，表现为库存有时多有时少。起初，管理人员怀疑是财务管理系统功能紊乱（或者是信息系统本身存在问题，或者是员工的操作不正确），遂向其软件供应商用友软件股份有限公司（以下简称用友公司）进行咨询。用友公司派出专业人员检查了软件，确认软件的功能正常。后经两家公司协商，由“用友”公司对X公司相关部门的员工进行了培训。经过培训，X公司的员工掌握了正确的软件操作方法，但“账”“实”不符的现象仍然存在，有一年的6月至7月，库存数据的差异达到高峰，在业内实属“异常”。这时，管理人员怀疑可能是出库人员的粗心大意所致。于是，公司物流经理亲自打印出库单据，并专门派了两名员工分别进行物流相关环节的复核（包括出库单据与发货作业等），确保货物发放环节不出现差错。但是，库存问题仍然未有丝毫好转。无奈之下，公司物流经理向咨询公司求助。咨询专家在听取物流经理的介绍后，初步诊断如下：用友软件是财务管理软件，不可能完全取代WMS等物流管理软件，其功能的侧重点有所不同。而之所以会出现上述差异，可能的原因是货物入库或出库后，由于人工操作导致信息系统中的库存数据未及时更新。如果采用RFID以及WMS等物流信息技术手段，则可实现库存数据的实时动态更新，可从根本上消除上述差异。当然，咨询报告还需要在对X公司进行充分调查、论证的基础上得出。①

（三）商品盘点注意事项

（1）盘点时，首先要清点商品，然后根据清点结果来核对货卡、商品账或有关凭证；

（2）计重商品过磅盘点时，应将磅秤校准；

（3）以整件计量的，清点件数以包装内细数计量，除根据包装外的标志细数来确定全部数量外，还要对包装内部进行抽查；

---

① 本案例由本书作者撰写。

（4）对待点、待提以及未经入账的商品，应严格与库存商品区分开来，避免与实际库存混淆；

（5）对盘点发现的问题，均应作翔实记录，并及时进行处理；

（6）对盘点所发现的盈余与短缺，除确实属于互串者外，一概不准相互冲抵；

（7）对积压滞销和近失效期的商品，应积极向生产部门反映并督促处理；

（8）发现商品出现霉烂、变质等异状，应及时采取有效措施防止异状发展，并视情况组织抢救以减少损失，同时应向有关部门反映。

小结：

储存保管是指在一定的时期和场所，以适当的方式对一定数量和质量的物品进行储藏、保护、管理和控制的活动。储存保管的基本作业流程包括货物入库、货物保管和货物出库，涉及物流和信息流。储存合理化的措施包括进行库存分类管理、采用先进先出的作业方式、提高储存密度及提高仓容的利用率、采用有效的储存定位系统、采用有效的监测清点方式以及采用现代商品储存保管养护技术等。仓库是进行仓储活动的实体，是储存保管商品的建筑物和场所的总称。仓库的布局包括仓库规模的确定、选址以及仓库内部布局等内容。自动化立体仓库技术是仓储领域的最新技术，它的合理使用能产生巨大的社会效益和经济效益。储存保管技术主要包括商品分区分类定位储存、堆码、盘点以及商品养护等技术。

同步测试：

一、判断题

1. 仓库的货物吞吐量与货物装卸作业量是同一个数量指标。（　）

2. 根据货物周转率来安排货位时，周转率越高的货物应离出入口越远；反之越近。（　）

3. 由于库存物资的品种和数量可能经常变化，因此物资保管区的划分是动态的，随着保管任务的变化进行相应调整。（　）

4. 自动化仓库与传统仓库最根本的区别在于观念上的变化，要把原来那种固定货架、人工管理、以储存为主的仓储作业改变为自由选择货位，机械化、自动化仓储作业。（　）

5. 空间利用率最大化是仓储管理的唯一目标。（　）

二、单项选择题

1. 仓储的目的是克服产品生产与消费在（　）上的差异，以实现产品的使用价值。

A. 供应量　B. 需求量　C. 时间　D. 空间

2. 对于体积小、重量轻、保管条件要求比较高的物资，如仪器仪表、电子器件、电工器材等，应存放在（　）。

A. 楼库顶层　B. 楼库底层

C. 楼库中间层　D. 楼库外的露天堆场

3. 流通仓库、工厂仓库的生产效率在很大程度上依赖于收发货物的（　）。

A. 作业效率　　B. 搬运距离　　C. 搬运企业量　　D. 搬运设备

4. (　　) 是立体仓库中最重要的起重运输设备，代表立体仓库的特征。

A. 桥式起重机　　B. 门式起重机　　C. 堆垛起重机　　D. 岸边起重机

5. 拆垛、配货、贴标签、拴卡片等都属于 (　　) 作业。

A. 搬运装卸　　B. 流通加工　　C. 辅助　　D. 仓储

三、简答（述）题

1. 举例说明储存保管的积极作用和消极作用。
2. 简述储存保管作业流程。
3. 简述储存保管合理化的措施。
4. 仓库有哪些种类？
5. 对仓库进行合理布局应考虑哪些因素？
6. 自动化立体仓库有哪些主要特点？
7. 简述堆码的注意事项。
8. 盘点包括哪些主要工作？
9. 怎样才能做好仓库管理工作？

四、情境问答题

小王是一家公司的仓库管理员。他在期末库存盘点时发现，部分货品的实际库存量与账面数量不符，即产生了“账实”差异。在实务中，产生盘点差异的原因有很多。你认为小王应该从哪些方面去分析产生“账实”差异的原因？

五、实训题

某餐饮连锁有限公司的自营仓库需要存放一批货物，其中有 1 000 件听装的百事可乐和 600 筐水果，另外还有新购进的三台自重 28 吨的设备（每台设备底架为 2 条 1.5 米×0.2 米的钢架）。分组讨论并提交储存保管作业方案，有条件的学校可以进行模拟操作。

六、案例分析题

BJ 汽车制造厂的自动化仓库

20 世纪 70 年代，北京某汽车制造厂建造了一座高层货架仓库（自动化仓库）作为中间仓库，存放装配汽车所需的各种零配件。该厂所需的零配件大多数由协作单位生产，然后运至自动化仓库存放。该厂是我国第一批发展自动化仓库的企业之一。

从结构来看，该仓库分高库和整理室两部分。高库采用固定式高层货架与巷道堆垛机结构，从整理室到高库之间设有辊式输送机。当入库货物的包装规格不符合托盘或标准货箱要求时，还需要对货物的包装进行重新整理，这项工作就是在整理室进行的。由于当时各种备品的包装没有规格化，因此，整理工作的工作量相当大。

货物的出入库是通过电脑控制与人工操作相结合的人机系统来实现的。当时，这套设备相当先进。该库建在该厂的东南角，距离装配车间较远。因此，在仓库与装配车间之间需要进行二次运输，即先要将所需的零配件出库，然后装车运输到装配车间，才能进行组装。

自动化仓库建成后，这个先进的仓储设施在企业的生产经营中所发挥的作用并不理想。因此其利用率也逐年下降，最后不得不拆除。

根据案例提供的信息，请回答以下问题：

1. 该厂的自动化仓库建成后，为什么没有发挥应有的作用？请分析原因。
2. 你认为该厂的自动化仓库有必要建立吗？请说明理由。

第四章　运输与配送

【引例】

视频链接：超级工厂-UPS 快递

云南关通货运站的标准体系

云南关通货运站，经营已有十余年。它与我国其他各地的货运站类似，早期只是长途货运司机歇脚的地方。大大小小的车辆停在这里，司机在这里住宿、吃饭、休息。货站赚的是司机的住宿费、停车费。经过近几年的发展，这个货运站通过资源的整合、信息的整合与服务的整合，经营模式发生了巨大变化。

首先是资源整合。资源，包括需方如货主、货代，也包括供方如车主、物流商。此外，还有信息中介、加油站、工商、税务等多种资源都被吸纳到货运站来。资源的整合促进了服务功能的整合。

其次是服务的整合。除了原来的住宿、停车、维修、物业租赁外，服务融合的主要特点是业务的延伸和创新，目前已经扩展到担保、代办保险、结算、信息、法律、税收、鉴定证件等众多增值服务领域。实践证明，整合的市场会出现 1+1>2 的现象，会有新的经济增长点创造出来。

最后是信息的整合。一方面是货运供求信息通过计算机网络集成起来，可以及时发布、随时查询、快速成交；另一方面是通过信息化实现了服务的标准化、管理的标准化。关通货运站采用了一种会员卡的方式，统一了结算、客户管理和货运信息管理等。在这里可以看到标准和整合的相互促进。现在这里的车辆停留时间平均仅为两三小时，周转率非常高。通过采用信息系统，有关的司机、货主、管理、服务项目的所有信息都储存在数据库中，形成庞大的数据库，通过对这些信息的跟踪与分析，可以发现区域货运量的分布与运载规律以及其他重要信息。

上述整合只是第一步，只是做了一个货场的整合，形成了一个货场的标准体系。现在要向更大范围扩展。目前中国物流信息中心抓住这个典型，召开了研讨会。会上推出了“中国物流直通车”的概念，迈出了第二步整合，即把关通货运站的商业模式和标准体系“克隆”到全国，并将他们整合起来建立连锁经营体系。这一层整合不仅会提升各自成员单位的市场竞争力，而且会促进我国公路货运市场向规范化、现代化的方向发展，货运市场将走出无序竞争、恶性循环的泥潭，逐步形成全国高效、通畅的现代物流网络。

引导问题：

1. 云南关通货运站的经营模式有何特点？
2. 何为物流连锁经营？
3. 怎样才能实现运输、配送合理化？

运输是创造物品时空效用的主要手段，是物流系统不可或缺的功能要素，它与储存保管一起被称为物流系统的两大支柱。配送是配与送的有机结合，配送活动几乎涵盖了物流的基本功能要素，它是物流的一个缩影，它使商品流通渠道更加顺畅合理，它是实现物流合理化的重要途径。

通过本章内容的学习，读者应理解运输的概念和作用，掌握运输合理化的措施以及常见的运输方式及其特点；掌握配送的概念、特点、作业流程及配送合理化的措施；掌握多式联运及集装箱运输的概念和特征。

第一节　运　　输

运输是实现物流目的的手段。传统的运输管理重视的是运输本身的合理化，没有将其同物流系统整体的合理化联系在一起。目前，货物运输系统正逐渐融入社会物流体系，并成为社会物流体系的一个有机组成部分。

一、现代运输概述

（一）运输的概念

广义的运输是指人和物通过运力在空间发生的位移，其具体活动是人和物的载运及输送。而物流领域的运输专指物的载运及输送。我国国家标准《物流术语》对运输（Transportation）的定义是“用专用运输设备将物品从一个地点向另一地点运送。其中包括集货、分配、搬运、中转、装入、卸下、分散等一系列操作”（GB/T18354-2006）。显然，运输是在不同地域范围内（如两个城市、两个工厂之间），以改变物品的空间位置为目的的活动，而搬运则是在同一地域范围内（如一个工厂、一个仓库或一个配送中心）以水平位移为主的物流作业，并且每次运输的运量远比每次搬运的作业量大。

（二）运输的特征

运输是一种特殊的生产活动，具有很强的服务性。从运输在社会再生产中的地位以及运输产品的属性来看，运输生产过程与工农业生产有很大的差别。

1. 运输联系的广泛性

运输生产是一切经济部门生产过程的延续，通过各种运输方式，可以把原材料、燃料等送达生产地，又能把产品运往消费地，运输贯穿整个社会再生产过程。因而，运输几乎和所有的生产经营活动都发生直接或间接的联系。运输线路是否畅通，对企业的连续生产、充分发挥生产资源的作用以及加速商品流通等，都具有非常重要的影响。

2. 运输生产的服务性（非实体性）

运输并不创造新的实体产品，因而人们常说的运输产品，实质是货物的空间位移，即运输服务。一般而言，生产活动是通过物理、化学或生物作用过程，改变劳动对象的数量和质量，从而得到新的产品。而运输生产则与此不同，它虽然也创造价值和使用价值，但不创造新的产品。它把价值追加到被运输的货物上，实现货物场所的变更。因而，运输产品是看不见、摸不着的，是和被运输的实体产品结合在一起的。换言之，运输产品的生产和消费是同一过程，它不能脱离生产过程而单独存在。

运输产品既不能储存，做到以丰补歉，又不能调拨，在地区间调剂余缺，只有通过调整运力来适应社会对运力需求的变化。因此，在满足运输需求的前提下，如果产生多余的运输产品和运输费用，对社会而言就是一种浪费。在物流活动中，充分考虑节省运力、降低运输成本，具有极其重要的意义。

3. 运输生产的连续性

运输生产是在一个固定的线路上完成的，它的空间范围极为广阔，好像一个大的“露天工厂”。而且货物运输往往要由几种运输方式共同完成，而不像工农业生产那样在一定范围内即可完成其生产任务。因此，在物流规划中，如何保证运输生产的连续性以及根据运输需求，按地区和货流形成综合运输能力，具有非常重要的意义。基于这一特点，物流规划必须充分重视自然条件，扬长避短，提高物流活动的运输效率和经济效益。

4. 运输产品的同一性

虽然各种运输方式的运输线路、运载工具各不相同，但其生产的本质相同，即都能实现货物的空间位移，对社会具有同样的效用。

5. 运输方式的可替代性

实现货物的位移，一般可采用不同的运输方式。运输产品的同一性决定了运输方式的可替代性。

（三）运输的作用

运输具有物品转移和物品临时储存两大功能，在现代物流活动中发挥着举足轻重的作用。具体表现在：

1. 运输可以创造物品的空间效用和时间效用

运输通过改变物品的地点或位置创造空间价值，并保证物品能够在适当的时间到达消费者手中，创造时间价值。

2. 运输可以扩大商品的市场范围

企业的产品能够顺利到达市场，必须借助运输来实现。通过运输，可扩大商品的市场范围，增加企业的发展机会。

3. 运输能够促进社会分工

运输是生产和销售之间不可或缺的纽带，只有运输才能真正实现生产和销售的分离，促进社会分工的发展。

4. 运输是“第三利润源”的主要源泉

根据对社会物流费用综合分析计算的结果，运费在物流系统的总成本中所占的比重最大（约占50%的比重），因此，运输是“第三利润源”的主要来源，运输领域节约的潜力非常巨大。

二、基本运输方式的特点及分类

按照运输工具来划分，可将运输分为铁路运输、公路运输、水路运输、航空运输和管道运输五种基本运输方式，如图 4.1 所示。

铁路运输　公路运输　水路运输　航空运输　管道运输

图 4.1　基本运输方式

（一）铁路运输

铁路运输是指利用机车、车辆等技术设备沿铺设轨道运行的运输方式。

1. 铁路运输的特点

铁路运输具有以下主要优势：①铁路运输能够以相对较低的运价运送大量的货物，具有规模经济和距离经济的优势；②铁路几乎可以修建在任何需要它的地方，现有的铁路网络四通八达，可以很好地满足远距离运输的需要；③铁路可以全年全天候营运，受地理和气候的影响比较小，具有较高的连续性和可靠性；④铁路运输的安全性也在逐步提高；⑤列车的运行速度比较快，比水路运输快很多，在运程较长的情况下也快于公路运输。

铁路运输的局限性主要表现在如下几方面：①列车只能按照铺设的铁道行进，这在一定程度上影响了铁路运输的灵活性，不能实现“门到门运输服务”[①]；②对于非远距离运输，铁路运输的运费比较高；③由于铁路运输的计划性比较强，一般很难能满足应急运输的需要；④铁路设施固定成本高，期初投资大，建设周期长；⑤铁路运输的货损率[②]比较高。由于装卸次数多，货物毁损或丢失事故发生的概率通常高于其他运输方式。

根据上述铁路运输的特点，铁路运输主要适合大宗低值货物的中长距离运输（铁路运输的经济里程一般在200千米以上），也较适合散装货物（如煤炭、金属、矿石、谷物等）、罐装货物（如化工产品、石油产品等）的运输。

2. 铁路运输的种类

铁路运输分车皮运输和集装箱运输两种。

（1）车皮运输。车皮运输是指租用适合货物数量和形状的车皮所进行的铁路运输方式。这种方式适合运送大宗、低值、散装货物，如煤炭、水泥、石灰等。但由于车皮难以往返利用，因而运输效率较低，运费亏损集中，并且还需要使用专用的装卸搬运机械。

（2）铁路集装箱运输。铁路集装箱运输是铁路和公路联运的一种复合型直达运输方式，其特征是可提供门到门运输服务，如可以从托运人的工厂或仓库直接将货物运达收货人的工厂或仓库。这种方式适合于化工产品、食品、农产品等多种货物的运输。

［案例4-1］远成集团有限公司的特色运输服务

远成集团有限公司是一家通过了ISO9001质量管理体系和ISO14001环境管理体系认证的中国首批5A级综合服务型物流企业。以下是公司提供的特色运输服务。

（1）行邮专列。它是远成集团独家承包经营的特快行邮专列，是交通运输部推出的一种铁路货物运输速度最快、安全性最高、服务质量最好、发出与到达最准时的运输服务。主要为家电、服装、医药、汽配、仪器仪表等高附加值产品提供专列直达快速运输及全程物流服务，被交通运输部列入AA级运输管理，属集团公司高端运输产品。它拥有快捷（160千米/小时）、安全（全程摄像监控）、准时（定时发车、一站式直达）、保鲜（每列行邮专设两节保鲜车）、基地化管理模式等特点。

（2）行包专列。它是铁路行包快运专列的简称，是按照旅客列车组织形式，整列装载行李包裹的列车。它属集团公司的中端运输产品。其运行速度为80～120千米/小时，拥有

① 门到门运输服务（Door to Door Service）是指“运输经营人由发货人的工厂或仓库接收货物，负责将货物运到收货人的工厂或仓库交付的一种运输服务方式。在这种交付方式下，货物的交接形态都是整体交接”。——中华人民共和国国家标准《物流术语》（GB/T18354-2006）

② 货损率（Cargo Damages Rate）是指“交货时损失的物品量与应交付的物品总量的比率”。——中华人民共和国国家标准《物流术语》（GB/T18354-2006）

固定发站、到站，固定发车、到车时间，运行稳定，安全可靠，方便快捷，价格合理等竞争优势。

(3) 五定班列。它是交通运输部继行包专列后推出的新型运输服务，具有长距离、大批量、全天候服务等优势。“五定”是指定时、定点、定线、定价、定车次。五定班列具有“五优先”（配车、装车、挂车、放行、卸车）和“五不准”（装车过程中不准停装，未到满载不准限装，铁道分界口不准拒接，运行中途不准停留，运行途中不准解体）保障等竞争优势。它主要适用于大宗低质货物的远途运输。它日行600千米，是集团公司的低端运输产品。

(4) 集装箱五定班列。它是交通运输部后来推出的运输服务。该运输服务整合了集装箱和五定班列两种运输服务的优点，拥有货运质量高、安全系数高、交接方便、运输时间稳定、适合多式联运等优势，是集团公司发展前景极佳的运输产品。

(5) 外线汽运。公路快运与铁路快运相互补充，形成综合竞争优势。

（二）公路运输

广义公路运输是指利用一定的载运工具（如汽车、拖拉机、畜力车、人力车等）沿公路实现旅客或货物空间位移的过程，狭义公路运输即指汽车运输。物流中的公路运输专指汽车货物运输。

1. 公路运输的特点

与其他运输方式相比，公路运输具有以下优点：①公路运输可以实现“门到门运输服务”，且速度比较快；②可以根据需要，灵活地制定运输时间表，并且对于货运量的大小也有很强的适应性；③对于近距离、中小量的货物运输来说，使用公路运输的费用比较低；④在运输途中，几乎没有中转装卸作业，因此，货物因装卸搬运发生碰撞的概率比较小，对包装的要求不高，货损货差较少；⑤期初投资少，经济效益高；⑥驾驶技术容易掌握。

公路运输的缺点有：①因为汽车的载运量有限，所以，一般公路运输的批量都比较小，不太适合大量运输；②在进行长距离运输时，运费比较高；③公路运输受气候和环境的影响较大；④公路运输的燃料消耗较大，环境污染严重。

由于公路运输具有机动灵活的特点，故比较适合于中小批量货物的中短途运输（我国规定50千米以内为短途运输，200千米以内为中途运输）。由于高速公路的发展，汽车运输从中、短途运输逐渐发展为短、中、远程运输并举的局面，这将是一个不可逆转的趋势。另外，公路运输作为其他运输方式的补充与衔接手段，与其他运输方式联合可实现远距离“门到门”运输。

2. 公路运输的分类

(1) 按照货物托运批量大小可分为整车运输与零担运输。凡托运方一次托运货物在3吨及其以上的，为整车运输；凡托运方一次托运货物不足3吨者为零担运输。整车运输的货物通常是大宗货物，如煤炭、粮食、木材、钢材、矿石、建筑材料等；零担运输非常适合商品流通中品种繁杂、量小批多、价高贵重、时间紧迫、到达站点分散等特殊情况下的运输。

(2) 按照运送距离可分为长途运输与短途运输。各地根据具体情况对于长短途有不同的划分标准。

(3) 按照货物的性质及对运输条件的要求可分为普通货物运输与特种货物运输。被运输的货物本身的性质普通，在装卸、运送、保管过程中没有特殊要求的，称为普通货物运输。相反，被运输的货物本身的性质特殊，在装卸、运送、保管过程中需要特定条件、特殊设备，来保证其完整无损的，称为特种货物运输。特种货物运输又可分为长大、笨重货物运输，危险货物运输，贵重货物运输和鲜活易腐货物运输。各类运输都有不同的要求和不同的运输方法。

（4）按照运输车辆的性质可分为自有车辆运输与营业车辆运输。站在货主企业的立场上分析，运用本企业的车辆进行的运输称为自有车辆运输，运用租用车辆进行的运输称为营业车辆运输。营业车辆运输和自有车辆运输各有其优缺点，主要表现在以下几方面：自有车辆运输的信赖度高，与企业物流系统联系较紧密；但是装载率低，运输效率低，适应能力差。营业车辆运输能够较好地适应季节变化和需求量的变化，保证业务的连续性和稳定性，最终可以有效地控制运输成本；但是与企业物流系统的联系相对松散，不便于企业进行管理和控制。

（三）水路运输

水路运输是指利用船舶、排筏和其他浮运工具，在江、河、湖泊、人工水道以及海洋上运送旅客和货物的一种运输方式。

1. 水路运输的特点

水路运输具有以下优点：①可以利用天然水道，线路投资少，且节省土地资源；②船舶沿水道浮动运行，运载量大；③成本低廉，对于非液态商品，水路运输的成本最低；④江、河、湖、海相互贯通，沿水道可以实现大陆间运输，且运输距离较长。

水路运输的缺点有：①水路运输的速度比较慢，它在所有的运输方式中时间是最长的，一般来说，水路运输速度要比铁路运输慢一两倍；②行船和装卸作业受天气的制约，运输计划很容易被打乱；③船舶必须在码头停靠装卸货物，历时较长、费用较高；④无法完成“门到门”运输服务。

根据水路运输的上述特点，水路运输的主要功能是：承担大批量货物，特别是散装货物运输；承担原料、半成品等低价货物运输，如建材、石油、煤炭、矿石、粮食等；承担国际贸易运输，是国际商品贸易的主要运输方式之一。

2. 水路运输的分类

（1）按照运输工具分类。按照运输工具来划分，水路运输可分为内河运输和海上运输两种[①]。①内河运输。内河运输是一种古老的运输方式，是水路运输的重要组成部分。我国拥有长江、珠江、黄河、淮河、辽河、海河、松花江等七大主要水系，还有可贯通海河、黄河、长江、钱塘江等五大水系的南北向大运河。全国河流总长43万千米，内河通航里程10.4万千米。长江水系是内河运输的主体，长江轮船总公司是长江航运的骨干力量，是国内最大的内河运输企业。②海上运输。海上运输又分远洋运输、近洋运输和沿海运输三种。远洋运输和近洋运输是伴随着国际贸易进行的国际货物运输方式，是国际贸易的重要组成部分。沿海运输是利用沿海航道在港口之间进行的货物运输方式。

（2）按照营运方式分类。按照营运方式来划分，水路运输可分为定期船运输和不定期船运输两类。定期船运输即班轮运输（liner Transport），是指“在固定的航线上，以既定的港口顺序，按照事先公布的船期表航行的水路运输经营方式”（GB/T18354-2006）。

不定期船运输也称租船运输（Carriage of Goods under Charter），是指“船舶出租人把船

① 海船与江船的载运量、动力、技术性能等有很大差别。

舶租给承租人，根据租船合同的规定或承租人的安排来运输货物的运输方式”（GB/T18354-2006）。具体包括航次租船、定期租船、光船租船、包运租船以及航次期租船等形式。

（四）航空运输

航空运输简称空运，是指使用飞机运送客货的运输方式。

航空运输具有以下优点：①速度快；②运输途中对货物的振动和冲击比较小，货物只需简单包装，有利于节省包装费用；③航线是直线，可以飞越各种天然障碍、做长距离不着陆运输。

航空运输的缺点有：①航空运输的费用非常高。在美国，按平均每吨货物每英里的运价计算，航空运输是铁路运输的12~15倍，是公路运输的243倍。②可达性差。除了靠近机场的城市外，对其他地区不太适用，必须要结合汽车运输来弥补其不足。③恶劣的天气情况也可能会对航空运输造成极大的影响，影响送货及时性的实现。④航空运输的载运能力小。

根据航空运输的上述特点，使得它主要担负高价值的贵重货物、急需或时效性很强的货物、易破损货物的小批量运输以及邮政运输。

（五）管道运输

管道运输是指利用管道，通过一定的压力差而完成气体、液体和粉状固体运输的一种现代运输方式。

1. 管道运输的特点

管道运输具有如下优点：①管道运输运量大，运输快捷，效率高；②占用土地少；③不受气候影响，运行稳定性强；④便于运行控制；⑤耗能低，成本低；⑥有利于环境保护。

管道运输的主要不足之处是灵活性差，承运的货物种类比较单一。管道运输主要担负单向、定点、量大的流体状货物运输。管道运输的主要对象是原油、天然气、成品油等流体资源，除此之外，煤等固体原料也可以加工成浆状后利用管道运输。

2. 管道运输的种类

按照运输对象来分，管道运输分为原油管道运输、成品油管道运输、天然气管道运输以及煤浆管道运输等。

（六）五种基本运输方式的组成、优缺点及技术经济特征比较

五种基本运输方式的组成、优缺点及技术经济特征比较分别见表4.1和表4.2。

表4.1　　五种基本运输方式的组成及优缺点比较

组成及优缺点 / 运输方式	系统组成部分	优点	缺点
铁路运输	线路、机车车辆、信号设备和车站	运量大，速度快，成本低，全天候，准时	基建投资较大，运输范围受铁路线限制
公路运输	公路、车辆和车站	机动灵活，可实现“门到门”的运输，不需转运或反复搬运，是其他运输方式完成集疏运的手段	成本较高，容易受气候和道路条件的制约，准时性差，货物安全性较低，对环境污染较大
水路运输	船舶、港口和航道	运量大，运距长，成本低，对环境污染小	速度慢，受港口、气候等因素影响大

表4.1(续)

运输方式＼组成及优缺点	系统组成部分	优点	缺点
航空运输	航空港、航空线网和机群	速度极快，运输范围广，不受地形限制，货物比较安全	运量小，成本极高，站点密度小，需要公路运输方式配合，受气候因素的影响
管道运输	管线和管线上的各个站点	运量大，运费低、能耗少、较安全可靠、一般受气候环境影响、劳动生产率高，货物零损耗，不污染环境	只适用于输送原油、天然气、煤浆等货物，通用性差

表 4.2　　五种基本运输方式的技术经济特征比较

技术经济特征＼运输方式	铁路运输	公路运输	水路运输	航空运输	管道运输
运输成本	低于公路运输	高于铁路、水路和管道运输，仅比航空运输低	一般比铁路运输低	最高	与水运接近
速度	长途快于公路运输，短途慢于公路运输	长途慢于铁路运输，短途快于铁路运输	较慢	极快	较慢
能耗	低于公路和航空运输	高于铁路和水路运输	低，船舶单位能耗低于铁路，更低于公路运输	极高	最小，在大批量运输时与水路运输接近
便利性	机动性差，需要其他运输方式的配合和衔接，才能实现“门到门”的运输	机动灵活，能够进行“门到门”运输	需要其他运输方式的配合和衔接，才能实现“门到门”的运输	难以实现“门到门”的运输，必须借助其他运输工具进行集疏运	运送货物种类单一，且管线固定，运输灵活性差
投资	投资额大、建设周期长	投资小，投资回收期短	投资少	投资大	建设费用比铁路低60%左右
运输能力	运能大，仅次于水路运输	载重量不高，运送大件货物较为困难	运能最大	只能承运小批量、体积小的货物	运输量大
对环境的影响	占地多	占地多，环境污染严重	占地少		占地少，对环境无污染
适用范围	适合大宗低值货物的中、长距离运输，也适用于大批量、时间性强、可靠性要求高的一般货物和特种货物的运输	适用于近距离、小批量的货物运输或水路运输、铁路运输难以到达地区的长途、大批量货物运输	适用于运距长，运量大，对送达时间要求不高的大宗货物的运输，也适合集装箱运输	适用于价值高、体积小、送达时效要求高的特殊货物的运输	适用于单向、定点、量大的流体状且连续不断的货物的运输

三、选择运输方式应考虑的因素

运输方式的选择是物流合理化的重要内容，因此，必须选择最适合的运输方式。选择运输方式时应考虑的因素包括：货物的性质、运输时间、交货时间的适应性、运输成本、批量的适应性、运输的机动性和便利性、运输的安全性和准确性等。对于货主来说，关注的重点是运输的安全性和准确性、运输费用的低廉性以及缩短运输总时间等因素。从业种看，制造业重视运输费用的低廉性，批发业和零售业重视运输的安全性和准确性以及运输总时间的缩短等运输服务方面的质量。

具体而言，在选择运输方式时应考虑以下因素：

（1）所运物品的种类。物品的形状、单件重量容积、危险性、变质性等都成为选择运输方式的制约因素。

（2）运输量。一次运输的批量不同，所选择的运输方式也不同。一般来说，原材料等大批量的货物运输适合于铁路运输或水运。

（3）运输距离。中短距离适合汽车运输，而长距离适合铁路、水路及航空运输。

（4）运输时间。与交货期有关，应根据交货期来选择适合的运输方式。

（5）运输费用。物品价值的高低关系到其承担运输费用的能力，这也成为选择运输手段的重要考虑因素。一般而言，高值物品担负运费的能力较强，而低值物品担负运费的能力较弱。

虽然货物运输费用的高低是选择运输手段时要重点考虑的因素，但不能仅从运输费用本身出发，而必须从物流总成本的角度出发，结合物流的其他费用综合考虑。应注意运输费用与物流其他费用之间存在的效益背反关系。

当然，在具体选择运输方式的时候，往往要受到当时运输环境的制约，而且也没有一个固定标准。因此，必须根据运输货物的各种条件，通过综合分析来加以判断。

四、集装箱运输与多式联运

（一）集装箱运输

1. 集装箱运输的概念

集装箱运输是以集装箱为运输单元，通过一种或几种运输工具，进行货物运输的一种先进的运输方式，也是集装化运输中的一种高级形态，目前已成为国际上普遍采用的一种重要的运输方式。集装箱运输是运输方式上的革命，是运输技术上的巨大进步，它是实现散杂货物运输合理化、效率化的重要手段。

小资料：

我国集装箱运输的发展情况

中国集装箱运输始于1955年，首先在铁路中采用。1973年开始国际标准集装箱海上运行，1978年制定了第一个集装箱国家标准（GB1413-78），铁路开始发展5吨集装箱运输。改革开放以来，国内集装箱运输进入全面、快速发展阶段，初步形成了水、铁、空集装箱“门到门”联运体系。

2. 集装箱运输的特征

与一般货物运输相比，集装箱运输具有以下特征：

（1）提高货物运输质量，减少货损货差。由于集装箱结构坚固，强度和刚度很大，能防止压、砸、撞带来的损失，因此对货物有很好的保护作用。同时，在全程运输中，使用机械装卸、搬运，可不动箱内货物直接进行装卸或在不同运输工具之间换装作业，大大减少了货损货差。

（2）节省货物包装材料和包装费用。货物采用集装箱运输，由于集装箱的保护，不受外界的挤压碰撞，一般不需外包装，内包装也被简化，可大量节约包装材料，降低包装费用。

（3）采用快速装卸装置进行装卸，大大提高了车船装卸效率，可以缩短运输时间，减少运输费用。

（4）可以简化货运手续，方便装卸以及火车、汽车、轮船、飞机联运中的交接。

（5）有利于组织多式联运。

（二）多式联运

1. 多式联运的定义

多式联运（Multimodal Transport）是指“联运经营者受托运人、收货人或旅客的委托，为委托人实现两种或两种以上运输方式的全程运输，以及提供相关运输物流辅助服务的活动”（GB/T18354-2006）。换言之，在物流领域，多式联运是联运经营人根据单一的联运合同，通过一次托运、一次计费、一张单证、一次保险，使用两种或两种以上的运输方式，负责将货物从指定地点运至交付地的运输活动。显然，它不同于一般意义上所指的联合运输①。

2. 多式联运的作用与意义

（1）提高运输效率和社会效益。随着社会经济飞速发展，客货流量不断增长，流程运距日益延伸，加上交通运输生产活动具有跨地区、跨部门、开放性、多环节等特点，单靠一种运输方式很难对货物运输的全过程实现科学、合理的组织。多式联运通过合理组织多种运输方式，可以大大提高运输效率和社会效益。

（2）简化手续，方便货主。多式联运可以将货主在中转地进行的办理提货、托运手续、换载等业务活动，以及各种运输方式所处“结合部”的部分运输业务活动分离出来，使其社会化、专业化。这样，不管运输路程多远、运输环节多少，货主只需办理一次托运，支付一笔运费，取得第一联运提单即可把货物从起点运到终点，大大简化了货物在运输过程中的手续，节约了时间，减少了人力、物力的浪费。

（3）多式联运保证货物流通过程的畅通。货物运输过程是货物生产过程在流通领域的继续，在时间、速度、数量、费用、规模等方面必须同货物流通过程相互适应、相互统一。通过多式联运可以提高装卸效率，加快车、船周转和货物送达，从而减少了货物在途时间，加速了货物流通。

总之，多式联运把分阶段的不同运输过程，联结成一个单一的整体运输过程，不仅给托运人和承运人带来方便，而且加速了运输过程，有利于降低成本，减少货损、货差的发生，提高运输质量，因此，发展多式联运，是充分发挥各种运输方式的优势，使之相互协调、配合，建立起综合运输体系的重要途径。

3. 多式联运的特点

多式联运是对多种运输方式的综合组合与综合运用，不仅要考虑一种运输方式的特点，更要注重发挥多种运输方式的整体功能和综合优势，以及各联运企业间的协调和配合。与一般运输相比，多式联运在组织生产活动中具有协同性、通用性、全程性、简便性等特点。

4. 多式联运的优点

多式联运具有以下优点：①手续简单统一，节省人力、物力；②减少中间环节，提高运输质量；③降低运输成本，节约运杂费用；④扩大运输经营人的业务范围，提高运输组织水平，实现合理运输。

① 我国国家标准《物流术语》（GB/T18354-2006）中提及，联合运输（Joint Transport）是指“一次委托，由两个或两个以上运输企业协同将一批货物运送到目的地的活动”。

5. 多式联运的分类

(1) 按照联运对象，可分为货物联运和旅客联运；

(2) 按照参与联运全程的各种运输方式相互结合的状况，可分为铁水联运、公水联运、公铁联运、铁公水联运、铁公航联运等；

(3) 按照联运区域，可分为国内多式联运和国际多式联运。

6. 开展多式联运需具备的条件

开展多式联运需具备以下条件：①必须签订一个多式联运合同；②必须使用一份全程的多式联运单据（多式联运提单、多式联运运单等）；③全程运输过程中必须至少使用两种不同的运输方式，而且是两种以上运输方式的连续运输；④必须使用全程单一的费率；⑤必须有一个多式联运经营人对货物的运输全程负责；⑥如果是国际多式联运，则多式联运经营人接收货物的地点与交付货物的地点必须属于两个国家。

五、运输合理化

通常，运输成本占物流总成本的比重较大，运输成本的降低是获取第三利润源的重要手段。因此，运输的合理化在物流管理中占有十分重要的地位。

(一) 不合理运输的表现形式

不合理运输是在现有条件下可以达到的运输水平而未达到，从而造成运力浪费、运输时间增加、运费超支等不合理现象的运输形式。目前我国存在的不合理运输形式主要有：

1. 返程或启程空驶

空车行驶可以说是不合理运输的最严重形式。在实际运输组织中，有时候必须调运空车，从管理上不能把它看成是不合理运输。但是，因调运不当、货源计划不周、不采用运输社会化而形成的空驶，则是不合理运输的表现。造成空驶的原因主要有以下几种：

(1) 能利用社会化的运输体系而不利用，却依靠自备车送货提货，这往往出现单程实车，单程空驶的不合理运输；

(2) 由于工作失误或计划不周，造成货源不实，车辆空去空回，从而形成双程空驶；

(3) 由于车辆过分专用，无法搭运回程货，只能单程实车，单程回空周转。

2. 对流运输

对流运输也称“双向运输”、交错运输，是指同一货物或彼此之间可以互相代用而又不影响管理、技术以及效益的货物，在同一线路上或者平行线路上做相对方向的运送，而与对方运程的全部或一部分发生重叠交错的运输（见图4.2）。已经制定了合理流向图的产品，一般必须按合理流向进行运输，如果与合理流向图指定的方向相反，也属于对流运输。

在判断对流运输时需注意，有的对流运输是不很明显的隐蔽对流。例如，不同时间的相向运输，从发生运输的时间看，当时并无对流出现，因而容易做出错误的判断，所以需要特别注意隐蔽的对流运输。

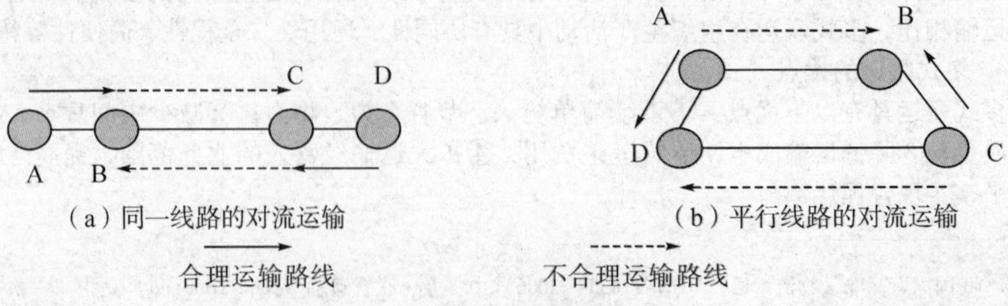

图 4.2 对流运输

3. 迂回运输

迂回运输是舍近求远的一种运输形式（见图 4.3）。原本可以选择较短的线路进行运输，却错误地选择了路程较远的运输路线。迂回运输有一定的复杂性。一般地，只有因计划不周、地理不熟、组织不当而发生的迂回运输才属于不合理运输。当最短路线遇交通堵塞、道路状况不好或有对噪音、排气等特殊限制而不能使用时所发生的迂回，不能称不合理运输。

4. 过远运输

过远运输是指选择供货单位或调运物资时舍近求远，这就造成本可以采取近程运输而未采取，结果拉长了运距造成了浪费（见图 4.4）。过远运输占用运力时间长，运输工具周转慢，物资占压资金时间长。若地区间自然条件相差大，又容易出现货损，增加了费用支出。

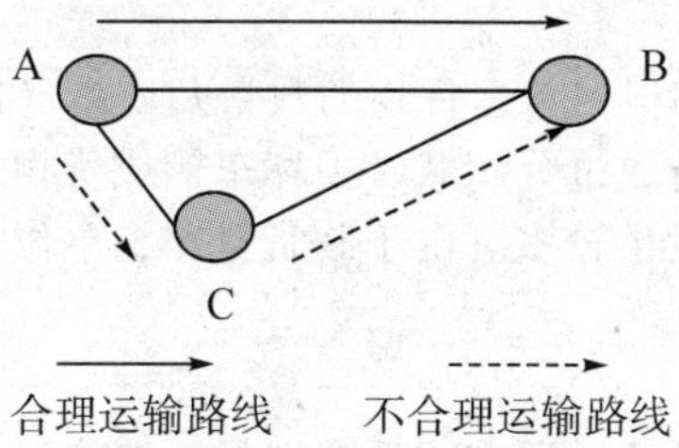

图 4.3　迂回运输

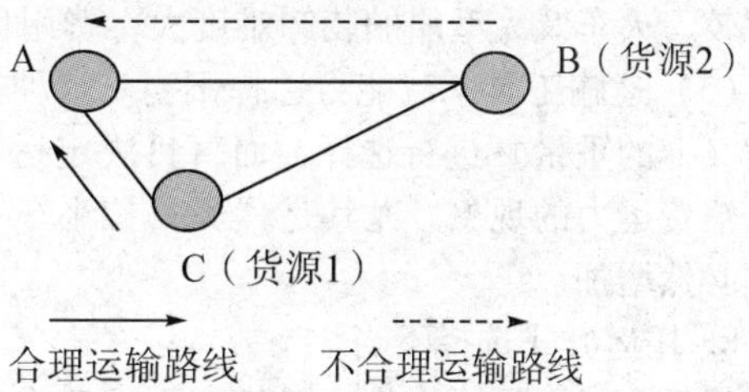

图 4.4　过远运输

需要注意的是，虽然过远运输和迂回运输都属于拉长运距、浪费运力的不合理运输，但两者是有区别的：过远运输是由于在选择商品或物质供应地时舍近求远从而使运距增长，而迂回运输则是由于运输路线选错从而拉长了运距。

5. 重复运输

重复运输有两种形式：一种是本来可以直接将货物运达目的地，但是在未到达目的地之前，或在目的地之外的其他场所将货物卸下，再重复装运送达目的地（见图 4.5a）；另一种是在同一地点将同品种货物一面运进，同时又向外运出（见图 4.5b）。重复运输的最大问题是增加了非必要的中间环节，使商品流通速度减慢，增加了费用，增大了货损。

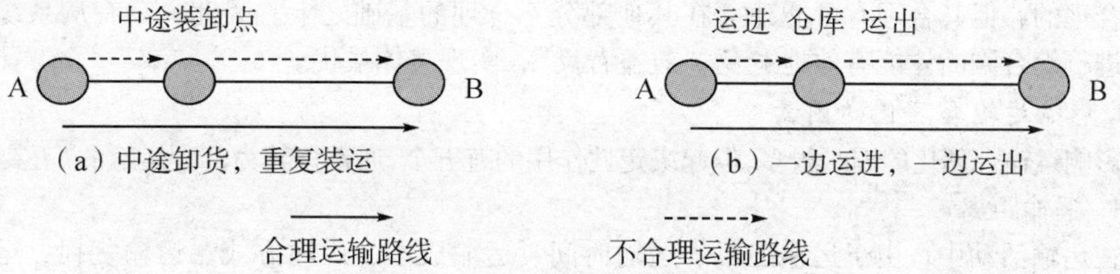

图 4.5　重复运输

6. 倒流运输

倒流运输是指货物从销售地或中转地向产地或起运地回流的一种现象（见图 4.6）。其不合理程度要甚于对流运输，原因在于，往返两程的运输都是不必要的，形成了双程浪费。倒流运输也可以看成是隐蔽对流的一种特殊形式。

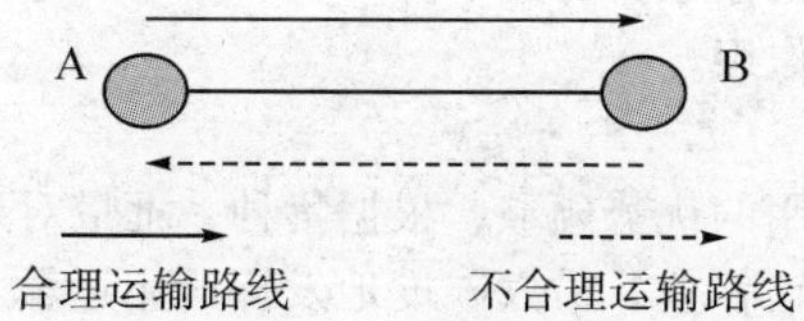

图 4.6　倒流运输

7. 运力选择不当

运力选择不当是由于未考虑各种运输工具的优势而不正确地利用运输工具所造成的不合理现象。常见的运力选择不当有以下几种形式：

（1）弃水走陆。这种方式是指在同时可以利用水运以及陆运时不利用成本低的水运或者水陆联运，而选择成本较高的火车运输和汽车运输，就使水运优势不能发挥。

（2）铁路、大型船舶的过近运输。这种方式是指不在铁路和大型船舶的经济运行里程范围内，却利用这些运力进行运输的不合理做法。主要不合理之处在于，火车以及大型船舶起运及到达目的地的准备、装卸时间长，且机动灵活性不足，在过近距离中利用，发挥不了距离经济的优势。相反，由于装卸时间长反而会延长运输时间。另外，和小型运输设备比较，火车及大型船舶装卸难度大，费用也比较高。

（3）运输工具承载能力选择不当。这种方式是指不根据承运货物的数量及质量（即传统意义上的重量）进行选择，而盲目决定运输工具，造成过分超载、损坏车辆或货物未满载、浪费运力的现象。尤其是“大马拉小车”的现象发生较多。由于装货量小，单位货运成本必然增加。

8. 托运方式选择不当

托运方式选择不当是指对货主而言，本可以选择最佳托运方式而未选择，造成运力浪费及费用增加的一种不合理运输。例如，本应选择整车运输却选择了零担托运，本应选择直达运输却选择了中转运输，本应选择中转运输却错误地选择了直达运输等，都属于这类不合理运输。

上述各种不合理运输形式都是在特定条件下表现出来的，在进行判断时必须注意其不合理的前提条件，否则就容易出现判断失误。例如，对商标不同、价格不同的同一种产品所发生的对流，就不能片面地看成不合理的现象。如果强调因为表面的对流而不允许运输，就会起到保护落后、阻碍竞争甚至助长地区封锁的作用。类似的例子，不胜枚举。

另外，以上对不合理运输的描述，主要是从局部而言的。在实务中，必须将其放在整个物流系统中进行综合判断；否则，很可能出现“效益背反”的现象。单从某方面来看，它是合理的，但其合理有可能建立在其他部分不合理的基础之上。因此，只有从系统角度出发进行综合判断才能有效地避免“效益背反”，实现整体最优。

（二）影响运输合理化的因素

影响运输合理化的因素很多,但起决定性作用的有五个,通常称其为合理运输的“五要素”。

1. 运输距离

在运输活动中，由于运输工具、运输时间、运输成本、运输方式、运输货损、运输费用以及车船周转等若干技术经济指标，都与运输距离长短有一定的比例关系，因此，运输距离长短是运输合理与否的一个最基本要素。缩短运输距离既有宏观的社会效益，也具有微观的企业效益。

2. 运输环节

每增加一次运输，不但会增加起运的运费和总费用，而且必须要增加运输的附属活动，如装卸、包装等，各项经济指标也会因此下降。所以，减少运输环节尤其是同类运输工具的环节，对合理运输有促进作用。

3. 运输工具

各种运输工具都有其使用的优势领域，根据货种、批量对运输工具进行优化选择，按运输工具的特点进行装卸运输作业，最大限度地发挥所用运输工具的作用，是运输合理化的重要环节。

4. 运输时间

运输是物流过程中需要花费较多时间的环节，尤其是远程运输。在全部物流时间中，运输时间占绝大部分，所以，缩短运输时间对整个物流时间的缩短有决定性作用。此外，缩短运输时间，有利于加速运输工具的周转，充分发挥运力的作用，有利于加速货主资金的周转，有利于运输线路通过能力的提高。

5. 运输费用

由于运费在全部物流成本中占有很大的比例（接近50%），因此运费高低在很大程度上决定整个物流系统的竞争力。实际上，运输费用的降低，无论是对货主还是对物流企业来说，都是运输合理化的一个重要目标。运费的多少，也是各种运输合理化措施是否行之有效的最终判断依据之一。

上述五个要素既相互联系又相互影响，有时甚至是相互矛盾的，这就要求运输部门进行综合分析、比较，选择最佳运输方案。在通常情况下，运输时间短，运输费用省，是考虑合理运输的两个主要因素，它集中体现了运输的经济效益。

（三）实现运输合理化的有效措施

1. 提高运输工具的实载率

实载率有两个含义：一是单车实际载重量与运输距离之乘积和标定载重量与行驶历程之乘积的比率，这在安排单车、单船运输时，是作为判断装载合理与否的重要指标；二是作为车船的统计指标的含义，即一定时期内车船实际完成的物品周转量（以吨千米计）占车船标定载重量与行驶里程乘积的百分比。

提高实载率的意义在于：充分利用运输工具的额定能力，减少车船空驶和不满载行驶的时间，减少浪费，从而求得运输的合理化。

提高实载率的有效途径是实行“配送”，即将多个客户需要的货物或一个客户需要的多种货物实行配装，以实现运输工具的容积和载重量的充分合理利用，这比起以往企业自行提货或送货车辆回程空驶的状况，自然是一个进步。

2. 减少动力投入

运输的投入主要是能耗和基础设施的建设，在设施建设已定型和完成的情况下，尽量减少动力投入，是少投入的核心。做到了这一点就能大大节约运费，降低单位物品的运输成本，达到运输合理化的目的。其意义在于少投入、多产出，走高效益之路。

减少动力投入，提高运输能力的有效措施有：在机车能力允许的情况下，多加挂车皮；水运拖排和拖带；将内河驳船编成一定队形，由机动船顶推前进；汽车拖挂运输；等等。

3. 发展社会化的运输体系

运输社会化的含义是发展运输的大生产优势，实行专业分工，打破一家一户自成运输体系的状况。

一家一户的运输小生产，车辆自有，自我服务，不能形成规模，且运量需求有限，难于自我调剂，因而容易出现空驶、运力选择不当、不能满载等浪费现象，且配套的接、发货设施，装卸搬运设施也很难有效运行，所以浪费很大。实行运输社会化，可以统一安排运输工具，避免对流、倒流、空驶、运力不当等多种不合理形式，不但可以追求组织效益，而且可以追求规模效益，所以发展社会化的运输体系是运输合理化非常重要的措施。

4. 开展中短距离铁路公路分流

在公路运输经济里程范围内，尽量利用公路，“以公代铁”运输。这种运输合理化的表现主要有两点：一是对于比较紧张的铁路运输，采用“公铁分流”后，可以得到一定程度的缓解，从而加大这一区段的运输通过能力；二是充分发挥公路运输“门到门”以及在短途运输中速度快且机动灵活的优势，取得铁路运输难以达到的效果。

小资料：

我国“以公代铁”的情况

我国“以公代铁”目前在杂货、日用百货运输以及煤炭运输中较为普遍，一般在200千米范围内，有时可达700~1 000千米。例如，山西的煤炭向省外运输，经过有关部门认真的技术经济论证，认为用公路代替铁路将煤炭运至河北、天津、北京等地是合理的。

5. 发展直达运输

直达运输是实现运输合理化的重要途径，它可以减少中转环节及换装，从而缩短运输时间，节省装卸费用，降低中转货损。直达的优势在一次运输批量和客户一次性货运需求量达到一整车时表现得尤为突出。此外，在生产资料、生活资料运输中，通过直达，建立起稳定的产销关系和运输系统，有利于提高运输的计划水平，采用最有效的技术来实现这种稳定运输，从而大大提高运输效率。

6. 开展配载运输

配载运输是充分利用运输工具的载质量（即载重量）和容积，合理安排装载物品的一种运输方式。配载运输也是提高运输工具实载率的一种有效形式。配载运输往往是轻重货物混合配载，在以重质物品运输为主的情况下，同时搭载一些轻泡物品。例如，海运矿石、黄沙等重质货物，在舱面捎运木材、毛竹等，铁路运矿石、钢材等重物上面搭运轻泡农副产品等，这样就在基本既不增加运力投入也不减少重质物品运量的情况下，解决了轻泡物质的搭运问题，因而效果显著。

7. 开展“四就”直拨运输

一般而言，批量到站或到港的物品，首先要进入分销部门或批发部门的仓库，然后再按程序分拨或销售给客户。这样就容易出现不合理运输。“四就”直拨，首先是由管理机构预先筹划，然后就厂、就站（码头）、就库、就车（船）将物品分送给客户。

8. 发展特殊运输技术和运输工具

依靠科技进步是实现运输合理化的重要途径。例如：专用散装罐车解决了粉状、液状物运输损耗大、安全性差等问题；袋鼠式车皮、大型半挂车解决了大型设备整体运输问题；“滚装船”（见图4.7）解决了车载货的运输问题；集装箱船（见图4.8）比一般船能容纳更多的箱体；集装箱高速直达车船加快了运输速度；等等。这些都是通过运用先进的科学技术来实现运输合理化的有效例证。

图4.7　滚装船

图4.8　集装箱船

9. 实现流通加工合理化

有不少产品，由于产品本身的形态及特性，很难实现运输的合理化，如果进行适当加工，就能够有效实现合理运输。例如，将造纸材料在产地预先加工成干纸浆，然后再压缩体积运输，就能够解决造纸材料运输不满载的问题；将轻泡产品预先捆紧再按规定尺寸包装、装车就容易提高车辆的装载量；将水产品及肉类预先冷冻，就可提高车辆装载率并降低运输损耗。

第二节　配　　送

［案例 4-2］7-11 连锁便利店的物流配送系统

视频链接：仓储与配送

7-11 便利店是日本最大也是全球最大的连锁便利店。截至 2016 年 2 月底，该公司在全球 17 个国家和地区拥有 58 904 家连锁店，其中在日本拥有 16 000 多家连锁店。2016 年公司的净利润率高达 20. 5%，远远超过行业平均水平。

一家成功的便利店背后一定有一个高效的物流配送系统。7-11 便利店物流配送系统每年大约能为 7-11 便利店节约相当于商品原价 10%的费用。因此，便利店经营成功与否在很大程度上取决于配送系统运营绩效的高低。

7-11 便利店物流配送系统的演进大体经历了三个阶段。起初阶段由多家批发商分别向各个便利店送货；中间阶段改由一家批发商在一定区域范围内统一管理该区域内的同类供应商，然后向 7-11 便利店统一配货（集约化配送）；在最后阶段，公司在总结批发商配送的经验后，自己建立了高效的物流配送体系。

运输和配送都是物流系统的重要功能要素，其中，配送又是运输的一种特殊形式。

一、配送概述

（一）配送的概念

配送（Distribution）是指“在经济合理区域范围内，根据客户要求，对物品进行拣选、加工、包装、分割、组配等作业，并按时送达指定地点的物流活动”（GB/T18354-2006）。

配送的意义在于最大限度地缩短物资流通时间、降低物资流通费用，压缩整个社会的物资库存量，提高客户服务水平，实现社会资源的优化配置。

（二）配送的特点

作为一项独特的物流功能活动，配送具有以下主要特点：

（1）需求导向。配送是从物流据点（如配送中心、物流中心、仓库等）至客户（或门店）的一种特殊的送货方式，它是按照需方（客户或门店）的要求来组织商品组配与送货的。

（2）功能多样。配送不同于一般的送货与运输，而是“配”和“送”的有机结合。配送除了具备货物组配与送货两项基本职能外，还要从事大量的分货、拣选、加工、分割、配装等工作。配送与运输及送货的区别如表 4. 3 所示。

视频链接：货物分拣

表 4. 3　　运输、配送、送货的区别

项目＼内容	主要业务	一般特点
运输	集货、送货、运输方式和运载工具选择、运输路线和行程确定、车辆调度	干线、中长距离、少品种、大批量、少批次、长周期的货物移动

表4.3(续)

项目 \ 内容	主要业务	一般特点
配送	进货、储存、分货、配货、送货、运输方式和运载工具选择、运输线路规划、行程确定、车辆调度	支线、接近客户的那一段流通领域、短距离、多品种、小批量、多批次、短周期的货物移动
送货	一般意义上的货物递送、通常由供应商承担	简单的货物递送活动，技术装备简单，有什么送什么，是被动的

(3) 配送提供的是一种“门到门”的服务。

(三) 配送与物流的关系

配送与物流的关系密切，但两者又有区别：

(1) 配送是一项特殊、综合的物流活动形式，它几乎涵盖了物流的基本功能要素，是物流的一个缩影或某小范围内物流全部活动的体现。

但是配送的主体活动与一般的物流活动有所不同：一般意义上所说的物流，其主体活动主要是运输和仓储，而配送的主体活动是分拣配货与运输（特指“配送运输”）。其中，分拣配货是配送独特的功能要素，而以送货为目的的运输则是最后实现配送功能的主要手段。

(2) 物流是“商物分离”的产物，而配送则是“商物合一”的产物，配送本身就是一种商业形式。虽然配送在具体实施时也可能以商物分离的形式出现，但从配送的发展趋势来看，商流与物流的结合正越来越紧密。这是配送取得成功的重要保障。

二、配送的分类

为满足不同产品、不同企业、不同流通环境的需要，可以采取各种配送形式。

(1) 按照实施配送的主体来划分，可分为配送中心配送、仓库配送、商店配送以及生产企业配送。其中，商店配送又可分为兼营配送（销售兼配送）和专营配送（只配送不零售）两种形式。

(2) 按照所配送的商品种类及数量的不同来划分，可分为单（少）品种大批量配送、多品种小批量配送以及配套成套配送。后者如供应商将装配机器设备所需的全部零部件配齐后向装配型生产企业进行配送。

(3) 按照配送的时间和数量来划分，可分为定时配送、定量配送、定时定量配送、定时定路线配送以及即时配送。其中，定时配送又有当日配送（简称日配）、准时配送及快递式配送三种形式。

(4) 按照不同的经营方式来划分，可分为销售配送、供应配送、销售-供应一体化配送以及代存代供配送四种。

[案例4-3] IBM公司的“零库存”配送模式

20世纪90年代后期，IBM把美国戴尔的现代物流概念“配送”引入深圳福田保税区。IBM合资企业——长城国际与福田保税区内的海福公司合作，开展工厂“零库存”配送业务，长城国际在深圳的两家工厂不再设备料仓库，其分布在东南亚和欧美的70多家供应商把7 600多种不同品种规格的电子料件集中到海福公司的仓库，海福公司借助联网的电脑，根据生产厂当日流水线需求实现配送中心与生产线的“门到门”配送服务。这种模式使长城国际节省了12%的物流成本，同时降低了大量库存费用和库存风险。

（5）按照加工程度的不同来划分，可分为加工配送（与流通加工相结合的配送）和集疏配送两种。后者如大批量进货后小批量、多批次发货，零星集货后以一定批量送货等。

（6）按照配送企业的专业化程度来划分，可分为综合配送和专业配送两种。前者配送的商品种类较多，组织实施的难度较大；后者配送的商品种类较少或单一，但专业化程度相对较高，如化工原料或化工产品的配送。

三、配送的环节与流程

（一）配送的环节

配送一般具有备货、储存、分拣与配货、配送加工、配装、配送运输等基本功能要素。但是，并非所有的配送活动都同时具备这些功能要素，如生鲜产品的配送往往具备流通加工程序，而燃料燃油的配送则不拥有分拣、配货等程序。

在一般情况下，配送由备货、储存、理货、配装和送货五个基本环节的活动组成（见图4.9），而每个环节又包括许多具体的作业活动。

图4.9 配送的基本环节

（1）备货，通常也称进货或采购，这是配送的准备工作和基础环节。进货主要包括组织货源、订货、运输、验货、入库、结算等一系列作业活动。备货的主要目的是把用户的分散需求集中起来进行批量采购，以降低进货成本，同时也对配送形成必要的资源保障。

（2）储存。储存是对进货的延续，包括入库、码垛、上架、苫垫、货区标识、商品的维护保养等作业活动。配送中的储存有暂存和储备两种形态。而暂存也有两种形式：一种是在理货现场进行的少量货物储存，其目的是为适应“日配”、即时配送的需要而设置，一般在数量上未做严格控制；另一种形式的暂存是货物分拣、组配好后在配装之前的暂时存放，其目的是为调节配货与送货的节奏。而储备主要是对配送的持续运作形成资源保障，一般数量较充足、结构较完善，通常在配送中心的库房和货场中进行。

（3）理货。理货是配送活动不可或缺的重要环节，是不同于一般送货的重要标志，也是配送企业在送货时进行竞争和提高自身经济效益的重要手段。理货通常包括分类、拣选、加工、包装、配货、粘贴货运标识、出库、补货等作业。

（4）配装，即将不同客户的货物搭配装载，以充分利用运载工具的运能运力。配装也是配送不可或缺的重要环节，是现代配送区别于传统送货的重要标志之一。配装一般包括粘贴或悬挂货物重量、数量、类别、物理特性、体积大小、送达地、货主等标识，并登记填写送货单、装载、覆盖、捆扎固定等作业。

（5）送货，即将配装后的货物按规划好的路线送交各个客户。一般采用汽车、专用车等小型车辆做运输工具，并需要进行运输线路的规划，力求运输距离最短，经济合理。具体而言，送货包括运输方式、运载工具的选择、运输线路的规划、卸货地点及交货方式的确定、货物移交、签收和结算等活动。

（二）配送的流程

一般而言，通用、标准的配送流程是指具有典型性的多品种、小批量、多批次、多用户的货物配送流程，如图4.10所示。

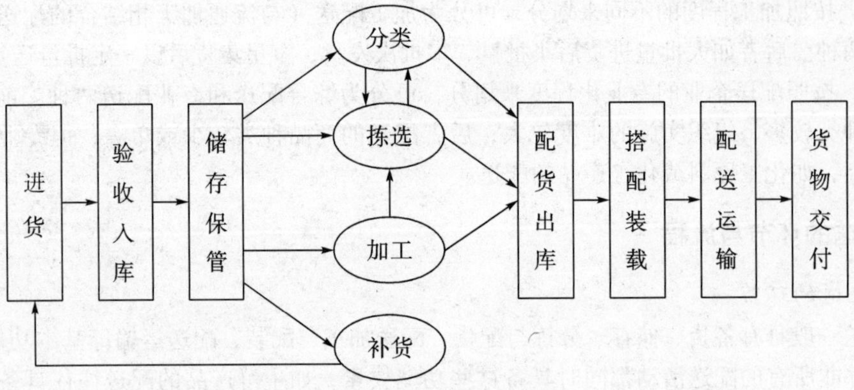

图 4.10 配送的一般流程

[案例 4-4] 沃尔玛配送中心的业务流程

沃尔玛配送中心的基本业务流程是：供应商将商品送到配送中心后，经过核对采购计划、进行商品检验等程序，分别送到货架的不同位置存放。门店提出要货计划后，电脑系统将所需商品的存放位置查出，并打印有商店代号的标签。整包装的商品直接在货架上送往传送带，零散的商品由工作台人员取出后也送到传送带上。一般情况下，商店要货的当天就可以将商品送出。

四、配送合理化

（一）不合理配送的表现形式

不合理配送是指在现有条件下可以达到的配送水平而未达到，从而造成资源浪费、成本上升、服务水平降低的现象。不合理配送的表现形式有以下几种：

（1）备货与配送业务量不合理。这主要表现在备货量及配送业务量过大或过小，如仅为少数几家客户代购代送，未实现备货及配送的规模效益。

（2）库存决策不合理。这主要表现在配送中心的集中库存总量高于或等于实施配送前各客户分散的库存总量，导致资源浪费；或者储存量不足，缺乏足够的供应保证能力。

（3）配送费率不合理。这主要表现在配送企业提供货物配送服务的费率普遍高于客户自行提货或送货的单位成本，从而损害了客户利益（当然，由于配送企业提供了优质的服务，费率稍高，客户也是可以接受的，这不能视为不合理）；或者配送费率制定得过低，使配送企业在无利或亏损状态下运营。

（4）配送与直达的决策不合理。在用户需求量较大的情况下，原本可以批量进货直接运达，却选择了配送，增加了环节，增大了成本；或者需求量较小，本该采取配送方式，却选择了直达，导致成本增加。

（5）不合理运输。不合理运输的若干表现形式在配送中都有可能出现，从而使配送变得不合理。

（6）经营理念不合理。在开展配送业务时，有许多不合理现象的根本原因是配送企业缺乏科学、先进的经营理念，这不但使配送优势无从发挥，相反却损害了配送企业的形象。例如：在配送企业的库存量过大时，强迫客户接货，将库存资金及风险转嫁给客户；在资金紧张时，长期占用客户的资金；在货源紧张时，将客户委托的货品挪作他用以获取利润等。

（二）合理配送的判断标志

［案例4-5］**某石油公司的配送模式**

一家大型石油公司每天向全国配送大量的汽油和柴油。由于目标顾客群体、产品类别和产品数量不同，公司每天面临的配送问题也就不同。该公司利用数学模型来辅助进行配送决策，减少了配送卡车的数量和总的行车里程。

因为速度在这里不是关键因素，所以无须注意订货信息进入信息系统这一环节。公司一旦收到来自加油站的订货信息，就会将其直接传送到地区分拨站，由分拨站负责履行订单、配送货物。这些订货信息首先显示在调度人员的计算机屏幕上，调度人员负责预览这些订单，将那些配送方式与一般订单有显著区别的订单挑出来；接着，调度员将其余的订单信息提交给信息系统内设的模型进行处理，该模型会为每份订单和每辆卡车安排最优的路线和调度计划；接下来，调度员会对计算机屏幕上显示的路径提出意见，对调度计划进行复核，必要时还要进行调整；最后，信息系统为每位司机打印调度表。

判断配送是否合理，属于配送决策系统的重要内容。一般而言，有以下七种判断标志：

（1）库存标志。库存是判断配送合理与否的重要标志，具体包括两个指标：

①库存总量。在一个配送系统中，配送中心的库存量加上各客户在实施配送以后的库存量，其总和应低于开展配送前各客户的库存量之和，即配送系统的库存总量应下降。需要说明的是，若配送系统的库存总量下降而某客户的库存量上升，这也属于不合理的现象。但客户企业由于经营规模扩大，业务量增多而导致库存量增加不在此列。换言之，应该在一定的经营业务量前提下进行比较才有意义。

②库存周转。由于配送企业的调剂作用，即以较低的库存量保持较高的供应保证能力，可使整个配送系统的库存周转率高于实施配送以前。对单个客户而言，库存周转也应该快于以前。

在具体判断时，以上指标均应从金额角度理解，即以库存资金为基础进行计算、比较。

（2）资金标志。总的来说，实施配送应有利于资金占用额度的降低以及资金运用的科学化。具体判断指标有如下三个：

①资金总量。用于物流配送的资金总量特别是库存所占用的流动资金总额，随着储备总量的下降以及供应方式的改变必然有一个较大幅度的降低。

②资金周转。从资金运用的角度来看，同样数额的资金，过去占用的时间较长；在实施配送以后，由于资金充分发挥作用，资金周转加快，资金运营能力增强。

③资金投向。在实施配送以后，资金的投向发生变化，由分散投入变为集中投入，相应地，配送系统对资金的调控能力增强。

（3）成本效益标志。社会宏观效益、企业微观效益、总效益、备货及配送成本等都是判断配送合理化的重要标志。对于不同的配送方式、不同的参与体，往往侧重点也有所不同。例如：对于配送企业，一般以利润来衡量配送合理化的程度；对于客户企业，通常是在供应水平不变或提高的前提下，以供应成本的降低来衡量配送合理化的程度。在判断时，甚至可以具体到储存、运输、配送等环节。

［案例4-6］**沃尔玛的配送成本**

在美国，沃尔玛的配送成本只占销售额的2%，仅为竞争对手的50%。一般地，物流成本大约占销售额的10%，有些食品行业甚至达到20%或者30%。沃尔玛的经营理念就是要把最好的东西用最低的价格卖给消费者，这是它成功的所在。沃尔玛的竞争对手一般只有

50%的货物实行集中配送，而沃尔玛百分之九十几的货物采用集中配送，只有少数可以从加工厂直接送到店铺。这样，其成本与竞争对手就相差很多。

（4）供应保证标志。实行配送以后，商品的供应保证能力必须提高才算实现了合理。具体判断指标有如下三个：

①缺货率[①]。实行配送以后，对各客户而言，缺货率必须下降才算合理。

②配送企业集中库存量。该库存量所形成的供应保证能力必须高于建立配送系统前单个企业的供应保证能力。

③即时配送的能力和速度。该指标必须高于实行配送前用户的紧急进货能力和速度才算合理。

需要指出的是，供应保证能力是一个科学合理的概念。如果供应保证能力过高，超过了实际需求，则会造成浪费，因而追求供应保证能力的合理化具有非常重要的意义。

（5）社会运力节约标志。末端运输是目前运能、运力使用不合理、浪费较大的领域，合理配送可解决这些问题。具体而言，社会运力节约标志包括以下指标：①社会车辆总数减少而承运量增加；②社会车辆空驶率[②]降低；③企业自提自运的现象减少，社会化运输程度增加。

（6）货主企业物流资源减少标志。配送企业介入以后，客户在本企业物流系统中的投资会减少，相应的物流资源，包括人力、物力和财力（如库存量、仓库面积、仓库管理人员、采购人员、送货接货人员等）也应减少。

（7）物流合理化标志。配送必须有利于实现物流合理化。具体可从以下几方面进行判断：①是否降低了物流费用；②是否减少了物流损失；③是否加快了物流速度；④是否发挥了各种物流方式的最优效果；⑤是否有效衔接了干线运输和末端运输；⑥是否减少了实际的物流中转次数。

（三）实现配送合理化的有效措施

借鉴国内外的先进经验，实现配送合理化可采取以下措施：

（1）推行一定综合程度的专业配送。通过采用专业化的设施、设备及标准操作程序，降低配送过分综合化所带来的组织工作的复杂程度及难度，从而追求配送合理化。

（2）推行加工配送。通过加工和配送相结合，不增加新的中转环节（充分利用本来应有的中转），以求得配送合理化。同时，加工借助于配送，使其目的性更加明确，增进了和客户的联系。两者的有机结合，在投入增加不多的情况下可以获得两方面的效益，取得两方面的优势，这是实现商品配送合理化的重要途径。

（3）推行共同配送。通过实施共同配送，可以最短的运距、最低的成本完成商品配送，从而实现配送合理化。

[案例4-7] 7-11便利店配送合理化的措施

日本7-11是全球最大的连锁便利店，实施共同配送取得了极大成功。对于盒饭、牛奶等每日配送的商品，供应商向7-11各店铺的配送费用很高。为了降低配送费用，在7-11的主导下，由批发商建立了共同配送系统，即按照不同的地区和商品群划分市场，组建了

① 缺货率（Stock-out Rate）是“衡量缺货程度及其影响的指标。用缺货次数与客户订货次数的比率表示”。——中华人民共和国国家标准《物流术语》（GB/T18354-2006）

② 车辆空驶率（Empty-loaded Rate）是指“货运车辆在返程时处于空载状态的辆次占总货运车辆辆次的比率”。——中华人民共和国国家标准《物流术语》（GB/T18354-2006）

共同配送中心，由该中心统一集货，再向各店铺配送。配送中心的辐射范围，一般是中心城市商圈附近35千米，非中心城市60千米。其目的是实现高频次、多品种、小单位的配送。实施共同配送后，7-11店铺每日接待的运输车辆从70多辆下降为12辆。此外，共同配送中心还充分反映了商品销售、在途和库存的信息。由此，7-11逐渐掌握了整个供应链的主导权。在连锁业价格竞争日渐激烈的情况下，7-11通过实施共同配送降低了物流成本，为利润的提升创造了巨大的空间。

(4) 实行送取结合。配送企业介入以后，与客户建立稳定、紧密的协作关系。在配送时，将客户所需的物资（如原材料、零部件等生产资料）送到，然后将该客户生产的产品用同一车运回。这种送取结合的方式，使运能、运力得到充分利用，也使配送企业的功能得到更大程度的发挥，从而实现合理化。

［案例4-8］**沃尔玛配送合理化的措施**

沃尔玛在配送运作时，大宗商品通常经由铁路送达自己的配送中心，再由公司卡车送达商店。每店一周收到1~3卡车货物。60%的卡车在返回配送中心的途中又捎回从沿途供应商处采购的商品。这种集中配送与送取结合方式，为公司节约了大量成本。据统计，20世纪70年代初，公司的配送成本只占销售额的2%，仅为一般大型零售企业的一半左右。同时，集中配送还为各分店提供了更快捷、可靠的送货服务，并使公司能更好地控制存货。通常，其竞争对手的商品只有50%~65%实行集中配送。

(5) 推行准时配送。准时配送是配送合理化的重要内容。实现了准时配送，客户才能准确、高效地配置资源（如设置库存量，安排接货的人力、物力等），才能放心地降低库存量甚至实现零库存。客户企业的供应保证能力取决于配送企业的准时供应能力，因而，建立高效的准时供应配送系统是实现配送合理化的重要途径。

(6) 推行即时配送。即时配送是最终解决客户企业担心断供之忧、大幅度提高供应保证能力的重要手段。即时配送是配送企业快速反应能力的具体化，是配送企业能力的体现。

即时配送成本较高，但它是商品配送合理化的重要保障。此外，客户要实现零库存，即时配送也是重要的保证手段。

小结：

运输是用专用运输设备将物品从一个地点向另一地点运送，包括集货、分配、搬运、中转、装入、卸下、分散等一系列操作。运输具有联系的广泛性、生产的服务性和连续性、产品的同一性、方式的可替代性等特征。运输有五种基本方式，即铁路运输、公路运输、水路运输、航空运输和管道运输。集装箱运输是集装化运输的高级形态。多式联运是指联运经营者受托运人、收货人或旅客的委托，为委托人实现两种或两种以上运输方式的全程运输以及提供相关运输物流辅助服务的活动，它具有协同性、通用性、全程性、简便性等特点。合理运输的“五要素”是指运输距离、运输环节、运输工具、运输时间和运输费用。配送是在经济合理区域范围内，根据客户要求，对物品进行拣选、加工、包装、分割、组配等作业，并按时送达指定地点的物流活动，是“配”和“送”的有机结合。它具有需求导向、功能多样、提供“门到门”服务等特点。配送一般由备货、储存、理货、配装和送货五个基本环节的活动组成，它几乎涵盖了物流的基本功能要素，是物流的一个缩影，是实现物流合理化的重要途径。

同步测试：

一、判断题

1. 运输距离是影响运输成本的主要因素之一，通常，运输成本随着距离的增加而递减，即遵循递远递减原则。（　　）

2. 运输企业提供的服务如果没有被消费掉，也不会造成服务库存增大而增加成本，仅仅是服务机会的失去。（　　）

3. 多式联运作为一种新型的运输组织形式，其目的是为客户提供高质量、低成本的运输服务。（　　）

4. 由于 JIT 配送可实现生产企业的“零库存”，因此今后的发展可以做到消灭库存。（　　）

5. 共同配送也称越库配送，是实现同城物流配送合理化的有效措施。（　　）

二、单项选择题

1. 由于技术和经济原因，各种运输方式的运载工具都有其适当的容量范围，从而决定了运输线路的（　　）。

A. 运输距离　　B. 运输能力　　C. 送达速度　　D. 运输成本

2. 同样是电视机，北京产的销往上海，而上海产的销往北京。这种同一类货物，因品种、规格或适用范围不同所形成的货流是因（　　）而形成的。

A. 自然资源和生产力布局上的要求　　B. 经济发展和社会分工的深化

C. 为实现商品的社会效用　　D. 地区间商品品种、质量、性能的差异

3. 在配货时，大多是根据入库日期，按照（　　）的原则进行的。

A. 先进先出　　B. 先进后出　　C. 后进先出　　D. 顺其自然

4. 配送中心在配货时，以出货单为准，按货物品类顺序或储位顺序取货，这种方式称为（　　）。

A. 摘取方式　　B. 播种方式　　C. 分货方式　　D. 提货方式

5. 车辆配装时，应遵循（　　）原则。

A. 重不压轻，后送后装　　B. 重不压轻，后送先装

C. 轻不压重，后送后装　　D. 轻不压重，后送先装

三、多项选择题

1. 运输的功能包括（　　）。

A. 产品转移　　B. 使用价值实现　　C. 增加就业　　D. 产品储存

E. 运动

2. 以下运输活动中，属于不合理运输的是（　　）。

A. 迂回运输　　B. 对流运输　　C. 支线运输　　D. 干线运输

E. 重复运输

3. 物流运输增值在于物流企业的（　　）导致了低成本，节省了物流运作成本，同时又提供了其他增值服务。

A. 一体化　　B. 专业化　　C. 个性化　　D. 规模化

E. 社会化

4. 配送与运输是不同的，配送具有（　　）特点。

A.“二次运输”　　B. 干线输送

C.“门到门”服务　　D.“中转”型送货

E. 直达送货

5. 用户对配送物品的需求是否得到满足，即配送物品的可得性，通常是用（　　）等指标来衡量的。

A. 缺货频率　　B. 订单满足率　　C. 缺货率　　D. 信息的正确率

E. 高效率

四、简答（述）题

1. 结合实际说明运输具有哪些特征。

2. 简述五种基本运输方式的优缺点及其适用范围。

3. 集装箱运输具有哪些特征？

4. 简述多式联运与联合运输的区别。

5. 怎样实现运输的合理化？

6. 选择运输方式时应考虑的因素有哪些？

7. 简述配送、运输、送货的区别。

8. 简述配送常见的分类方法。

9. 简述配送作业流程。

10. 如何判断配送是否合理？

11. 简述实现配送合理化的有效举措。

五、情境问答题

1. 嘉悦集团是一家致力于为客户提供干散货、杂货、集装箱及特种运输等专业化运输服务的大型物流企业。近期集团与国内某煤矿企业达成合作意向，为其运输一批煤炭到阿姆斯特丹。假如你是嘉悦公司运输部经理，你将如何完成此次运输方案的设计？

2. 每次广州商品交易会（简称广交会）结束后，为了节省费用，都有一些参展企业将参展商品低价出售。吉林长春的一家贸易公司就在今年上半年的广交会上采购了一批这样的商品，重约16吨，正好装满一个20英尺的集装箱。但是，如何将这批商品运到长春，公司有关人员感到困惑。你认为应该选择何种运输方式？为什么？

六、实训题

学生以小组为单位，课余寻找一家大型运输企业或大型连锁超市，对其运输或配送业务进行调研，分析其主要业务流程，撰写一篇不低于1 000字的调查报告。

七、案例分析题

“沃尔玛”降低运输成本的学问

沃尔玛是世界上最大的商业零售企业，在物流运营过程中，尽可能降低成本是其经营之道。

沃尔玛有时采用空运，有时采用船运，还有一些货品采用卡车运输。在中国，沃尔玛百分之百地采用公路运输，所以，如何降低卡车运输成本，是沃尔玛物流管理面临的一个重要问题。对此，沃尔玛主要采取了以下措施：

（1）沃尔玛使用尽可能大的卡车，大约有16米加长的货柜那么长，比普通集装箱运输卡车更长或更高。公司员工把卡车装得非常满，商品从车厢的底部一直装到最上部，这样非常有助于节约成本。

(2) 沃尔玛的车辆都是自有的，司机也是公司的员工。沃尔玛的车队大约有5 000名非司机员工，还有3 700多名司机，车队每周每次运输可达7 000~8 000千米。

公司的管理者知道，卡车运输是比较危险的，有可能会出交通事故。因此，对于运输车队来说，保证安全是节约成本最重要的环节。沃尔玛的口号是“安全第一，礼貌第一”，而不是“速度第一”。在运输过程中，卡车司机们都非常遵守交通规则。公司派专人定期在运输途中对车队进行调查，如果发现司机违章驾驶（卡车上印有公司的标志和车辆编号），就会向公司报告，以便进行惩处。公司领导认为，卡车不出事故，就是节省公司的费用，就是最大限度地降低物流成本。由于狠抓了安全管理，运输车队已经创造了300万千米无事故的纪录。

(3) 沃尔玛采用全球定位系统（GPS）对车辆进行定位，因此在任何时候，调度中心都知道这些车辆在什么地方，离商店有多远，还需要多长时间才能达到商店，这种估算可以精确到小时。借助信息技术手段，极大地提高了物流系统的效率，降低了运营成本。

(4) 沃尔玛连锁商场物流部门的员工24小时工作，无论是白天还是晚上，都能为卡车及时卸货。沃尔玛的车队则利用夜间进行运输，从而实现了当日下午集货，夜间进行异地运输，翌日上午送货上门，保证在15~18小时内完成整个运输过程，这是沃尔玛在速度上取得优势的重要保证。

(5) 沃尔玛的运输车队把商品运到商场后，商场物流部门的员工将之全部卸下，无须对每个商品逐一检查。这样就节省了很多时间和精力，加快了沃尔玛物流的循环过程，从而降低了成本。这里有一个非常重要的先决条件，就是沃尔玛的物流系统能够确保商场收到的货物与发货单完全一致。

(6) 沃尔玛的运输成本比供应商的低，因此厂商也利用沃尔玛的卡车来运输，从而实现了把产品从工厂直接运送到商场，大大节省了商品流通过程中的仓储成本和转运成本。

沃尔玛的配送中心把上述措施有机地整合在一起，进行最经济合理的安排，从而使沃尔玛的运输车队能以最低的成本高效率地运行。当然，这些措施的背后包含了许多艰辛和汗水，相信我国的本土企业能从中得到启发，在我国创造出沃尔玛式的奇迹来。

根据案例提供的信息，请回答以下问题：

1. 沃尔玛公司为什么要使用尽可能大的卡车来运输商品？这是为了实现运输的规模经济还是距离经济？

2. “沃尔玛的车辆都是自有的，司机也是公司的员工。”你认为自营物流与物流外包，哪一个更有利？为什么？

3. 你是怎样理解“保证安全是节约成本最重要的环节”这句话的？

4. 商场物流部门无须对运达商场的每个商品逐一检查，就能确保货物与发货单完全一致的前提是什么？

5. 厂商将产品从工厂直接运送到沃尔玛的商场，这是何种配送模式？有何好处？

6. “沃尔玛的配送中心把上述措施有机地整合在一起，进行最经济合理的安排，从而使沃尔玛的运输车队能以最低的成本高效率地运行。”你认为实现这一切的关键是什么？

7. 你从沃尔玛降低运输成本的措施中得到什么启示？

8. 你认为还可以采取哪些措施来降低运输成本？

第五章　装卸搬运

【引例】

视频链接：大福物流

联华便利物流中心装卸搬运系统

联华公司创建于1991年5月，是上海首家发展连锁经营的商业企业。经过多年的发展，联华公司已成为中国规模较大的连锁商业企业。联华公司的快速发展，离不开高效便捷的物流配送中心的大力支持。目前，联华共有4个配送中心，分别是2个常温配送中心、1个便利物流中心、1个生鲜加工配送中心，总面积7万余平方米。其中，联华便利物流中心总面积8 000平方米，由四层楼的复式结构组成。为实现货物的装卸搬运，配置的主要装卸搬运机械设备有：电动叉车8辆、手动托盘搬运车（见图5.1）20辆、垂直升降机2台、笼车（见图5.2）1 000辆、辊道输送机5条、数字拣选设备2 400套。装卸搬运的操作过程如下：首先将来货卸下，然后把货物装在托盘上，由手动叉车将货物搬运至入库运载处。接着，入库运载装置上升，将货物送上入库输送带。当接到向第一层搬送指示的托盘，在经过升降机平台时，不再需要上下搬运，而是直接从当前位置经过一层的入库输送带自动分配到一层入库区等待入库；接到向2~4层搬送指示的托盘，将由托盘垂直升降机自动传输到所需楼层。当升降机到达指定楼层时，由各层的入库输送带自动搬送货物至入库区。货物下平台时，由叉车从输送带上取下托盘入库。出库时，根据订单进行拣选配货，拣选后的货物用笼车装载，由各层平台通过笼车垂直升降机送至一层的出货区，装入相应的运输车上。

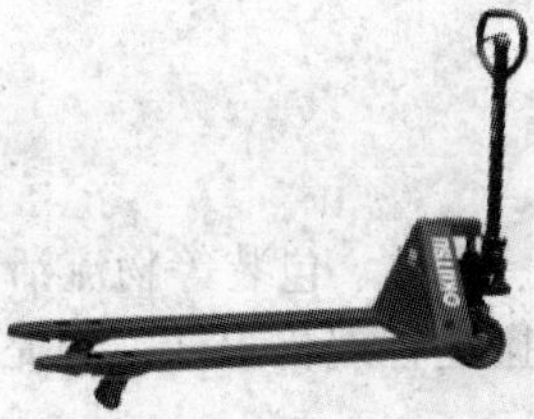

图5.1　手动托盘搬运车（液压托盘车）

图5.2　笼车

先进实用的装卸搬运系统，为联华便利店的发展提供了强有力的支持，使联华便利的物流运作能力和效率大大提高。

引导问题：

1. 联华便利物流中心配置的装卸搬运机械设备主要有哪些？
2. 装卸搬运在物流系统中具有什么地位和作用？
3. 怎样才能实现装卸搬运合理化？

运输能创造空间效用和时间效用，储存保管能创造时间效用，而装卸搬运本身并不产生新的效用或价值，但在供应物流、生产物流、销售物流等活动中，装卸搬运作业却占有较大的比重，它是物流活动各环节的桥梁和纽带。装卸搬运合理与否，直接影响到整个物流系统的效率和效益。通过本章内容的学习，读者应理解装卸搬运的概念和特点，掌握装卸搬运作业的内容和方式，掌握装卸搬运合理化的目标和原则。

第一节 装卸搬运概述

装卸搬运既是生产过程不可或缺的环节，又是物流活动的重要内容，物流的每一项作业活动在开始和结束时必然发生装卸搬运活动。装卸搬运质量及效率的高低不仅影响物流成本，而且与物品在装卸过程中的损坏、污染等造成的损失及保护物品的包装成本相关，并与是否能及时满足客户的服务要求相关联。因此，装卸搬运的合理化是实现物流活动效率化、客户服务满意化的重要手段之一。

一、装卸搬运的概念

装卸（Loading and Unloading）是指“物品在指定地点以人力或机械载入或卸出运输工具的作业过程”（GB/T18354-2006）。搬运（Handling）是指“在同一场所内，对物品进行空间移动的作业过程”（GB/T18354-2006）。

显然，装卸和搬运是两个不同的概念。装卸是指物品在指定地点以人力或机械装入运输工具或从运输工具卸下，它是以垂直位移为主的实物运动形式，是物流过程中伴随着包装、保管、输送所必然发生的活动。而搬运则是指在同一场所内（如仓库、车站、码头、港口、配送中心等物流结点），对物品进行以水平移动为主的物流作业。它们发生的都是短距离的位移。在物流实务中，装卸与搬运活动密不可分，常常相伴而生。通常人们并未对其进行严格区分，而是常常将其作为一种活动来对待。

综上所述，装卸是改变物品存放、支撑状态的活动，搬运是改变物品空间位置的活动，两者合称装卸搬运。

二、装卸搬运的作用

装卸搬运是连接物流各环节的纽带，是运输、仓储、包装等物流活动得以顺利实现的保证。加强装卸搬运作业的组织，不断提高装卸搬运合理化程度，对提高物流系统整体功能有着极其重要的作用。

在物流过程中，装卸搬运活动是不断出现和反复进行的，它出现的频率高于其他各项物流活动，且每次装卸搬运都要花费很长时间，所以该环节的活动往往成为决定物流流速的关键。装卸活动所消耗的人力也很多，所以装卸费用在物流成本中占有较高的比重。以我国为例，铁路运输从始发站到目的站的装卸搬运作业费用大致占运费的 20%，水路运输更高，占 40%；再如，根据有关部门对我国生产物流的统计资料，机械工厂每生产 1 吨成品，需要进行 252 吨次的装卸搬运，其成本占加工成本的 15.5%。因此，为了降低物流费用、提高经济效益，必须重视装卸搬运作业。同时，装卸搬运效率低，物品流转时间就会延长，商品就会破损，物流成本就会增大，就会影响整个物流过程的质量。目前，我国企业的装卸作业水平、机械化、自动化程度与发达国家相比还有很大差距，野蛮装卸造成包装破损、货物丢失现象时有发生，货损率和人工费用居高不下。实践证明，装卸搬运是造成物品破损、散失、损耗的主要环节。例如，袋装水泥纸袋破损和水泥散失主要发生在装卸搬运过程中，玻璃、机械、器皿、煤炭等产品在装卸时最容易造成损失。

可见，装卸搬运是构成物流活动的要素之一，是进行物流活动的必要条件，是降低物流成本和提高物流流速的关键环节。装卸搬运作业不仅影响货物的数量和质量，而且影响运输安全及运输设备的利用率。

总之，装卸搬运是物流各环节活动之间相互转换的桥梁，正是因为有了装卸搬运活动，物料或货物运动的各个环节才能连接成连续的“流”，从而保证物流的正常运行。如果忽视装卸搬运，生产和流通领域轻则发生混乱、重则造成生产经营活动的停顿。所以，装卸搬运影响着物流的正常运行，决定着物流质量、物流技术水平、物流的效率和效益。

三、装卸搬运的特点

装卸搬运既是生产领域不可或缺的环节，又是流通领域物流活动的重要组成部分。与其他物流环节的活动相比，装卸搬运具有如下特点：

（1）附属性、伴生性。装卸搬运是物流每一项作业活动开始及结束时必然发生的活动，因而常被人们忽视。事实上，装卸搬运总是与其他物流环节的活动密切相关，是其他物流作业不可缺少的组成部分。例如，“汽车运输”包含了必要的装车、卸载与搬运，仓储活动也包含了入库、出库及相应的装卸搬运活动。可见，装卸搬运具有附属性、伴生性的特点。

（2）保障性、服务性。装卸搬运对其他物流活动有一定的决定性，它影响着其他物流活动的质量和速度。例如，装车不当，会引起运输过程中的损失；卸放不当，会引起货物在下一阶段运动的困难。许多物流活动只有在高效的装卸搬运支持下才能实现高水平，从而保障生产经营活动的顺利进行。同时，装卸搬运过程中一般不消耗原材料，不占用大量的流动资金，它只提供劳务，所以具有服务性的特点。高效的物流活动要求提供安全、可靠、及时的装卸搬运服务。

（3）衔接性、及时性。一般而言，物流各环节的活动靠装卸搬运来衔接，因而，装卸搬运成为整个物流系统的“瓶颈”，它是物流各功能之间能否紧密衔接的关键。建立一个高效的物流系统，关键看这一衔接是否有效。同时，为了使物流活动顺利进行，物流各环节的活动对装卸搬运作业都有一定的时间要求，因而具有及时性的特点。

（4）均衡性、波动性。生产领域的装卸搬运必须与生产活动的节拍一致，因为均衡是生产的基本原则，所以生产领域的装卸搬运作业基本上也是均衡、平稳和连续的；流通领域的装卸搬运则是随车船的到发和货物的出入库而进行的，作业常为突击性、波动性和间歇性的。对作业波动性的适应能力是流通领域装卸搬运系统的特点之一。

（5）稳定性、多变性。生产领域装卸搬运的作业对象是稳定的，或略有变化但有一定的规律性，故生产领域的装卸搬运具有稳定性的特点。而流通领域装卸搬运的作业对象是随机的，货物品种、形状、尺寸、重量、体积、包装、性质等千差万别，车型、船型、仓库形式也各不相同。因而，对多变的作业对象的适应能力是流通领域装卸搬运系统的特点。

（6）局部性、社会性。生产领域装卸搬运作业的设施、设备、工艺、管理等一般只局限在企业内部，因而具有局限性的特点。而在流通领域，装卸搬运涉及的要素，如收货人、发货人、车站、港口、货主等都在变动，因而具有社会性的特点。这要求装卸搬运的设施、设备、工艺、管理、作业标准等都必须相互协调才能使物流系统发挥整体作用。

（7）单程性、复杂性。生产领域的装卸搬运作业大多数是仅改变物料的存放状态或空间位置，作业比较单一。而流通领域的装卸搬运是与运输、储存紧密衔接的，为了安全和充分利用车船的装载能力与库容，基本上都要进行堆码、满载、加固、计量、检验、分拣等作业，比较复杂，而这些作业又都成为装卸搬运作业的分支或附属作业，对这些分支作业的适应能力也成了流通领域装卸搬运系统的特点之一。

(8) 效益性、经济性。装卸搬运活动的效益性、经济性体现在正反两方面：一是节约成本，即通过实现装卸搬运合理化，减少费用支出；二是增加成本，即不合理的装卸搬运不仅延长了物流时间，而且需要投入大量的活劳动和物化劳动，而这些劳动不能给物流对象带来附加价值，只是增大了物流成本。

装卸搬运作业的上述特点，对装卸搬运作业组织提出了特殊要求，因此，为有效完成装卸搬运工作，必须根据装卸搬运作业的特点，合理组织装卸搬运活动，不断提高装卸搬运的效率和效益。

第二节　装卸搬运作业

一、装卸搬运作业的内容

装卸搬运作业是指物料在短距离范围内的移动、堆垛、拣货、分选等作业。具体而言，装卸搬运作业主要包括以下内容：

(一) 装货卸货作业

装货卸货作业是指向载货汽车、铁路货车、货船、飞机等运输工具装货以及从这些运输工具上卸货的活动。

(二) 搬运移送作业

对物品进行短距离的移动活动，包括水平、垂直、斜行搬运或由这几种方式组合在一起的搬运移送活动。显然，这类作业是改变物品空间位置的作业。

(三) 堆垛拆垛作业

堆垛是指将物品从预先放置的场所移送到运输工具或仓库内的指定位置，再按要求的位置和形状放置物品的作业活动；拆垛是与堆垛相反的作业活动。

(四) 分拣配货作业

分拣是在堆垛、拆垛作业之前发生的作业，它是将物品按品种、出入库先后顺序进行分门别类堆放的作业活动；配货是指把物品从指定的位置，按品种、作业先后顺序和发货对象等整理分类所进行的堆放拆垛作业，即把分拣出来的物品按规定的配货分类要求集中起来，然后批量移动到分拣场所一端指定位置的作业活动。

二、装卸搬运作业的分类

(一) 按照使用的物流设施、设备分类

按照使用的物流设施、设备，可将装卸搬运作业划分为以下五种类型：

(1) 铁路装卸。这是指对火车车皮进行装进及卸出，其特点是一次作业就能实现一车皮货物的装进或卸出，很少有像仓库装卸时出现的整装零卸或零装整卸的情况。

(2) 港口装卸。港口装卸包括码头前沿的装船，也包括后方的支持性装卸搬运。有的港口装卸还采用小船在码头与大船之间“过驳”的办法，因而其装卸的流程较为复杂，往

往经过几次装卸及搬运作业才能最后实现船舶与陆地之间货物过渡的目的。

（3）汽车装卸。汽车装卸是指对汽车进行的装卸作业。由于汽车装卸批量不大，加上汽车具有机动灵活的特点，因而可以减少或省去搬运活动，直接利用装卸作业达到车与物流设施之间货物过渡的目的。

（4）仓库装卸。仓库装卸是指在仓库、堆场、物流中心等处所进行的装卸搬运作业，如堆垛拆垛作业、分拣配货作业、挪动移送作业等。

（5）车间装卸。车间装卸是指在企业车间内部各工序之间进行的各种装卸搬运活动，一般包括原材料、在制品、半成品、零部件、产成品等的取放、分拣、包装、堆码、输送等作业。

（二）按照机械及其作业方式分类

按照装卸搬运机械及其作业方式，可将装卸搬运作业划分为以下四种方式：

（1）“吊上吊下”方式。该方式是采用各种起重机械从货物上部起吊，依靠起吊装置的垂直移动来实现装卸，并在吊车运行的范围内或回转的范围内实现物品搬运或依靠搬运车辆实现小规模的搬运。由于吊起及放下属于垂直运动，故这种装卸方式属垂直装卸。

（2）叉上叉下方式。该方式是采用叉车将货物从底部托起，并依靠叉车的运动来实现货物位移。整个搬运过程完全依靠叉车，货物不落地就可直接放置于指定的位置。这种方式，垂直运动的幅度不大，主要是发生水平位移，故属水平装卸方式。

（3）滚上滚下方式。这种方式主要发生在港口装卸中，属水平装卸方式。它是利用叉车、半挂车或汽车承载货物，载货车辆开上船，到达目的地后再从船上开下，故人们形象地称之为“滚上滚下”方式。采用该方式，若是借助叉车来进行，在船上卸货后，叉车必须离船。若是利用半挂车、平车或汽车，则拖车将半挂车、平车拖拉至船上后，拖车开下离船而载货车辆连同货物一起运至目的地，然后原车开下或拖车上船拖拉半挂车、平车开下。滚上滚下方式需要有专门的船舶（如滚装船），对港口、码头也有特殊要求。

（4）移上移下方式。该方式是在两车（如火车与汽车）之间进行靠接，通过水平移动将货物从一辆车推移至另一辆车上，故称移上移下方式。采用这种方式，需要使两种车辆实现水平靠接，因此，对站台或车辆货台有特殊要求，并需要有专门的移动工具来配合实现。

小资料：

集装箱货物的装卸作业与工艺

●**集装箱货物的装卸作业方式**

集装箱货物的装卸主要采用“吊上吊下”和“滚上滚下”两种作业方式。前者借助于起重机械进行集装箱装卸，是目前使用最广的一种作业方式；后者采用牵引车、手拖带挂车或叉车等装卸搬运机械，往滚装船或铁路平车上装卸集装箱。与这两种装卸作业方式相匹配的机械主要有岸边装卸机械、水平运输机械和场地装卸机械。

●**集装箱码头装卸工艺**

集装箱码头装卸工艺是指根据港口、码头的条件，使用不同的装卸搬运设备，按照一定的方法和操作程序，以经济合理的原则来完成集装箱货物的装卸、搬运和堆码任务。集装箱码头的装卸工艺主要有6种典型方式：底盘车方式、跨运车方式、轮胎式龙门起重机方式、轨道式龙门起重机方式、正面吊运机方式、跨运车-龙门吊混合方式。

（三）按照被装货物的主要运动形式分类

按照被装货物的主要运动形式，可将装卸搬运作业划分为以下两种方式：

（1）垂直装卸搬运。这是指采取提升和降落的方式对货物进行的装卸搬运。这种装卸搬运方式较常用，所用的设备通用性较强，应用领域较广（如起重机、叉车、提升机等），但耗能较大。

（2）水平装卸搬运。这是指采取平移的方式对货物进行的装卸搬运。这种装卸搬运方式不改变被装物的势能，比较省力，但需要有专门的设施，如和汽车水平接靠的适高站台、汽车和火车之间的平移工具等。

（四）按照装卸搬运对象分类

按照装卸搬运对象，可将装卸搬运作业划分为以下三种主要形式：

（1）单件货物装卸。这是指对货物进行单件、逐件装卸搬运的方式。目前，对于长大笨重的货物，或集装会增加危险的货物，仍采用这种传统的作业方式。

（2）散装货物装卸。这是一种集装卸与搬运于一体的装卸搬运方式。在对煤炭、粮食、矿石、化肥、水泥等块、粒、粉状货物进行装卸搬运时，从装点至卸点，中途货物不落地。这种作业常采用重力法、倾翻法、机械法、气力法等方法。

（3）集装货物装卸。这是先将货物聚零为整，再进行装卸搬运的作业方法，包括集装箱作业法、托盘作业法、货捆作业法、滑板作业法、网装作业法以及挂车作业法等。这种装卸搬运方式可以提高装卸搬运效率、减少装卸搬运损失、节省包装费用、提高顾客服务水平，便于实现储存、装卸搬运、运输、包装一体化，物流作业机械化、标准化。

（五）按照装卸搬运的作业特点分类

按照装卸搬运的作业特点，可将装卸搬运作业划分为以下两种方式：

（1）连续装卸。这是指以连续的方式、沿着一定的线路，从装货点到卸货点均匀输送、装卸搬运货物的作业方式。这种方式作业线路固定，负载均匀，动作单一，便于实现自动控制。在装卸量较大、装卸对象固定、货物对象不易形成大包装的情况下，适合采取这种方式。

（2）间歇装卸。这是指以间歇运动完成对货物装卸搬运的作业方式。这种作业方式有较强的机动性，装卸地点可在较大范围内变动，主要适用于货流不固定的各种货物，尤其适合包装货物和大件货物。对于散粒状货物，也可采取这种方式。

（六）按照装卸搬运的方法和手段分类

按照装卸搬运的方法和手段，可将装卸搬运作业划分为人力装卸和机械装卸两种。人力装卸即利用人工进行装卸搬运，如肩担背挑等。机械装卸即利用装卸搬运机械进行装卸作业，如起重机装卸等。

三、装卸搬运作业方法

常见的装卸搬运作业方法有如下几种：

（1）单件作业法，即逐件装卸搬运的人工方法，主要适用于以下三种情况：一是由于某些物资的特有属性，采取单件作业有利于安全；二是在某些装卸搬运场合，由于没有或难以设置装卸机械，只能采取单件作业；三是某些物资体积过大、形状特殊，适合单件作业。

（2）重力作业法，即利用货物的位能来完成装卸作业的方法，如采取重力法卸车。

（3）倾翻作业法，即将运载工具的载货部分倾翻，进而将货物卸出的方法。

（4）集装作业法，即先将物资进行集装，再对集装件进行装卸搬运的方法，主要包括集装箱作业法、托盘作业法以及滑板作业法等。

（5）机械作业法，即采用各种专用机械，通过舀、抓、铲等作业方式，达到装卸搬运的目的。

（6）气力输送法，即利用风机在气力输运机的管道内形成单向气流，依靠气体的流动或气压差来输送货物的方法。

（7）人力作业法，即完全依靠人力，使用无动力机械来完成装卸搬运作业的方法。

（8）间歇作业法，即在两次作业中存在一个空程准备过程的作业方法，包括重程和空程两个阶段，如门式和桥式起重机作业。

（9）连续作业法，即在装卸过程中，设备不停地作业，物资连绵不断，持续如流水般的实现装卸作业的方法，如带式输送机、链头装卸机作业。

四、单元装卸

单元装卸（Unit Loading and Unloading）是指“用托盘、容器或包装物将小件或散状物品集成一定质量或体积的组合件，以便利用机械进行作业的装卸方式”（GB/T18354-2006）。换言之，单元装卸是把许多单件物品集中起来作为一个运送单位（即集装单元），放置在集装设备上进行一系列运送、保管、装卸的装载方式。它可以提高装卸搬运效率，减少装卸搬运损失，节省包装费用，提高客户服务水平。

根据使用的装载工具，可将单元装卸划分为托盘物品装载方式、全程托盘物品装载方式和集装箱物品装载方式三种。

（一）托盘物品装载

这是指将多个单件物品集中在托盘上作为运送单位的单元装卸方式。托盘物品装载一般有整齐码放、交错码放、砌砖式码放、针轮式码放和裂隙式码放几种。

（1）整齐码放，即各层码放物品的形状和方向均相同的托盘码放方式，也叫直装或顺装。

（2）交错码放，即头一层的物品均为统一方向，第二层将方向转90°码在上边，互相交错，依此向上码放的托盘码放方式。

（3）砌砖式码放，即头一层将物品纵横交错摆放，第二层将方向转180°码在上边，逐次向上码放的托盘码放方式。

（4）针轮式码放，即中间留出空隙，围着空隙按风车形码放的托盘码放方式。一般各层之间改变方向向上码放。

（5）裂隙式码放。该方式与砌砖式相同，只是相互间留有空隙。

按照使用的托盘形态来划分，托盘物品装载方式有平板托盘和箱式托盘两种类型。平板托盘一般由叉车进行装卸，箱式托盘一般由托盘卡车进行装卸。采用托盘物品装卸方式的典型例子是航空货运。在航空货物运输中，物品被运送到机场的货运仓库后，按到达地、机种对物品进行分拣整理，然后把分拣好的物品装放在飞机用的托盘上，用网罩罩住，再把整个托盘装进飞机的货仓进行运输，到达目的地后，从飞机上卸下托盘，将其搬运至机场的货运仓库，并进行货物分拣、交货、运送等作业。

（二）全程托盘物品装载

这是指从发货地至目的地的整个物流过程全部采用托盘进行物品装载的作业方式。采用该方式可以缩短装卸作业时间，防止物品破损，降低物流成本。同时，也易于实现装卸作业的标准化、机械化和自动化。目前，欧美、日本等发达国家已经在积极推广全程托盘物品装载方式，并广泛应用于各个行业。

虽然全程托盘物品装载方式有许多优点，但也存在一些亟须解决的问题：

（1）目前使用的托盘的规格多种多样，有些企业甚至独自采用特殊规格的托盘，托盘的规格亟须实现统一化和标准化。

（2）托盘随物品被送到目的地后，其回收需要花费一定的时间和费用，并且回收的效率需要提高。

（3）这种装载方式虽然提高了装载作业的效率，但同时也可能造成运载卡车的装载率下降，增加运输成本。

（三）集装箱物品装载

这是指把一定数量的单件物品集装在一个特定的箱子内作为一个运送单元进行一系列运输、保管、装卸的作业方式。与托盘物品装载方式相比，该方式易于实现各种形状物品的集装化。这种广泛使用的物品装载方式通常包括整箱货装箱和拼箱货装箱两种装箱方式。前者是指发货人在工厂货仓自行装箱（也可以由承运人代为装箱），然后直接送往集装箱堆场等待装运（或者由承运人在内陆货运站接箱），到达目的港后，收货人直接提走整箱货。后者则是指发货人把物品送到集装箱货运站由承运人进行装箱，到达目的港后，承运人在目的港的集装箱货运站或港口外的内陆货运站掏箱，并把货物分送给不同的收货人。

第三节　装卸搬运合理化

装卸搬运是装卸搬运人员借助于装卸搬运机械和工具，作用于货物的生产活动，它的效率高低，直接影响到物流活动的整体效率。为此，科学组织装卸搬运作业，实现装卸搬运合理化，对物流系统的整体优化有着非常重要的意义。

一、不合理装卸搬运的表现形式

在物流实务中，不合理的装卸搬运主要表现在以下几方面：

（一）过多的装卸搬运次数

在物流活动中，装卸搬运环节是发生货损的主要环节，而在整个物流过程中，装卸搬运作业又是重复进行的，其发生的频数超过其他任何活动，过多的装卸搬运必然导致货损的增加。同时，每增加一次装卸，就会较大比例地增加物流费用（一次装卸的费用相当于几十千米的运费），就会大大减缓整个物流的速度。

（二）过大过重包装的装卸搬运

在实际的装卸搬运作业中，如果包装过大过重，就会反复在包装上消耗较多的劳动。这一消耗不是必需的，因而会形成无效劳动。

（三）无效物质的装卸搬运

进入物流过程中的货物，有时混杂着没有使用价值的各种掺杂物，如煤炭中的矸石、矿石中的水分、石灰中未烧熟的石灰以及过烧石灰等。这些无效物质在反复装卸搬运的过程中必然要消耗能量，形成无效劳动。

由此可见，不合理的装卸搬运增加了物流成本与货物的损耗，降低了物流速度，若能有效防止，就会实现装卸搬运作业乃至物流活动的合理化。

二、装卸搬运合理化的目标

装卸搬运合理化的主要目标是节省时间、节约劳动力和装卸搬运费用。

（一）装卸搬运距离短

在装卸搬运作业中，装卸搬运距离最理想的目标是“零”。货物装卸搬运不发生位移，应该说是最经济的，然而这是不可能办到的，因为凡是“移动”都要产生距离。距离移动得越长，费用就越高；距离移动越短，费用就越省。所以，装卸搬运合理化的目标之一，就是要尽可能使装卸搬运距离最短。

（二）装卸搬运时间少

这主要是指货物的装卸搬运从开始到完成所经历的时间短。如果能压缩装卸搬运时间，就能大大提高物流速度，及时满足客户的需求。为此，装卸搬运作业人员应根据实际情况，尽可能实现装卸搬运的机械化、自动化和省力化。这样，不仅大大缩短了物流时间、提高了物流效率、降低了物流费用，而且通过装卸搬运的合理衔接，还能优化整体物流过程。所以，装卸搬运时间短，是装卸搬运合理化的重要目标之一。

（三）装卸搬运质量高

装卸搬运质量高是装卸搬运合理化目标的核心。高质量的装卸搬运作业，是为客户提供优质服务的主要内容之一，也是保证生产顺利进行的重要前提。按照要求的数量、品种，安全、及时地将货物装卸搬运到指定的位置，这是装卸搬运合理化的主体和实质。

（四）装卸搬运费用省

装卸搬运合理化目标中，既要求距离短、时间少、质量高，又要求费用省，这似乎不好理解。事实上，如果能真正实现装卸搬运的机械化、自动化和省力化，就能大幅度削减作业人员，降低人工费用，装卸搬运费用就能得到大幅度节省。为此，应合理规划装卸搬运工艺，设法提高装卸作业的机械化程度，尽可能实现装卸搬运作业的连续化，从而提高效率，降低成本。

三、装卸搬运合理化的原则

（一）集装（单元）化原则

将散放物品规整为统一格式的集装单元（如托盘、集装箱、集装袋等），称为集装单元化。这是实现装卸搬运合理化的一条重要原则。遵循该原则，可以达到以下目的：一是由于搬运单位变大，可以充分发挥机械的效能，提高搬运作业效率；二是单元装卸搬运，方便灵活；三是负载大小均匀，有利于实现作业标准化；四是有利于保护被搬运物品，提高装卸搬运质量。

（二）省力化原则

所谓省力，就是节省动力和人力。省力化原则的具体内涵是：能往下则不能往上，能直行则不拐弯，能用机械则不用人力，能水平则不上坡，能连续则不间断，能集装则不分散。

在不得不以人工方式作业时，要充分利用重力并消除重力影响，进行少消耗的装卸搬运。具体而言，由于装卸搬运使货物发生垂直和水平位移，必须通过做功才能完成。但由于我国目前的装卸机械化水平还不高，一些装卸搬运作业尚需人工完成，劳动强度大，因此在有条件的情况下，可利用货物的重量，进行有一定落差的装卸搬运。例如，可将设有动力的小型运输带（板）斜放在货车、卡车上依靠货物自身的重量进行装卸搬运，或使货物在倾斜的输送带（板）上移动，这样就能减轻劳动强度和减少能量消耗。

在装卸搬运时，减少人体的上下运动，避免反复从地面搬起重物，避免人力抬运或搬运过重物品，尽量消除或削弱重力影响，也会获得减轻体力劳动及其他劳动消耗的效果。例如，在进行两种运输工具的换装时，若采用落地装卸方式，即将货物从甲工具卸下并放到地上，经过一定时间后，再将货物从地上装到乙工具上，这样必然消耗更多的劳动。如果能进行适当安排，将甲、乙两工具靠接，使货物平移，就能有效消除货物重力的影响，实现装卸搬运合理化。

(三) 消除无效搬运的原则

尽量减少装卸搬运次数，减少人力、物力的浪费和货物损坏的可能性；努力提高物品的纯度，只装卸搬运必要的货物，如有些货物要去除杂质之后再装卸搬运比较合理；选择最短的作业路线；减少倒搬次数；避免过度包装，减少无效负荷；充分发挥装卸搬运机械设备的能力和装载空间，中空的物件可以填装其他小物品再进行搬运（即套装搬运），以提高装载效率；采用集装方式进行多式联运等，都可以防止和消除无效装卸搬运作业。

(四) 活性化原则

活性化原则亦即提高物品装卸搬运活性的原则。

货物平时存放的状态是各种各样的，可以散放在地上，也可以装箱存放在地上，或放在托盘上等。由于存放的状态不同，货物的装卸搬运难易程度也就不一样。人们把货物从静止状态转变为装卸搬运运动状态的难易程度称为装卸搬运活性。如果很容易转变为下一步的装卸搬运而不需过多地做装卸搬运前的准备工作，则活性就高；反之，则活性低。

在整个装卸搬运过程中，往往需要几次装卸搬运作业，为使每一步装卸搬运都能按一定活性要求操作，对不同放置状态的货物做了不同的活性规定，这就是活性指数。通常，活性指数分为0~4共5个等级。散放在地上的货物要运走，需经过集中（装箱）、搬起（支垫）、升起（装车）、运走（移动）4次作业，作业次数最多，最不易装卸搬运，也就是说它的活性水平最低，规定其活性指数为0；集中存放在箱中的货物，只要进行后3次作业就可以运走，装卸搬运作业较方便，活性水平高一等级，规定其活性指数为1；货物装箱后搁在托盘或其他支垫上的状态，规定其活性指数为2；货物装在无动力车上的状态，规定其活性指数为3；而处于运行状态的货物，因为不需要进行其他作业就能运走，其活性指数最高，规定为4。如表5.1所示。

表5.1　装卸搬运活性指数

放置状态	需要进行的作业				活性指数
	集中（装箱）	搬起（支垫）	升起（装车）	运走（移动）	
散放在地上	需要	需要	需要	需要	0
置于容器中（装箱）	0	需要	需要	需要	1
集装化（如托盘上）	0	0	需要	需要	2
无动力车上	0	0	0	需要	3
处于动态（动力车/传送带）	0	0	0	0	4

在装卸搬运作业工艺方案设计中，应充分利用活性理论，合理设计作业工序，不断改善装卸搬运作业。货物放置时要有利于下次搬运，如装于容器内并垫放的物品较散放于地面的物品易于搬运；在装上时要考虑便于卸下，在入库时要考虑便于出库；要创造易于搬运的环境和使用易于搬运的包装。总之，要提高装卸搬运活性，以达到作业合理化、节省劳力、降低消耗、提高装卸搬运效率之目的。

（五）机械化原则

视频链接：装卸搬运-机器人作业

机械化原则即合理利用装卸搬运机械设备的原则，亦即尽可能采用机械化、自动化设备，改善装卸搬运条件，提高装卸搬运效率。在现阶段，装卸搬运机械设备大多在以下情况使用：①超重物品的搬运；②搬运量大、耗费人力多或人力难以操作的物品搬运；③粉体或液体的物料搬运；④速度太快或距离太长，人力不能胜任的物品搬运；⑤装卸作业高度差太大，人力无法操作时。今后的发展方向是，即使在人可以操作的场合，为了提高生产率、安全性、服务性和作业的适应性，也应将人力操作转变为借助机械设备来实现。同时，要通过各种集装方式形成机械设备最合理的装卸搬运量，使机械设备能充分发挥效能，达到最优效率，实现规模装卸搬运。

（六）物流流量均衡原则

货物的处理量波动过大时，会使搬运作业变得困难（人力和相关机械设备的使用与调配变得困难）。但是搬运作业受运输及其他物流环节的制约，其节奏不能完全自主决定，必须综合各方面的因素妥善安排，尽量使物流量保持均衡，避免忙闲不均。

（七）权变原则

在装卸搬运过程中，必须根据货物的种类、性质、形状、重量来合理确定装卸搬运方式，合理分解装卸搬运活动，并采用现代化管理方法和手段，改善作业方法，实现装卸搬运的高效化和合理化。

（八）系统化原则

在物流活动过程中，运输、保管、包装、装卸搬运各环节的改善，不能仅从单方面考虑，应将各环节作为一个系统来看待，必须考虑综合效益。

此外，要实现装卸搬运合理化还应遵循人性化原则、标准化原则、安全化原则、连续化原则（流程原则）、短路化原则、（作业线的）平衡性原则、最小操作化原则以及机械设备的经常使用、保养更新与弹性（机械设备的兼容性与共用性）原则。

总之，在装卸搬运过程中，必须根据货物的种类、性质、形状、重量合理确定装卸搬运方式，合理分解装卸搬运活动，并采用现代化管理方法和手段，改善作业方法，实现装卸搬运的高效化和合理化。

小资料：

创建“复合终端”，实现装卸搬运合理化

近年来，工业发达国家为了对运输线路的终端进行装卸搬运合理化的改造，创建了所谓的“复合终端”，即对不同运输方式的终端装卸场所，集中建设不同的装卸设施，如集中设置水运港、铁路站场、汽车站场等。这样就可以合理配置装卸搬运机械，使各种运输方式有机连接起来。

“复合终端”的优点是：

第一，取消了各种运输工具之间的中转搬运，因而有利于物流速度的加快，减少装卸搬运活动所造成的货损货差；

第二，由于各种装卸场所集中到复合终端，可以共同利用各种装卸搬运设备，提高设备利用率；

第三，在复合终端内，可以利用大生产的优势进行技术改造，大大提高转运效率；

第四，减少装卸搬运次数，有利于物流系统功能的发挥，提高物流效率。

小结：

装卸是以垂直位移为主的实物运动形式，搬运是对物品进行以水平移动为主的物流作业。装卸搬运是连接物流各环节的桥梁和纽带，是影响物流效率、决定物流技术经济效益的重要环节。装卸搬运具有附属性、伴生性，保障性、服务性，衔接性、及时性，均衡性、波动性，稳定性、多变性，局部性、社会性，单程性、复杂性，效益性、经济性等特点。装卸搬运作业主要包括装货卸货、搬运移送、堆垛拆垛、分拣配货等作业。装卸搬运有多种分类方法。单元装卸包括托盘物品装载、全程托盘物品装载和集装箱物品装载三种方式。装卸搬运合理化的目标是距离短、时间少、质量高、费用省。实现装卸搬运合理化应遵循集装化、省力化、活性化、机械化、系统化、人性化、标准化、安全化、连续化、短路化等原则。在装卸搬运过程中，须根据货物的种类、性质、形状、重量合理确定装卸搬运方式，合理分解装卸搬运活动，并采用现代化的管理方法和手段，改善作业方法，实现装卸搬运的高效化和合理化。

同步测试：

一、判断题

1. 装卸搬运活性是指“从物的静止状态转变为装卸状态的难易程度”。（　　）

2. 运输的起点是“装”的作业，其终点是“卸”的作业，因此装卸搬运活动在物流中占有重要地位，它本身也具有明确的价值。（　　）

3. 装卸搬运是指在不同地域范围内，以改变物品的存放状态和空间位置为主要内容和目的的活动。（　　）

4. 由于装卸搬运的作业内容复杂多变，因此装卸搬运环节成为提高物流系统效率的关键所在。（　　）

5. 装卸搬运是衔接物流系统各环节活动的桥梁和纽带，它本身也要创造价值。（　　）

二、单项选择题

1. 在货物放置时要有利于下次货物的搬运，同时还要创造易于搬运的环境和包装，这种要求称之为（　　）。

A. 省力化原则　　B. 消除无效搬运原则

C. 保持物流的均衡顺畅原则　　D. 提高搬运活性原则

2. 省力化、连续化、集装单元化、合理利用机械等，是搬运装卸作业的（　　）。

A. 特点　　B. 提高综合效率的措施

C. 合理化内容　　D. 合理化原则

3. 确保装卸搬运作业的安全和作业人员的人身安全，严格机械设备的检修制度，作业环境应留用安全作业空间等，它属于装卸搬运作业合理化原则中的（　　）。

A. 省力化原则　B. 连续化原则　C. 人性化原则　D. 集装单元化原则

4. 自动化仓库或高层货架仓库必须有一个与之相适应的（ ），才能实现货物出入库的全部自动化。

A. 自动分拣系统　B. 自动传输系统　C. 出入库平台　D. 出入搬运系统

5. 在装卸搬运设备对人造成伤害的事故中，最常见的是（　　）事故。

A. 叉车　B. 装卸车　C. 输送机　D. 起重机

三、多项选择题

1. 物流搬运技术装备的主要作用有（　　）

A. 提高装卸效率，节约劳动力，减轻装卸工人的劳动强度

B. 缩短作业时间，加速车船周转

C. 提高装卸质量

D. 降低物料搬运作业成本

E. 充分利用货位，加速货物周转，减少货物堆码的场地面积

2. 不合理装卸搬运的表现形式有（　　）

A. 过多的装卸搬运次数　B. 过少的装卸搬运次数

C. 过大过重包装的装卸搬运　D. 过小过轻包装的装卸搬运

E. 无效物质的装卸搬运

3. 下列选项中，属于立体仓库中运用的主要作业设备的有（　　）

A. 有轨巷道堆垛起重机　B. 无轨巷道堆垛起重机

C. 普通叉车　D. 牵引车

E. 振动输送机

4. 下列选项中，属于装卸搬运作业的是（　　）

A. 运输配送　B. 堆放拆垛　C. 分拣配货　D. 包装加工

E. 保管保养

5. 装卸搬运技术装备的性能和作业效率对整个物流系统的效率影响很大，为了顺利完成物料搬运任务，这些装备必须适应物料搬运作业的要求。它们一般具有（　　）特点。

A. 适应性强　B. 机动性强　C. 机动性较差　D. 设备能力强

E. 适应性一般

四、简答（述）题

1. 简述装卸搬运在物流活动中的地位和作用。

2. 装卸搬运有哪些特点？

3. 装卸搬运作业包括哪些内容？

4. 简述装卸搬运作业的分类。

5. 根据装卸搬运机械及其作业方式来划分，装卸搬运作业有哪几种？

6. 常见的装卸搬运作业方法有哪些？

7. 什么是单元装卸？单元装卸有哪几种方式？

8. 装卸搬运不合理的表现形式有哪些？

9. 如何实现装卸搬运合理化？

10. 简述装卸搬运合理化的目标。

11. 简述装卸搬运合理化的原则。

五、实训题

某制造厂收到一批设备，用卡车分批将设备从车站货场运回仓库。整个入库作业分为四个阶段，各阶段的时间分别为：从车站将设备运到仓库每趟需要2小时，将所有设备运进仓库需要6小时；仓库进行验收需要8小时；仓库准备货位需要2小时；入库码货需要4小时。请根据上述条件制订这批货物的装卸搬运作业计划。具备相应实训条件的学校可以进行模拟操作。

六、案例分析题

联合利华的托盘管理

当前产品生命周期缩短和JIT采购向仓库管理者提出了挑战。德州仪器公司基于TIRIS射频识别技术（RFID）开发的一项全新“Smartpallet”系统，利用自动化技术消除了重复分拣，并缩短了配送时间。

联合利华（意大利）公司是全球第一家使用Smartpallet系统的企业，现在该公司的订货处理周期缩短了20%，员工数量减少了1/3。目前排名第25位的联合利华公司生产洗发水、牙膏、洗洁精、化妆品、地板蜡和其他各种生活消费品。在安装RFID系统之前，联合利化的Elida-Gibbs工厂每天需要3个工人处理200个托盘，现在一个仓库管理员一天就可以发送350个托盘，这样就可以减少托盘的堆垛和再装载工序。

德州仪器公司和一家计算机公司（Sinformat SRI）联合开发了联合利华的物流系统，该系统于1995年安装在位于米兰附近的Gaggiano工厂。Sinformat SRI设计了基于视窗操作的计算机软件EASYSEND；德州仪器公司开发了低频的RFID系统来控制生产过程，记录产品位置，对产品称重和进行标签操作。配有无线电频率读数器的叉车在仓库装载活动中穿梭不息，这些读数器将每个托盘的状态及时传送给仓库门口的无线电应答器，然后再传送到仓库的计算机控制中心，管理人员就可以随时知道任何一笔订单所处的位置。结合半导体技术、微电子包装、计算机系统设计的TIRIS系统由三部分组成：无线电发射应答器、计算机系统阅读器和天线。无线电发射应答器被固定在托盘出入的仓库门口，信息阅读器和天线被安装在叉车上。

在联合利华的高科技仓库中，每一个托盘都有一个条码，通过扫描仪将信息输入仓库的程序逻辑控制器。此外，计算机还存有该托盘的详细数据：它可装货箱的数量、订单装运地点、运送的商品种类。一个托盘装载了货物后，经过第一道门口时，用薄膜包装、称重，经过最后一道门时再次称重，以确保其准确度。托盘按先进先出法进行处理，排列顺序依次输入计算机中。当托盘被放在装载底板上时，叉车上的TIRIS信息阅读器就开始检查、传送由门口的无线电发射应答器发出的无线电频信号，精确定位托盘。当托盘到达装货地点时，另一个无线电发射应答器就会警示计算机，托盘即将被装进拖车中，随后货车的衡量工具根据计算机系统中的数据自动比较总负荷与单个托盘的重量，若有偏差便在系统中自动记录。

联合利华公司通过对托盘的先进管理，节约了时间，减少了差错，同时也降低了物流成本。

根据案例提供的信息，请回答以下问题：

1. 案例中第一句话“当前产品生命周期缩短和JIT采购向仓库管理者提出了挑战”。请谈谈你对这句话的理解。

2. 联合利华公司安装了RFID系统之后，工人处理托盘的效率提高了多少？

3. 联合利华公司托盘管理的先进之处表现在哪里？

第六章　流通加工

【引例】

视频链接：现代配送中心

阿迪达斯的鞋店

阿迪达斯公司在美国有一家超级市场，设立了组合式鞋店，店里摆放的不是成品鞋，而是做鞋用的半成品，款式花色多样，有6种鞋跟、8种鞋底，均为塑料制造的，鞋面的颜色以黑、白为主，搭带的颜色有80种，款式有百余种，顾客进来可任意挑选自己喜欢的各种部件，再交给职员当场组合。职员技术熟练，只要10分钟，一双崭新的鞋便呈现在顾客面前。这家鞋店昼夜营业，鞋的售价与成批制造的价格差不多，有的还稍便宜些。所以，顾客络绎不绝，销售金额比邻近的鞋店多十倍。

引导问题：

1. 为什么阿迪达斯公司要在流通领域完成鞋的最后加工作业？
2. 流通加工与制造有什么区别？
3. 怎样才能实现流通加工的合理化？

流通加工是物流系统的构成要素之一。由于流通加工可以增加商品的附加价值，可以更好地满足顾客的个性化需求，因此它已越来越成为现代物流不可或缺的重要组成部分。通过本章内容的学习，读者应理解流通加工的概念和作用，掌握流通加工的类型与作业；理解流通加工合理化的含义，掌握流通加工合理化的途径与方法。

第一节　流通加工概述

一、流通加工的概念

流通加工是指商品在流通过程中，为了维护产品质量、促进销售和提高物流效率所进行的辅助性的加工活动。我国国家标准《物流术语》（GB/T18354-2006）中对流通加工（Distribution Processing）的定义是："根据顾客的需要，在流通过程中对产品实施的简单加工作业活动（如包装、分割、计量、分拣、刷标志、拴标签、组装等）的总称。"该定义深刻地揭示了流通加工的内涵，将流通加工与生产加工以及物流系统的其他作业活动区分开来。

流通加工是在流通领域从事的简单生产活动，具有生产制造活动的性质。它和一般的生产型加工在加工方法、加工组织、生产管理方面并无显著区别，但在加工对象、加工程度方面差别较大。主要表现在以下几方面：

（1）流通加工的对象是进入流通领域的商品，具有商品的属性，而生产加工的对象不是最终产品，是原材料、零配件、半成品等生产资料。

(2) 流通加工大多是简单加工，不是复杂加工。一般而言，如果必须进行复杂加工才能形成人们所需的商品，那么这种复杂加工应专设生产加工过程，该过程应当完成大部分加工活动。流通加工是对生产加工的一种辅助及补充。特别需要指出的是，流通加工绝不是对生产加工的代替。

(3) 从价值观来看，生产加工的目的在于创造产品的价值和使用价值，而流通加工的目的是完善商品的使用价值，并在不做大的改变的情况下提高商品的价值。

(4) 流通加工的组织者是从事流通工作的人员，他们能密切结合流通的实际需要开展加工活动。从加工的主体来看，流通加工由物资流通企业完成，而生产加工则由生产企业完成。

(5) 商品生产是为交换和消费而进行的生产，而流通加工则是为了消费（或再生产）所进行的加工，这一点与商品生产有共同之处。但有时候流通加工也是以自身流通为目的的，纯粹是为了给流通创造条件，这又是流通加工不同于商品生产的特殊之处。

二、流通加工产生的背景及原因

流通加工的出现，是社会生产力发展的必然结果。这一现象不但反映了物流理论的发展，也反映了人们对物流与生产分工观念的变革。流通加工产生的背景及原因主要体现在以下几方面：

(一) 流通加工的出现与现代生产方式的发展密切相关

现代生产方式的发展趋势之一，便是生产的规模化、大型化和专业化，即依靠单（少）品种、大批量的生产方式，降低生产成本，获取规模经济性收益。这样就出现了生产相对集中的趋势，生产的专业化程度越高，其集中化程度也越高。生产的集中化进一步引起了产、销之间在时空上的分离，能克服这种分离的重要手段便是运输、储藏与交易。

近年来，人们进一步认识到，现代生产发展引起的产需分离已经对产品的销售产生了重大影响。尽管“用户第一”的口号是许多生产者的主导思想，但是生产有生产的规律，流通有流通的规律。“少品种、大批量、专业化”生产得到的产品，无论是在品种上、规格上还是性能上，都很难能够满足当前多元化、个性化的顾客需求，而开展流通加工则能很好地解决该矛盾。因此，流通加工的产生是现代生产发展的必然结果。

(二) 流通加工的出现与人们对流通作用的观念转变有关

在社会再生产过程中，生产领域是形成产品价值及使用价值的主要领域。过去，生产简单、规模不大，生产制造活动几乎全部集中于生产及再生产领域，而流通过程只是实现商品价值及使用价值的转移。现在，商品流通变得越来越复杂，生产加工常常不能满足流通的需要。于是，加工活动开始部分地由生产及再生产领域向流通领域转移，在流通过程中逐渐形成了某些加工活动。这就是流通加工。

流通加工的出现使流通明显地具有某种“生产性”，改变了长期以来人们已经形成的“流通过程仅是实现商品价值和使用价值的转移”的旧观念。这充分说明，流通领域可以创造商品的价值和使用价值。因此，人们必须研究流通领域孕育着的商品价值创造潜力，必须以很小的代价实现这一目标。这样，就引起了流通过程从观念到方法的巨大变化，而流通加工则是适应这一变化而产生的手段。

(三) 效益观念的树立也是促使流通加工发展的重要原因

20 世纪 60 年代以后，效益问题逐渐引起了人们的重视。过去，人们盲目地追求新技术，引起了燃料、材料等生产资源投入的大幅度增长。最终，虽然采用了新技术、新设备，但结果往往是得不偿失。

1973 年，爆发了世界第一次石油危机，充分证明了效益的重要。此后，人们牢固树立了效益观念。流通加工可以以较少的投入获得较大的产出，是高效益的加工方式，得到了迅速发展。从技术上讲，流通加工不需要采用什么先进技术，只需要将传统的生产过程进行调整，就可以为产品的生产及流通过程带来巨大的经济效益。这种方式是现代物流观念的体现，在社会再生产过程中起着重要作用。

三、流通加工的地位与作用

（一）流通加工的地位

流通加工在商品流通以及国民经济中的重要地位主要表现在以下几方面：

1. 流通加工能有效完善流通

流通加工在创造时间价值和场所价值方面，确实不能与运输和储存保管等主要功能要素相比，其普遍性也不及运输和仓储等功能。但它能有效完善流通，提高物流水平，促进商品流通的现代化。

2. 流通加工是“第三利润源泉”的重要组成部分

流通加工是一种低投入、高产出的加工方式，是企业的重要利润源泉。通过流通加工，可以改变商品包装，提升商品档次，增加商品的附加价值；通过流通加工，可使产品的利用率提高 30%甚至更高；通过流通加工，既为企业创造了利润，又满足了顾客多样化、个性化的需求。由此可见，流通加工能实现企业和用户的双赢，它是企业为顾客提供增值服务的重要手段。

3. 流通加工能促进国民经济健康稳定发展

在国民经济的组织和运行中，流通加工是一种重要的加工形式。它对完善产业结构、推动国民经济健康、有序、稳定发展，具有重要的意义。

（二）流通加工的作用

随着市场竞争的加剧以及日益显现的多样化、个性化的顾客需求，流通加工的作用表现得越来越重要。具体而言，流通加工具有以下几方面的作用：

1. 提高原材料的利用率

通过流通加工进行集中下料，将生产厂商直接运来的简单规格产品，按用户的要求进行下料。例如：对钢材定尺、定型，按需求下料；将钢板进行剪板、切裁；将钢筋或圆钢裁制成毛坯；将木材、铝合金加工成各种可直接投入使用的型材等。集中下料可以优材优用、小材大用、合理套裁，明显地提高原材料的利用率，有很好的技术经济效果。

2. 进行初级加工，方便用户

用量小或满足临时需要的用户，不具备进行高效率初级加工的能力，通过流通加工可以使用户省去进行初级加工的投资、设备、人力，方便了用户。目前发展较快的初级加工有：①将水泥加工成生混凝土；②将圆木或板、方材加工成门窗；③冷拉钢筋及冲制异型零件；④钢板预处理、整形、打孔等加工。

3. 提高加工效率及设备利用率

在分散加工的情况下，加工设备由于生产周期和生产节奏的限制，设备利用时松时紧，使得加工过程不均衡，设备加工能力不能得到充分发挥。而流通加工面向全社会，加工数量大，加工范围广，加工任务多。这样可以通过建立集中加工点，采用一些效率高、技术先进、加工量大的专门机具和设备，一方面可提高加工效率和加工质量，另一方面还可提高设备利用率。例如，一般的使用部门在对钢板下料时，采用气割的方法留出较大的加工余量，不但出材率低，而且由于热加工容易改变钢的组织，加工质量也不好。集中加工后可设计高效率的剪切设备，在一定程度上防止了上述缺点。

4. 弥补生产加工的不足

由于工业企业数量多，分布广，生产资料及产品种类繁多，规格型号复杂，要完全实现产品的标准化极为困难。同时，社会需求复杂多样，这也导致工业企业无法完全满足客户在品种、规格、型号等方面的需求。而流通企业了解市场供需双方的情况，在商品流通的过程中开展加工活动，能弥补生产加工的不足，能更好地满足顾客的需求。

5. 强化产品保存

流通加工使产品的使用价值得到妥善保存。例如，对消费品进行的冷冻、防腐、保鲜、防虫及防霉加工，对生产资料进行的防潮、防锈加工以及对木材进行的防干裂加工等，均属此类。

6. 衔接干支线运输，方便配送

一般地，流通加工中心将实物流通分成两段，从生产厂到流通加工中心距离较长，而从流通加工中心到消费地距离较短。第一阶段在生产厂与流通加工中心之间进行定点、直达、大批量的远距离输送，可采用水运、火车等大量运输方式；第二阶段则可利用载货汽车来运输经流通加工后的多规格、小批量、多用户的产品。因而，流通加工能有效衔接干支线运输，方便配送。

7. 提高商品的附加价值

流通加工可提高商品的附加价值。例如，内地的许多制成品，像洋娃娃、时装、轻工纺织品、工艺美术品等，在深圳进行简单的装潢加工，改变了产品的外观功能，仅此一项，就可使产品的售价提高20%以上。

第二节　流通加工的类型与作业

一、流通加工的类型

按照流通加工的目的，可将其划分为以下十种类型：

（一）为弥补生产领域加工不足的深加工

许多产品的生产加工只能进行到一定程度，这是由于一些因素限制了生产领域不能完全实现终极加工。例如，钢铁厂的大规模生产只能按照标准规定的规格进行，目的是让产品具有较强的通用性，使生产具有较高的效率和效益；木材如果在产地制成成品的话，就会造成运输的极大困难，所以原生产领域只能加工到圆木、板、方材这个程度，进一步的下料、切裁、处理等加工则由流通加工中心来完成。这种流通加工实质是生产的延续，是生产加工的深化，对弥补生产领域加工不足有重要意义。

（二）为满足需求多样化和消费个性化所进行的服务性加工

多样化和个性化是现代需求和消费的重要特征。这种多样化和个性化的需求与规模生产所形成的标准化产品之间存在一定的矛盾。如果在生产领域增加一道工序或由用户自行加工，将会使生产与管理的复杂性和难度增加，而且按客户个性化生产的产品难以组织高效率、大批量的流通。流通加工是解决该矛盾的重要方法，它将厂商生产出来的基型产品进行多样化的加工，以满足消费者多元化的需求。例如：对钢材卷板的舒展、剪切加工；平板玻璃按需要规格所进行的开片加工；将木材改制成方木、板材的加工；将商品的大包装改为小包装。这样，不但使生产企业的流程减少，使之集中力量从事技术性较强的劳动，也可使消费者省去繁琐的预处理工作，从而集中精力从事较高级、能直接满足需求的劳动。

（三）为保护产品所进行的加工

在最终消费者对产品进行消费之前的整个物流过程中，都存在对产品的保护问题。为防止产品在运输、储存、包装、装卸、搬运等过程中遭到损失，使其使用价值顺利得以实现，就需要进行流通加工。这种加工主要采取稳固、改装、冷冻、保鲜、涂油等方式，而不改变产品的外形及性质。

（四）为提高物流效率、方便物流的加工

对于在生产过程中装配完整但运输时耗费很高的产品，通常的做法是把它们的零部件分别集中捆扎或装箱，在到达销售地或使用地之后，再分别组装成成品，这样可使运输方便、经济。对那些形状特殊，影响运输及装卸作业效率，极易发生损失的物品进行加工，可以弥补其物流缺陷。例如，鲜鱼的装卸、储存困难，过大设备的搬运、装卸困难，气态物质的运输、装卸困难。进行流通加工，可以使物流各环节易于操作。例如，鲜鱼冷冻、过大设备先解体后装配（如自行车在消费地的装配加工）、气体液化（如石油气的液化加工）以及将造纸用材料磨成木屑等，这种加工往往改变“物”的物理状态，但不改变其化学特性，并最终仍能恢复原物理状态。

（五）为促进销售的流通加工

流通加工可以从很多方面起到促进销售的作用，例如：将过大包装或散装物分装成适合一次性销售的小包装的分装加工；将原以保护产品为主的运输包装改换成以促进销售为主要目的的销售包装，以起到吸引消费者、指导消费的作用；将零配件组装成用具、车辆以便于直接销售；将蔬菜、肉类、鱼类洗净切块以满足消费者需求；等等。这种流通加工一般不改变“物”的本体，只是进行简单的改装加工，当然也有许多是组装、分块等深加工。

（六）为提高加工效率的流通加工

许多生产企业的初级加工由于数量有限、加工效率不高，难以投入先进的科学技术。流通加工以集中加工形式，解决了单个企业加工效率不高的问题。以一家流通加工企业代替若干家生产企业进行初级加工，可实现流通加工的规模化、专业化，有利于提高加工效率。

（七）为提高原材料利用率的流通加工

利用流通加工中心的人才、设备、场所等资源优势以及综合性强、用户多等特点，以集中加工代替各使用部门的分散加工，通过合理规划、合理套裁、集中下料，不但能提高加工质量，而且可以减少原材料的消耗，有效地提高原材料的利用率，减少损失与浪费。与此同时，还能使加工后的副产品得到充分利用。

（八）衔接不同运输方式，使物流合理化的流通加工

在干线运输和支线运输的结点，设置流通加工环节，可以有效解决大批量、低成本、长距离干线运输与多品种、小批量、多批次末端运输和集货运输之间的衔接问题。在流通

加工点与大型生产企业之间形成大批量、定点运输的渠道，又以流通加工中心为核心，组织对用户的配送。例如，在水泥中转仓库从事的散装水泥袋装流通加工以及将大规模散装转化为小规模散装，就属于这种流通加工形式。

（九）以提高经济效益，追求企业利润为目的的流通加工

流通加工的一系列优点，可以形成一种“利润中心”的经营形态。这种类型的流通加工是经营的一环，在满足生产和消费要求的基础上取得利润，同时在市场和利润的引导下使流通加工在各个领域能有效地发展。

（十）生产-流通一体化的流通加工形式

依靠生产企业与流通企业的联合，或者生产企业涉足流通领域，或者流通企业涉足生产领域，形成对生产与流通加工的合理分工、合理规划、合理组织，统筹进行生产与流通加工的安排，这就是生产-流通一体化的流通加工形式。这种形式可以促使产品结构及产业结构的调整，充分发挥企业集团的技术经济优势，是目前流通加工领域的新形式。

二、流通加工作业

流通加工作业的内容包括袋装、定量化小包装、挂牌子、贴标签、配货、拣选、分类、混装、刷标志等。生产的外延流通加工包括剪断、打孔、打弯、拉拔、挑扣、组装、改装、配套以及混凝土搅拌等。流通加工作业中常用的设备如图 6.1 所示。

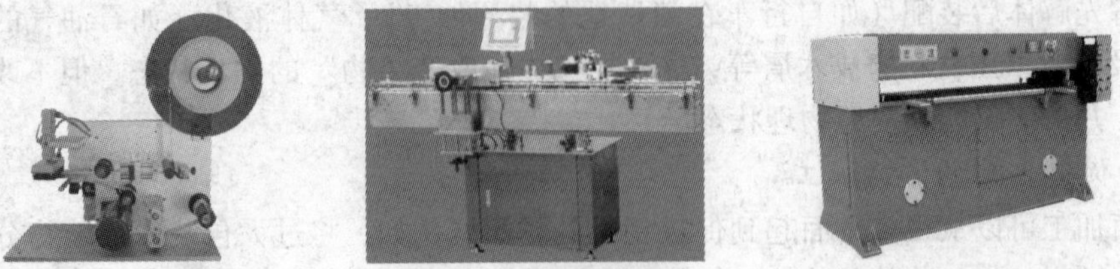

（a）手动贴标机　（b）自动贴标机　（c）皮料剪裁机

图 6.1　流通加工设备

按照流通加工是增加商品的附加价值，还是提高商品销售的服务质量，可将流通加工作业分解为两部分：一是生产性质的作业，如分割、组装、改装、剪裁、研磨、打孔、折弯、拉拔等；二是销售服务作业，如贴标签、商品检验、冷冻冷藏、加热、刷标志等。销售服务作业能改善服务质量，却是纯成本的付出，其设计应根据商品价值做适度安排。生产性质的作业兼有商品价值和服务水平提高的作用，应在物流过程中大力推行。

由流通加工作业的内容可见，流通加工是在流通过程中对商品附加进行的一些简单的物理性作业，不改变商品的固有属性，不改变商品的原有使用价值，只是商品外形、物质聚集状态以及大小等的改变。流通加工发生在流通过程的各个节点上，如加工中心（冷冻冷藏厂、剪切处等）、销售中心（各种销售点）、输送中心（各类站场）、物流中心以及仓库和向客户交货的地点，甚至发生在用户家内。

综上所述，流通加工不同于创造新物质的生产过程，也不是国际贸易中的“来料加工、来样加工、来件装配”，它位于生产和销售之间，可看成生产过程在流通领域的延伸或深化，也可看成流通功能向消费服务领域的扩大。如图 6.2 所示。

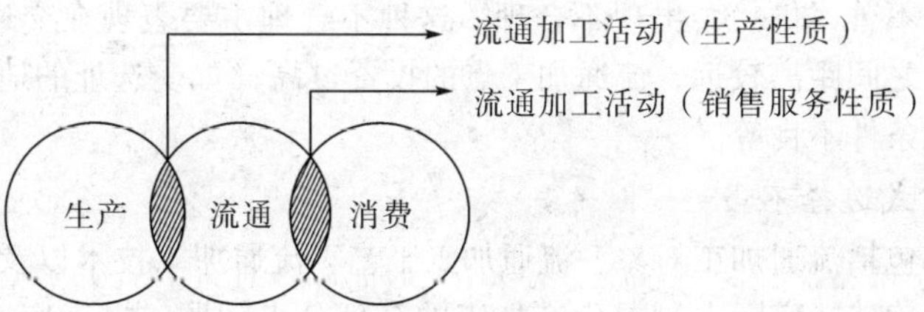

图 6.2 流通加工在经济活动中的位置

小资料：

物流企业开展的主要流通加工作业

物流企业开展的流通加工作业主要包括：

●分装加工。许多商品的零售量小，而生产企业为了保证其高效的运输，一般而言，出厂包装（即工业包装或运输包装）都比较大。为了便于销售，经销商购进商品后还要按消费者所要求的零售量进行重新包装。即大包装改小包装，散包装改小包装，运输包装改销售包装。

●分选加工。一般地，经销商购进的农副产品其质量、规格参差不齐，如果直接把这样的商品卖出去，一是不受顾客欢迎，二是销售价格低。因此，就有必要按照质量、规格等标准，用人工或机械方式进行分选，并分别包装，实现质优价优，质次价低，这样就比较适合不同层次顾客的需要。通过分选加工，提高了商品的附加价值和顾客的满意度，企业也因此获得了更大的利润。

第三节 流通加工合理化

流通加工合理化的含义要避免各种不合理的流通加工现象，实现流通加工资源的最优配置，使流通加工有存在的价值，并且实现最优化。为此，应在满足社会需求的同时，合理组织流通加工生产，并综合考虑加工与运输、加工与配送、加工与商流的有机结合，从而实现最佳的加工效益。

一、不合理的流通加工形式

流通加工是在流通领域对生产所进行的辅助性加工，一般地，它能对流通加工起到补充和完善的作用，但若设计不合理，也会产生负面影响，所以应尽量避免不合理的流通加工。

不合理的流通加工主要表现在以下几方面：

（一）流通加工地点设置不合理

流通加工地点的选择是非常重要的，其布局状况往往关系到流通加工的效率与效益。一般而言，为衔接单品种大批量生产与多样化需求的流通加工，加工地应设置在需求地区，这样才能实现大批量的干线运输与多品种末端配送的物流优势。而为方便物流活动的流通加工环节则应设在产出地，设置在进入社会物流之前；否则，不但不能解决物流问题，反而在流通中增加一个中间环节，因而是不合理的。

即使是产地或需求地设置流通加工的选择是正确的，还存在一个小地域范围的正确选址问题，如果处理不善，仍然会出现不合理。这种不合理主要表现在交通不便，流通加工与生产企业或用户之间距离较远，流通加工点的投资过高（如受选址的地价影响），加工点周围的社会、环境条件不良等。

（二）流通加工方式选择不当

流通加工方式包括流通加工对象、流通加工工艺、流通加工技术以及流通加工程度等。流通加工方式的正确选择实际上是与生产加工的合理分工问题。本来应选择由生产加工环节完成的，却错误地选择由流通加工去完成，本来应由流通加工完成的，却错误地选择由生产加工过程去完成，都会导致不合理。一般而言，如果工艺复杂，技术装备要求较高，或加工可以由生产过程延续或较易解决的都不宜再设置流通加工环节，尤其不宜与生产过程争夺技术要求较高、效益较高的最终生产环节。如果流通加工方式选择不当，就会出现与生产过程夺利的恶果。

（三）流通加工作用不大，形成多余环节

有的流通加工过于简单，或对生产及用户作用都不大，甚至存在盲目性，不仅不能解决品种、规格、质量、包装等问题，相反却增加了环节。这也是流通加工不合理的一种形式。

（四）流通加工成本过高，效益不好

流通加工之所以有生命力，其重要优势之一是有较大的产出投入比，因而能有效地对生产加工起到补充完善的作用。但若流通加工成本过高，则不能实现以较低的投入实现更高回报的目的。

二、实现流通加工合理化的途径

针对以上不合理的流通加工形式，需要从运营及操作上加以改进，以促进流通加工的合理化。为此，就需要对是否设置流通加工环节，在什么地点设置，选择什么类型的加工方式，采用何种技术装备等，进行正确的决策。

（一）搞好流通加工中心的布局规划与建设工作

流通加工中心（或流通加工点）的布局状况是影响其合理化的重要因素之一。一般而言，为衔接单品种大批量生产与多样化需求的流通加工，加工地应设置在需求地区。这样既有利于销售、提高服务水平，又能发挥干线运输与末端配送的物流优势。如平板玻璃的开片套裁加工中心就应建在销售地，靠近目标市场。为方便物流的流通加工，加工地应设在产出地，如肉类、鱼类的冷冻食品加工中心就应设在产地。这样使经过流通加工中心的货物能顺利地、低成本地进入运输、储存等物流环节。

（二）加强流通加工的生产管理

在物流系统和社会生产系统中，经过可行性研究确定设置流通加工中心后，组织与管理流通加工生产便成了运作成败的关键。流通加工的生产管理方法与运输、存储等有较大区别，而与生产组织和管理有许多相似之处。流通加工的组织和安排的特殊性在于，不但内容及项目多，而且不同的加工项目要求有不同的加工工艺。一般而言，都有如劳动力、设备、动力、财务、物资等方面的管理。特别地，对于套裁型流通加工，其最具特殊性的生产管理是对出材率的管理。这种主要流通加工形式的优势在于利用率高、出材率高，从而获取效益。为提高出材率，需要加强对消耗定额的审定及管理，并应采取科学方法，进行套裁的规划与计算。

（三）加强流通加工的质量管理

流通加工的质量管理，主要是对加工产品的质量控制。由于国家质量标准一般没有加工成品的品种规格，因此，进行这种质量控制的依据，主要是用户的要求。而不同用户对质量的要求不一，对质量的宽严程度也不同，因此，流通加工据点必须能进行灵活的柔性生产才能满足不同用户的不同质量要求。此外，全面质量管理中采取的工序控制、产品质量监测、各种质量控制图表等，也是流通加工质量管理的有效方法。

（四）实现流通加工与配送、运输、商流等的有机结合

应做到加工与配送相结合，按配送需要进行加工，并使加工后的产品直接投入配货作业，以提高配送水平；加工和配套相结合，通过流通加工，有效促成配套，提高流通加工作为桥梁与纽带的能力；加工与合理运输相结合，使干线运输与支线运输合理衔接，提高运输及运输转载的效率；加工与合理商流相结合，通过加工，有效促进销售，使商流合理化；加工与节约相结合，通过合理设置流通加工环节，达到节约能源、节约设备、节约原材料消耗的目的，从而提高经济效益。

对于流通加工合理化的最终判断标准，要看其是否能实现社会和企业本身的两个效益，而且是否取得了最优效益。对流通加工企业而言，与一般生产企业的一个重要不同之处是，流通加工企业更应树立社会效益第一的观念，因为只有在以“补充”“完善”为己任的前提下进行加工，企业才有生存的价值。如果只是一味追求企业的微观效益，不适当地进行加工，甚至与生产企业争利，那就有违于流通加工的初衷，或者其本身已不属于流通加工的范畴了。

三、流通加工的技术经济指标

衡量流通加工的可行性，对流通加工环节进行有效管理，可考虑采用以下两类指标：

（一）流通加工建设项目可行性指标

流通加工仅是一种补充、辅助性加工，其规模和投资都应远远低于一般生产性企业。其投资特点是：投资额较低、投资时间短、建设周期短、投资回收速度快且投资收益较大。因此，可采用静态分析法对建设项目的投资可行性进行分析、评估。

（二）流通加工环节日常管理指标

由于流通加工的特殊性，不能全部照搬一般企业的日常管理考核指标。例如，常见的技术经济指标中，对流通加工较为重要的是劳动生产率、成本及利润指标。此外，还有反映流通加工特殊性的指标：

（1）增值率指标。该指标用来反映经流通加工后单位产品的增值程度，以百分率表示。其计算公式如下：

$$\text{增值率}=\frac{\text{产品加工后的价值}-\text{产品加工前的价值}}{\text{产品加工前的价值}}\times 100\%$$

增值率指标可以帮助管理人员判断产品投产后在流通加工环节的价值变化情况，为决策者提供是否继续实行流通加工的依据。

（2）品种规格增加额及增加率指标。该指标用来反映某些流通加工方式在满足用户、衔接产需方面的成就，增加额由加工后品种规格数量与加工前之差决定。其计算公式如下：

$$\text{品种规格增加额}=\text{加工后品种规格的数量}-\text{加工前品种规格的数量}$$

$$\text{品种规格增加率}=\frac{\text{品种规格的增加额}}{\text{加工前品种规格的数量}}\times 100\%$$

（3）资源增加量指标。该指标用来反映某些类型流通加工在增加材料利用率、出材率方面的效果指标。该指标不但可提供证实流通加工的重要性数据，而且可具体用于计算微观及宏观经济效益。其具体指标分新增出材率和新增利用率两项。其计算公式如下：

新增出材率=加工后的出材率-原出材率

新增利用率=加工后的利用率-原利用率

小结：

流通加工是指根据顾客的需要，在流通过程中对产品实施的简单加工作业活动的总称。它具有弥补生产加工不足、强化产品保存、方便配送、提高商品附加价值等功能。流通加工的种类多，其作业内容包括袋装、定量化小包装、挂牌子、贴标签、配货、拣选、分类、混装、刷标志等。在实际运作中，应避免各种不合理的流通加工现象，实现流通加工资源的最优配置。为此，应在满足社会需求的同时，合理组织流通加工生产，并综合考虑加工与运输、加工与配送、加工与配套、加工与商流、加工与节约的有机结合，从而实现最佳的加工效益。

同步测试：

一、判断题

1. 配送加工的对象是进入流通领域的商品，不具有商品的属性。（　　）

2. 配送加工可以使配送各环节易于操作，如鲜鱼冷冻、过大设备解体、气体液化等。这种加工往往只会改变产品的物理状态，而不会改变其物理特性，并最终仍能恢复原物理状态。（　　）

3. 为促进销售而进行的加工改变了产品的本体。（　　）

4. 配送加工利用其综合性强、用户多的特点，可以实行合理规划、合理套裁、集中下料的办法，这就能有效提高原材料利用率、减少损失浪费。（　　）

5. 流通加工是生产加工在流通领域中的延伸，它在生产与消费之间起着承上启下的作用。（　　）

二、单项选择题

1. 配送加工是流通加工的一种，但配送加工有不同于一般流通加工的特点。它只取决于用户要求，其加工的目的（　　），但可取得多种社会效果。

A. 单一　　B. 多样　　C. 繁多　　D. 较少

2. 在流通过程中为方便销售、方便用户，增加附加价值而进行的加工活动。此种物流活动称为（　　）。

A. 流通加工　　B. 运输　　C. 配送　　D. 装卸搬运

3. 根据我国近些年的实践，配送加工向流通企业提供的利润，其成效并不亚于从运输和储存中挖掘的利润，是物流中的（　　）利润源。

A. 第一　　B. 第二　　C. 第三　　D. 重要

4. 配送加工方式的确定实际上是与生产加工的（　　）分工。

A. 有效　　　　B. 合理　　　　C. 正确　　　　D. 重要

5. 在食品中心将猪肉进行肉、骨分离，其中肉送到零售店，骨头送往饲料加工厂的活动属于（　　）。

A. 流通加工　　　　B. 配送　　　　C. 物流　　　　D. 输送

三、简答（述）题

1. 什么是流通加工？流通加工有哪些作用？
2. 流通加工与一般的生产加工有何区别？
3. 流通加工的内容有哪些？
4. 流通加工合理化的含义是什么？
5. 不合理的流通加工主要表现在哪些方面？
6. 怎样才能实现流通加工的合理化？
7. 实现流通加工合理化需考虑哪些因素？
8. 简述流通加工合理化的途径。

四、情境问答题

1. 佳宇物流公司是一家致力于为客户提供大宗原材料采购、仓储、运输和流通加工等服务的物流企业。近年来，随着客户数量的增多和需求的多样化，公司流通加工成本居高不下。请你为佳宇物流公司提出降低流通加工成本的合理化建议。

2. 德远物流公司是一家为大型连锁超市提供货物运输、转运、仓储及流通加工等服务的大型物流企业。随着客户门店数量的不断增加，公司流通加工部出现了效率低下、成本上涨等问题。请你为德远物流公司的流通加工部门提出合理化建议，帮助其改变现状。

五、实训题

请你在课余时间寻找一家流通加工企业（或开展了流通加工活动的工商企业），对其开展的流通加工活动进行调查，并撰写一篇不低于1 000字的调查报告。

六、案例分析题

对产品的多种包装处理

FRUIT TREE公司是一家生产各类果汁及一些水果的企业，随着零售点数目和类型的增加，果汁市场迅速地成长起来。FRUIT TREE公司所关注的最主要的一个问题是果汁生产时的鲜度。因此，有些产品是通过冰冻或浓缩制造的。对于FRUIT TREE公司的大部分生产来讲，气候在决定公司能否生产出某种产品时起着十分重要的作用。

10年前，FRUIT TREE公司的产品线是瓶装果汁和罐装水果的独立包装，所有的标签都是相同的，并且只有两种标准容器，即瓶和罐。如果你需要苹果罐头、梨罐头等，FRUIT TREE公司将会给你提供独立的产品。

然而，在过去10年中发生了许多变化，对果汁产品的需求也越来越多元化。这些多元化的需求包括：

（1）世界各地的顾客需要不同的品牌；

（2）顾客不完全为英语语种的消费者，因此需要有新的品牌和标签；

（3）顾客的消费习惯要求容器大小能有一个可变的空间；

（4）顾客对包装的要求从原来的独立包装变为现在24罐的不同包装；

（5）顾客对个性化品牌包装的需求呈上升趋势；

（6）大量商品不再接受标准化的托盘式装卸，而要求被重新托盘化。

在这种趋势下，公司的库存和销售出现了一些问题。单一的包装形式很难适应多元化的市场需求，从而出现了有些产品库存过多而同类产品的其他产品却缺货的情况，因此公司需要寻求另一种方法来解决问题。

于是，FRUIT TREE 公司的管理层认识到，传统的生产、装箱、包装、打包、集合及运输入库的方法并不有效，问题的解决办法是重新设计对仓库的责任。这一战略将生产环节设计成生产产品并将之放于未包装的罐或瓶上，这种产品被称为“裸装产品”。这种“裸装产品”与相关的各种瓶和罐一起被送入仓库，仓库成了一个为托盘化“裸装产品”与瓶和罐的半成品储存地。当顾客向 FRUIT TREE 公司提交每月的购买意向后，直到货物装车前两天，公司才会确认订单，并立即将订单安排到仓库的四条包装线上的一条上，完成最后的包装和发运工作。为了保证包装生产线的利用率，当生产线有闲余时，将生产需求量大的产品，并将其入库以备后用。

FRUIT TREE 公司通过将包装业务后置到仓储过程中完成，有效地解决了库存不均匀和生产预测的复杂问题。该公司仓库改建包装流水线的总投资约 700 万美元，另外增加了 6 名包装操作员来充实包装线及安排已完工的托盘，但是库存的减少和运输成本的减少带来了 26%的额外税后利润率。更重要的是，顾客服务的改进和对市场需求反应能力的提高，曾认为无法实现的要求现在已能顺利完成。

从上面的案例可以看出，将包装业务后置到仓储过程中完成，这就属于典型的流通加工作业。

根据案例提供的信息，请回答以下问题：

1. FRUIT TREE 公司面临的经营环境有何特点？
2. FRUIT TREE 公司遇到了什么问题？
3. 是什么原因使 FRUIT TREE 公司遭遇困境？
4. FRUIT TREE 公司采取了怎样的应对策略？有何好处？
5. 请你结合本案例分析，流通加工对传统的生产加工有什么补充作用？

第七章　物流信息

【引例】

视频链接：顺丰快递智能终端

为什么零售商如此推崇 RFID?

沃尔玛的配送系统、全球采购战略、物流信息技术、供应链管理、天天平价在业界都是可圈可点的经典案例。可以说，沃尔玛的所有成功都是建立在利用信息技术整合优势资源、信息技术战略与零售业整合的基础之上。全世界零售业的同行都知道沃尔玛的信息系统是最先进的。其主要特点是：投入大、功能全、速度快、智能化和全球联网。

据 Sanford C. Bernstein 公司的零售业分析师估计，通过采用射频识别（RFID）技术，沃尔玛每年可以节省 83.5 亿美元，其中大部分是因为不需要人工查看进货的条码而节省的劳动力成本。尽管另外一些分析师认为 80 亿美元这个数字过于乐观，但毫无疑问，RFID 有助于解决零售业两个最大的难题：商品断货和损耗（因盗窃和供应链流程效率不高而产生的货损）。而现在单是盗窃一项，沃尔玛一年的损失就差不多有 20 亿美元。如果一家合法企业的营业额能达到这个数字，就可以在美国 1 000 家最大企业的排行榜中名列第 694 位。研究机构估计，RFID 技术能够帮助零售商把失窃和存货的损失降低 25%。

引导问题：

1. 为什么沃尔玛公司能取得极大的成功?
2. 常见的物流信息技术有哪些?
3. 信息技术对一个公司的物流运作能起到什么作用?

物流信息在物流活动中起着神经系统的作用，它对物流活动各环节能起到衔接、协调与控制作用。只有加强物流信息管理，才能提高物流活动的效率和效果。通过本章内容的学习，读者应掌握物流信息的定义、功能和特征，掌握常见的物流信息技术及其在物流管理中的应用，掌握物流管理信息系统的定义、结构和特征，了解物流信息和物流管理信息系统的分类。

第一节　物流信息概述

目前，物流管理已经发展到了供应链管理阶段。供应链管理涉及物流、资金流、信息流、商流等多种流，其中，物流在供应链的整合中经常起着主导作用。特别地，物流信息的效率和质量直接影响到物流活动的效率和效果，并影响到物流、资金流、商流等多种流程是否顺畅、连续。因此，必须高度重视物流信息管理工作。

一、物流信息的概念

物流信息（Logistics Information）是指“反映物流各种活动内容的知识、资料、图像、数据、文件的总称”（GB/T18354-2006）。狭义物流信息是指与物流活动有关的信息，一般是伴随从生产到消费的物流活动而产生的信息流。这些信息通常与运输、保管、包装、装卸等物流功能活动有机结合在一起，是物流活动顺利进行必不可少的条件。而广义物流信息除包括狭义物流信息的内容外，还包括与其他流通活动有关的信息，如商品交易信息和市场信息等。

物流信息通常伴随着物流活动的发生而发生，为了能对物流活动进行有效控制就必须及时掌握准确的物流信息。物流发达的国家往往把物流信息管理作为改善物流状况的关键环节而予以重点关注。

二、物流信息的分类

物流信息有多种分类方法，一般地，可按照管理层次、信息来源、信息的可变度以及信息沟通方式等标准来划分。

（一）按照管理层次分类

按照管理层次，可将物流信息划分为战略管理信息、战术管理信息、知识管理信息和运作管理信息四类。

（1）战略管理信息。这是企业高层管理者制定企业年度经营目标、进行战略决策所需要的信息。例如，企业年度经营业绩综合报表、消费者收入动向、市场动态以及国家有关的政策法规等信息。

（2）战术管理信息。这类信息是部门管理者制定中短期决策所需要的信息，如月销售计划完成情况、单位产品的制造成本、库存成本、市场商情等信息。

（3）知识管理信息。这些是企业知识管理部门对企业的知识进行收集、分类、储存、查询，并进行分析得到的信息。例如，专家决策知识、物流企业业务知识、员工的技术和经验形成的知识等信息。

（4）运作管理信息。这类信息产生于运作管理层，反映并控制着企业的日常运营活动。例如，产品质量指标、客户的订货合同、供应商的供应信息等。这类信息一般发生频率高且信息量较大。

（二）按照信息来源分类

按照信息来源，可将物流信息划分为物流系统内信息和物流系统外信息两类。

（1）物流系统内信息。这类信息是伴随物流活动而产生的信息，包括物料流转信息、物流作业层信息（如货运、储存、配送、流通加工以及定价等信息）、物流控制层信息以及物流管理层信息。

（2）物流系统外信息。这类信息是在物流活动以外发生，但需要提供给物流活动使用的信息，包括供应商信息、客户信息、订货合同信息、社会运力信息、交通及地理信息、市场信息、政策信息，以及企业内部生产、财务等与物流有关的信息。

此外，按照信息的可变度，可将物流信息划分为固定信息（如物质消耗定额、固定资产折旧、物流活动的劳动定额等）和变动信息（如库存量、货运量等）；按照信息沟通方式，可将其划分为口头信息（如物流市场调查信息）和书面信息（如物流相关报表、物流技术资料等）。

三、物流信息的特征

物流信息除了具有时效性、传递性、共享性等信息的一般特点外，还具有以下特征：

（一）信息量大，分布广

物流信息伴随着货物的位移而分布在不同的时间和地点，不但信息量大，而且分布广。与其他领域的信息相比，物流信息的产生、加工和应用在时间和空间维度上的差异越来越大。特别是随着全球供应链时代的来临，企业的经营活动越来越需要国际物流作为支撑。相应地，企业需要在全球范围内对物流信息进行收集、加工处理、传递和共享。

（二）动态性强，价值衰减快

物流活动的复杂性及客户需求的多样性，决定了物流信息伴随着物流活动在不同的时空范围内动态地变化，相应地，物流信息的价值衰减速度加快。这就要求物流业者具备较强的对动态信息的实时捕捉和利用能力。例如，超市销售的商品种类和数量在一天甚至一小时范围内都会有很大的变化。这就体现出物流信息具有非常明显的动态性特征。

（三）种类多，来源多样

物流信息种类多，不仅物流系统内部各个环节有不同种类的信息，而且由于物流系统与其他系统（如生产系统、供应系统）密切相关，因而还必须收集这些物流系统外的有关信息。这使得物流信息的收集、分类、筛选、统计、研究等工作的难度加大。

（四）标准化

由于物流信息种类多，来源多样，企业竞争优势的获得需要供应链各参与体的协作与配合。而协调合作的手段之一便是信息的实时交换与共享，为此，需要实现物流信息的标准化。

四、物流信息的功能

物流信息与物流活动相伴而生，贯穿物流活动的整个过程。它不仅对物流活动具有支持保障功能，而且具有连接整合整个供应链和使整个供应链活动效率化的功能。物流信息的作用具体表现在以下几方面：

（一）物流信息有助于物流活动各环节的相互衔接

物流系统是由采购、运输、库存以及配送等子系统构成的，物流系统内各子系统的相互衔接是通过信息予以沟通的，基本资源的调度也是通过信息传递来实现的。只有通过物流信息的桥梁纽带作用，才能保证物流各环节活动的有效运转，物流系统也才能成为有机的整体。

例如，企业接到客户的订货信息后，首先要查询库存信息，若库存能满足顾客需求，就可以发出配送指示信息，通知配送部门配货送货；若库存不能满足顾客需求，则发出采购或生产信息，通知采购部门采购货品，或由生产部门安排生产，以此来满足顾客的订单需求。配送部门接到配送指示信息后，就会据此对商品进行个性化包装，并反馈包装完成信息；运输部门则开始设计运输方案，进而产生运输指示信息，指示送货人员送货；在货物运送的前后，配送中心还会发出装卸指示信息，指导货物的装卸；当货物成功送达客户后，还要传递配送成功的信息。因此，物流信息的传送连接着物流活动的各个环节，并指导各环节的工作，起着桥梁和纽带作用。

（二）物流信息有助于物流活动各环节的协调与控制

要合理组织物流活动必须依赖物流系统中信息的有效沟通。只有通过高效的信息传递和及时的信息反馈，才能实现物流系统的有效运行。在物流活动过程中，任何一个环节都会产生大量的信息。物流系统通过合理地应用现代信息技术手段，对这些信息进行充分挖掘与分析，得到下一环节活动的指示性信息，从而对各环节的活动进行协调与控制。例如，根据客户订购及库存信息来安排采购计划或生产计划，根据出库信息来安排配送作业或库存补充计划等。因此，物流信息有助于物流活动各环节的协调与控制，能有效地支持和保障物流活动的顺利进行。

（三）物流信息有助于物流管理和决策水平的提高

有效的物流管理可以提高客户服务水平，而物流管理需要大量准确、及时的信息和用以协调物流系统运作的反馈信息。任何信息的遗漏和错误都有可能影响决策的正确性，并将影响物流系统运转的效率和效果，进而影响企业的经济效益。而物流系统产生的效益来自于物流服务水平的提高和物流成本的降低，这些都与信息在物流过程中的协调作用密不可分。通过运用科学的分析工具，对物流活动所产生的各类信息进行科学分析，获得有价值的信息，从而服务于决策，提高管理水平。

正因为物流信息具有上述功能，才使得物流信息在现代企业经营管理中占有越来越重要的地位。建立物流信息系统，提供快速、准确、及时、全面的物流信息是现代企业获得竞争优势的必要条件。

第二节　物流信息技术

物流信息技术（Logistics Information Technology）是“物流各环节中应用的信息技术，包括计算机、网络、信息分类编码、自动识别、电子数据交换、全球定位系统、地理信息系统等技术”（GB/T18354-2006）。

一、信息编码技术

信息编码技术是指对大量的信息进行合理分类后或是为了对编码对象进行唯一标识而用代码加以表示，从而实现对管理对象的正确识别。信息编码技术可分为信息分类编码和标识（ID）代码两大类。信息分类编码是将具有某种共同属性或特征的信息合并在一起，把不具有上述共性的信息区别开来，并在此基础上赋予信息某种符号体系，一般用代码表示。例如，海关协调系统代码（HS）即是对报关的进出口货物的分类代码体系，而全国工农业产品（物质）分类代码则是对我国的工农业产品或物质的分类代码体系。标识代码是对编码对象不进行事先分类，而是对不同对象分配不同且唯一的号码。一般采用无含义的编码方法。最简单的号码分配方式是采用流水号进行编码，也可采用无序编码方法。例如，通用商品编码即是在全球范围内唯一标识某一商品单品的标识代码。

信息编码的标准化极为重要。统一的信息编码是信息系统正常运转的前提。通过标准化来实现供应链参与体的数据交换与共享，实现“货畅其流”，已成为供应链运营管理的必然要求。

二、自动识别与数据采集技术

自动识别与数据采集（Automatic Identification and Data Capture，AIDC）技术是“对字符、影像、条码、声音等记录数据的载体进行机器识别，自动获取被识别物品的相关信息，并提供给后台的计算机处理系统来完成相关后续处理的一种技术”（GB/T18354-2006）。

借助 AIDC 技术，通过自动的方式识别项目标志信息，无须使用键盘即可将数据输入计算机系统，从而实现物流与信息流的同步。AIDC 技术包括条码技术、射频识别技术、声音识别技术、图形识别技术、光字符识别技术、生物识别技术以及空间传输等技术。在物流与供应链管理中，最常用的是条码技术和射频识别技术。

（一）条码技术

视频链接：货物分拣

条码技术（Bar Code Technology）是“在计算机的应用实践中产生和发展起来的一种自动识别技术”①（GB/T18354-2006）。它是为实现对信息的自动扫描而设计的，是实现快速、准确而可靠地采集数据的有效手段。条码技术的应用成功解决了数据录入和数据采集的“瓶颈”问题，为物流与供应链管理提供了有力的技术支持。

［案例 7-1］条码技术在行业中的应用

条形码技术是沃尔玛（Wal-Mart）和家具仓储店（Home Depot）这样的大公司控制采购成本和库存成本的关键。而在医药行业，虽然降低成本也是首要问题，而且每年有 830 亿美元用于购买医疗用品和外科器材，却只有一半的医疗产品采用了条形码技术。据估计，如果能改进供应链运作管理，能节省 11 亿美元的费用。

医疗保健行业的巨头们，如哥伦比亚/ HCA 保健公司（Columbia/HCA Heal thcare）或凯瑟益寿公司（Kaiser Permanente），在条形码技术的应用方面并没有走在前列，反而是圣亚力克西斯医疗中心（St. Alexius Medical Center）独占鳌头。在圣亚力克西斯医疗中心安装第一台扫描仪前，公司供应成本的 20% 竟无从解释。近年来，该比例在有些部门中已下降为 1%，库存成本更是直接下降了 48%，节省的资金总额为 220 万美元。

条码技术具有数据采集快速、准确，成本低廉、易于实现，具有全球通用的标准，所标识的信息能满足供应链管理的要求等特点。

1. 条码的内涵

条码（Bar Code）是条形码的简称，是“由一组规则排列的条、空及其对应字符组成的，用以表示一定信息的标志”（GB/T18354-2006）。条码由一组黑白相间、粗细不同的条状符号组成，条文隐含着数字、字母、标志和符号等信息，主要用以表示商品的制造国、制造商以及商品本身的基本信息，是全球通用的商品代码的表示方法。其中，常见的是一维条码。它自出现以来，就得到了人们的普遍关注，发展十分迅速，仅仅 20 年左右的时间，已被广泛应用于交通运输业、商业、医疗卫生、制造业、仓储业等领域。一维条码的使用，极大地提高了数据采集和信息处理的速度，改善了人们的工作和生活环境，提高了工作效率，并为管理的科学化和现代化做出了很大贡献。二维条码属于高密度条码，在 1 平方英寸内可记录高达 2 000 个字符的信息。它是一个完整的数据文件，在水平方向和垂直方向都表示了信息，在国外又被称为便携数据文件、自备式数据或纸上网络等。二维条码是各种证件及卡片等大容量、高可靠性信息实现存储、携带并自动识读的最理想的方法。如图 7.1 所示。

一维条码　　　　二维条码

图 7.1　一维条码与二维条码

---

① 条码自动识别技术（Bar Code Automatic Identification Technology）是“运用条码进行自动数据采集的技术。主要包括编码技术、符号表示技术、识读技术、生成与印制技术和应用系统设计等”。——中华人民共和国国家标准《物流术语》（GB/T18354-2006）

2. 条码的光学原理

条码是一组黑白相间的条文，这种条文由若干个黑色的“条”和白色的“空”的单元所组成。其中，黑色条对光线的反射率低而白色的空对光的反射率高，再加上条与空的宽度不同，就能使扫描光线产生不同的反射接收效果，在光电转换设备上转换成不同的电脉冲，形成可以传输的电子信息。由于光的运动速度极快，所以可以准确无误地对运动中的条码进行识别。

3. 条码的主要系统与字符结构

条码的主要系统有ENA码和UPC码①。ENA条码即国际上通用的商品条码，我国通用商品条码标准也采用ENA条码结构。其主版是由13位数字及相应的条码符号组成，在较小的商品上也采用8位数字码及其相应的条码符号。前者包括以下四个组成部分：

（1）前缀码。前缀码由三位数字组成，是国家代码（我国为690）。它是由国际物品编码会统一确定的。

（2）制造厂商代码。制造厂商代码由四位数字组成，我国物品编码中心统一分配并统一注册，实行一厂一码。

（3）商品代码。商品代码由五位数字组成，表示每个制造厂商的商品。该码由厂商确定，可标识十万种商品。

（4）校验码。校验码由一位数字组成，用以校验前面各码的正误。

例如：6902952880041。该条码的字符结构中，690是国家代码，2952是制造厂商代码，88004是商品代码，1为校验码。

4. 常见条码的种类、特点与用途

常见条码的种类、特点及用途如表7.1所示。

表7.1　常见条码的种类、特点与用途

图例	条码	特点及用途
6 901234 567892 EAN-13 0 012345 7 EAN-8	EAN标准版商品条码（EAN-13）	①是一种定长（13位数）无含义条码； ②从左到右前依次为前缀码、厂商识别码、商品项目代码、校验码； ③用于零售商品的标识
16901234000044	ITF-14条形码	只用于非零售贸易项目的标识，适合直接印刷于瓦楞纸上
(01) 06901234567892	UCC/EAN-128条形码	是可变长度的连续型条码，可携带大量信息

常见物流条码的种类、特点及用途如表7.2所示。

① UPC（Universal Product Code）码是美国统一代码委员会制定的一种商品用条码，主要用于美国和加拿大地区。它是一种长度固定的连续性条码，也是最早大规模应用的条码。由于应用范围广泛，故又称万用条码。UPC码共有A、B、C、D、E五种版本。

表 7.2 常见物流条码的种类、特点与用途

图例	条码	特点及用途
16901234000044	储运单元条形码	①专门表示储运单元编码的条码； ②常用于搬运、仓储和运输中； ③分为定量储运单元和变量储运单元
(01) 06901234567892	贸易单元 128 条形码	可变长度，携带信息包括生产日期、有效期、运输包装序号、重量、尺寸、体积、送出地址、送达地址等

5. 条码识别装置

条码识别装置是用来读取条码信息的设备。它使用一个光学装置将条码的条空信息转换成电频信息，再由专用译码器翻译成相应的数据信息。条码识别装置一般不需要驱动程序，接上后可直接使用，如同键盘一样。

条码识别装置有多种类型。可以按照扫描原理、使用方式等标准进行分类。

（1）按照扫描原理分类。按照扫描原理，可将其划分为光笔、光耦合装置（CCD 条码扫描器）和激光三种类型。光笔扫描器外形似笔，但必须与被扫描阅读的条码接触，方可读取数据，目前已逐渐被 CCD 取代。CCD 是将发光二极管所发出的光照射到被阅读的条码上，通过光的反射，达到读取数据的目的（见图 7.2）。激光扫描器则是一种远距离条码阅读设备，其性能优越，因而被广泛应用。激光扫描器的扫描方式有单线扫描、光栅式扫描和全角度扫描三种。手持式激光扫描器属单线扫描，其景深较大，扫描阅读率和精度较高，扫描宽度不受设备开口宽度限制（见图 7.3）；卧式激光扫描器为全角扫描器，其操作方便，操作者可双手对物品进行操作，只要条码符号面向扫描器，不管其方向如何，均能实现自动扫描，目前超级市场大都采用这种设备（见图 7.4）。

图 7.2 CCD 条码扫描器

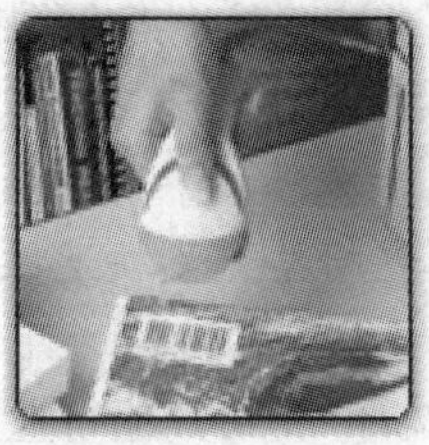

图 7.3 手持式激光扫描器

图 7.4 卧式激光扫描器(激光平台)

（2）按照使用方式分类。按照使用方式，可将条码识别装置划分为手持式和固定式两类。手持式扫描器包括光笔、CCD、激光枪和数据采集终端等，固定式包括台式（如 CCD、激光平台）和卡槽式（如考勤卡钟、卡片阅读器等）等类型。如图 7.5 至图 7.7 所示。

视频链接：快速分拣系统与服务

图 7.5 数据采集器

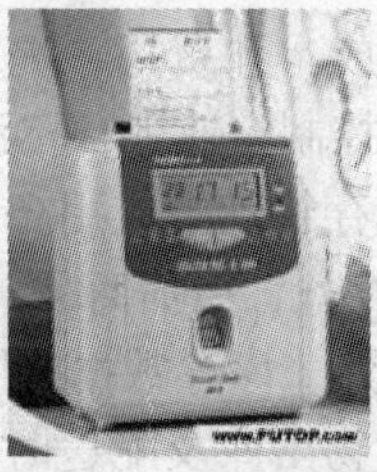

图 7.6 考勤卡钟

图 7.7 卡片阅读器

6. 条码在物流中的应用

［案例 7-2］联邦快递公司的条码应用

联邦快递（FedEx）公司利用条形码给每份货运单据加上不同的编号，以便运输途中更方便、快速地识别包裹。在货物进入配送系统的起点，在分拣货物时，在运输途中，在终点，工作人员都会扫描条码。配送卡车内还安装有小型计算机，能够接收无线电信号。这就使公司能够按照提货和交货需要安排行车线路，还可以使卡车成为货物运输与卡车定位信息的输入点。配送代理携带一个手握式扫描器，可以在提货或交货时读取货物编号。存有编码信息的扫描器可以插入卡车的车载计算机，将其中的信息读入公司的数据库。

条码在物流中应用较广泛，主要体现在以下几方面：

（1）销售时点系统（Point of Sale，POS）。它是指"利用光学式自动读取设备，按照商品的最小类别读取实时销售信息以及采购、配送等阶段发生的各种信息，并通过通信网络将其传送给计算机系统进行加工、处理和传送的系统"（GB/T18354-2006）。

采用 POS 系统（见图 7.8），在商品上贴上条码就能快速、准确地利用计算机进行销售和配送管理。例如在商品销售结算时，通过自动读取设备，以光电扫描方式读取商品信息，并将其输入计算机系统，经过计算机处理，就能掌握商品进、销、存的数据和信息。

图 7.8　POS 机（电子收银机）

［案例 7-3］POS 系统在零售业中的应用

某家经营百货的大型零售企业拥有近 1 000 家分店，仅物流系统就涉及来自 2 万多个供应商的 20 万种商品。公司的战略是要使每家分店都成为利润中心。这就意味着要以各分店为基础对 4 万多种商品进行库存决策，与此同时，进行集中采购。为此，公司在各分店安装了具有光学扫描能力的条码识别装置，来读入商品标签上的条形码。公司利用商店的小型计算机和中心的主机可以立即获取各家分店的销售信息。该系统为公司带来了很多好处，包括结账更快速，库存控制更优，信用审核更快捷，能即时得到存货状况报告，对采购数量与采购时间的计划安排更加妥当等。

POS 系统最早应用于零售业，后来逐渐扩展到其他行业（如金融、旅馆等服务行业），POS 系统的使用范围也从企业内部扩展到整个供应链。通常，企业使用 POS 系统可获得以下好处：①节约用于手写、保管各种单据的人工成本和时间成本；②简化操作流程，提高基层员工的工作积极性和工作效率；③省去手工核对的工作量，提高数据采集的正确性；④各级主管从繁重的传统经营事务中解脱出来，有更多的时间用于从事管理工作，进一步提高管理的效率和效能；⑤采购人员通过查询报表，可更直接、有效地把握商品的各种信息，清楚商品是否畅销，从而有利于制订采购计划；⑥销售人员可据此分析商品的销售情况，有利于制订销售计划；⑦财务人员能更加清楚公司的库存状况、账款余额以及毛利贡献等财务数据，可更好地控制成本和费用，提高资金周转率；⑧管理者能更好地把握商品的进销存动态，有利于更好地控制企业各种资源的流转。

（2）库存管理系统。在库存管理中应用条码技术，可以提高库存管理的效率。在商品入库时，通过 RF 手持终端等设备，扫描商品条码并将商品信息输入计算机系统，经计算机处理后形成库存信息；出库亦然，库存数据将同步更新。

（3）分货拣选系统。在货物出库及配送时，需要快速处理大量货物。利用条码技术可实现货物的自动分拣，并进行相关的事务管理。

（二）射频识别技术

射频识别（Radio Frequency Identification，RFID）技术最早出现在20世纪80年代，用于跟踪业务。它是“通过射频信号识别目标对象并获取相关数据信息的一种非接触式的自动识别技术”（GB/T18354-2006）。而射频识别系统（Radio Frequency Identification System）则是“由射频标签、识读器、计算机网络和应用程序及数据库组成的自动识别和数据采集系统”（GB/T18354-2006），见图7.9。

视频链接：RFID

图7.9 RFID系统的组成

在多数RFID系统中，识读器可在2.5厘米至30米的范围内发射无线电波形成电磁场，射频标签（储存有商品的数据）在该区域内可以检测到识读器的信号后发送储存的数据，识读器接收射频标签发送的信号，解码并校验数据的准确性以达到识别的目的，最终将数据传送到计算机的主机进行处理。

射频识别技术适用的领域包括物料跟踪、运载工具、货架识别等要求非接触数据采集和交换的场合，特别是要求频繁改变数据内容的场合尤其适用。

［**案例7-4**］**RFID技术为沃尔玛带来的效益**

早在2005年，沃尔玛就要求其前100家供应商在向其配送中心发送货盘和包装箱时使用射频识别（RFID）技术，并要求供应商2006年1月前在单件商品中投入使用。沃尔玛的供应商每年大约使用50亿张电子标签，每年可以为沃尔玛公司节省83.5亿美元。目前，全世界已安装了约5 000个RFID系统，而实际年销售额约为9.64亿美元。借助RFID技术，沃尔玛能对公司的供应链运作做到实时监控，并提升供应链管理效率。例如，之前公司核查一遍货架上的商品需要全部零售店面的工作人员耗费数小时，而现在只需30分钟就能完成。凭借RFID等信息技术手段，沃尔玛如虎添翼，取得了长足的发展。

在运输管理中，通常将射频标签贴在集装箱和车辆等装备上，RFID的识读器安装在检查点上，如运输线路中的门柱或桥墩旁，以及仓库、车站、码头、机场等关键场所。识读器接收到射频标签发送的信息后，连同接收地的位置信息一起上传至通信卫星，再由卫星传送给运输调度中心，最后输入数据库，以此来完成货物与车辆的跟踪和控制。

［**案例7-5**］**驾易通的RFID**

香港的车辆自动识别系统——驾易通，采用的主要技术就是RFID。目前，香港大约有8万辆车已装上了RFID标签。这些车辆通过装有射频扫描器的专用隧道、停车场或高速公路路口时，无须停车缴费，大大提高了行车速度，提高了效率。

在国内，射频技术的应用也已经开始。一些高速公路的收费站口，使用射频技术可以实现不停车收费，铁路系统使用RFID记录货车车厢编号的试点也已运行了一段时间。一些物流公司也正在准备或已将射频技术用于物流管理中。生产企业也开始采用射频技术，例如，汽车的焊接、装配等生产线，通过对车体、部件的识别与跟踪来管理和控制生产流水线。射频识别技术在其他物品的识别及自动化管理方面也得到了较广泛的应用。

[**案例 7-6**] **RFID 在宝马公司汽车装配流水线上的应用**

德国宝马汽车公司在装配流水线上应用射频识别技术，实现了由用户定制产品的生产方式。该公司在装配流水线上安装了 RFID 系统，使用可重复使用且带有详细汽车定制要求的标签，在每个工作中心（Work Center）都安装了识读器，以保证在每个 WC 都能按定制要求完成汽车装配任务，从而得以在装配线上装配出上百种不同款式和风格的宝马汽车。

三、电子数据交换技术

（一）电子数据交换的概念

电子数据交换（Electronic Data Interchange，EDI）是指“采用标准化的格式，利用计算机网络进行业务数据的传输和处理”（GB/T18354-2006）。

EDI 是 20 世纪 80 年代发展起来的一种新颖的电子化贸易工具，俗称“无纸贸易”，它是计算机、通信和现代管理技术相结合的产物。国际标准化组织（ISO）于 1994 年确认了 EDI 技术的定义：“将商务或行政事务处理，按照一个公认的标准，形成结构化的事务处理或信息数据格式，从计算机到计算机的数据传输方式。”换言之，EDI 是通过计算机信息网络，将贸易、运输、保险、银行和海关等行业信息，转化为国际公认的标准格式，实现各有关部门或公司之间的数据交换与处理，并完成以贸易为中心的全部过程。它是一种在公司与公司之间传输订单、发票等作业文件的电子化手段。通俗地讲，EDI 就是一类电子邮包，按一定规划进行加密和解密，并以特殊标准和形式进行传输。

EDI 系统的构成要素包括计算机应用、通信网络和数据标准化。其中，计算机应用是 EDI 的条件，通信网络是 EDI 的应用基础，数据标准化是 EDI 的特征。这三个要素相互衔接、相互依存，共同构成了 EDI 的基础框架。EDI 系统模型如图 7.10 所示。

图 7.10　EDI 系统模型

小知识：

EDI 的类型

目前，EDI 主要有以下三种类型：

（1）国家专设的 EDI 系统。这是全国电子协会会同八个部委确立的作为我国电子数据交换平台的系统，其英文名称为 CHINA-EDI。它通过专用的广域网进行数据交换。这种网络由电子数据交换中心和广域网的所有节点构成，所有数据均通过交换中心实现交换并进行结算。

（2）基于因特网的 EDI 系统。该系统是在互联网上运行的电子数据交换系统。由于互联网的开放性，可以使很多用户方便地进介入 EDI 系统，因而该系统的应用范围比较广泛。同时，由于互联网广泛联结，可使 EDI 系统的覆盖范围大大扩展，因而运行成本大大降低。但由于互联网的开放性，导致该系统主要适合那些对数据的安全性和保密性无特殊要求的用户。使用该系统可以实现协议用户直接联结传递 EDI 信息，可以进行点对点（PTP）的数据传输。

(3) 基于专线的点对点 EDI 系统。这是通过租用信息基础平台的数据传输专线、电话专线或自己铺设的专线进行电子数据交换的系统。该系统封闭性较强，但由于使用的是专线系统，因而成本很高。

(二) EDI 在物流中的应用

EDI 最初由美国企业应用在企业间的订货业务中，其后 EDI 的应用范围逐渐向其他业务扩展，如 POS 数据的传输业务、库存信息管理业务、发货送货信息和支付信息的传输业务等。近年来，EDI 在物流中的应用日益广泛，货主、承运人及其他相关部门（如海关）或机构之间，通过 EDI 系统进行物流数据交换，并在此基础上开展物流业务活动。物流 EDI 应运而升。

(1) 物流 EDI 的参与体。通过物流 EDI 可把供应链上各节点连接起来，这些节点自然成了物流 EDI 的参与对象。它主要包括：

①货主企业，如制造商、批发商、零售商等；

②承运人，如多式联运经营人、实际承运人；

③协助机构，如政府有关部门、银行等；

④其他物流业者，如仓储企业、专业报关行、物流中心、配送中心等。

(2) 物流 EDI 处理的单证。物流 EDI 主要用于单证的传输、货物送达的确认等。它可处理的物流单证主要有以下类型：

①运输单证，包括海运提单、海运单、铁路运单、空运单、装船通知、提货单、货物承运收据、多式联运单据等；

②商业单证，包括订单、发票、装箱单、重量单等；

③海关单证，包括报关单、海关发票、海关转运报关单、海关放行通知等；

④商检单证，包括质量检验证书、重量检验证书、数量检验证书、卫生（健康）检验证书、产地检验证书、残损鉴定证书等各种商品检验检疫证书；

⑤其他单证。

(3) 物流 EDI 的运作流程。在物流管理中，EDI 的一般运作流程为：

①发货人在接到客户订单后，制订货物运送计划，并将运送货物的清单及运送时间安排等信息以提前装运通知（Advanced Shipment Notification，ASN）的形式，通过 EDI 发送给承运人（Carrier）和收货人（Consignee），以便承运人制订车辆调配计划以及收货人制订货物接收计划。

②发货人根据客户订单的需求和货物运送计划下达发货指令，分拣配货，打印物流条码，并将印有物流条码的标签粘贴在货物包装箱上，同时把拟运送货物的品种、数量、包装等信息通过 EDI 发送给承运人和收货人，据此请示下达车辆调配指令。

③承运人在向发货人或托运人（Consigner）接管货物时，利用车载识读器读取物流标签上的物流条码信息，并与事先收到的提前装运通知（ASN）数据进行核对，确认运送的货物。接下来，承运人在物流中心进行货物整理、集装，生成送货清单并通过 EDI 向收货人传输。在运送货物的同时，承运人进行货物跟踪管理。在收货人签收货物后，承运人通过 EDI 向发货人发送货物运送业务完成信息及运费请示信息。

④在货物送达时，收货人利用识读器读取货物标签上的物流条码信息，并与事先收到的 ASN 数据进行核对、确认。接收货物后，开具发票或通过 EFT 进行电子资金转账；同时，通过 EDI 向承运人和发货人发送收货确认信息。

在物流管理中，运用EDI系统的优点在于，供应链参与体基于标准化的信息格式和处理方法，通过EDI实现信息共享，提高流通效率，降低物流成本。但使用物流EDI应具备一定的条件，包括物流企业与供应商和零售商等参与体都要拥有EDI信息系统，都应有计算机化的会计记录，且彼此间应建立电子数据交换的伙伴关系。

[案例7-7] **EDI系统在沃尔玛公司的应用**

沃尔玛公司是世界著名的零售企业，以快速供应为主要特色。尤其是这家公司针对20世纪80年代初期美国纺织服装进口量急剧增加的情况，为了促进美国国产纺织品的销售，公司和纺织品制造商合作，共享信息资源，建立了快速供应系统。80年代中期，沃尔玛又和美国服装制造企业Seminole公司和面料生产企业Milliken公司合作，在采用销售信息系统的基础上开始建立EDI系统，通过EDI发出订货详细清单和受理付款通知来提高订货的速度和准确性，并降低相关事务的运行成本。为了促进行业内电子商务的发展，公司还与行业内的其他商家共同成立了一个工业通信标准委员会，并制定了统一的EDI标准和商品识别标准。通过EDI，供应商和沃尔玛可以实时沟通商品的生产和销售情况，有利于供应商把握需求动向，及时调整生产计划和物流供应计划。沃尔玛物流快速供应模式的建立是公司与制造商建立合作伙伴关系，利用EDI技术进行经营信息交换，同时采用多频次小批量的供应配送方式连续补充商品库存的结果。通过建立物流快速供应模式，沃尔玛缩短了供应周期，降低了商品库存，提升了公司的竞争力。

四、全球定位系统

全球定位系统（Global Positioning System，GPS）是“由美国建设和控制的一组卫星所组成的、24小时提供高精度的全球范围的定位和导航信息的系统”（GB/T18354-2006）。其工作原理如图7.11所示。

GPS最初由美国国防部开发成功，目前主要由导航主机、天线、陀螺仪传感器以及车速传感器组成。它具有性能好、精度高、应用广的特点，是迄今最好的导航定位系统。近年来，中国研制的北斗系统快速崛起，与GPS形成竞争态势①。

GPS导航系统与电子地图、无线电通信网络及计算机车辆管理信息系统相结合，可以实现车辆跟踪和交通管理等许多功能。这些功能包括：①车辆跟踪功能。利用GPS和电子地图可以实时显示出车辆的实际位置，可对重要车辆和货物进行跟踪运输。②提供出行路线规划和导航功能。提供出行路线规划，包括自动线路规划和人工线路设计。③信息查询功能。查询资料可以以文字、语言及图像的形式显示，并在电子地图上显示其位置。④交通指挥功能。指挥中心可以监测区域内车辆的运行状况，对被监控车辆进行合理调度。⑤紧急援助功能。通过GPS定位和监控管理系统可以对遇有险情或发生事故的车辆进行紧急援助。

[案例7-8] **GPS系统应用实例**

一家协议卡车货运公司为了提高适时管理下的作业绩效，使用一种双向的移动卫星通信与定位-报告系统（Position-Reporting System）来实时监控卡车的确切位置。该系统的核心是一部小型车载计算机，能够与导航卫星进行通信。导航卫星可以在全国任何地点确定卡车的地理位置。司机与总部之间不需要通过电话就可以进行信息交流。

① 全球卫星导航系统主要有美国的GPS、中国的北斗系统、俄罗斯的格洛纳斯系统和欧洲的伽利略系统。

五、地理信息系统

地理信息系统（Geographical Information System，GIS）是随着地理科学、计算机技术、遥感技术和信息科学的发展而发展起来的一种新兴技术，它是“由计算机软硬件环境、地理空间数据、系统维护和使用人员四部分组成的空间信息系统，可对整个或部分地球表层（包括大气层）空间中有关地理分布数据进行采集、储存、管理、运算、分析、显示和描述”（GB/T18354-2006）。GIS 系统的图层结构模型如图 7.12 所示。

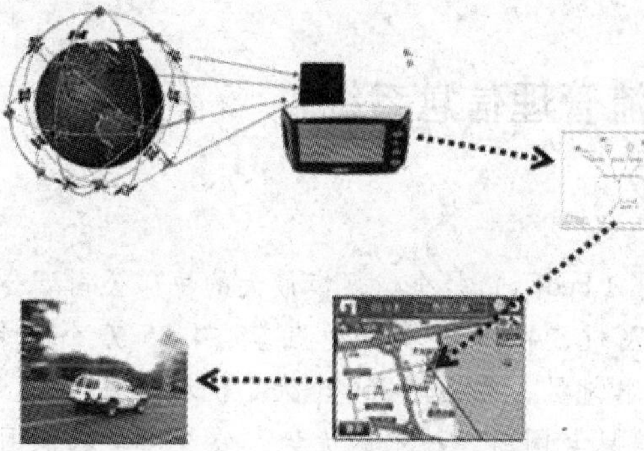

图 7.11　GPS 的工作原理示意图

图 7.12　GIS 系统的图层结构模型

地理信息系统萌芽于 20 世纪 60 年代初。1972 年，世界上第一个地理信息系统——加拿大地理信息系统（CGIS）全面投入运行。此后，地理信息系统在全球范围内得到了快速发展。在西方发达国家，GIS 的应用已经渗透到社会经济生活的各个方面，目前已成功地应用到了资源管理、环境保护、灾害预测、投资评价、城市规划建设、人口和商业管理、交通运输、石油和天然气、教育、军事等众多领域。在我国，随着经济建设的迅速发展，GIS 在城市规划管理、环境保护、交通运输、防灾减灾、农业、林业等领域发挥了重要的作用，取得了良好的经济效益和社会效益。

GIS 可应用于物流分析，可利用 GIS 强大的地理数据功能来完善物流分析技术。GIS 还可用于车辆路线模型设计，用于解决“一个起始点、多个终点的货物运输”如何降低物流作业费用，并保证服务质量等问题，包括决定使用多少辆车以及每辆车的路线如何安排等。驾驶者也可借助 GIS 查看路况信息并决定休息、用餐地点等。

六、电子订货系统

电子订货系统（Electronic Order System，EOS）是指“不同组织间利用通信网络和终端设备进行订货作业与订货信息交换的系统”（GB/T18354-2006）。如零售商与批发商之间、批发商与制造商之间、制造商与原材料供应商之间的 EOS 系统。需要说明的是，这里的通信网络主要指增值网（VAN）或因特网，而订货作业与订货信息交换主要以在线（on-line）方式进行。其工作原理如图 7.13 所示。

图 7.13　EOS 企业间连接方式

电子订货系统能及时、准确地交换订货信息。它在企业物流管理中有以下作用：①相对于传统的订货方式，EOS 可以缩短订单传输及处理的周期，缩短订单交付的前置期；②有利于提高订单处理的效率，降低差错率，节省人工费用；③有利于降低企业库存水平，提高库存管理效率，并能有效防止商品特别是畅销品出现脱销；④制造商和批发商通过分析零售商的订货信息，能准确判断畅销品和滞销品，有利于调整生产计划和销售计划，及时满足市场需求；⑤有利于提高企业物流管理信息系统的效率、使各业务信息子系统之间的数据交换变得更加便利和迅速，有利于丰富企业的经营信息。

第三节　物流管理信息系统

［案例 7-9］**联邦快递的物流管理系统**

总部位于美国田纳西州的联邦快递公司（FedEx）是全球规模最大的快递公司。公司的员工数量超过 14.5 万，拥有 648 架货运飞机、4.45 万辆货运汽车、4.35 万个送货点。FedEx 的物流网络覆盖了全球绝大多数国家和地区，在全球 366 个大小机场拥有航权。该公司营运的主要特点是充分利用并发挥电子信息与网络化技术的优势，公司在全球范围内使用统一的 FedEx 物流管理软件，拥有 Powerships、FedEx Ships 及 InterNetShips 3 个信息系统。其中投入使用的 Powerships 系统超过 10 万套，FedEx Ships 及 InterNetShips 系统则超过 100 万套。公司通过这些信息系统与全球上百万名客户保持密切的联系。每天的货运量约 2 650 万磅，平均每天处理的货件量超过 330 万件，平均处理通信次数达 50 万次/天，平均电子传输量达 6 300 万份/天，24~48 小时为客户提供户到户送货服务并保证准时的清关服务。

物流管理信息系统的产生和发展是建立在管理信息系统①基础之上的，它是管理信息系统在物流领域的应用。一般而言，物流管理信息系统是企业管理信息系统的一个子系统，它对于物流运营管理极为重要。

一、物流管理信息系统的概念

物流管理信息系统（Logistics Management Information System，LMIS）是“由计算机软硬件、网络通信设备及其他办公设备组成的，服务于物流作业、管理、决策等方面的应用系统”（GB/T18354-2006）。换言之，物流管理信息系统是由人员、计算机硬件、软件、网络通信设备及其他办公设备组成的人机交互系统。其主要功能是进行物流信息的收集、存储、加工处理、传输及系统维护，为物流管理者及其他组织管理人员提供战略、战术及运作决策支持，以达到提高物流运营管理效率，获取企业竞争优势的目的。通常，人们将物流管理信息系统（LMIS）也称作物流信息系统（LIS），包括物流信息传递的实时化、信息存储的数字化、信息处理的计算机化等主要内容。

二、物流管理信息系统的特征

物流管理信息系统（LMIS）作为企业经营系统的一部分，与企业其他部门的管理信息

---

① 管理信息系统（Management Information System，MIS）是由人和计算机网络集成的，能够提供企业管理所需信息以支持企业的生产经营和管理决策的人机系统。

子系统并无本质的区别。但由于物流活动具有动态性强、时空跨度大等特点，使得物流管理信息系统除了具备一般信息系统的实时化、网络化、规模化、专业化、集成化、智能化等特点外，还具有以下特征：

(一) 开放性

物流管理信息系统除了应与公司内部其他系统（如财务管理子系统、人力资源管理子系统等）集成整合外，还应与公司外部供应链各个环节的信息系统实现无缝连接，这样才能实现数据的实时交换与共享。尤其是我国已经加入了 WTO，在构筑物流管理信息系统时还应充分考虑到符合相关国际标准。例如，在运输领域，目前国际上已在推行一系列 EDI 标准，我国交通运输部也已制定并推广了一部分 EDI 标准。物流管理信息系统只有具备开放性，才能实现信息资源共享，最终提高企业的物流管理水平。

(二) 可扩展性与灵活性

物流管理信息系统应具有可扩展性与柔性。在建设物流管理信息系统时，应具有前瞻性，应充分考虑到企业未来的管理及业务发展需要，要能够在原有系统的基础上建立更高层次的管理模块。目前，经济社会发展速度非常快，企业的业务及管理手段的变化也很快，这就要求构筑的系统能够升级换代。如果企业进行了业务流程再造（BPR），导致原来的系统不能满足流程再造后的物流管理需要，就必然要进行再投资，对原来的系统进行改造，就会造成资源的浪费。因此，构筑的物流管理信息系统应具有足够的柔性与可扩展性。

(三) 安全性

企业内部网（Intranet）的建立、因特网（Internet）的接入使物流企业的触角延伸更远、数据更集中，但安全性问题也随之而来。在系统开发初期，该问题往往易被人们忽略，但随着系统开发的深入，特别是网上支付的实现、电子单证的使用，使安全性成为构筑物流管理信息系统必须解决的首要问题。

(1) 内部安全性问题。应根据实际需要赋予不同部门人员适当的权限，行使数据的输入、修改与查询等功能，否则，可能会对企业造成重大损失。例如，若运费等数据被别有用心的员工篡改、客户信息被未授权的人员看到或修改，抑或商业秘密被泄露给竞争对手，都会给企业带来巨大的损失。这可通过对不同的用户授予不同的权限、设置操作人员进入系统的密码、对操作人员的操作进行记录等方法来加以控制。

(2) 外部安全性问题。系统在接入 Internet 后，将面临遭受病毒、黑客或未经授权的非法用户等的攻击而导致系统瘫痪的威胁，也可能遭受外来非法用户的入侵并导致公司机密的泄露，甚至数据在通信链路上遭截获等，因此系统应具备足够的安全性以抵御这些外来的入侵。这可通过对数据通信链路进行加密、监听，或设置 Internet 之间的防火墙等措施实现。

(四) 协同性

(1) 与公司内部各部门之间的协同。例如，业务人员可将客户、货物的数据输入物流管理信息系统，并实时提供资料供商务部门制作发票和报表，财务人员则可根据业务人员输入的数据进行记账及控制等处理。

(2) 与客户的协同。物流管理信息系统应可以与客户的 EPR 系统及库存管理系统等实现连接。系统可定期给客户发送各种物流信息，如库存信息、船期信息、催款提示等信息。

(3) 与有业务往来的其他物流公司的协同。如系统应与船公司、拖车公司、仓储企业、铁路或公路等企业及其他有业务往来的第三方物流公司通过网络实现信息传输。

(4) 与社会各部门的协同。即通过网络实现与银行、海关、税务等机关实时信息传输。

例如：系统与银行联网，可以实现网上支付和网上结算，还可查询企业的资金信息；系统与海关联网，则可实现网上报关、报税。

（五）动态性

系统反映的数据应该是动态的，可随着物流状况的变化而变化。系统要能实时反映货流的各种状况，要能支持客户及公司员工等用户的在线动态查询。

（六）快速反应性

系统应能对用户及客户的在线查询、修改、输入等操作做出快速反应。在市场瞬息万变的今天，企业要能跟上市场的变化才能在激烈的竞争中求得生存与发展。物流管理信息系统是物流企业的数字化神经系统，系统的每一个神经元都渗入了供应链的每一末梢，而每一末梢受到的刺激都能引起系统的快速反应。

（七）信息的集成性

物流活动环节多，物流信息分布广，物流信息管理应高度集成。同样的数据和信息只需输入一次，就要能实现资源共享。要尽量避免重复操作，并尽量减少差错的发生。目前大型的关系数据库通过建立数据之间的关联可帮助实现这一点。

（八）支持远程处理

在经济全球化的今天，国际贸易迅猛增长，国际物流越来越扮演着重要的角色。与此同时，信息网络化时代的来临，使天涯成为咫尺。相应地，物流管理信息系统应能支持远程业务查询、数据输入以及人机对话等事物处理。

（九）具备检测、预警与纠错功能

为保证数据的准确性和稳定性，应在系统中设置一些具有检测功能的小模块，以便对输入的数据进行自动检测，从而发现无效的数据。例如，在编制集装箱号时应遵循一定的编码规则（如前四位是字母，最后一位是检测码等），若系统具有自动检测功能，就可对操作人员输入的错误信息进行提示。又如，许多公司不允许出现重复的提单号，则系统就可在操作人员输入重复提单号时发出警示并锁定进一步的操作。

三、物流管理信息系统的结构

物流管理信息系统是一个由人和计算机共同组成的，能进行物流信息的收集、传递、存储、加工、维护和使用的系统。在垂直方向，可将其划分为三个层次，即管理层、控制层和作业层；在水平方向，信息系统贯穿供应物流、生产物流、销售物流、回收与废弃物流以及运输、仓储、装卸搬运、包装、流通加工等物流活动各个环节。如图 7.14 所示。

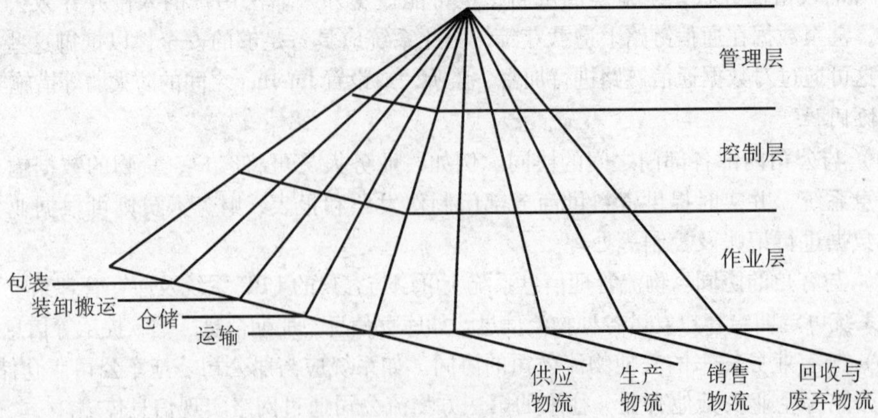

图 7.14　物流管理信息系统的结构

在垂直方向上还可进一步划分，以满足物流系统中不同管理层级的部门或人员对不同类型物流信息的需要。一个完善的物流管理信息系统通常应具有如下五个层次，如图 7.15 所示。

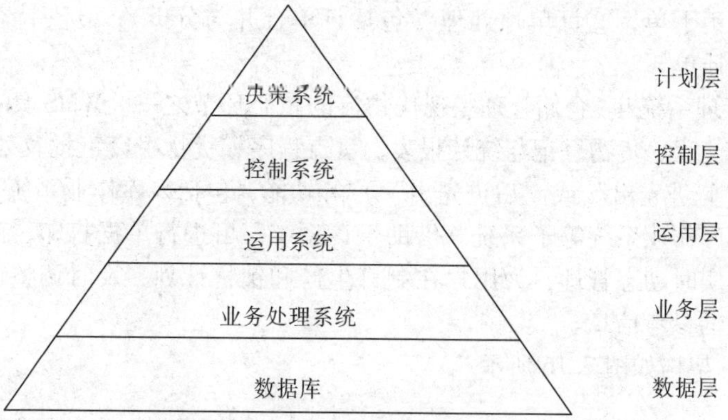

图 7.15　物流管理信息系统的层次结构

（1）数据库。数据库是整个物流管理信息系统的基础，它将收集、加工的物流信息以数据库的形式加以存储。

（2）业务处理系统。业务处理系统对数据库中的各种数据（如合同、票据、报表等数据）进行日常处理。

（3）运用系统。运用系统对经过业务处理的信息进行实际运用，如进行运输线路选择、制订仓库作业计划、实施库存管理等。

（4）控制系统。由控制系统制定评价标准，建立控制与评价模型，根据运行信息监测物流系统的状况。

（5）决策系统。决策系统可以建立各种物流系统分析模型，辅助高层管理人员制订物流战略计划。

四、物流管理信息系统的分类

物流管理信息系统有多种分类方法，可以按照系统的功能性质、系统配置、系统的网络范围以及服务对象等标准进行划分。

（1）按照系统的功能性质，可将物流管理信息系统划分为操作型系统和专家系统两类。

（2）按照系统配置，可将物流管理信息系统划分为单机系统和计算机网络系统两类。

（3）按照系统的网络范围，可将物流管理信息系统划分为基于物流企业内部局域网的系统、分布式企业网与 Internet 相结合的系统、企业内部局域网与 Internet 相结合的系统三类。

（4）按照服务对象，可将物流管理信息系统划分为面向制造商的物流管理信息系统以及面向批发商、零售商、第三方物流企业等节点企业的物流管理信息系统。

五、物流管理信息系统的子系统

按照系统的业务功能，还可进一步将物流管理信息系统划分为若干次级系统，主要包括：

（1）进、销、存管理系统。这是企业经营管理的核心环节，是企业能否获得经济效益的关键所在，包括进货管理子系统、销货管理子系统、库存管理子系统。

(2) 订单管理系统。订单管理系统提供完整的产品生命周期流程，使客户有能力跟踪和追踪订单、制造、分销、服务流程的所有情况。其主要功能包括：①网上下单、EDI接收电子订单、访销下单；②订单预处理（包括订单合并与分拆）；③支持客户网上订单查询；④支持紧急插单。

(3) 仓库管理系统①。仓储管理是现代物流的核心环节之一。WMS具有货物储存、进出库程序、单据流程、货物登记与统计报表、盘点程序、货物报废审批及处理、人员管理、决策优化（如“先进先出”或“后进先出”）等功能，包括入库作业系统、保管系统、拣选作业系统、出库作业系统等子系统。借助于该系统，可进行单据打印、商品信息数据管理，对货品进行实时动态管理，为用户在制订生产和销售计划、及时调整市场策略等方面提供持续、综合的参考信息。

WMS的硬件架构如图7.16所示。

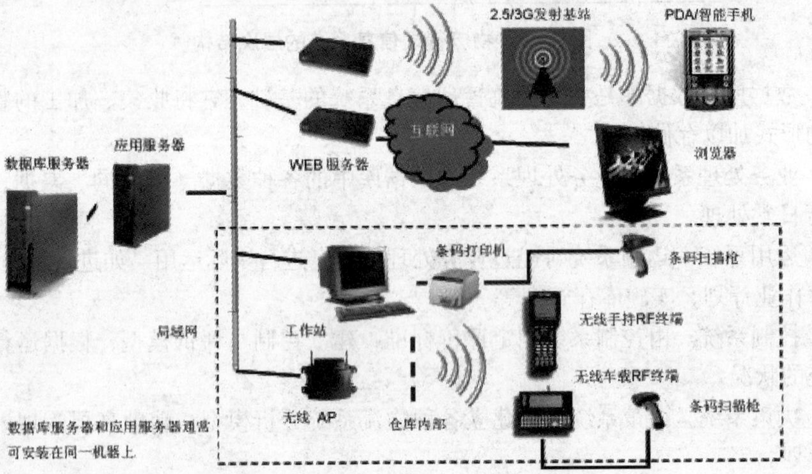

图7.16 WMS的硬件架构示意图

[案例7-10] 仓库管理系统的应用实例

意大利A公司精品鞋业区域分拨中心（Regional Distribution Center，RDC）和配送中心（Distribution Center，DC）的货物入库及出库一般是依据A公司的采购订单和销售订单进行的，由于鞋的款式、颜色、尺码众多，在手工条件下很难完全按照入库单及出库单的内容准确地进行收货、拣货和发货，经常发生大量的串色串码情况，导致仓库收发货出错、门店的单品库存数量不准确、门店断色断码，丧失了销售机会。有时公司不得不对断色断码商品进行削价甩卖，降低了公司的盈利率。为此，物流中心建立了先进的仓库管理系统，并且在收货及发货环节采用成熟的Barcode解决方案，通过采集收货及发货数据并与订单自动对照和匹配，准确记录货物入库、出库及订单执行情况，提高了订单执行的效率和准确性，保证了库存数据的准确性。

(4) 运输管理系统。运输管理系统（Transportation Management System，TMS）是对运输实施全面管理的计算机信息系统。TMS通常为运输管理软件，具有资源管理、客户委托、

① 仓库管理系统（Warehouse Management System，WMS）是“对仓库实施全面管理的计算机信息系统”。——中华人民共和国国家标准《物流术语》（GB/T18354-2006）

外包管理、运输调度、费用控制等功能，包括货物跟踪系统①、车辆运行管理系统、配车配载系统等子系统。该系统具有运输管理系统网络化（具有功能强大的跟踪服务平台）、能集成 GPS/GIS 系统等特点。借助于该系统，可实现货运业务管理、基本信息查询、费用管理以及数据统计等功能。典型的 TMS 的架构如图 7.17 所示。

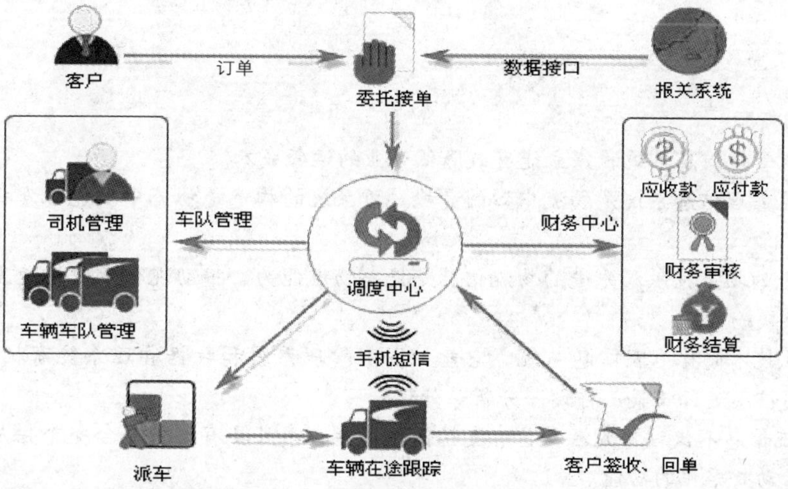

图 7.17 TMS 的架构示意图

（5）配送管理系统。配送管理系统具有货物集中、分类、车辆调度、车辆配装、配送线路规划、配送跟踪管理等功能。

（6）货代管理系统。货代管理系统通常为货代管理软件，属于执行层面的信息管理系统，具有客户委托、制单作业、集货作业、订舱、预报、客户接受确认（Proof of Delivery, POD）、运价管理等主要功能。

（7）财务管理系统。财务管理系统包括总账管理、应收账款管理、应付账款管理、财务预算管理、固定资产管理、财务分析管理、客户化财务报表等主要功能。

小结：

物流信息是反映物流各种活动内容的知识、资料、图像、数据、文件的总称，它在物流活动中起着神经系统的作用。它不仅对物流活动具有支持保障功能，而且具有连接整合整个供应链和使整个供应链活动效率化的功能。物流信息可以按照管理层次、信息来源、信息的可变度以及信息沟通方式等标准来分类。它除了具有时效性、传递性、共享性等信息的一般特点外，还具有信息量大、分布广，动态性强、价值衰减快，种类多、来源多样，标准化等特征。物流信息技术是物流各环节中应用的信息技术，包括计算机、网络、信息分类编码、自动识别、电子数据交换、全球定位系统、地理信息系统等技术。物流管理信息系统是由计算机软硬件、网络通信设备及其他办公设备组成的，服务于物流作业、管理、

① 货物跟踪系统（Goods-Tracked System，GTS）是“利用自动识别、全球定位系统、地理信息系统、通信等技术，获取货物动态信息的应用系统”。——中华人民共和国国家标准《物流术语》（GB/T18354-2006）

决策等方面的应用系统，它除了具有实时化、网络化、规模化、专业化、集成化、智能化等特点外，还具有开放性、可扩展性与灵活性、安全性、协同性、动态性、快速反应性、集成性、支持远程处理、具备检测、预警与纠错功能等特征。

同步测试：

一、判断题

1. 物流管理信息系统的建立能有效降低企业的运营成本。（　）

2. 物流管理信息系统是物流中心的灵魂。该系统的构建是物流中心能否发挥作用的关键。（　）

3. 先进的物流技术和先进的物流信息是提高物流能力、推动现代物流迅速发展的两个车轮，两者缺一不可。（　）

4. EDI 技术简称地理信息系统。它能把图形管理系统和数据管理系统有机结合起来，对各种空间信息进行收集、存储、分析等处理。（　）

5. 物流信息不仅对物流活动具有支持保障功能，而且具有连接整合整个供应链和使整个供应链活动效率化的功能。（　）

二、单项选择题

1. 按照（　）来分类，物流信息可以分为战略管理信息、战术管理信息、知识管理信息和运作管理信息。

A. 信息来源　B. 信息构成　C. 管理层次　D. 信息特点

2. 物流信息管理的目的就是要在（　）的支撑下，把各种与物流活动有关的具体活动整合起来，增强整体的综合能力。

A. 物流系统　B. 信息系统　C. 物流网络　D. 物流技术

3.（　）存在于货物的运输、储存、包装、流通加工等过程中并贯穿物流作业始终。

A. 装卸搬运　B. 配送　C. 物流信息　D. 物流系统

4. 下列选项中，（　）不是物流信息的特征。

A. 信息量大　B. 更新快　C. 来源多样化　D. 单向流动

5. 物流管理信息系统不包括（　）功能模块。

A. 仓库管理系统　B. 运输管理系统　C. 生产计划系统　D. 采购管理系统

三、简答（述）题

1. 简述物流信息的定义、功能与特征。
2. 简述物流信息的分类。
3. 常见的物流信息技术有哪些？各有何特点？
4. 简述 ENA 条码的组成。
5. 简述条码在物流中的应用。
6. 简述物流 EDI 的运作流程。
7. GPS 有哪些功能？
8. 电子订货系统在企业物流管理中有哪些作用？
9. 企业使用 POS 系统可获得哪些好处？
10. 何为物流管理信息系统？物流管理信息系统有哪些特征？

11. 简述物流管理信息系统的结构与分类。

12. 物流管理信息系统包括哪些子系统？这些子系统分别具有哪些功能？

四、实训题

某物流公司要开展物流信息化建设，以小组为单位讨论如何开展，并在讨论的基础上撰写一份建设方案。

五、案例分析题

顺丰公司打造核心竞争力的秘密武器

多年来，顺丰快递公司一直保持着行业龙头的地位。顺丰公司现拥有飞机近30架、基层营业网点4 000余个，公司的员工超过15万人，其服务网络全面覆盖中国版图，并已拓展至海外市场，俨然成为物流快递行业的航母级企业。人们普遍认为，正是对信息化建设的高度重视和科学推进，才成就了今天的顺丰公司，这是顺丰公司打造核心竞争力的秘密武器。

顺丰公司根据物流快递行业的特性，将快件全生命周期划分为客服、收派、仓储、运输、报关五大环节，开发出各个环节的信息技术手段并加以应用，开创了全新的信息化建设模式，提出了“快件全生命周期”的概念。

在客服环节，呼叫中心能够做到每一通呼叫都可以记录对应的通话原因，每个客户投诉都有完整的处理流程，从而提高客户服务质量，降低呼叫中心员工的工作压力，提高员工的工作绩效。

在收派环节，手持终端程序发挥其优势，减少了人工操作中的差错，提高了操作人员的工作效率。目前顺丰公司使用第四代手持终端系统，收派员的工作效率提高了20%以上。

视频链接：顺丰快递智能终端

在仓储环节，顺丰公司的全自动分拣系统能够连续、大批量地分拣货物，而且不受气候、时间、人的体力等因素的限制。人工每小时只能分拣150件左右的货物，而自动分拣系统每小时可以分拣7 000件包装物，大大提高了分拣效率。此外，自动分拣系统的分拣误差率极低。该系统的分拣误差主要取决于所输入分拣信息的准确性，而顺丰公司的全自动分拣系统采用的是条形码扫描输入方式，除非条形码的印刷出现质量问题或者条形码被损坏，否则信息采集不会出错。该系统的识别准确率高达99%。

在运输环节，公司通过车载GPS可以实现对车辆的动态控制，从而实现了对运输过程的可视化管理，这包括对运输方案及车辆配置的及时更新与优化。通过对运输过程的可视化管理，顺丰公司的综合运输成本降低了25%。

在报关环节，数据交换采用加密机制，从根本上保证了数据与信息的安全；同时，公司将报关单的录入、审核与清关流程集成、整合，增强了报关业务的时效性，提高了报关流程的效率，降低了物流通关风险。

顺丰公司主要定位于中高端市场。尽管近几年快递服务成本在不断增加，但顺丰公司的服务定价自公司成立以来近20年鲜有变化，客户满意度在逐年提高。顺丰公司先进的信息系统保证了快递时效的稳定性；信息技术手段的应用极大地提高了快递过程各个环节的效率，降低了各个环节的成本；同时，随着信息化水平的提高，公司的运营成本在显著降低，人均效能在显著提高。

在快递业务量呈几何级数快速增长的情况下，顺丰公司的信息系统不仅降低了公司的运营成本，还保证了每一票件在每一环节的安全，使客户对公司的服务和快件的安全充满信心；同时也为上下游企业的转型、升级提供了强有力的物流支持与技术支撑。先进的信息技术与高效的信息系统真正成为了顺丰公司打造核心竞争力的秘密武器。

根据案例提供的信息，请回答以下问题：

1. 顺丰公司的核心竞争力是什么？为什么？
2. 顺丰公司打造核心竞争力的关键是什么？为什么？
3. 顺丰公司使用了哪些先进的信息技术手段？
4. 客户投诉处理包括哪些基本流程？
5. 影响顺丰公司客户满意度的因素有哪些？
6. 如何对顺丰公司的客户服务水平进行评价？
7. 顺丰公司怎样才能进一步提高客户服务水平以便更好地参与全球竞争？
8. 顺丰公司在拓展海外市场、构筑全球物流网络时应考虑哪些因素？
9. 请结合案例材料谈一谈物流信息化对现代物流的发展有什么重要意义？

第八章　物流系统

【引例】

视频链接：物流系统

上汽通用的物流系统应用需求

上汽通用（SGM）是一家中美合资的汽车公司，它拥有世界上最先进的柔性生产线，能在一条流水线上同时生产不同型号、不同颜色的车辆，每小时可生产27辆汽车，在国内首创订单生产模式，即根据市场需求控制产量。为此，该公司需实行零库存管理，所有汽车零配件的库存在运输途中，不占用大型仓库，仅在生产线旁设立小型配送中心，维持最低的安全库存。这就要求公司在采购、包装、海运、港口报关、检疫、陆路运输等各环节的衔接非常紧密，不能有丝毫差错。换言之，公司必须构筑一个有效的物流系统，才能满足生产经营的需要。

引导问题：

1. 何为物流系统？物流系统有哪些特征？
2. 物流系统对企业的生产经营活动能起到什么作用？
3. 如何进行物流系统规划与设计？

物流系统是社会经济大系统的一个子系统，用系统的观点来审视和管理物流活动已成为现代物流的重要特征。树立系统观念，准确地把握物流系统的本质和规律，对促进物流系统化、实现物流合理化具有十分重要的意义。通过本章内容的学习，读者应掌握物流系统的概念和特征，理解物流系统的目标和功能模式，了解物流系统的要素；掌握物流系统的效益背反规律；理解物流系统化的内涵、目标和原则；掌握物流系统分析的基本方法和特点；了解物流系统设计与系统评价的基本思想；了解物流系统工程的核心内容与技术方法。

第一节　物流系统概述

用系统观点来审视、管理物流活动已成为现代物流的核心问题。

一、物流系统

（一）物流系统的概念

物流系统是指在一定的时间和空间里，由需要位移的物资、包装设备、装卸搬运机械、运输工具、仓储设施、人员和通信联系等若干相互制约的动态要素所构成的具有特定功能的有机整体。简言之，物流系统是为达成物流目标而按计划设计的要素统一体。物流系统的目的是实现物资的空间效益和时间效益，在保证社会再生产顺利进行的前提条件下，实现物流活动中各环节的合理衔接，并取得最佳的经济效益。

(二) 物流系统的模式

从微观的角度来看，物流系统是企业经营系统的一个子系统，具有系统的一般规律。物流系统的模式如图 8.1 所示。

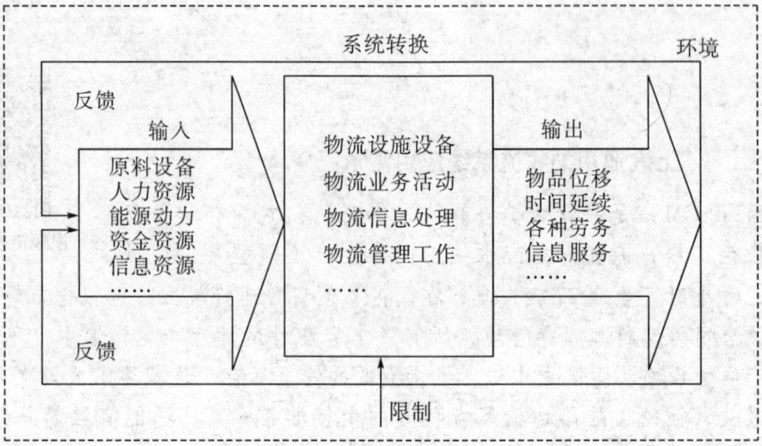

图 8.1　物流系统的模式

物流系统是一个开放系统，具有输入、处理（转化)、输出、限制（制约)、反馈等功能。一般而言，物流系统的性质不同，这些功能的具体内容也有所不同。

1. 输入

外部环境提供人、财、物（如能源、设备、劳动工具等）等资源，对物流系统产生作用，即为外部环境对物流系统的输入。

2. 处理（转化）

它是指物流系统本身的转化过程，即从输入到输出之间所进行的供应、生产、销售、服务等活动中所涉及的物流活动。其具体内容包括物流设施设备的建设，运输、仓储、包装、装卸搬运等物流业务活动，物流信息处理以及物流管理活动等。

3. 输出

物流系统利用自身所具有的功能和手段，对环境输入的资源进行转化处理后，再向外部环境提供各种有价值的服务被称为物流系统的输出，具体包括物品的空间位移、货物的时间延续以及物流合同的履行、物流代理服务、物流信息服务等。

4. 限制（制约）

外部环境对物流系统施加一定的约束被称为外部环境对物流系统的限制（制约）和干扰。这些因素包括：①能源、资金、人力等资源的限制；②需求的变化；③物流服务价格的影响；④政府政策的变化。

5. 反馈

在物流系统把各种输入的资源转化为输出物流服务的过程中，由于受系统内外各因素的影响，系统目标不一定能实现，为此，需要把输出结果的信息返回，以便及时评价并调整或修正物流系统活动，这一过程被称为信息反馈。反馈的具体内容包括物流市场调查、物流活动分析、物流统计报告等。

（三）物流系统的目标

物流系统的目标可以用5R或7R来描述。

1. 5R

E. 格罗斯范德·普洛蒙认为，物流系统的目标是“5R”，即在适当的时间（Righ Time），以适当的条件（Right Condition）和适当的价格（Right Price），将适当的产品（Right Product）送到适当的地点（Right Place）。

2. 7R

美国密西根大学的斯麦基教授则倡导物流系统的目标由“7R”组成，即优良的质量（Right Quality）、合适的数量（Right Quantity）、适当的时间（Righ Time）、恰当的场所（Right Place）、良好的印象（Right Impression）、适宜的价格（Right Price）、适宜的商品（Right Commodity）。

上述“7R”实质上是在“5R”的基础上发展起来的。

（四）物流系统的要素

物流系统和一般的管理系统一样，都是由人、财、物、信息和任务目标等要素有机结合而成的体系。

1. 物流系统的一般要素

（1）人。人是物流系统的关键构成要素，是物流系统的主体，是保证物流活动顺利进行并提高物流效率的决定因素，是物流系统合理化并使之有效运转的根本。

（2）财。物流活动本质上是资金运动的过程，因而财力资源是物流系统不可或缺的重要因素。物流系统建设是资本投入的一大领域，离开资金这一要素，物流过程不可能实现。

（3）物。物是物流系统中的物质条件，包括劳动对象、劳动工具、劳动手段，如原材料、在制品、半成品、产成品，各种物流设备、工具，各种消耗材料以及能源、动力等。没有物，物流系统便成了无源之水、无本之木。

（4）信息。此处的信息是指物流信息，即与物流活动有关的信息。它包括反映物流活动内容的知识、资料、图像、数据以及文件等。物流信息贯穿物流活动全过程。物流系统通过这些信息把各个子系统有机联系起来。

（5）任务目标。任务目标是指物流活动预期安排和设计的物资储存计划、运输计划以及与其他单位签订的各项物流合同等。

2. 物流系统的功能要素

物流系统的功能要素是指物流系统具备的基本能力。这些基本能力经过有效整合便形成物流系统的总功能，进而实现物流系统的目标。

一般而言，物流系统的基本功能要素包括运输、储存保管、包装、装卸搬运、流通加工、配送、物流信息处理等。

其中，运输和储存保管主要解决物品在供需之间在时间和空间上的分离，是物流创造时间效用和地点效用的主要功能要素，因而在物流系统中占有重要地位。

3. 物流系统的支撑要素

物流系统的建立和运行所涉及的范围十分广泛，需要许多支撑要素。特别地，物流系统处于复杂的社会经济大系统中，需要确立物流系统自身的地位，需要协调与其他子系统的关系，因而支撑要素必不可少。物流系统的支撑要素主要包括：

（1）体制、制度。物流系统的体制和制度决定了物流系统的结构、组织、领导及管理方式。国家对物流系统的管理、控制和指挥方式以及物流系统在国民经济中的地位是物流系统有效运行的重要保障。

(2) 法律、规章。物流系统的运行不可避免地会涉及企业及有关各方的权益问题。一方面，法律、规章规范和限制物流系统的活动，使之与更大的系统相协调；另一方面，又给予物流活动以保障，如合同的执行、权益的划分、责任的确立等都要依靠法律、规章来维系。

(3) 行政命令。物流系统和一般系统的不同之处在于，物流系统关系到国家的军事、经济命脉。因此，行政命令等手段也常常是支撑物流系统正常运行的重要保障。

(4) 标准化系统。它是保证物流各环节协调运行，使物流系统与其他系统在技术上实现联结的重要支撑条件。

4. 物流系统的物质、基础要素

物流系统的建立和运行，需要大量的技术装备手段。这些手段及其有机联系对物流系统的运行具有决定意义，对实现物流功能也必不可少。物流系统的物质基础要素主要有：

(1) 物流设施。它是组织物流系统运行的物质基础条件，包括物流站、货场、物流中心、仓库、物流线路、公路、铁路、港口等。

(2) 物流装备。它是保证物流系统开工的条件，包括仓库货架、进出库设备、加工设备、运输设备、装卸机械等。

(3) 物流工具。它是物流系统运行的物质条件，包括包装工具、维护保养工具、办公设备等。

(4) 信息技术及网络。它是掌握和传递物流信息的手段，包括通信设备及线路、传真设备、计算机及网络设备等。

(5) 组织及管理。它是物流网络的“软件”，起着运筹、连接、协调、指挥、调节各要素的作用，以保证物流系统目标的实现。

(五) 物流系统的特点

物流系统除了具备一般系统所共有的特性，即目的性、整体性、相关性和环境适应性外，还具有规模庞大、结构复杂、目标多元等大系统所具有的特征。

1. 物流系统是一个“人-机系统”

物流系统由人和形成劳动手段的设备、工具所组成。它表现为物流劳动者运用运输设备、装卸搬运机械，仓库、港口、车站等设施，作用于物资的一系列生产活动。在这一系列的物流活动中，人是系统的主体。因此，在研究物流系统时，应将人和物有机结合，将它们作为不可分割的整体加以分析和考察，而且始终把如何发挥人的主观能动性放在首位。

2. 物流系统是一个大跨度系统

这反映在两个方面：一是地域跨度大，二是时间跨度大。在现代经济社会中，企业的物流活动常常会跨越不同地域，国际物流的地域跨度更大。此外，由于生产与消费在时间上并不完全一致，因此必须通过储存来解决生产与需求之间的时间差，这样时间跨度往往也很大。大跨度系统带来的问题主要是管理难度大，对信息的依赖程度高。

3. 物流系统是一个动态系统

物流系统是一个具有满足社会需要、不断适应环境变化的动态系统。为适应环境的变化，有必要对物流系统及其组成部分进行优化。这就要求物流系统必须具有足够的灵活性与可改变性。在环境发生剧烈变化的情况下，物流系统甚至需要重新进行设计。

4. 物流系统是一个可分的系统

一般而言，物流系统可以划分为更小的子系统。如物流系统可以分为物流信息系统和物流作业系统，物流作业系统又可分为物资包装子系统、装卸搬运子系统、运输子系统、仓储子系统、流通加工子系统、配送子系统等。

5. 物流系统是一个复杂系统

物流系统的构成要素多、活动范围广、时空跨度大，横跨生产、流通、消费三大领域，因而是一个复杂的系统。要协调好物流系统各个环节的关系，必须合理组织和有效利用人力、物力和财力等资源，管理难度极大。

6. 物流系统存在二律背反性

在物流系统中，二律背反现象普遍存在。所谓二律背反，是指物流系统的服务水平与物流成本之间、构成物流成本的各个环节费用之间、物流系统的各功能要素之间以及各个子系统的功能和所耗费用之间的制约关系。

（1）物流服务和物流成本间的制约关系。一般而言，随着物流系统服务水平的提高，物流费用也要增加。例如，实施 JIT 配送，在服务水平提高的同时送货费用也增加了；要降低缺货率，必然要提高库存保有率，相应地，库存费用也会增加。物流服务和物流成本间的制约关系如图 8.2 所示。

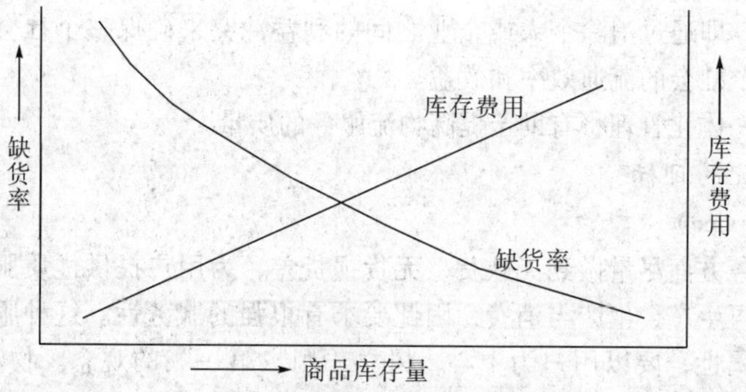

图 8.2 服务与成本的制约关系

（2）物流系统的功能要素间的制约关系。例如，货物高层堆码可提高库房空间利用率，提高保管的效率，但货物拣选不方便，拣选效率下降。

（3）构成物流成本的各环节费用间的制约关系。例如，满载运输可降低单位产品的运费，但导致仓储费用上升。追求包装费用的节省，会影响其在运输、储存过程中的保护功能和方便功能，造成经济损失。

（4）各子系统的功能和所耗费用间的制约关系。例如，为了增强信息系统的功能，就必须购买硬件设备和开发计算机软件。为了增加仓库的容量和提高进出库的效率，也必须进行投资。

由此可见，物流系统的二律背反主要体现在“效益背反”[①] 或“交替损益”上。即追求局部最优往往会导致整体恶化。因此，需要协调好物流系统各要素间的关系，以实现整体最优。

二、物流系统化

物流系统化也称物流一体化。早在 20 世纪 80 年代，美国、法国、德国等国家就提出

① 所谓“效益背反”（Trade off）是指“一种物流活动的高成本，会因另一种物流活动成本的降低或效益的提高而抵消的相互作用关系”。——中华人民共和国国家标准《物流术语》（GB/T18354-2006）

了物流一体化的理论，并将该理论应用于物流管理实践，取得了明显的成效。

（一）物流系统化的内涵

所谓物流系统化，是把物流各要素作为一个有机的整体来进行设计和管理，以最佳的结构、最好的配合，充分发挥其系统功能和效率，实现物流系统的整体优化。

随着市场环境的变化，物流系统化的内涵也在不断深化。根据物流系统的范围，可将其划分为三个层次，即企业物流一体化、供应链物流一体化和社会物流一体化。

企业物流一体化是指企业将其物流业务提高到战略高度，统筹规划并管理其供应物流、生产物流、销售物流以及回收与废弃物流等各个子系统，有效整合物流资源，实现系统协同运作，提升物流系统的运营效率和服务水平。

供应链物流一体化的目的是要实现整个供应链物流系统效率的最大化以及供应链物流系统成本的最小化。通过对物流要素及供应链参与体进行系统化、规范化管理，以期对供应链物流业务进行全程控制，确保整个渠道的畅通和稳定，提高供应链的运营效率和整体竞争力。

社会物流一体化是整个社会的物流要素（如运输、仓储和配送等）成为一个相互联系、协同运作的体系，即通过消除个人或企业之间的利益冲突来确保整个社会物流处于最优状态，从而提高整个社会的流通效率和效益。

总之，物流一体化管理将有助于提高物流服务的质量。

（二）物流系统化的目标

1. 服务（Service）

在为客户服务方面尽量做到无缺货、无货损货差，为用户提供优质服务。物流系统直接联结着生产与再生产、生产与消费，因此要求有很强的服务性。这种服务性表现在服务本身有一定的从属性，要以用户为中心，树立“用户第一”的观念。物流系统采取送货、配送等形式，就是其服务性的体现。在技术方面，近年来出现的“准时供应方式”“柔性供货方式”等，也是其服务性的体现。

2. 快捷（Speed）

必须按客户的要求将货物迅速送达。为此，可以把仓库、配送中心等物流据点建在所服务地区的附近，或者利用有效的运输工具（如直达物流、联合一贯运输等）和合理的配送计划来实现。

3. 规模优化（Scale Optimization）

规模优化是物流系统化的重要目标之一。生产领域存在规模经济，物流领域也同样存在。只是由于物流系统的稳定性比生产系统差，因而难以形成标准的规模化运营模式。在物流领域，将物流设施合理分布，机械化与自动化相结合，提高物流集约化程度，实现物流规模优化，获取规模经济性收益。

4. 库存控制（Stock Control）

在保证及时供应、不发生缺货的前提下，如何降低库存、节约资金、降低成本，始终是物流管理所面临的重要课题。合理确定库存数量、库存结构、库存分布以及库存方式就是该目标的具体体现。

5. 节约用地和空间（Space Saving）

在推进物流系统化的过程中，一定要合理利用资源。由于土地是不可再生的稀缺资源，因而必须加以有效利用。同时，应逐步发展立体化的物流设施并运用先进的物流机械，以提高空间的利用率。

（三）物流系统化的原则

在推进物流系统化时应遵循计划化、大量化、共同化、短路化、自动化、标准化和信息化等原则。

1. 计划化

在构筑物流系统之前，首先要制订计划，以确保整个过程有条不紊地进行。但计划应该具有灵活性，应能根据环境的变化及时进行修正。

2. 大量化

大量化是指通过一次性处理大量货物，提高物流设施设备的利用率，达到提高劳动生产率、降低物流成本的目的。如干线部分的大量运输，配送中心的集中进货，物流中心的集中库存等。

3. 共同化

共同化是指通过物流系统的协作，提高物流活动的效率。如物流中心的共同作业，配送中心的共同配送等。通过加强企业间的合作，实施共同物流是中小企业实现物流合理化，提升企业竞争力的重要手段。物流共同化可以以货主企业为主体，也可以以物流企业为主体。

4. 短路化

短路化即短距离化，是指通过商物分离减少物流中间环节，以最短的线路完成商品的空间转移。

5. 自动化

自动化是指通过采用先进的物流技术装备，提高物流系统的机械化和自动化水平；通过采用先进的物流作业技术和手段，实现物流作业的自动化和省力化。

6. 标准化

标准化包括作业标准化、信息标准化和工具标准化等内容。由于物流活动涉及多个部门、多个环节，因此，标准化是实现物流各环节有机衔接、协作配合、提高物流效率的重要前提。

7. 信息化

信息化是指运用现代计算机技术、信息网络技术和数字通信技术，构筑先进的物流信息系统，以便能高效地收集、处理、储存和传输物流活动中的相关数据与信息。通过信息的顺畅流动，将物流系统与企业的供应、生产、销售系统密切联系起来，以便有效地控制物流作业活动，提高作业效率。

第二节 物流系统分析

对物流系统进行分析，可以了解物流系统各部分的内在联系、把握物流系统行为的内在规律性。因此，不论从系统的外部或内部，设计新系统或是改造现有系统，系统分析都是非常重要的。

一、物流系统分析的概念

物流系统分析是在选定系统目标和价值准则的基础上，运用定量和定性分析的方法，对系统的功能、环境、费用、效益，以及要素间相互关系等问题有步骤地进行分析，以把握物流系统行为的内在规律，寻求物流系统整体最优的策略活动。

物流系统分析的目的是，通过分析、比较各种替代方案的技术经济指标，获取决策者形成正确判断所必需的信息、以便形成最优系统方案，为决策提供科学依据。

物流系统分析涉及的范围极广，如物流预测、系统布置、生产-库存系统、搬运系统等。由于系统分析需要的信息量大，为了准确地收集、处理、分析、汇总、储存和传递各种信息，要应用多种数理方法和计算机技术，以便分析、比较，实现不同系统目标的方案，为系统评价和系统设计提供足够的信息依据。

二、物流系统分析的特点

一般说来，物流系统分析具有如下几个特点：

（一）追求整体目标最优

物流系统的各个子系统都有其既定的功能和目标。只有分工协作、彼此协调，才能达成系统的整体目标。系统分析必须着眼于提高系统的整体效益。

（二）以特定问题为对象

系统分析作为一种处理问题的方法，首先要把特定问题、特定实践对象当做一个系统来看待。为此，需要确认物流系统的范围，将它从更大的系统中划分出来，明确物流系统与环境的联系，同时研究物流系统的构成。必要时，还可将物流系统逐级划分。

（三）定性定量分析相结合

系统分析一般需要精确可靠的数据资料作为依据，往往要借助于数学模型并进行计算机模拟。但由于物流系统所遇到的问题往往涉及方针政策、劳动条件、心理因素等诸多方面，因而物流系统分析既具有科学性又具有艺术性，必须将定性分析和定量分析相结合。

（四）凭借价值判断

从事系统分析，必须要对物流系统方案的实施和结果做出某种程度的预测，而物流系统是复杂系统，层次多、内外环境中不确定、不可控的因素多，并且环境还在不断变化。因而，判断不同方案可能产生的损益值就需要凭借一定的价值准则。

三、物流系统分析的基本要素

物流系统分析的对象多，其中有 5 个是基本要素，即目标、替代方案、模型、指标和评价标准。

（一）目标

目标是对目的的细化，明确物流系统的目标是进行物流系统分析的起点。通过对目标的分析，可以进一步明确物流系统的任务，并确定物流系统的构成范围。

（二）替代方案（备择方案）

通常，为了达成某一目标，总会有几种可供选择的方案，我们把这些方案称为备择方案。需要强调的是，备择方案必须是可相互替代且相互排斥的，故也称为替代方案。一般说来，每种方案各有利弊，必须经过分析、比较、权衡，选出一种最佳或最满意的方案，这是物流系统分析要着重解决的问题。

（三）模型

模型是根据目标的要求，用若干参数或因素对实体物流系统本质的抽象与描述，它可以将复杂的问题转化为易于处理的形式。即使在实体物流系统尚未建立的情况下，通过对一定模型的分析也可以求出物流系统设计所需的参数，并据此确定各种约束条件。同时，还可以利用模型来预测各种替代方案的费用和效益，有利于替代方案的分析与比较。在物流系统分析中常常采用数字模型和逻辑模型，用以确定物流系统中各要素之间的定量关系和逻辑关系。

（四）指标

指标是系统分析的依据，它包括性能、费用与效益、时间等内容。性能是技术论证的主要方面；费用与效益是经济论证的重要标志；时间是一种价值因素，而进度与周期则是它的具体表现。有了这些指标，既便于衡量总体目标，又有利于对替代方案进行比较。

（五）评价标准

评价标准是物流系统分析中确定各种替代方案优先顺序的标准。标准大体包括费用效益比、性能周期比、费用周期比等。有了评价标准便可对方案进行综合评价，并按不同准则排列替代方案的优先次序。由于物流系统自身的多义性、构成要素的多元性以及人们主观认识上的历史性，因而必须建立评价方案优劣的尺度、标准。评价标准一般应根据物流系统的具体情况而定，但费用与效益的比较是评价各个方案优劣的基本标准。

四、物流系统分析的要点和步骤

（一）物流系统分析的要点

在对物流系统进行分析时，往往要提出一系列的“为什么”，以便系统分析能逐层深入。具体而言，通过列出以下问题，并找出相应答案，就很容易抓住问题的要点。

（1）项目（指物流系统分析，下同）是什么？即要做什么？（what）

（2）这个项目何以需要？即为什么要这样做？（why）

（3）这个项目在什么时候做？即何时做？（when）

（4）实施该项目的场所在哪里？即在何处做？（where）

（5）是谁来实施该项目？即谁来做？（who）

（6）怎样才能做好该项目？即怎样做？（how）

当然，除了上述问题外，还可以再提出一些问题，并找出相应答案。物流系统分析应该从宏观到微观，并逐层深入。

（二）物流系统分析的步骤

一般地，物流系统分析应遵循以下步骤。其分析程序如图 8. 3 所示。

1. 界定问题

需要在环境分析的基础上发现问题，明确界定物流系统的范围和性质。只有发现问题并明确界定了问题，才能确定目标，并进一步进行系统分析。

2. 确定目标

在界定了问题的基础上，分析问题产生的原因并合理确定系统目标。物流系统分析是针对具体目标展开的，而目标又可以通过一些指标来表达。由于系统功能目标的实现需要多方面因素做保证，因此物流系统的目标往往是多元化的。在有多元目标的情况下，要考虑目标的取舍与协调，防止轻视或漏掉一些必要的目标。同时应注意目标的整体性、经济性和约束条件。

3. 拟订方案

收集与物流系统有关的资料和数据，并在此基础上拟订出能达到总体目标和符合约束条件的数个替代方案。这些方案在数量上应把所有的可能方案包含在内，特别要避免漏掉最优方案。另外，各替代方案要相互排斥且应在原则上有所区别。

4. 系统建模

在系统分析的过程中，可根据不同目标的要求，建立不同的物流系统模型。模型能帮助人们了解影响物流系统功能的重要因素及其相互关系，确认这些因素对功能和目标的影响程度，揭示总目标和子目标的达成途径。

5. 求解模型

可用最优化方法解析模型。模型的优化方法因模型类型和性质的不同而异，通常可采用数学模型进行优化。在这一步骤中，利用模型对替代方案产生的结果进行计算和测定，考察参数与变量情况，记录各种指标达到的程度，并判断系统的参数与变量能否取得最优值、次优值或满意值。

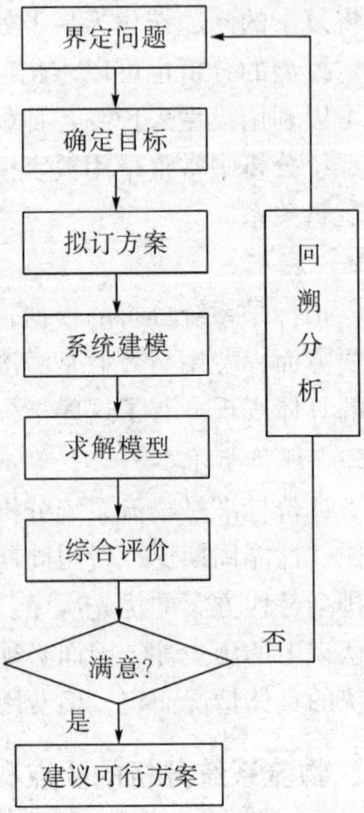

图 8.3　物流系统分析程序

6. 综合评价

综合评价是指利用模型及其他资料所获得的结果，将各个方案进行定量和定性的综合分析，以反映每一方案的利弊得失或成本效益。同时考虑其他无形因素，如政治、经济、军事、文化等的影响，以求得到综合结论。

第三节　物流系统设计与评价

通过物流系统分析，在弄清了系统的目标和约束条件、系统的框架结构和评价标准、找到了系统的问题难点和需要改善的环节以后，接下来就是按照决策方案的要求，进行系统设计和评价。

一、物流系统设计

（一）物流系统设计的概念

所谓物流系统设计，是指借助系统思想，充分利用物流系统分析的结果和系统科学的规律，以及人们在实践中积累的成熟经验，通过内部设计与外部设计、轮廓设计与详细设计、总体设计与局部设计等环节，落实到具体的物流项目上，最大限度地实现物流系统目标的系统规划活动。

物流系统设计的关键在于充分利用系统分析的成果并使之具体化、结构化。在整个系统的构筑过程中，它是形成系统结构及完善系统功能的重要手段。

（二）物流系统设计的要素

在物流系统设计中，一般涉及以下变量：功能（物流系统的作用、目的、结果）、输入

（资源、信息、反馈等）、输出（产出物或物流服务）、程序（使输入转换为输出的过程）、环境（系统的外部因素）、物流媒介（未来实施物流系统方案所必需的设备、工具等）、人的因素（在整个系统交换过程中人的作用）等。在这些变量中，有的是可控变量，有的是不可控变量。这要由系统设计者根据需要与对变量的把握程度来确定，并可通过数学工具测定它们的数量。

在系统设计分析中，需要以下基本数据：

（1）产品（Product）的种类、品目。产品的种类、品目的数量对物流系统的复杂程度有很大影响。

（2）产品的数量（Quantity）。按种类、品目分别统计的产品数量、经营或生产年度目标的规模、价格与价值。

（3）货物的流向（Route），包括起点（如工厂）和终点（如配送中心、门店或消费者）、单向输送与多点配送、直接送达与巡回送货等。

（4）服务（Service）水平，包括送货的及时性、快速性、正确性，信息查询的便捷性，以及递送的货品不损伤、不变质、不丢失等。

（5）时间（Time）。主要涉及不同的时候（如季、月、旬、周、日、时），物流系统业务量的波动及特点，如淡季与旺季、月初与月末业务量的波动，物流中心、配送中心进货与发货的高峰与波谷等。业务量波动大的物流业务运作难度大，有时要调整业务流程与作业时间以减少波动值。

（6）物流成本（Cost）。成本一直是物流系统设计与改善时最关心的问题之一，也是物流系统的规模与水平的主要约束条件。

以上 P、Q、R、S、T、C 被称为物流系统设计有关基本数据的六个要素，系统设计中必须具备这几方面的有关资料。

（三）物流系统设计的程序

一般地，物流系统可按以下程序进行设计，如图 8.4 所示。

1. 前期准备工作

就设计新系统而言，该阶段要做的主要工作包括：把预期的物流系统用一定的形式表示出来，明确现行物流系统的特征，将系统设计的要求变成设计目标；将涉及的要素以文字或流程图等方式表示出来；调查系统可利用的时间、资金、原料、能源、设备、技术力量等必要的因素，搞清资源约束；初步构建理想系统，确认拟建系统所要达到的特性、指标。

对于已有系统的优化设计，则要搞清拟建系统和现行系统之间的差别，并提出改进办法。

2. 概略设计

该阶段的主要工作是把物流系统的总目标、总要求，潜在的有实现可能的理想系统转换成周密的定性与定量的设计要求。它包括功能分析、功能分配、方案选择与优化、系统综合，并以图解形式揭示系统的各种特性等工作步骤。其中，功能分析的核心问题是构造、描述物流系统功能、系统开发规划、系统作业的数学模型以及识别系统功能等；功能分配则是按照每个具体的系统的设计目标，把系统最上层的基本要求，分配到不同的子系统层上；而方案选择是指设计者在系统范围内，通过对不同方案的系统分析，从中选择最佳或最满意的设计方案。对设计效果的评价以及对设计方案的优化通常是利用模型或通过模拟进行的；物流系统的综合是指将系统的各功能部分联结起来构成系统的功能实体，并详细说明物流系统的结构图以及它的可用性与可行性。

3. 详细设计

此阶段的主要工作包括：①明确详细设计的要求（如功能、稳定性、服务水平、承载能力、人的因素、环境影响等）；②对物流系统费用效益指标的测定；③由设计组进行的详细设计；④拿出系统的详细方案。

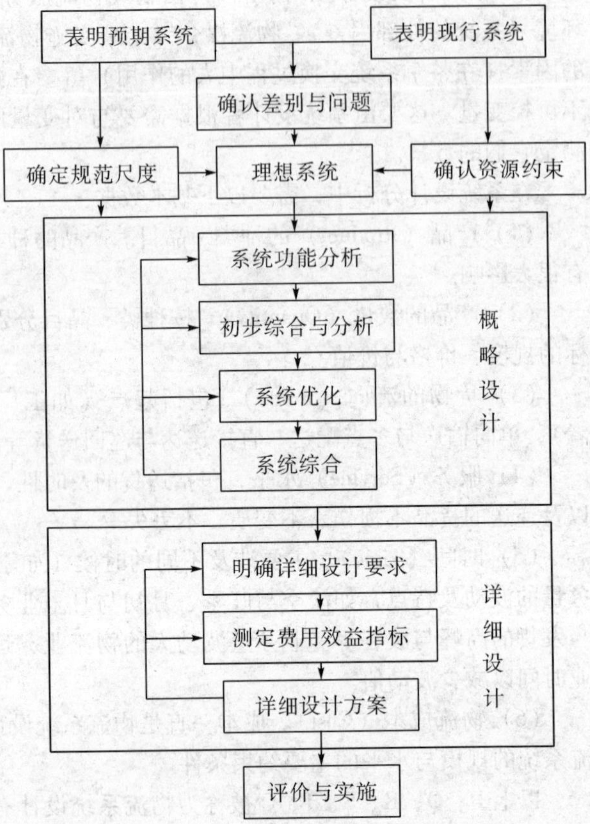

图 8.4　物流系统设计程序

二、物流系统评价

（一）物流系统评价的内涵与意义

物流系统评价主要是根据物流系统的目标、功能等要求，结合评价指标，对物流系统的性能效果等属性及其消耗占用的资源情况进行测定；然后按照其技术上是否先进，经济上是否合理，实施上是否可行，以及实施带来的效益，提出改进与完善系统的方法。

若从时间上来划分，物流系统评价主要可以分为两类：一类是为研究物流项目的可行性以及效益大小进行评价，从而为最终决策提供信息支持；另一类是对物流系统现状进行系统评价，从而对现行系统有一个全面的了解，为系统调整和优化提供基础信息和思路。

物流系统的评价是物流系统工程的一项重要内容。依据评价标准对新的物流系统方案在实施前进行评价，可以判断项目的实施后果和影响，评价项目优劣；对实施过程中的方案进行跟踪评价，可以对物流系统进行控制；对物流系统实施后进行回顾评价，有助于总结经验教训，改进今后物流系统的规划、设计和实施；对已有的物流系统的运行状况进行评价，有助于更新、改造、补充和完善现有的物流系统。

（二）物流系统评价的因素和标准

物流系统的评价因素很多，如投资、成本、费用、收益、利润、投资回收期、资源消耗、产品或服务质量、效用、环境保护等。在选择评价因素时，应突出重点，抓住关键，重点关注能反映物流系统或物流系统方案优劣的关键因素，并进一步形成评价指标。

衡量一个物流系统或一个系统方案的优劣要有一套评价标准，该标准是综合考虑多种因素之后所形成的一个评价指标体系。物流系统评价指标体系通常可以分为如下几类：①政策性指标；②技术性指标；③经济性指标；④社会性指标；⑤环境保护指标；⑥资源性指标；⑦时间性指标。各类指标又可细分为许多更细的指标，这些指标的全体便构成了评价指标体系。

（三）物流系统评价的方法

物流系统评价的方法一般可以分为定量评价法、定性评价法和将两者相结合的定性定量评价法。

若按照评价因素的数量来划分，又可分为单因素评价和多因素评价两种。单因素评价是指在评价时只考虑一个主要因素，如物流成本、营业利润、产量或材料消耗等；多因素评价则是指综合考虑两个以上的主要因素对物流系统进行评价。

（四）物流系统评价的步骤

物流系统评价可按以下步骤进行：①明确评价目的和评价内容；②确定评价因素；③确定评价指标体系；④制定评价准则；⑤确定评价方案；⑥单项评价；⑦综合评价。

其中，单项评价是就物流系统或物流系统方案的某一方面进行详细的评价；综合评价是在各单项评价的基础上，按照评价标准进行全面的评价。应特别注意，单项评价的结果不能作为判断方案优劣的最终依据。

经过物流系统评价，如果可行，便可组织实施。

第四节　物流系统工程简介

一、物流系统工程概述

（一）物流系统工程的概念

系统工程是综合应用系统思想、现代数学方法和计算机技术，对系统的构成要素、信息流动、组织结构、控制机构等进行分析、设计、评价、制造和管理，以实现整体最优的工程技术。换言之，系统工程是一种组织管理技术，它从系统的观点出发，跨学科地思考问题，运用工程方法研究和解决各种关系问题，使目标最优。

物流系统工程是系统工程理论和方法在物流领域的推广与应用，属于应用工程的范畴。它以物流系统作为研究对象，着眼于物流系统的构筑与改进，以求实现整体效益最优。

（二）物流系统工程的核心内容

物流系统工程的核心内容主要包括系统管理理论、运筹学管理数学模型以及综合应用方法等。

1. 系统管理理论

人们把管理实践中行之有效的管理方法和原则总结出来，便形成了系统管理理论。它是系统工程的第一个核心内容。物流系统管理理论的核心是物流整体系统管理的观念。所谓整体，是指既把研究对象看成一个系统整体，又把研究的过程作为一个整体，通过不断改善系统构成和系统运行的过程，对客户提供最佳物流服务，并最大限度地降低物流费用。整体系统管理的观念具体表现在物流管理人员必须理解总成本法、避免次优化法以及得失比较法的内涵。

总成本法是指在保持一定服务水平的条件下，同时考虑物流系统中运输、仓储、库存管理、物料搬运、包装、信息管理、客户服务等各项业务活动所有的相关成本项目，选择总成本最小的方案。次优化法是指一个企业的各组成部分尽力完成了各自的工作，但企业未能实现整体最优。避免次优化法要求在物流管理中协调各部门、各环节的管理目标，避免各行其是，以防止发生次优化。得失比较法是指在评价各个物流方案时，要分析比较各个方案的所得和所失，在保持一定服务水平的条件下，选择得大于失的方案作为最佳方案。

2. 运筹学管理数学模型

物流系统工程以运筹学作为主要的定量分析手段建立运筹学管理数学模型。这是物流系统统工程的第二个核心内容。

3. 综合应用方法

物流系统工程强调综合运用各学科和各技术领域的成果和方法，使各种方法相互配合，达到系统整体最优化。这是物流系统工程的第三个核心内容。

（三）物流系统工程的程序

物流系统工程作为一种实施系统管理的活动，应该有步骤地进行。美国贝尔电话研究中心的霍尔，1969 年从时间维、逻辑维、知识维三个侧面提出的系统工程步骤（也称霍尔三维结构法），是被广泛采用的系统工程步骤与方法。比照霍尔三维结构，我们设计出物流系统工程的三维结构，供实施物流系统工程时参考。如图 8. 5 所示。

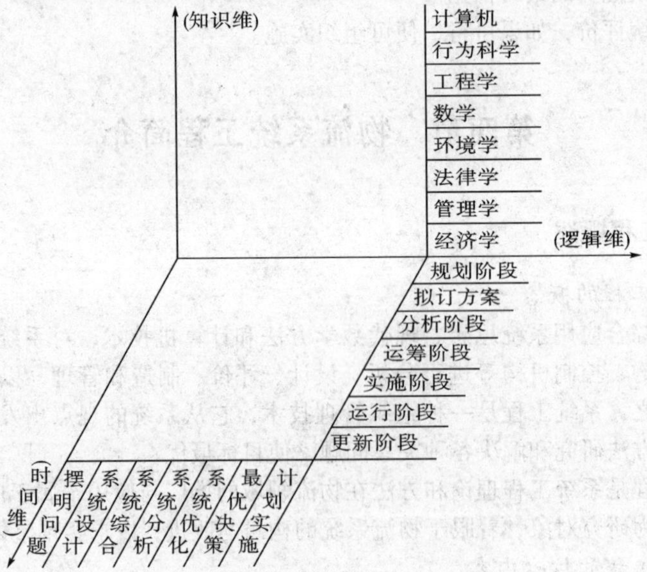

图 8. 5 物流系统工程的三维结构

二、物流系统工程的技术方法

物流系统工程的技术方法主要有仿真技术、系统最优化技术、网络技术以及分解协调技术等。

（一）仿真技术

所谓仿真，是指根据系统的数量特性建立系统模型，使物流系统问题模型化。模型化是以能说明系统结构和行为的适当的数学模型、图像以及物理手段来表达具体系统的一种科学方法。模型表现了实际系统的各组成要素及其相互间的内在联系，反映了实际系统的特征。建立模型有助于求解被抽象的实际系统。物流系统仿真的目标在于建立一个既能满足用户要求的服务质量，又能使物流费用最小的物流网络系统。

（二）系统最优化技术

最优化是指在一定的约束条件下，求出使目标函数为最大值或最小值的解。物流系统工程的基本思想是整体优化的思想，通过对所研究的对象采用定性、定量（主要是定量）的模型优化技术，经过多次测算、比较、求好选优、统筹安排，使系统整体达到最优化。

系统优化的方法很多，它是系统工程学中最具实用性的部分。常用的物流系统优化方法有数学规划法、动态规划法、探索法、分割法以及运筹学中的博弈论和统计决策等。数学规划法包括静态优化法和动态优化法两种。它常用线性规划解决物资调运、分配和人员分派等优化问题，运用整数规划法进行选址（包括工厂、仓库、流通中心等），采用扫描法对配送路线进行扫描求优。

（三）网络技术

网络技术是现代化管理方法中的一个重要组成部分。它是以数理统计为基础，以网络分析为主要内容，以电子计算机为先进手段的新型的计划管理方法，称为计划评审技术（PERT），后来该方法又进一步发展为关键路径法（CPM）。PERT 主要以时间控制为主，而 CPM 则侧重成本控制。由于物流系统属于关系复杂的多目标系统，因而利用网络模型“模拟”系统的全过程以实现其时间价值和空间价值是最理想的。通过网络分析可以明确物流系统各子系统之间以及物流系统与周围环境的关系，便于加强横向联系；运用网络技术设计物流系统，可使物资由始发点通过多渠道送往顾客的运输网络优化，并使物料搬运路径最短。

（四）分解协调技术

在物流系统中，由于组成系统的要素繁多，彼此间关系复杂、涉及面广，这就给系统分析和量化研究带来一定困难。分解协调技术能有效处理系统内部与外部的各种矛盾和关系。所谓分解，就是指先将复杂的大系统分解成若干相对简单的子系统，以便运用常规的方法进行分析和综合，实现各子系统的局部优化；所谓协调，就是指根据系统总任务、总目标的要求，使各子系统协调配合，在系统局部优化的基础上，通过协调控制，实现大系统的全局最优化。

除了上述方法和技术外，预测论、决策论和排队论等方法和技术也较为广泛地运用于物流系统的研究中。需要指出的是，在运用系统工程的原理和方法对物流系统所进行的分析研究中，除了运用上述科学方法外，还应注意研究人的思想和行为对系统绩效的影响。即在重技术的同时，还必须重视人的“心理思维”研究。如果体制合理，未来的物流系统将能有效地发挥人的主观能动性，再加上物流技术的发展，其适应能力必将大大增强。

小结：

物流系统是为达成物流目标而按计划设计的要素统一体。它具有输入、处理（转化）、输出、限制（制约）、反馈等功能，具有目的性、整体性、相关性、环境适应性以及规模庞大、结构复杂、目标多元等重要特征。物流系统的目标可以用 5R 或 7R 来描述。物流系统具有较强的二律背反性。物流系统化包括企业物流一体化、供应链物流一体化和社会物流一体化三个层次。物流系统化的 5S 目标包括服务、快捷、规模优化、库存控制、节约用地和空间。在推进物流系统化时应遵循计划化、大量化、共同化、短路化、自动化、标准化和信息化等原则。物流系统分析具有追求整体目标最优、以特定问题为对象、定性定量分析相结合以及凭借价值判断等特点，而其基本要素包括目标、替代方案、模型、指标和评价标准。物流系统设计包括前期准备、概略设计和详细设计等阶段。物流系统的评价指标体系包括政策性、技术性、经济性、社会性、资源性、时间性以及环保等指标。物流系统工程是系统工程理论和方法在物流领域的推广和应用，其核心内容主要包括系统管理理论、运筹学管理数学模型以及综合应用方法等。

同步测试：

一、判断题

1. 物流据点是物流中心的一种形式，具体包括港湾、铁路车站、中转仓库等。（　　）

2. 第三方物流成本之间存在着二律背反现象：减少仓库数量时，可降低仓储费用和运输费用。总的物流成本降低。（　　）

3. 铁路车站、汽车站、港口、航空港、管道站与中转仓库等都属于物流据点。（　　）

4. 物流系统所涉及的相互独立的不同企业之间进行信息交换，应根据本企业自身的特点，建立自己的标准。（　　）

5. 系统分析是从系统的最优出发，在选定系统目标和准则的基础上，分析构成系统的各级子系统的功能和相互关系，以及系统同环境的相互影响。（　　）

二、单项选择题

1. 物流系统分析是以（　　）为目标，运用定性与定量分析方法，给予决策者以价值判断。

A. 系统的优化　　B. 系统整体效益　　C. 解决特定问题　　D. 确定最佳方案

2. 物流系统设计有关基本数据的六个要素可简写为（　　）。

A. PQRSTC　　B. MPSNQB　　C. TNQRBP　　D. QMKHCD

3. 在物流系统中，提高物流系统效率的关键活动是（　　）。

A. 装卸搬运　　B. 信息处理　　C. 流通加工　　D. 包装设计

4. 对物流系统进行系统分析，是为了把握物流系统行为的（　　），以便对物流系统的设计、改善和优化做出正确的决策。

A. 相互作用　　B. 内在联系　　C. 固有的系统特征　D. 内在规律性

5. 物流成本效益背反的根本原因是因为物流系统具有（　　）。

A. 独立性　　B. 目的性　　C. 相关性　　D. 整体性

三、简答（述）题

1. 何为物流系统？物流系统有哪些主要特征？

2. 简述物流系统的功能模式。

3. 简述物流系统的目标。

4. 简述物流系统的要素。

5. 举例说明什么是物流系统的二律背反性。

6. 简述物流系统化的内涵。

7. 物流系统化有哪些目标？推进物流系统化应遵循哪些原则？

8. 何为物流系统分析？物流系统分析包含哪些基本要素？有何特点？

9. 物流系统分析的要点有哪些？物流系统分析应遵循哪些步骤？

10. 何为物流系统设计？物流系统设计的要素有哪些？

11. 什么是物流系统工程？其核心内容有哪些？物流系统工程主要有哪些技术和方法？

四、情境问答题

亚马逊书店的总部位于美国西雅图，原本只在当地设有一座仓库，用于商品的储存与配送。随着公司业务向全美各地高速拓展，仓储设施匮乏成为公司发展的瓶颈，于是亚马逊公司在全美各主要市场新建了一系列配送仓库。并且每当新建一座仓库，公司都要对全部设施重新做需求供给分析。请问亚马逊公司为什么要这样做？

五、实训题

学生以小组为单位，课余寻找一家大型生产企业或连锁商业企业，对其物流系统进行调研，并完成一篇不低于1 000字的调查报告。

六、案例分析题

7-11便利店的物流系统

物流是企业的第三利润源泉。对连锁企业而言，构筑高效的物流系统并加强物流管理，显得尤为重要。7-11便利店是全球最大的连锁零售企业。该便利店实施一体化物流，成功地减少了约占销售收入百分之十的物流费用。在广东省，7-11便利店与广州地铁公司合作，在地铁二号线首期开通的九个站内同时开张了九家店铺。其先进的物流管理系统也因此延伸到内地，成为该公司新的利润增长点。

一、物流线路集约化，实行集中配送

对零售业而言，中国目前的物流服务水准或多或少仍然由制造商和批发商来决定，要改变他们的经营理念无疑比企业自身的变革困难、复杂且漫长。这种情况与当初7-11在日本构筑物流体系时相似。为此，7-11改变了以往由多家特约批发商分别向店铺配送的物流经营模式，转为由各地区的窗口批发商统一集中该地区各生产厂家生产的同类产品，并向辖区内的店铺实行集中配送。

二、设立区域配送中心，实行共同配送

对于盒饭、牛奶等每日配送的商品，各产品窗口企业向各店铺配送的费用依然很高。为此，7-11便利店将物流路径集约化转变为物流配送共同化。7-11便利店设立区域配送中心，构筑共同配送系统，按照地区和商品群组建共同配送中心，由共同配送中心统一集货，再向各店铺进行多品种、小批量、高频次的配送。中心城市的配送圈一般在35千米的范围内，非中心城市的配送圈一般为60千米。实施共同物流后，配送车辆由原来的70多辆下降为12辆。借助高效的信息系统，配送中心成为集商流（POS数据）、物流（库存、运输等）和信息流于一体的物流基地。7-11便利店逐渐掌握了整个供应链的主导权。在连锁零售行业竞争日益激烈的今天，7-11便利店通过实施共同物流，降低了成本，获取了最大化的利润。

三、量身定制物流体系

需要说明的是，企业经营规模的扩大以及集中化物流体系的确立虽然由7-11便利店主导，但物流体系的建设是由与之合作的制造商和批发商根据7-11便利店网点的扩张和其独特的业务流程及技术“量身定制”的。这些技术包括电子订货系统（EOS）、电子标签辅助拣货系统（CAPS）、车辆标准化系统以及物流条形码系统等。

目前，7-11便利店的商品一日配送三次。其中包含一次特别配送，即当门店预测到第二天会发生天气变化时，配送中心会对店铺追加的订单商品进行额外配送。通过这些举措，7-11便利店能够及时向门店提供新鲜且附加价值高的商品，包括更便利、更新鲜的食品，从而实现了店铺经营的差异化。

根据案例提供的信息，请回答以下问题：

1. 7-11便利店在构筑物流系统时遵循了哪些原则？
2. 为什么实行集中配送能够降低物流成本？
3. 为什么实行共同配送能够降低物流成本？
4. 7-11便利店采用了哪些物流技术和手段？
5. 请你评价7-11便利店物流系统的运作效果，并说明理由。
6. 你认为7-11便利店还可以采取哪些措施来进一步降低物流成本？

第九章　企业物流

【引例】

北京某企业的 JIT 系统

视频链接：工厂搬运与装配

北京某家制造企业最近在产品分销中引入了准时制（JIT）系统，减少了库存，提高了利润率。该企业还引入了一套先进的计划与排程系统（APS），实现了更精确的排产，并减少了生产延迟。这套新系统使该企业极大地缩短了计划时间，降低了安全库存，同时省去了许多生产过程中不必要的费用。该系统每日向管理人员提交有关仍然存在生产延迟的报告，以便他们能够采取行动进一步减少生产延迟。管理人员还将得到有关生产进度预期变化的报告，以便企业能够满足波动的顾客需求。这些改进使该企业能以较低的成本向顾客提供更优质的服务，同时让员工感到参与更多、更加清楚公司的运作。目前，该企业的客户群、整体生产率和利润率都有了明显的好转，而员工的旷工次数也明显减少。

引导问题：

1. 为什么准时制方法能帮助企业减少库存？
2. 为什么生产计划的编制被认为是提高效率的关键因素？
3. 何为企业物流？企业物流管理的核心是什么？

企业物流是企业经营活动的重要组成部分，是具体的、微观物流活动的典型领域。同时，它也是社会大物流的基础。加强企业物理管理，可有效降低企业经营成本，获取“第三利润源”，提高企业的客户服务水平，提升企业竞争力。

通过本章内容的学习，读者应理解企业物流的内涵与结构，掌握企业物流合理化的措施；理解采购管理的目标与策略，掌握采购流程及企业流行的采购模式；理解供应物流的内涵，掌握进货管理的基本原则；掌握生产物流的类型、特征与组织形式，理解生产物流控制原理及生产企业现代物流解决方案；理解销售物流的概念、意义与销售物流服务，掌握订单管理的过程要素与 DRP（Ⅱ），了解“商物分流”环境下销售物流渠道的建设。

第一节　企业物流概述

企业是向社会提供产品或服务的经济实体。按照业务性质的不同，可将企业物流划分为生产企业物流和流通企业物流两类。

一、企业物流的内涵

我国国家标准《物流术语》（GB/T18354-2006）对企业物流（Enterprise Logistics）的

定义是"生产和流通企业围绕其经营活动所发生的物流活动"。美国供应链管理专业协会（CSCMP）则认为，企业物流"是研究对原材料、半成品、产成品、服务以及相关信息从供应始点到消费终点的流动与存储，进行有效计划、实施和控制，以满足需要的科学"。

企业有多种形态，包括工业企业、商业企业和物流企业等。工业企业要购进原材料，经过加工转换，制成成品后再销售给下游企业；商业企业要采购产成品，经过流通加工实现产品增值后再销售给顾客；运输企业要按照客户的要求将货物运达目的地。在企业经营范围内，所涉及的物流活动即是企业物流。

企业物流涉及的活动范围十分广泛，主要包括货物供应、分拨与配送、仓储与库存、物料搬运、工业包装、物料需求与预测、售后服务与返品回收等。企业物流管理的根本任务就是在企业物流活动中，适时、适地地采用先进的物流技术并通过有效的物流管理，实现与企业生产经营活动的最优结合，使企业获得最佳的经济效益。

二、生产企业物流

生产企业物流是指工业企业在生产经营过程中，从原材料的采购供应开始，经过生产加工，一直到产成品销售，以及伴随着企业生产经营活动所产生的返品回收、废弃物的处理等过程中发生的物流活动。从功能上看，生产企业物流包括工业企业在生产经营过程中所发生的加工、检验、搬运、储存、包装、装卸、配送等物流活动。

（一）生产企业物流系统的水平结构

根据物流活动发生的先后次序，可将生产企业物流系统划分为供应物流、生产物流、销售物流、回收与废弃物物流四部分，如图9.1所示。

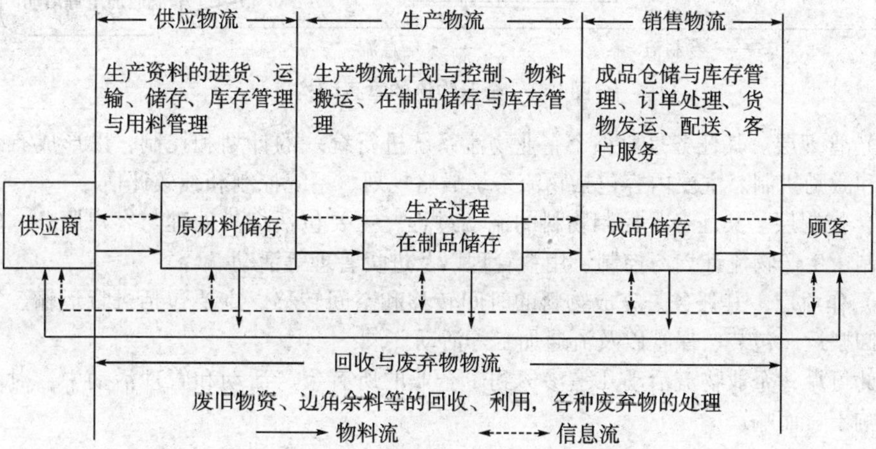

图9.1　企业物流的水平结构

（1）供应物流。供应物流包括原材料等一切生产资料的进货、运输、储存、库存管理和用料管理等活动。

（2）生产物流。生产物流包括生产物流计划与控制、物料搬运、在制品储存与库存管理等活动。

（3）销售物流。销售物流包括成品仓储与库存管理、订单处理、货物发运、运输、配送、客户服务等活动。

（4）回收与废弃物物流。回收与废弃物物流包括废旧物资、边角余料等的回收、利用，各种废弃物（废料、废气、废水等）的处理等活动。

(二) 生产企业物流系统的垂直结构

在竖直方向，企业物流系统通过管理层、控制层和作业层三个层次的协调配合来实现其总功能。生产企业物流系统的垂直结构如图 9.2 所示。

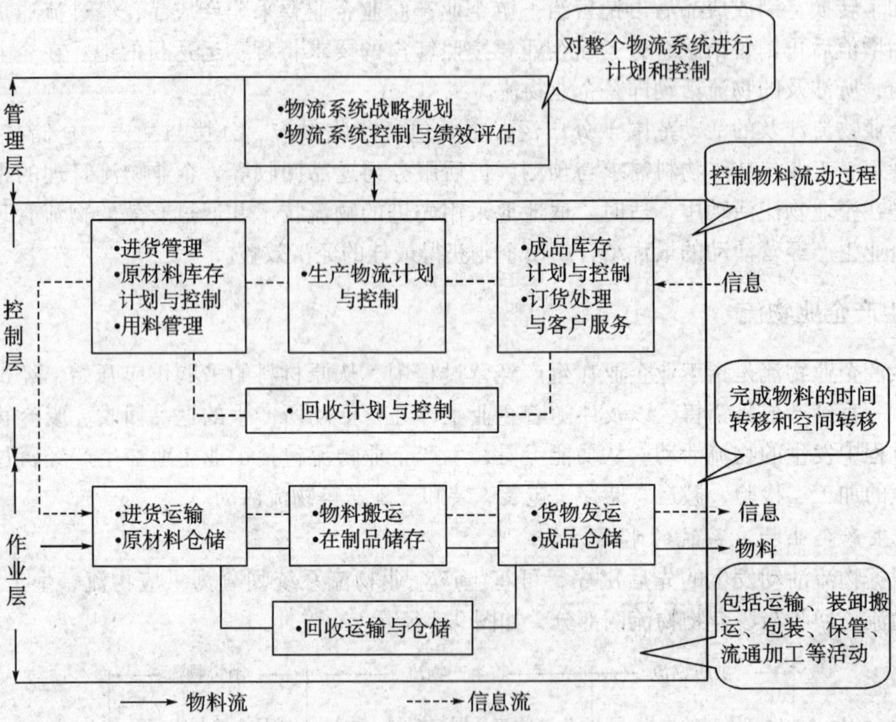

图 9.2 企业物流的垂直结构

(1) 管理层。其任务是对整个企业物流系统进行统一的计划和控制，以形成有效的反馈约束和激励机制。主要内容包括物流系统战略规划、系统控制和绩效评估。

(2) 控制层。其任务是控制物料的流动过程，主要包括订货处理与客户服务、库存计划与控制、生产物流计划与控制、用料管理以及进货管理等活动。

(3) 作业层。其任务是完成物料的时间转移和空间转移。主要包括进货运输、货物发运、装卸搬运、包装、保管以及流通加工等活动。

由此可见，企业物流活动几乎渗透到了企业的所有生产活动和管理活动中，对企业经营的影响不言而喻。

三、流通企业物流

流通企业物流是指从事商品流通的企业在其经营范围内所发生的物流活动。流通企业的物流活动主要包括供应物流、企业内部物流和销售物流三种形式。供应物流是流通企业组织货源，将商品从生产厂家集中到目标企业所发生的物流活动。流通企业内部的物流活动则包括流通企业内部的储存、保管、装卸、搬运、加工等各项物流活动。而销售物流则是流通企业将商品转移到消费者手中所发生的物流活动。

(一) 批发企业物流

批发企业物流是指以批发据点为核心，由批发经营活动所派生的物流活动。一般而言，分销商从事专业批发业务，其物流作业具有大进大出、快进快出的特点。它强调的是批量采购、大量储存、大量运输的能力。大型分销商还需要具备大型的仓储设施、运输设备。另外，分销商属于中间商，需要与上、下游企业进行频繁的信息交换，因此，需要具备高效的信息网络。

(二) 零售企业物流

零售企业物流是以零售商业据点为核心组织的物流活动，具有订货频率高、商品需拆零、退换货频繁、对商品保质期的管理严格等特点。零售企业包括普通零售企业、连锁零售企业以及直销企业等多种类型。对于一般的零售企业，其供应物流多由供应商（制造商或批发商）承担，抑或是从批发市场进货，委托第三方承运人（或闲散社会运力）完成。其对所销售的大件商品多提供送货及其他售后服务，小件商品的物流活动则由用户自己来完成。对于连锁零售企业，需要建立配送中心来支持企业的经营活动，需要配送中心提供订单处理、采购、分拣、配送、包装、加工、退货等全方位服务，要求配送中心具有健全的配送功能。直销企业的物流活动主要集中于销售物流。在信息网络化的今天，电子商务越来越发达，相应地，这类企业对电子物流的需求也越来越强劲。因此，如何建立高效的物流配送网络成了这类企业经营成功的关键。

第二节　采购与供应物流

[案例 9-1] 麻省理工学院的采购系统

在内部的计算机专家和高速局域网的支持下，麻省理工学院建立起了世界上最先进的采购系统之一。工作人员可以通过点击网上的产品目录来订购铅笔和试管，这种方式保证任何人都不能超越授权的支出限额。所有的支付都通过美国快递公司（American Express Co.）的采购卡来进行，麻省理工学院还与两家主要的供应商——办公用品仓储式销售有限公司（Office Depot, Inc.s）和 VWR 公司签署了协议，在一两天内就能将绝大多货物直接送到购买者的办公桌上，而不仅仅送到办公楼的存货间。

有形采购需要物流活动的支撑。在供应链管理时代，采购中的物流活动（有企业称之为采购物流）与传统供应物流（如企业生产线的配送，属于生产企业厂内物流的一部分）有机融合，逐渐发展为现代供应物流，成为企业物流的重要组成部分。而企业的采购支出通常占企业销售收入 40%~60%的比重，这对供应物流乃至企业物流的影响不言而喻。具体而言，企业的采购需求高度影响供应物流服务需求的特性，如供应物流运作的时间、频次与物流作业批量。

一、采购与供应管理

(一) 采购与供应

1. 采购与供应的内涵

视频链接：供应管理

采购是指在市场经济条件下，在商品流通过程中，企业或个人为获得商品，对获取商品的渠道、方式、质量、价格和时间等进行预测、抉择，把货币资金转化为商品的交易过程。采购有明显的商业性，包括购买、储存、运输、接收、检验及废料处理等活动。采购涉及商流活动，在有形采购中也涉及物流活动。供应物流是有形采购的重要组成部分。

狭义的采购指购买物品，即通过商品交换和物流手段从资源市场获取资源的过程。对企业而言，即是根据需求提出采购计划，审核计划，选择供应商，通过谈判商定价格以及交货的时间、地点、方式等条件，双方签约并按合同条款收货付款的过程；广义的采购是指除了以购买方式占有物品之外，还可以通过租赁、借贷、交换等途径取得物品的使用权，以达到满足需求之目的。采购不仅仅是采购员或采购部门的工作，还是企业供应链管理的重要组成部分。

供应是指供应商向买方提供产品或服务的过程。供应链中的企业一般具有双重身份，一方面它要向其供应商采购物料，另一方面它又要向其客户供应产品。

2. 采购的分类

采购有多种分类方法。企业可以根据每种采购方式的特点及本企业的需要合理选择。

（1）按照采购的地域范围，可将其划分为国内采购和国外采购（也称国际采购或全球采购）两种类型；

（2）按照采购的时限，可将其划分为长期合同采购和短期合同采购两种类型；

（3）按照采购主体，可将其划分为个人采购、企业采购（包括生产企业采购和流通企业采购）和政府采购三种类型；

（4）按照采购制度，可将其划分为集中采购、分散采购和混合采购三种类型；

（5）按照采购输出的结果（即采购内容），可将其划分为有形采购和无形采购两种类型；

（6）按照采购对象与企业生产活动是否直接相关，可将其划分为生产性采购（如原材料、零部件等的采购）和非生产性采购（如办公用品、研发用品、MRO① 等的采购）两种类型。

［案例 9-2］统一企业集团的采购模式

台湾统一企业集团是以食品制造、销售为核心主业的企业集团，集团公司总部考虑到下辖的次集团、子公司所需要的原材料中有许多是相同的，为提高采购的议价能力，降低采购成本，获取优质的原材料，特以台湾作为国际平台进行了两岸共购尝试，并获得成功。具体而言，像香精、香料、调味粉、脱水蔬菜、食品添加剂、塑料包材（塑料包装物）等，总部将各分公司的需求集中起来在全球范围内统一采购。像香精、香料等，仅从全球最有名的三家公司——国际香精、芬美意、奇华顿采购。除了集团统购的原材料以外，其余的原材料需根据各公司的具体情况自行采购。对成都统一企业而言，一些具有地方特色的原料或调味品，像面粉、棕榈油、酱油、醋、黄油等必须尽量满足当地消费者的口味需求，因此，由公司管理部就近进行采购以降低成本。

想一想：统一企业集团采用了何种采购模式？为什么？

（二）采购与供应管理

1. 采购与供应管理的内涵

采购管理是指为了实现生产或销售计划，从适当的供应商那里，在确保质量的前提下，在适当的时间，以适当的价格，购入适当数量的商品所采取的一系列管理活动。

供应管理是指为了保质、保量、经济、及时地供应生产经营所需要的各种物品，对采购、储存、供料等一系列供应过程进行计划、组织、协调和控制，以保证企业经营目标实现的管理活动和过程。采购管理是以交易为导向的“战术职能”，而供应管理则是以流程为导向的“战略职能”。随着供应管理的发展，企业对其战略职能越来越认同，事实上，许多企业正在用供应管理或采购与供应管理一词来替代采购管理的传统称谓，这充分反映了采购职能的变迁。

① MRO 是 Maintainence, Repair and Operations 的缩写，如机器设备的备件、备品和润滑油等物品。

2. 采购与供应管理的目标

采购与供应管理的总目标是以最低的总成本为企业提供满足其生产经营所需的物料和服务。为此，就要按照适时、适量、适质、适价、适地的原则做好采购与供应工作，要协调好这些常常相互冲突的分目标之间的关系，以实现采购与供应绩效的最大化。

采购与供应管理的具体目标有：

（1）保证供应的连续性，确保企业正常运转。为企业提供不间断的物料和服务，确保企业正常运转，这是采购部门的首要任务。如果原材料和零部件缺货，由于必须支出的固定成本所带来的企业运营成本的增加，以及无法向顾客兑现所做出的交货承诺，必将使企业蒙受巨大的损失。例如：没有外购的轮胎，汽车制造商不可能制造出完整的汽车；没有外购的燃料，航空公司不可能保证其航班按航空时刻表飞行；没有外购的手术器械，医院也不可能进行手术。

（2）使存货及其损失降到最低限度。通常，库存成本（包括购置成本、订购成本、储存成本、缺货成本）占库存物品价值的20%~50%。通过强化重点管理，改善库存结构，降低库存量，可以减少库存资金占用，降低企业成本。例如，若采购部门通过采取科学的采购策略使企业降低了1 000万元的库存，这不仅意味着此举为企业节省了1 000万元的流动资金，而且还为企业节省了200万~500万元的存货费用。采购的利润杠杆作用可见一斑。

（3）维护并提高采购物品的品质。为了生产产品或提供服务，企业投入的每一种物料都要达到一定的质量要求，否则最终的产品或服务将达不到期望的质量要求，或者其生产成本将远远超过企业可以接受的程度。例如，将一个质量较低的弹簧安装到柴油机的刹车系统上，其成本仅仅是10元钱。但是，如果在这台机车使用过程中，这个有缺陷的弹簧出了毛病，那么必须进行拆卸来重装弹簧，再考虑到机车再订货的费用，总成本可能达上万元。

此外，采购与供应管理的具体目标还包括发展有竞争力的供应商、建立供应商伙伴关系等。通过加强供应商关系管理，促使供应商不断降低成本，提高产品质量。

［案例9-3］宜家公司的采购管理

作为全球最大的家居商品零售商，宜家公司的基本思想就是低价位，使设计精良、实用性强的家居产品能够为人人所有。宜家必须从供应商那里采购到低成本、高质量、符合顾客要求而且环保的产品。为了实现这一目标，同供应商的关系就显得非常重要。目前，宜家的供应商有1 800家，分布在世界55个国家。宜家认为同供应商的密切接触是理性和长期合作的关键，它在33个国家设立了42个贸易公司来专门负责采购以及发展同供应商的合作关系。这些贸易公司的员工经常造访供应商，从而监督生产、测试新方案、商谈价格和进行质量检查，负责向供应商传授知识。例如，在效率、质量和环保工作问题上对他们进行培训，他们还负责制定并检查供应商的工作条件、社会保障和环保工作等重要任务。

3. 采购与供应管理策略

要实现采购与供应管理的上述目标，就需要正确地运用以下采购与供应管理策略。

（1）通过选择可靠的供应商来确保供应质量；

（2）实施AB角制①，使采购企业与供应商保持适度的竞争与合作关系；

（3）科学确定订购批量与订购时间，降低采购成本；

（4）灵活运用ABC分类法，加强重点管理。

---

① AB角制是指企业的供应任务由AB两家供应商承担，A供应商的产品质量高、价格低，多采购一些，B供应商的产品则相应少采购一些，但要让B供应商体会到企业这样做的理由及相应的评价标准。

通常，采购与供应管理部门需要根据采购物品的价值及供应风险，对采购对象进行分类，并采取不同的采购策略，如图 9.3 所示。

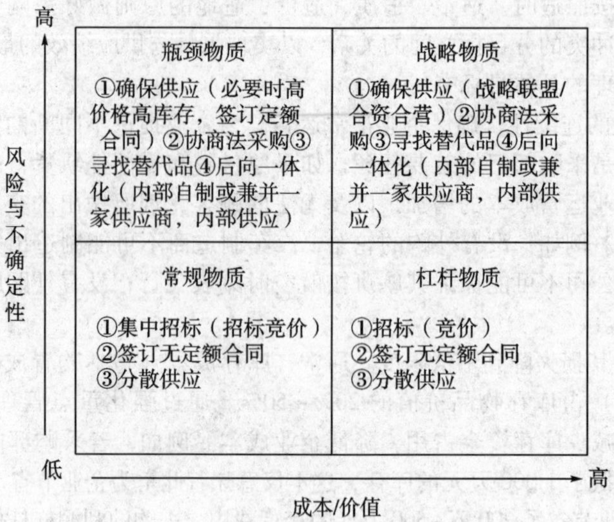

图 9.3　供应细分图（卡拉杰克模型）

采购企业应对不同类型供应商采取分类管理策略。采购企业应加强与重点（关键）供应商的合作，建立战略伙伴关系（供应商伙伴关系）；对于普通供应商，采购企业宜与之保持一般的合作关系。对于制造企业而言，由于原材料和零部件的采购比较频繁，采购企业要加强对这类供应商的日常管理；对于设备类物质的采购，由于采购企业一次性投资大，在设备的维护保养、维修、技术升级等售后服务方面需要与供应商保持良好的沟通与合作，因此选择能提供优质服务的供应商十分重要；对于办公用品的采购，采购企业应尽可能选择少数供应商，并与之保持长期的合作关系，以获得批量优惠。

（三）采购流程及其变革

1. 传统采购流程

一般而言，传统采购包括以下流程：

（1）确认需求，制订采购计划。首先由企业内部需求部门提出采购申请，计划部门审核通过后，授权采购部门采购。采购部门在此基础上制订采购计划。

传统采购流程（微课）

（2）供应源搜寻与分析。采购部门要了解供应市场以及供应商的情况。为此，需要开展供应源调查，包括调查了解资源市场的规模、容量、性质和环境。并在此基础上，根据需要有选择地进行供应商初步调查和深入调查。

（3）供应商评估与选择。采购部门从供应商的产品质量、供应价格、交货期（前置期）、技术水平、供应能力、地理位置、信誉、可靠性、交货准确率、售后服务、快速响应能力等方面对供应商进行综合评估，并在评估的基础上选择符合企业需要的供应商。

（4）谈判与签约。由采购部门负责与供应商进行谈判。要求能正确地运用谈判策略，在满足质量要求的前提下，尽量从供应商处获得优惠的价格和交付条件。在双方达成一致的基础上，与供应商签订采购合同。采购合同是一份经济文件，一旦生效后即具有法律效力，将会约束供购双方的行为。同时，它也是日后解决纠纷的依据。因此，议价、定价、谈判、签约这一环节非常重要。

（5）下达采购订单。若供购双方已在采购合同中明确规定了采购的频次与方式，则无须再向供应商签发采购订单。但在一般情况下，买方需要根据企业生产计划或销售计划动态地调整采购信息（如物料需要的时间与数量等），因此，这一环节一般也不能缺少。

（6）订单跟踪与跟催。为了确保货物符合买方要求并按时送达，采购部门应监督供应商按时送货，防止违约，保证订单的顺利执行。

（7）验货收货。由收货部门按照采购合同或订单的要求，对收到的货物进行验收，以确保货品的质量、数量与采购要求相符。

（8）核票付款。核对供应商支付的发票并划拨货款。收到供应商的发票时，须将采购订单、货物验收单、发票三件凭证进行核对。对于确认已履行的订单进行结算并划拨款项。

（9）记录维护。即由采购部门把与订单有关的文件副本进行汇集归档，并把需保存的信息转化为相关记录。

（10）绩效评估。定期或不定期地对采购绩效进行评估，目的是发现企业在采购及采购管理中存在的问题，以便进一步改善。同时，评估结果也是对采购部门及相关人员进行奖惩的依据。

传统采购流程如图 9.4 所示。

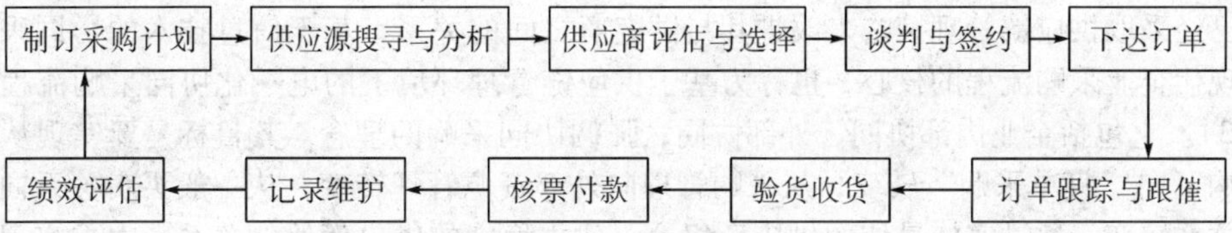

图 9.4　传统采购流程

在目前电子采购、准时采购（JIT 采购）、全球采购等新的采购方式不断出现，新型供应商伙伴关系初见端倪的情况下，企业的采购流程已悄然变革，流程环节减少，流程效率不断提高。

需要说明的是，一个完善的采购流程应满足所需物料在价格与质量、数量、区域之间的综合平衡。即能满足物料价格在供应商中的合理性，物料质量在制造所允许的极限范围内，物料数量能够保证满足生产的连续性，以及物料采购区域的经济性等要求。此外，采购流程通常会跨越企业内几个职能部门（生产、物流、质检、财务等），而一个有效的采购流程通常是这些部门协调一致的产物。

2. 采购流程的变革

[案例 9-4] 惠普公司的采购流程再造

惠普公司在采购方面一贯是放权给下面的，50 多个制造单位在采购上完全自主，因为他们最清楚自己需要什么，这种安排具有较强的能动性，对于变化着的市场需求有较快的反应速度。但是对于总公司来说，这样可能损失采购时的数量折扣与优惠。现在惠普公司借助信息技术手段再造其采购流程，总公司与各制造单位使用一个共同的采购软件系统，各部门依然是订自己的货，但必须使用标准采购系统。总部据此掌握全公司的需求状况，并派出采购部与供应商谈判，签订总合同。在执行合同时，各单位根据数据库，向供应商发出各自的订单。这一流程再造的结果是惊人的，公司的发货及时率提高 150%，交货期缩短 50%，潜在顾客丢失率降低 75%，并且由于折扣，使所购产品的成本也大为降低。

（1）传统采购模式的弊端。从效率和有效性来审视，传统采购模式存在诸多弊端。主要表现在：①信息私有化、不能共享。即供需双方都尽量隐瞒本企业的信息，不能实现信息共享。②缺乏有效合作。即供需双方是临时或短期的合作，这种关系造成了竞争多于合作，增大了采购中的不确定性，加大了采购的风险。③不能快速响应市场需求的变化。由于供需双方缺乏有效的信息沟通，在市场需求变化的情况下，采购企业不能改变与供应商签订的订货合同，导致在市场需求减少时库存增加，而在市场需求增加时又出现供不应求的局面。④传统采购质量控制难度大。对质量和交货期进行事后把关，使采购企业很难参与供应商的生产过程和有关质量控制活动。

传统采购的特点（微课）

（2）采购流程变革的驱动因素。经济发展的三大趋势影响和推动着采购流程的变革。一是全球经济一体化趋势日益明显，跨国公司的全球战略正逐步推行，全球采购已成为跨国公司全球战略的重要组成部分；二是随着电子商务的发展，电子采购应运而升，B2B和B2C正成为众多公司延伸其采购和营销业务的重要手段；三是合作与竞争的思想促使大量的采购行为向供应链方向延伸、扩展。

采购流程变革的动因和方向（微课）

（3）采购流程的变革方向。与传统的采购流程相比，现在许多企业已经采取供应链管理策略来改进其与供应商之间的关系，基于信息技术的协同采购正成为现代企业采购流程的核心，也称为基于供应链管理环境下的电子化协同采购流程（见图8.3）。它包括企业内部协同、外部协同，强调协同采购的理念。其目标是要实现从“库存采购”向“订单采购”转变，从采购管理向外部资源管理转变，从一般买卖关系向战略伙伴关系转变。通过实施最佳的供应商组合，建立稳定的供应商伙伴关系，力求实现供应链价值的最大化。这一策略有助于供需双方加强合作，消除非增值环节，提高业务流程效率，降低运作成本；有助于缩短产品研发周期，从源头上改进产品质量，改善产品交付性能；有助于企业为客户提供更多的增值服务。

（四）典型的采购模式

［案例9-5］**德国大众汽车公司的采购模式**

德国大众汽车公司把所需采购的零配件按使用频率分为高、中、低三个部分，把所需采购的零配件按其价值高低分为高、中、低三个部分，使用频率和价值都高的为需要即时供应的零配件，这些零配件所占的比例目前为20%。某种需要即时供应的配件在12个月前，供方通过联网的计算机得到需方的需求量，这个需求量的准确性较差，误差为正负30%；在三个月前供方又从计算机得到较准确的需求量，误差为正负10%；在一个月前供方得到更近似的需求量，误差为正负1%；在需要前一个星期获得精确的需求量，这批配件在供货的头两天开始生产，成品直接运到大众汽车公司的生产线上。借助于计算机信息网络和高质量的生产，供应商不仅为用户即时供应所需的配件，而且供应商也得到相应的信息。通过有效的即时供应，能使生产企业库存下降4%，运输费用降低15%。

目前企业流行的采购模式主要有：电子采购（包括买方模式、卖方模式、第三方模式）、准时采购（JIT采购）、全球采购、绿色采购、招标采购（包括公开招标采购、邀请招标采购、两段式招标采购等方式）、询价采购、竞争性谈判采购以及单一来源采购等。

1. 电子采购

电子采购（E-Procurement）是指“利用计算机技术和网络技术与供应商建立联系，并完成获得某种特定产品或服务的商务活动”（GB/T18354-2006）。换言之，电子采购是以计算机技术、网络技术为基础，以电子商务软件为依托、互联网为纽带、EDI电子商务支付工具以及电子商务安全系统为保障的即时信息交换与在线交易的采购活动。

电子采购也称网上采购，是一种很有前途的采购模式。其基本原理是，采购人员通过在网上搜寻所需采购的商品、在网上寻找供应商、网上洽谈贸易、网上订货甚至网上支付货款，最终实现进货作业，完成全部采购活动。其特点可归纳为：网上寻源、网上议价、网上订货、网上支付、电子物流。

与传统采购方式相比，电子采购主要具有以下优势：①能够优化采购与供应管理工作。通过电子采购，有利于企业实时了解资源市场信息，科学地制订采购计划；有利于加强供应商管理，优化供应网络；②通过减少业务环节，有利于优化采购与供应流程；③通过无纸化作业，有利于减少出错率；④借助电子采购平台，选择供应商的范围更广；⑤能跟踪了解采购业务是否符合公司的采购政策；⑥使招标采购流程简化并标准化；⑦为采购投标创建竞争环境，有利于获得价格优势；⑧有利于提高采购工作的规范性；⑨有利于提高采购效率，降低采购成本；⑩有利于改善客户服务水平，提高客户满意度。

2. 准时采购

准时采购也称JIT（Just In Time）采购，是一种以满足用户需求为目的的采购模式。该采购模式以满足用户需求为根本出发点，通过变革采购方法并优化采购业务流程，使采购与供应业务既能灵敏地响应生产的变化，又使原材料、零部件等生产资源向零库存趋近。

准时采购（微课）

准时采购的基本思想是：在适当的时间、适当的地点，以适当的方式和适当的成本从上游供应商处采购并使之向企业提供适当数量和适当质量的产品。

与传统采购相比，JIT采购具有以下主要特点：①供应商的数量更少；②对供应商的选择标准更严；③对交货准时性的要求更高；④供需双方实时信息共享；⑤多频次小批量采购。

准时采购与传统意义上企业为补充库存而进行的采购有着本质上的区别，它是一种直接面向需求的采购模式。换言之，用户需要什么（What）、需要多少（Quantity）、何时需要（When）、货品送到哪里（Where），完全取决于用户的需求。该采购模式要求供应商多频次小批量地供货，而且直接将货品送达需求点上，因而优化了采购与供应流程，降低了供需双方的库存，是一种科学、理想的采购模式。

3. 全球采购

全球采购也称国际采购或国外采购，主要是指国内企业直接向国外供应商采购所需要物资的购买行为。

［案例9-6］沃尔玛的全球采购

沃尔玛的全球采购是指某个国家的沃尔玛店铺通过全球采购网络从其他国家的供应商进口商品，而从该国供应商进货则由沃尔玛公司的采购部门负责采购。在这个全球采购总部里，除了四个直接领导采购业务的区域副总裁向总裁汇报以外，总裁还领导着支持性和参谋性的总部职能部门。全球采购总部是沃尔玛全球采购网络的核心，也是沃尔玛全球采购的最高机构。沃尔玛在深圳设立全球采购总部，不仅能在这里采购到质量、包装、价格等方面均具有竞争力的优质产品，更重要的是，深圳顺畅、便捷的物流系统及发达的海陆空立体运输网络，特别是华南地区连接全球市场的枢纽港地位，将为沃尔玛的全球采购赢得更多的时间，带来更多的便捷。

全球采购具有如下优点：①对采购产品的质量有较高要求的企业，特别是一些大型跨国公司，通过国外采购可扩大供应商的选择范围，买方有可能获得高质量的产品。②买方都希望能降低采购成本，国外一些大公司往往能提供更具价格竞争力的产品。③全球采购能增强企业参与全球化国际竞争的能力，有利于企业的长远发展。④通过国际采购还可以获得在国内无法得到的商品，尤其是一些高科技产品，如电脑的芯片等。因此，虽然全球采购具有流程长、环节多、风险高等不足，但仍然不失为一种重要的采购途径。

4. 绿色采购

绿色采购（Green Procurement）是指政府和企业利用庞大的采购力量，优先购买对环境负面影响小的环保产品，以促进政府和企业环境行为的改善。绿色采购有利于减轻对环境和人体的危害，有利于扶持绿色产业、促进国民经济的可持续发展，有利于引导消费、促进绿色市场的形成。

［案例 9-7］**宜家的绿色采购管理**

宜家公司要求所有的供应商到 2015 年年底必须遵守 IWAY 规则（规范供应商绿色行为准则的运行制度），要求公司的新供应商在与之建立合作关系后一年内必须通过 IWAY 审核，并要求所有的次级供应商到 2017 年年底必须实施 IWAY 规则。宜家公司要求供应商每年进行一次 IWAY 内部审核，宜家公司每季度派员进行一次 IWAY 外部审核。宜家通过 IWAY 体系对供应商进行评估，用以帮助采购部门判断供应商的综合信誉度是否达标，以便确定供应商次年或第三年的采购意愿和采购数量。IWAY 评估系统推动供应商向绿色、环保方向发展，并不断改善环境绩效。IWAY 规则的实施使宜家公司的供应商始终保持较高的社会责任感，以便满足利益相关者的诉求。

二、供应物流管理

（一）供应物流的内涵

供应物流是指“提供原材料、零部件或其他物料时所发生的物流活动”（GB/T18354-2006）。传统意义上，供应商或需方将企业采购的物料运送到厂内仓库称之为采购物流，而将从本企业内部仓库取货搬运到车间、工段、生产线，以满足各生产工艺阶段对原材料、零部件、燃料、辅料等生产资料的制造需求的物流活动称之为供应物流。随着采购供应一体化、第三方物流分工专业化等趋势的产生和发展，采购物流前向延伸到了车间、工段和生产线，而供应物流则后向扩展到了传统的采购物流阶段，在很多情况下由供应商或第三方物流公司（TPLs）将企业生产所需的物料直接送上生产线，从而实现了采购物流与供应物流的一体化（即采购物流与供应物流合二为一），统称供应物流。如图 9.5 所示。

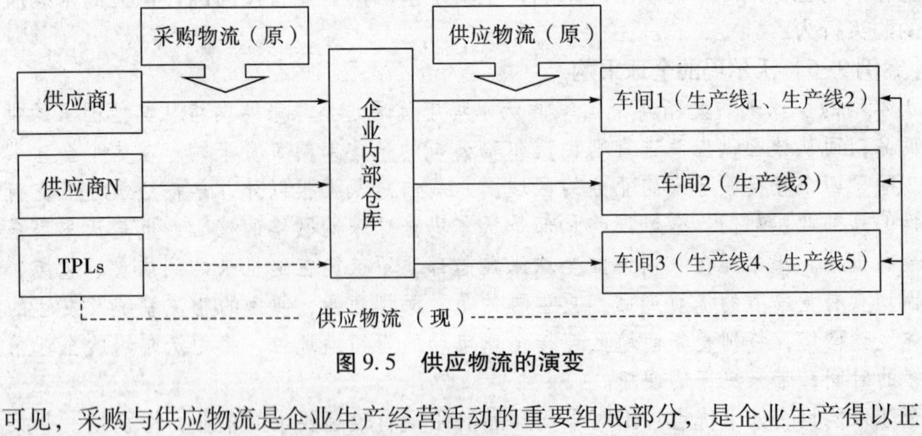

图 9.5　供应物流的演变

可见，采购与供应物流是企业生产经营活动的重要组成部分，是企业生产得以正常进行的重要保障。不仅供应商所供物料的数量、质量、时间直接影响到企业生产的连续性与稳定性，而且采购与供应成本直接影响到产品的生产成本。因此，供应物流对企业正常生产、高效运转起着重要作用。它不仅对生产能起到供应保证作用，而且还是一项以最低成本、最少消耗、最快的速度来保证生产的企业重要物流活动。

（二）进货管理

一般地，进货是将采购订货成交的物资由供应商仓库运输转移到采购者仓库的过程，进货过程关系到采购成果价值的最终实现，关系到企业的经营成本和采购物资的质量好坏，因此，进货管理是采购与供应管理中非常重要的一环。

1. 进货方式

通常，有三种可供企业选择的进货方式，即买方自提进货、供应商送货和供应物流外包。

（1）买方自提进货。自提进货，即在供应商的仓库里交货，交货以后的供应物流活动（如运输、搬运等）全部由采购一方承担。对于这种进货方式，主要应抓好以下五个环节的管理工作：①货物清点，包括品名、规格、数量、质量等；②装车，包括包装、装卸、搬运等；③运输，包括运输方式、中转方式、运输路线的选择以及运输时间和运输安全等；④中转，包括不同运输方式之间的转接以及不同运输路段的转接；⑤验收入库，是对货品更严格的数量清点和质量检验，是进货的结束与保管的开始。

（2）供应商送货。对采购方来说，这是一种比较简单的进货方式。它基本上省去了整个进货管理环节，把整个进货管理任务以及进货途中的风险都转移给了供应商，只参与最后一个环节的入库验收工作。而入库验收也主要是供应商和保管员之间的交接，进货员最多只提供一个简单的协助而已。

（3）供应物流外包，即进货外包或委托第三方进货。采用这种方式，买方把进货管理的任务和进货途中的风险转移给了第三方物流公司。它有利于发挥第三方物流公司的自主处理、联合处理和系统化处理的作用，有利于降低采购方的供应物流运作成本。对于这种进货方式，主要应抓好"两次三方"的交接管理以及合同签订与合同履行的管理控制工作。所谓"两次三方"的交接，第一次是供应商与第三方物流公司之间的交接，第二次是第三方物流公司与采购方保管员之间的交接。交接工作主要涉及对货物数量与质量的检查验收。而合同签订则包括供应商、第三方物流公司和采购企业三方相互之间的合同签订事宜。在具体签订合同时，力求条款清楚，各方的责任、权利、义务明确。通过合同治理，规范各方的行为，达到管理控制的目的。

2. 进货管理的基本原则

进货是一项环节多、涉及面广、环境复杂、风险大的工作。因此，加强进货管理意义重大。其目标是要提高进货管理的效率和效果，既要减轻负担又要降低风险。加强进货管理，一般应遵循以下基本原则：

（1）进货方式选择的原则。在选择进货方式时，要根据进货难度和风险大小进行选择。基本原则是要选择对企业有利的进货方式。

对于进货难度和风险大的进货任务，首选委托第三方物流公司进货的方式，次选供应商送货方式，一般不宜选择用户自提进货方式。委托第三方物流公司进货，可以充分利用其资源优势、技术优势和专业化优势，提高进货效率和供应物流质量，降低进货成本，又可以减轻供应商在企业进货环节的工作量以及企业的进货风险，对参与各方都有利。

对于进货难度小和风险小的进货任务，首选供应商送货的进货方式。例如，同城进货、短距离进货，可以充分发挥这种方式环节少、效率高、节省采购业务工作量以及风险低的优势。次选买方自提货进货方式，虽然买方自提效率高、费用省，但风险就落到了采购商的身上。

（2）安全第一的原则。在进货管理中，要把安全问题贯穿始终。货物安全、运输安全和人身安全，是进货管理首要考虑的因素。要把安全工作具体落实到包装、装卸、搬运、运输、储存各个物流环节中去，制定措施，严格管理，保证进货过程不出现安全事故。

（3）成本效益统一的原则。在进货管理中，也要遵循成本和效益相统一的原则。效益包括经济效益和社会效益，同时也要考虑运输安全。所谓社会效益，就是要有环保意识，要减少环境污染、维护生态平衡，要减轻社会交通紧张的压力，不能片面追求成本低而盲目超载，一味追求“短路化”而违反交通规则以及破坏城市公共交通秩序等。

（4）总成本最低的原则。在进货管理中，客观上存在多个环节、多个利益主体。因此，在进货各个环节都会发生相应的成本费用。若进货方案发生变化，可能会导致某个环节费用的节省，却有可能导致另一个环节费用的增加。因而考虑成本，不能孤立地考虑某一个环节、某一个利益主体，而是要综合考虑各个环节各个利益主体的成本之和，也就是供应物流的总成本。所以，进货方案的优劣，进货管理效果的好坏，也应该用总成本最小作为评价的标准。

第三节　生产物流

生产物流是企业物流的关键环节，深刻认识并把握生产物流的规律，有利于做好生产物流管理并优化企业物流运作，增强企业竞争力。

视频链接：工厂搬运与装配

一、生产物流概述

（一）生产物流的概念

生产物流是指“企业生产过程中发生的涉及原材料、在制品、半成品、产成品等所进行的物流活动”（GB/T18354-2006）。它是按照工厂布局、产品生产过程和工艺流程的要求，实现原材料、配件、半成品等生产资料在工厂内部供应库与车间、车间与车间、工序与工序、车间与成品库之间的流转。换言之，生产物流是从生产企业原材料的购进入库起，经过加工转化得到产成品，一直到成品库止这一全过程的物流活动。生产物流是工业企业所特有的，它和生产流程同步。如果生产物流流程中断，生产过程也将随之停止。生产物流合理化对工业企业的生产秩序、生产成本有很大影响。生产物流均衡稳定，可以保证加工对象的顺畅流转，缩短工期。加强生产物流的管理和控制将有利于在制品库存的减少和设备负荷的均衡化。

（二）生产系统中的物料流与信息流

在生产过程中，各种原材料、在制品、产成品在企业各生产部门之间流动，始终处于运输或储存的状态，该流动过程构成了生产系统的物料流。此外，企业接受客户的订单，将其转化为指导生产的各种生产计划，在生产计划的执行过程中，需要对各生产部门的实绩信息进行收集、整理，反过来对生产计划进行调整和对生产过程进行控制。在企业各部门之间流动的各种信息，构成了生产系统的信息流。生产系统中的物料流与信息流如图 9.6 所示。

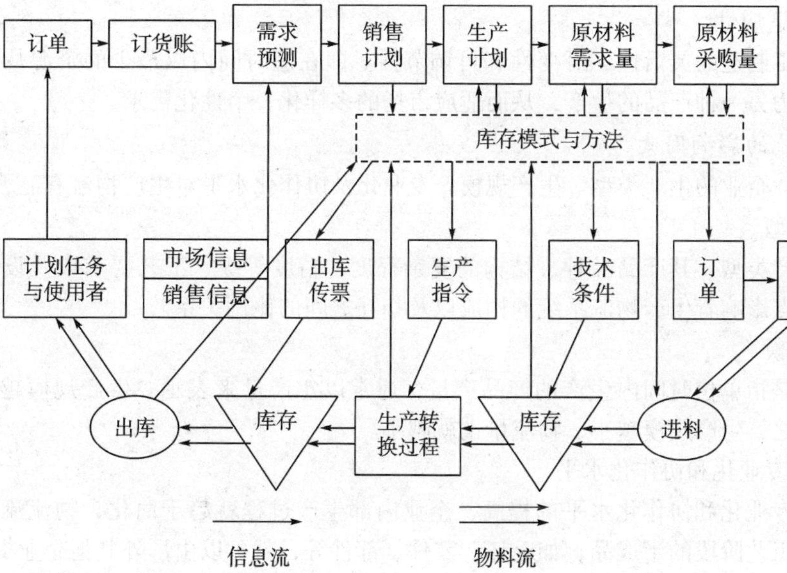

图 9.6　生产系统中的物料流与信息流

（三）生产物流的基本特征

制造企业的生产过程实质上是每一个生产加工过程"串"起来时出现的物流活动，因此，一个合理的生产物流过程应该具有以下基本特征，才能保证生产过程始终处于最佳状态。

1. 连续性、流畅性

它是指物料总是处于不停地流动状态，包括空间上的连续性和时间上的流畅性。空间上的连续性要求生产过程各个环节在空间布置上合理紧凑，使物料的流程尽可能短，没有迂回往返现象。时间上的流畅性要求物料在生产过程各个环节的运动，自始至终处于连续流畅的状态，没有或很少有不必要的停滞与等待现象。

2. 平行性

它是指物料在生产过程中应按照平行交叉方式流动。平行是指相同的在制品同时在数道相同的工作地（机床）上加工流动；交叉是指一批在制品在上道工序还未加工完时，将已加工完成的部分在制品转移到下道工序加工。平行交叉流动可以大大缩短产品的生产周期。

3. 比例性、协调性

它是指生产过程的各个工艺阶段之间、各工序之间在生产能力上要保持一定的比例以适应产品制造的要求。比例关系表现在各生产环节的工人数、设备数、生产面积、生产速率和开动班次等因素之间相互协调和适应，所以，比例是相对的、动态的。

4. 均衡性、节奏性

它是指产品从投料到最后完工都能按预定的计划（一定的节拍、批次）均衡地进行，能够在相同的时间间隔内（如月、旬、周、日）完成大体相等的工作量或稳定递增的生产工作量。很少有时松时紧、突击加班的现象出现。

5. 准时性

它是指生产的各阶段、各工序都按后续阶段和工序的需要生产，即在需要的时候，按需要的数量，生产所需要的零部件。只有保证准时性，才有可能实现上述连续性、平行性、比例性和均衡性。

6. 柔性、适应性

它是指加工制造的灵活性、可变性和可调节性。即在短时间内以最少的资源从一种产品的生产转换为另一种产品的生产，从而适应市场的多样化、个性化需求。

（四）生产物流的影响因素

一般而言，企业的生产类型、生产规模、专业化及协作化水平对生产物流有显著影响。

1. 生产类型

不同的生产类型，其产品品种、结构的复杂程度、精度等级、工艺要求以及设备不尽相同。这些特点影响着生产物流系统的构成以及相互之间的比例关系。

2. 生产规模

生产规模是指单位时间内生产的产品产量，通常以年产量来表示。生产规模越大，物流量越大；反之，生产规模越小，物流量也就越小。

3. 企业的专业化和协作化水平

随着企业专业化和协作化水平的提高，企业内部生产过程就趋于简化，物流流程就缩短。某些基本工艺阶段的半成品，如毛坯、零件、部件等，就可以由厂外其他企业提供。

二、生产物流的类型

通常情况下，企业生产的产量越大，产品的种类就越少，生产的专业化程度就越高，而生产物流过程的稳定性和重复性也就越大。所以生产物流类型与生产类型之间有着密切的联系。在生产系统中，生产作业和物流作业紧密关联、相互交叉，物料按照工艺流程流动。生产类型决定了与之匹配的生产物流类型，而生产物流的组织、管理状况又直接影响到企业生产的正常进行。

（一）从物料流向的角度分类

从物料流向的角度，可以根据物料在生产工艺过程中的特点，把生产物流划分为项目型生产物流、连续型生产物流和离散型生产物流三种类型。

（1）项目型生产物流。它对应的生产类型是固定式生产。其特征是物流凝固，即当生产系统需要的物料流入生产场地后，几乎处于停止的“凝固”状态，或者说，在生产过程中物料的流动性并不强。从物料流动的特征来看，有两种情况：一种是物料流入生产场地后就被凝固在场地中，和生产场地一起形成最终产品，如住宅、厂房、公路、铁路、机场、大坝等；另一种是物料流入生产场地后，“滞留”很长一段时间，形成最终产品后再流出，如大型的水电设备、冶金设备、轮船、飞机等。对于项目型生产物流，管理的重点是按照项目的生命周期对每阶段所需的物料在质量、费用以及时间进度等方面进行严格的计划和控制。

（2）连续型生产物流。它对应的生产类型是流程式生产（连续流程如炼油，批流程如日用化工）。其特征是物料均衡、连续地流动，不中断；生产的产品、使用的设备以及工艺流程都是固定且标准化的；工序之间几乎没有在制品储存。对于连续型生产物流，管理的重点是保证连续供料，确保每一生产环节的正常进行。由于工艺相对稳定，有条件采用自动化装置实现对生产过程的实时监控。

（3）离散型生产物流。它对应的生产类型是加工装配式生产（如汽车制造）。其特征是生产的产品由许多零部件组成，各个零部件的加工过程相对独立；零件、部件通过装配和总装配成为最终产品；整个产品的生产过程是离散的，各生产环节之间要求有一定的在制品储备。离散型生产物流管理的重点是，在保证及时供料以及零件、部件加工质量的基础上，准确控制零部件的生产进度，缩短工期；既要减少在制品积压，又要保证生产的成套性。

（二）从物料流经的区域和功能角度分类

从物料流经的区域和功能角度，可以把生产物流划分为工厂间物流和工序间物流（车间物流）两类。

（1）工厂间物流。它是指大型企业各专业厂间的运输物流或独立工厂与材料、配件供应厂之间的物流。

（2）工序间物流，也称工位间物流或车间物流。它是指生产过程中车间内部的物流活动，包括：各工序、工位上的物流活动，如接受原材料、零部件后的储存活动；加工过程中的在制品储存；成品出厂前的储存；从仓库向车间运送原材料、零部件的搬运；各种物料在车间、工艺之间的搬运等活动。

三、企业生产物流的组织形式

从物料投入到成品出产的生产物流过程，通常包括工艺、检验、运输、等待停歇和自然等过程。为了提高生产效率，一般从空间、时间、人员三个角度组织生产物流。

（一）生产物流的空间组织

生产物流的空间组织是相对于企业生产区域而言的，其目标是如何缩短物料在工艺流程中的移动距离。一般而言，有三种专业化组织形式，即工艺专业化、对象专业化和综合专业化形式。

1. 工艺专业化形式

工艺专业化也称工艺原则或功能性生产物流体系，其特点是采取机群式布置，把同类生产设备集中在一起，对企业欲生产的各种产品进行相同工艺的加工。如图 9.7 所示。

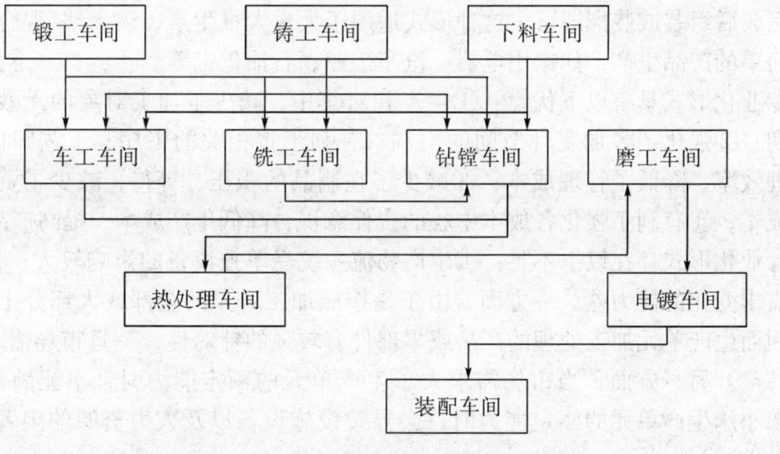

图 9.7 按工艺专业化形式组织生产物流

采用这种形式，在各生产单元内集中了同类型的加工设备和同工种的工人并对不同加工对象进行相同工艺的加工。即加工对象多样化，但加工工艺、加工方法雷同。各生产单元只完成部分工序的加工任务，产品的制造需要各单元的协同努力才能完成。如服装制造过程的裁剪、制作、熨烫就是一例。

工艺专业化形式具有以下优点：①由于加工对象可变，易于转产，因而适应能力强；

②由于将同类设备集中在一起，因而有利于充分利用设备，提高其利用率；③有利于对员工进行作业指导，培养高素质的技术工人，并提高工艺管理水平。

工艺专业化形式存在以下不足：①各工作中心一般采用通用设备，任一生产单元都不能独立地完成产品的生产加工制造任务；②生产对象轮流在各工作中心进行加工，因而协调困难，计划管理、在制品管理、质量管理等工作变得复杂化，管理成本上升；③为调节生产节奏，在制品的积压往往不可避免，因而占用资金，成本上升；④生产中涉及的环节多，物料、零部件等在制品移动线路长，等待的时间久，生产周期长。

综上所述，工艺专业化形式一般适合品种复杂多变，工艺不稳定的单件小批生产的企业或特殊加工工艺的企业。

2. 对象专业化形式

对象专业化也称产品专业化或对象原则，是按照产品（或零部件）的不同来设置生产单元的组织形式。采用这种形式，一般围绕加工对象的全部或大部分工艺来建立工作中心，完成加工对象的全部工艺过程，工艺过程相对封闭。按这种专业化形式建立的车间（工段、班组），称为对象专业化车间（工段、班组），也称“封闭式”车间（工段、班组），如图 9.8 所示。

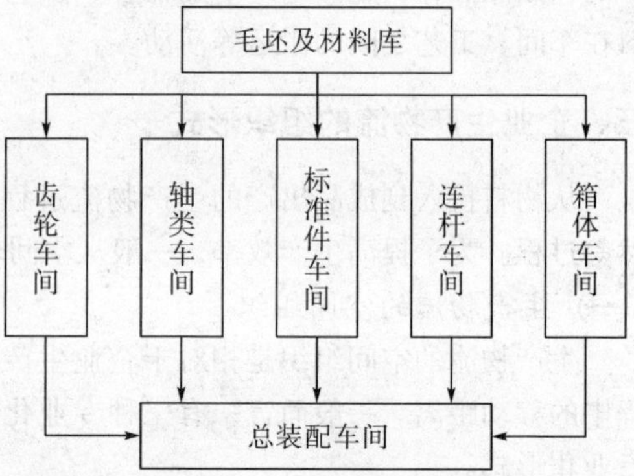

图 9.8　对象专业化车间

在对象专业化的生产单元里，集中了不同类型的加工设备和不同工种的工人，对相同的加工对象进行不同工艺的加工。即加工对象相同，但加工工艺、加工方法多样化。如汽车制造厂的发动机车间、底盘车间等均属此类。其特点是按标准组件组织相关工艺的加工，加工完成后组装或装配即可。这种形式适用于大量大批生产、流水线/混合流水线生产以及结构简单的产品生产，如家用电器、汽车工业、石油化工等。

对象专业化形式具有以下优点：①生产相对集中，减少了加工对象的无效搬运，缩短了生产周期；②强化了各加工环节间的协调，有利于将相关的工序、工艺归口统一管理，提高了管理效率，降低了管理成本；③减少了在制品的积压、等待，减少了资金占用，降低了生产成本；④有利于强化各成本中心的责任意识，降低生产成本，提高产品质量。

对象专业化形式存在以下不足：①生产物流系统受单独设备的影响较大；②弹性不足，响应市场需求变化的能力差。一方面，由于是按照加工对象的全部或大部分工艺来组织生产物流，因而生产单元加工处理的产品或零部件有较强的针对性，一旦市场需求发生变化，很难立即转产。另一方面，当市场需求大于生产单元的额定能力时，不能满足市场需求；当市场需求小于生产单元的额定能力时，会导致设施设备以及人力资源的闲置，增大了机会成本。

3. 综合专业化形式

综合专业化形式也称混合原则，即按照成组工艺形式组织生产物流。它综合了上述两种形式的优点，按照成组技术原理，把具有相似性的零件分成一个成组生产单元，并根据其加工路线进行设施设备的布点。其主要优点是大大简化了零件的生产加工流程，减少了物流迂回路线，在满足品种变化的基础上有一定的生产批量，具有较强的柔性和适应性。

（二）生产物流的时间组织

生产物流的时间组织是指一批物料在生产过程中，各生产单位、各道工序之间在时间上的衔接和结合方式。合理组织生产物流，不但要缩短物料的流程，而且要加快物料流动的速度，尽量减少物料的停滞、等待，实现物料流的均衡、顺畅和连续。

1. 生产物流的时间组织方式

物料在工序间的移动方式是指加工对象从一个工作地到另一个工作地的运送方式，而移动方式与加工对象的数量有关。通常，一批物料有三种典型的移动组织方式，即顺序移动、平行移动、平行顺序移动。

（1）顺序移动方式。它是指一批物料在上道工序全部加工完毕后才整批地转移到下道工序继续加工。

采用顺序移动方式，一批物料的加工周期为：

$$T_{顺} = n\sum_{i=1}^{m} t_i$$

式中：$T_{顺}$——顺序移动方式下一批物料的生产周期；n——物料加工批量；m——物料加工的工序数；t_i——第 i 道工序的单件工序时间。

顺序移动方式的优点是：一批物料连续加工，设备不停顿，物料整批转工序，便于组织生产；其缺点是：物料有等待加工的时间和运送的时间，因而生产周期较长。

（2）平行移动方式。该方式是指一批物料在加工过程中，当某个物料在前道工序加工完成后，立即送到下道工序继续加工，形成前后交叉作业。

采用平行移动方式，一批物料的加工周期为：

$$T_{平} = \sum_{i=1}^{m} t_i + (n-1)t_L$$

式中：$T_{平}$——平行移动方式下一批物料的生产周期；n——物料加工批量；m——物料加工的工序数；t_L——物料加工中最长的单件工序时间。

该方式的优点是：不会出现物料成批等待现象，因而整批物料的生产周期最短；其缺点是：当物料在各道工序的加工时间不相等时，会出现人力和设备的停工现象。只有当各道工序的加工时间相等时，各工作地才可连续充分负荷地生产。另外，若物料运送频繁，则会加大运送量。

（3）平行顺序移动方式。该方式是指每批物料在每一道工序上连续加工没有停顿，并且物料在各道工序上的加工尽可能平行。具体做法是：当 $t_i<t_{i+1}$ 时，物料按平行移动方式转移；当 $t_i \geqslant t_{i+1}$ 时，以 i 工序最后一个零件的完工时间为基准，往前推移（n-1）t_{i+1} 作为零件在（i+1）工序的开始加工时间。

采用该方式，既考虑了相邻工序上的加工时间尽量重合，又保持了该批物料在工序上的顺序加工。

采用平行顺序移动方式，一批物料的加工周期为：

$$T_{平顺} = n\sum_{i=1}^{m} t_i - (n-1)\sum_{j=1}^{m-1} min(t_j, t_{j+1})$$

式中：$T_{平顺}$——平行顺序移动方式下一批物料的生产周期；n——物料加工批量；m——物料加工的工序数；t_i——第 i 道工序的单件工序时间。t_j 和 t_{j+1} 代表相邻两个工序。

虽然该方式的生产周期比平行移动方式长，但可以保证设备负荷充分。该方式吸取了前两种移动方式的优点，消除了间歇停顿现象，能使设备工作负荷充分，且工序周期较短，但安排进度时比较复杂。

2. 生产物流时间组织方式的选择

以上三种移动方式各有利弊，在安排物料进度计划时，需要考虑物料大小、物料加工时间长短、批量大小以及生产物流的空间组织形式。一般而言，批量小、物料小或重量轻而加工时间短的物料，适合采用顺序移动方式；对生产中的缺件、急件，可以采用平行或平行顺序移动方式。如表 9.1 所示。

表 9.1　　选择生产物流的时间组织方式需考虑的因素

物料移动方式	物料尺寸	物料加工时间	物料批量大小	物料空间组织形式
顺序移动	小	短	小	工艺专业化
平行移动	大	长	大	对象专业化
平行顺序移动	小	长	大	对象专业化

对于不同类型的企业，生产物流的时间组织形式是灵活多变的。例如，对于固定式生产企业（项目型生产物流），由于加工对象固定，因而生产物流在时间上的组织方式主要表现在工人按加工工序顺序移动；对于流程式生产企业（连续型生产物流），通常都是整批地把物料投入加工，物料整批地按照加工顺序在各工序间移动，同一批物料不可能同时在多道工序上加工，因而这类企业的生产物流是按顺序移动方式组织的；对于加工装配型企业（离散型生产物流），一批物料在各工序上加工时，难免会有物料成批等待的现象出现，因此，宜采用平行顺序移动方式组织生产物流。应在保证设备充分负荷的前提下，提高物料在各工序间的流动速度，这是这类企业生产物流的时间组织目标。

（三）生产物流的人员组织

生产物流的人员组织主要体现在人员的岗位设计上。要实现生产物流在空间和时间两个维度的组织形式，必须对工作岗位进行重新设计（即再设计），目的是优化生产物流，确保生产物流的畅通。

1. 岗位设计的基本原则

人力资源管理理论提倡在岗位设计时，应该把技术因素与人的行为和心理因素结合起来考虑。根据生产物流的特点，岗位设计的基本原则是“因物料流向设岗”而不是“因人、因设备、因组织设岗”。为此，需考虑以下几个问题：

（1）岗位设置是否符合最短物流路径原则？其目标是设置尽可能少的岗位，完成尽可能多的工作任务；

（2）所有岗位是否实现了各工序间的有效配合？其目标是保证生产总目标、总任务的实现；

（3）每一个岗位是否在物流过程中都发挥了积极作用？其目标是岗位之间的关系应协调统一；

（4）岗位设置是否体现了经济、科学、合理的系统原则？其目标是实现物流系统优化。

2. 岗位设计的内容

根据人的行为和心理特征，岗位设计还要符合员工个人的工作动机需要。为此，应从以下三方面入手进行岗位设计：

（1）扩大工作范围，丰富工作内容，合理安排工作任务。其目的在于扩大岗位工作范围和岗位职责，尽量减少员工对工作产生的单调感和乏味感，使员工的身心健康成熟发展，从而有利于提高生产效率，促进岗位工作任务的完成。这可以从纵横两个方向扩大工作范围。

时，生产线上的员工协同改善瓶颈作业，这样能赋予员工高度责任心，有利于发扬团队精神。

第三，在生产物流计划编制和控制上，以零件为中心，采用计算机编制生产物流计划，并运用看板系统执行和控制，工作的重点在制造现场。

第四，在对待库存的态度上，认为整个生产系统的“风险”不仅来自企业外部，更重要的是来自内部（在制品库存）。正是库存掩盖了生产系统中的各种缺陷，应将生产系统中的一切库存视为“浪费”予以消灭。其库存管理思想表现在：既要强调供应对生产的保障作用，又要积极追求“零库存”终极目标。即要不断降低库存，暴露问题，加以改进，最终消灭库存。

五、生产企业现代物流解决方案

（一）基于 MRP—MRPⅡ—ERP 的生产物流管理

以推进式物流控制原理为指导的生产物流管理的发展历程主要经历了 MRP、MRPⅡ、ERP 三个阶段。

1. 物料需求计划

物料需求计划（Material Requirements Planning，MRP）是“制造企业内的物料计划管理模式。根据产品结构各层次物品的从属和数量关系，以每个物品为计划对象，以完工日期为时间基准倒排计划，按提前期长短区别各个物品下达计划时间先后顺序的管理方法”（GB/T18354-2006）。

MRP 既是一种管理模式，又是一个基于计算机的信息系统，是一种解决既不出现物料短缺又不出现库存过多的物料管理信息系统。MRP 可用于安排非独立需求库存的订货与时间进度。从预定日期开始，把产成品特定数量的生产计划转换成组合零件与原材料需求，用生产提前期及其他信息决定订货时间及订货量。因此，对最终产品的需求产生对被计划期分解开来的底层组件的需求，使订货、制造与装配过程都以确定的时间安排，及时完成最终产品的生产，并使存货保持在合理的水平上。MRP 经历了时段式 MRP（见图 9.11）和闭环式 MRP（见图 9.12）两个阶段。MRP 是 MRPⅡ和 ERP 的核心。

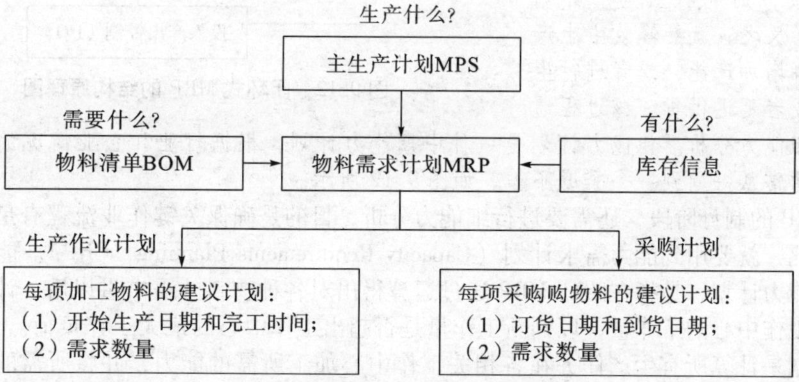

图 9.11　时段式 MRP 的结构原理图

MRP 系统通常包括运算逻辑和决策规则的程序、物料清单（Bill of Materials，BOM）和库存状态文件（Inventory Status File，ISF），通过输入主生产计划的结果进行系统运算，便可输出应该订购物料的批量和时间，以及需要生产的零部件（组件或加工件）的数量与时间安排。此外，还会报告物料需求计划的状态，以便每天对其进行检查和调整。

小知识：

主生产计划（MPS）

主生产计划（Master Production Schedule，MPS）是根据库存持有单元（SKU）制订的，它由供应链综合计划①分解得到。例如，某企业根据供应链综合计划要求在8月份生产400幅窗帘，可以将其分解为第一周生产100幅绿色的窗帘，第二周生产100幅蓝色的窗帘，第三周生产100幅黄色的窗帘，第四周生产100幅白色的窗帘。这种分解最终产品生产任务的过程被称为分解综合计划（Disaggregation）。

主生产计划是确定每种最终产品在每一具体时间段内生产数量的计划。它是独立需求计划。主生产计划基于实际的客户订单和需求预测，详细规定了企业生产什么、生产多少、何时生产。主生产计划的时段通常以周为单位，有时也可以日、旬、月为单位。它是制订物料需求计划的主要依据。

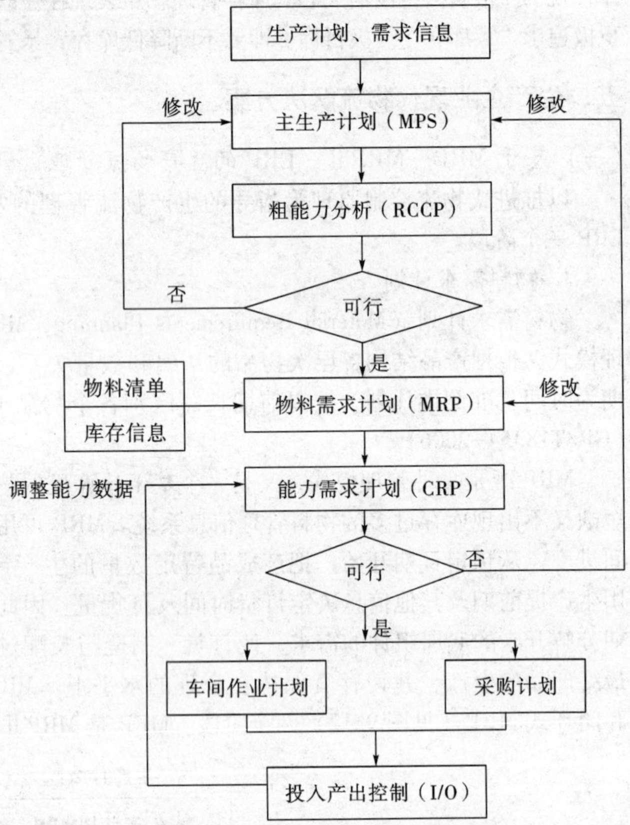

图 9.12　闭环式 MRP 的结构原理图

主生产计划必须是可行的，因为接下来企业投入的原材料和产能都要以此为依据来确定。在主生产计划的制订阶段，可以用粗能力计划（Rough Cut Capacity Planning，RCCP）来评估主生产计划的可行性。即通过将关键工作中心（Work Center，WC）的生产能力和计划产量进行对比，以判断主生产计划是否可行。如果关键工作中心的产能能够满足计划产量的需要，则说明主生产计划是可行的；反之，就要修改主生产计划，或者增加产能，或者进行生产外包，或者延迟供货。该过程通常被称作粗能力分析。粗能力计划是一种中期能力计划，根据行业和企业情况的不同，其时间跨度通常从一周到一个季度不等。如图9.12所示。

在MRP的制订阶段，还需要进行细能力分析，目的是确保关键作业流程有足够的产能保证。为此，就要用到能力需求计划（Capacity Requirements Planning，CRP）。能力需求计划也称细能力计划，是指在闭环MRP通过运算得出对各种物料的需求量以后，计算在各时段分配给工作中心的工作量，以判断工作量是否超出工作中心的最大工作负荷。具体而言，细能力计划是计算所有生产任务在各相关工作中心加工所需的能力，并将所需的加工能力与实际可供能力进行对比，以判断当前能力能否满足生产的需要。若能满足，说明生产计划可行；反之，说明生产计划不可行，需要调整生产任务或工作时间，直至能力能满足所有生产任务的需要为止。如图9.12所示。

① 供应链综合计划是（Supply Chain Aggregate Planning，SCAP）关于供应链全局性、综合性的计划，是有关企业产品族的计划。该计划在制订时必须考虑所需的资源和资源约束。

小知识：

粗能力计划（RCCP）与细能力计划（CRP）的区别

粗能力计划（RCCP）和细能力计划（CRP）的区别主要体现在以下三个方面：①参与闭环 MRP 计算的时间不同。粗能力计划在主生产计划确定后即参与计算，而细能力计划则是在物料需求计划运算完毕后才参与计算；②粗能力计划只计算关键工作中心的负荷，而细能力计划需要计算所有工作中心的负荷；③粗能力计划计算的时间比较短，而细能力计划计算的时间比较长。

粗能力计划(RCCP)与细能力计划(CRP)的区别(微课)

2. 制造资源计划

制造资源计划（Manufacturing Resource Planning，MRP Ⅱ）是“在物料需求计划（MRP）的基础上，增加营销、财务和采购功能，对企业制造资源和生产经营各环节实行合理有效的计划、组织、协调与控制，达到既能连续均衡生产，又能最大限度地降低各种物品的库存量，进而提高企业经济效益的管理方法”（GB/T18354-2006）。

MRP Ⅱ是一种以计划与控制为主线；面向企业内部，以实现企业整体效益为宗旨的管理系统。它在 MRP 的基础上考虑了所有其他与生产经营活动直接相关的工作和资源，实现了物流与资金流的集成，使财务账与实物账同步生成，并通过信息集成，对企业有限的各种制造资源进行有效的计划，合理地运用，以提高企业的竞争力。MRP Ⅱ是 ERP 的重要组成部分。MRP Ⅱ的结构原理如图 9.13 所示。

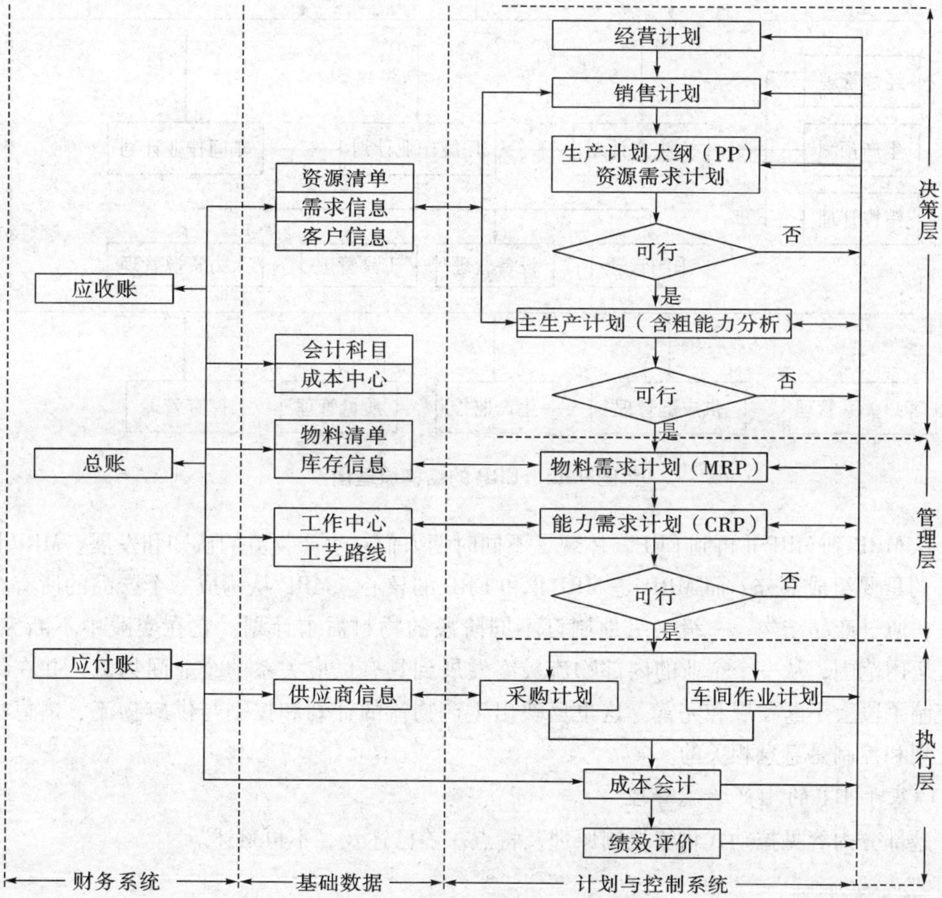

图 9.13　MRP Ⅱ的结构原理图

从时段式 MRP 发展到闭环式 MRP，再到 MRP Ⅱ，有两个明显的变化：一是资源内涵的不断扩大，二是企业计划闭环的形成。但其资源也仅仅局限于企业内部。ERP 的发展突破了这个局限，将供应链内的供应商等外部资源也看成受控对象而集成起来。

3. 企业资源计划

企业资源计划（Enterprise Resource Planning，ERP）是“在制造资源计划（MRP Ⅱ）的基础上，通过前馈的物流和反馈的信息流、资金流，把客户需求和企业内部的生产经营活动以及供应商的资源整合在一起，体现完全按用户需求进行经营管理的一种全新的管理方法”（GB/T18354-2006）。

ERP 是在市场竞争全球化形势下诞生的管理理念、管理方法。同时，它又是整合了企业管理理念、业务流程、基础数据、人力物力、计算机硬件和软件于一体的企业资源管理系统。它面向供应链流程的信息集成，实现合作伙伴之间的信息沟通。它强调企业的合作，强调对市场需求快速反应、高度柔性的战略管理，是实现敏捷制造和精益生产的必要手段。ERP 的结构原理如图 9. 14 所示。

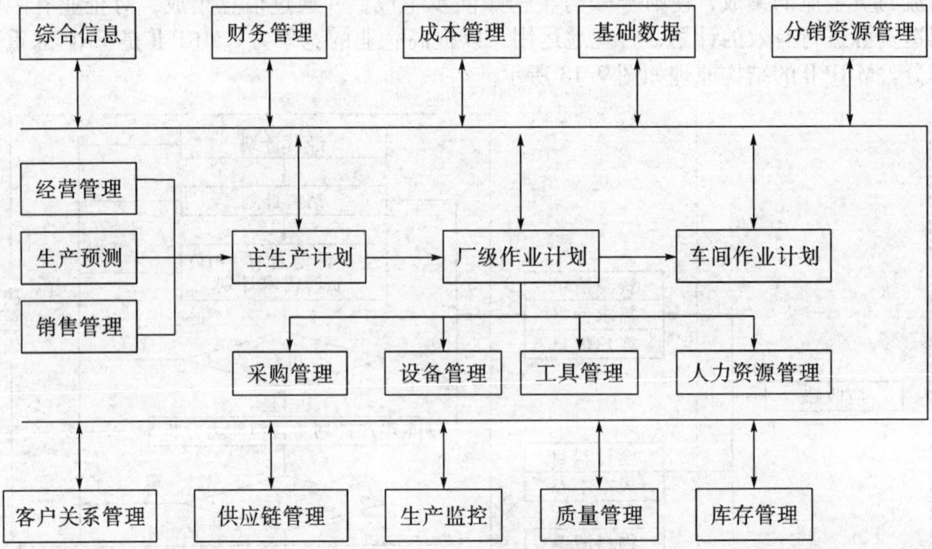

图 9. 14　ERP 的结构原理图

从 MRP 到 MRP Ⅱ 再到 ERP，体现了不同时期人们对生产物流的认知和发展。MRP Ⅱ 是 ERP 的重要组成部分，而 MRP 是 MRP Ⅱ 和 ERP 的核心。MRP 从构成一个产品的所有物料出发，通过产品结构，一级一级地制订不同阶段的物料需求计划。它在实践中不断完善、扩大运用范围，从一个企业的内部物流最终发展到具有供应关系的企业间物流，并在计划与控制手段上不断发展和完善。这也反映出生产物流的计划和控制与供应物流、销售物流的计划和控制是息息相关的。

（二）基于 JIT 的生产物流管理

这部分内容见拉动式物流控制原理及特点。前已述及，不再赘述。

（三）基于TOC的生产物流管理

1. TOC的基本思想

约束理论（Theory of Constraints，TOC）由最优生产技术①（Optimized Production Technology，OPT）发展而来，它把企业看成一个完整的系统。该理论认为任何一种体制至少都会有一个约束因素。犹如一条链条，链条中最薄弱的那一环决定着整个链条的作用一样，正是各种各样的制约（或约束，即瓶颈）因素限制了企业出产产品的数量和利润的增长。因此，基于企业在实现其目标的过程中现存的或潜在的制约因素，通过逐个识别和消除这些“瓶颈”，使得企业的改进方向和改进策略明确化，从而更有效地实现其“有效产出”的目标。

为了达到这个目标，约束理论强调：①应在能力管理和现场作业管理方面寻找约束因素（如市场、物料、能力、工作流程、资金、管理体制、员工行为等）；②应该把重点放在瓶颈工序上，保证瓶颈工序不出现停工待料，以提高瓶颈工作中心的利用率，从而使生产系统获得最大的有效产出；③根据不同的产品结构类型、工艺流程和物料流动的总体情况，设定管理的控制点。

2. TOC的核心内容

TOC的核心内容包括：

（1）重新建立企业目标和作业指标体系。TOC认为，一个企业的最终目标是在现在和将来获取更大的利润。因此，生产系统的作业评价指标应该包括有效产出、库存和运行费用。有效产出即企业在特定时期通过销售而获得的收益；库存即企业为了销售而有效产出，在所有外购物料上投资成本；运行费用即企业在某个特定时期为了将库存转换为有效产出所花费的费用。

（2）寻找系统资源的瓶颈约束。TOC认为，在生产系统中，有效产出最少的环节决定着整个系统的产出水平。因此，任何一个环节，只要它阻碍企业更大程度地增加有效产出，或降低库存和运行费用，它就是一个“约束”。所以，找出系统的瓶颈（约束）—充分利用瓶颈—由非瓶颈配合瓶颈—打破瓶颈—再寻找下一个瓶颈（别让惰性成为最大的约束）。这就是持续不断改善的过程。

（3）以物流为中心建立企业特征。TOC根据不同类型物流的特点对企业进行分类，从而为企业准确识别出各自的薄弱环节或“约束”提供了帮助，并对其有针对性地进行计划和控制。

（4）TOC的九条管理原则。具体包括：①瓶颈控制了库存和有效产出（产销率）；②非瓶颈资源的利用程度不由其自身决定，而由系统的约束决定；③瓶颈上一个小时的损失则是整个系统一个小时的损失；④非瓶颈资源节省的一个小时无益于增加系统的有效产出；⑤资源的“利用”（Utilization）和“活力”（Activation）不是同义词；⑥编排作业计划时考虑系统资源约束，提前期是作业计划的结果，而不是预定值；⑦平衡物流，而不是平衡生产能力；⑧运输批量可以不等于加工批量；⑨批量大小应是可变的，而不是固定的。

---

①　最优生产技术（OPT）是以色列物理学家高德拉特（EliGoldratt）博士于20世纪70年代提出的，最初被称作最优生产时间表（Optimized Production Timetable），到了20世纪80年代才改称最优生产技术。后来高德拉特博士又进一步将其发展为约束理论（TOC）。OPT是继MRP和JIT之后出现的又一生产组织新方式。

第四节　销售物流

销售物流是企业物流系统的最后一个环节，是企业物流与社会物流的又一个衔接点。它与企业销售系统相配合，共同完成产成品的销售任务。

一、销售物流的概念与意义

销售物流（Distribution Logistics）是“企业在出售商品过程中所发生的物流活动”（GB/T18354-2006）。销售物流具体包括订单处理、包装、装卸搬运、运输、配送、流通加工以及送达服务等功能活动。

销售物流是伴随销售活动，将产品实体转移给用户的物流活动。在买方市场环境下，产品销售已成为企业能否实现可持续发展的关键。而当客户向企业发出订单或企业与客户签订了销售合同，还需要通过销售物流活动将产品送达用户并经过售后服务才算完结。因此，销售物流的组织及其合理化对企业市场营销活动的成功开展起着十分重要的作用。它不仅是企业盈利的关键环节（第三利润源），而且关系到客户对企业的满意度与忠诚度，关系到企业的竞争力。特别是在产品同质化的今天，优质的销售物流服务成了提升企业竞争力的关键。

二、销售物流渠道①

在传统销售渠道中，商品所有权转移（商流）与商品实体流经的环节（物流）在很大程度上是一致的。在网络经济时代，电子商务发展迅猛，对电子物流的需求强劲，按照“商物分流”的原则来处理商流活动与物流活动，必然使商品所有权转移与商品实体流经的途径或环节发生分离。在线下单，网上支付，货物集中配送，商流活动与物流活动的效率极大地提高。销售物流系统的构筑与优化成为提升企业竞争力的关键。

在供应链下游，制造商一般根据销售需要设立成品库，对下线产品实行集中储存。根据目标客户群体的地域分布，本着客户相对集中的原则，充分考虑交通运输条件，建立区域分拨中心（Regional Distribution Center，RDC）②或配送中心（Distribution Center，DC），在客户订单或需求信息的驱动下，由成品库向 RDC，进而由 RDC 向 DC 实施补货，最后通过 DC 向零售商或用户进行配送。成品库、RDC、DC、门店等物流据点以及运输路线共同构成销售物流实体网络，而仓库管理系统（WMS）、运输管理系统（TMS）、销售时点系统（POS）等信息系统集成为销售物流信息系统，销售物流实体网络与销售物流信息系统共同构成销售物流系统，见图 9.15。

---

① 胡建波，陈敏. 供应链库存管理策略［J］. 企业管理，2013（4）.

② RDC 的设置一般需考虑物流时效和成本，在我国，一般以 5~9 个为宜，企业通常选择华东、华南、华北、华中、西部等大区交通条件较好的中心城市设置 RDC。

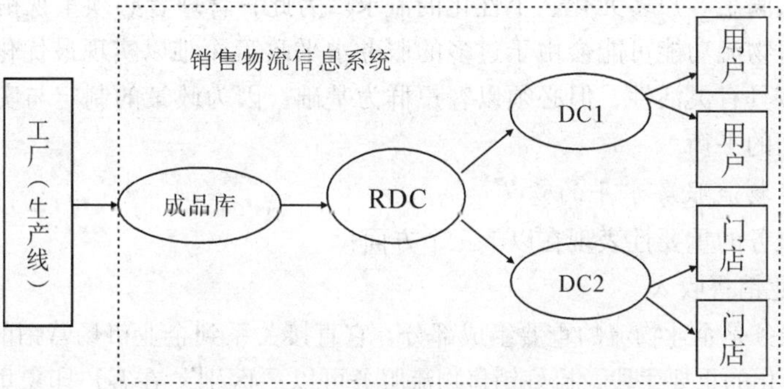

图 9.15 销售物流系统

三、销售物流服务

(一) 销售物流服务及其构成要素

销售物流服务即销售物流中的客户服务。它包括时间、可靠性、沟通和方便性四个要素。这些要素对卖方或买方的成本都会有影响。

1. 时间

时间要素通常指订货周期。订货周期（Order Cycle Time）是指“从客户发出订单到客户收到货物的时间”（GB/T18354-2006）。通常，订货周期也称订货提前期或订货前置期(Lead Time，LT)。时间要素主要受订单传输时间、订单处理时间、备货配货时间以及订货装运时间等几个变量的影响。客户订货周期的缩短标志着企业销售物流管理水平的提高。企业只有有效地管理和控制这些活动，才能保证订货周期的合理性和可靠性，提高客户服务水平。

2. 可靠性

可靠性是指根据客户订单的要求，按照预定的提前期，安全地将货物送达客户指定的地点。它包括提前期的可靠性、安全交货的可靠性、正确供货的可靠性等内容。可靠的提前期可降低客户供应的不确定性，能使客户的库存、缺货、订单处理和生产计划的总成本最小化。安全准时交货可以降低客户的库存量，减少缺货损失，降低库存成本。正确供货则可以避免给客户造成脱销或停工待料的损失。在销售物流领域，订货信息的传送和货物拣选会影响正确供货的可靠性。在订单传输时，使用 EDI 可以大大降低出错率，产品标识及条形码的标准化可以降低货物拣选的差错率；EDI 与条形码相结合，可以提高库存周转率，降低成本，提高销售物流系统的服务水平。管理者必须连续监控上述三方面的可靠性，这包括认真做好信息反馈工作，了解客户的反应与要求，提高客户服务系统的可靠性。

3. 信息沟通

与客户沟通是监控客户服务可靠性的关键手段。设计客户服务水平必须包括与客户的信息沟通。信息沟通渠道应该对所有客户开放，因为这是销售物流外部约束的信息来源。如果没有与客户及时有效的沟通与联系，企业就不可能向客户提供满意的服务。而且沟通是双向的，卖方必须把关键的服务信息传递给客户，而客户也需要了解与销售物流服务有关的跟踪装运信息。

4. 方便性

方便性是指企业的服务水平和服务方式应该灵活多样，应能满足不同客户的不同需求。换言之，企业应根据客户的不同要求，为他们设计适宜的服务水平。只有这样，企业才能以最经济的方式满足客户多元化、个性化的需求。为此，管理者必须重视销售物流服务的方便性，但销售物流功能可能会由于过多的服务水平政策而难以实现最优化，因而，服务水平政策也应该具有灵活性，但必须以客户群为基础，因为政策的制定与实施也必须考虑服务与成本之间的平衡。

（二）提升销售物流服务水平的意义

销售物流服务的重要性表现在以下三个方面：

1. 增加企业销售收入

销售物流服务是企业物流的重要组成部分，它直接关系到企业市场营销的成败。服务还是形成产品差异化的重要手段，搞好销售物流服务可以“区别”在客户印象里本没有区别的产品。一般而言，提高客户服务水平可以增加企业的销售收入，提高企业的市场占有率。

2. 提高客户满意度

客户服务是企业向购买其产品或服务的组织或个人提供的一系列服务活动。对消费者而言，他关心的是所购买的全部产品，即不仅仅是产品的实体本身，还包括产品的附加价值。而销售物流服务就是提供产品附加价值的活动，它能增加购买者所获得的效用。良好的销售物流服务可以提高产品的价值和客户满意度，因此，许多企业都将销售物流服务作为企业物流的一项重要功能加以重视。

3. 留住客户

研究表明，同开发新客户相比，留住现有客户的成本更低。一般地，对企业忠诚度较高的客户会提供中介服务（即介绍新客户）并且愿意支付溢价（即愿意支付更高的价格）。相反，一个对服务提供者感到不满的客户往往会转向竞争对手。目前留住客户已成为许多企业战略管理关注的焦点。在物流领域，高水平的客户服务是吸引并留住客户的重要手段。

总之，提高销售物流服务水平是增强企业竞争优势的重要手段，企业销售物流服务与企业产品的质量具有同等重要性，需要引起企业管理者的高度重视。

四、订单管理

［**案例9-9**］**萨母森-帕卡公司的订单处理**

萨母森-帕卡公司（The Samson-Parkard Company）生产各种规格的工业用软管接头、阀门及高强度软管。公司平均每天要处理50份订单。订单总周期为15~25天，而订单处理占其中的4~8天。因为要根据客户的要求来安排生产，所以总的订单周转时间较长。除订单履行活动外，订单处理的其他活动主要有：

（1）以两种方式将客户需求信息传至公司总部。第一种方式，销售人员从现场收集订单，然后通过邮寄或电话告知公司总部；第二种方式，客户主动邮寄订单，或者打电话把订货要求直接告知公司总部。

（2）接到电话订单后，客户服务部的接待人员将订单转录成另一份缩略格式的订单。这些简式订单连同那些邮寄到的订单一道累计一定天数后，被传至高级客户服务代表那里，由他来汇总信息，呈报给销售经理。

（3）销售经理批阅这些订货信息以便了解销售活动的情况，偶尔也在某份订单上特别批示，说明某位客户的特殊要求。

（4）订单被送至订单准备人员手中，他们负责把订货信息连同特别批示一同转录在萨姆森-帕卡德公司的标准订单上。

（5）在这一阶段，订单被送到财务部门以审查客户的信用，然后交销售部门核实价格。

（6）数据处理部门将订单信息键入计算机，随后就可以传到工厂。一旦进入该程序，信息处理会更为便捷，订单跟踪也更加简单。

（7）高级客户服务代表对最终形式的订单进行全面审核，并通过电子传输方式将订单信息传至适当的工厂。同时，准备向客户发出接受订货的通知。

在许多行业，与订单准备、订单传输、订单录入、订单履行有关的各项活动占据了整个订货周期50%~70%的时间。如果要通过短暂而稳定的订货周期来实现高水平的物流服务，关键是要认真管理订单处理过程中的各项活动。

订单管理过程是指包含于客户订货周期中的诸多活动，具体包括订单准备、订单传输、订单录入、订单履行、订单状况报告等要素，如图9.16所示。通常，完成每项活动需要的时间取决于所选择的订货方式。

1. 订单准备

订单准备是指客户收集所需产品或服务的必要信息，正式提出购买要求的各项活动，包括确定供应商、由客户或销售人员填制订单、决定库存的可得性、与销售人员打电话通报订单信息或在计算机菜单中进行选择等。物流信息技术的使用，使订单准备的效率大大提高。利用POS系统，客户搜寻商品信息的过程变得无纸化、快速化；计算机技术和因特网技术使电子采购成为现实；借助于ERP系统，一些工业企业的采购订单常常是根据库存消耗情况直接由计算机生成；语音感应性电脑和RFID等新技术缩短了订单准备时间；利用EDI技术，无纸贸易成为可能，订单准备成本降低，补货次数减少。

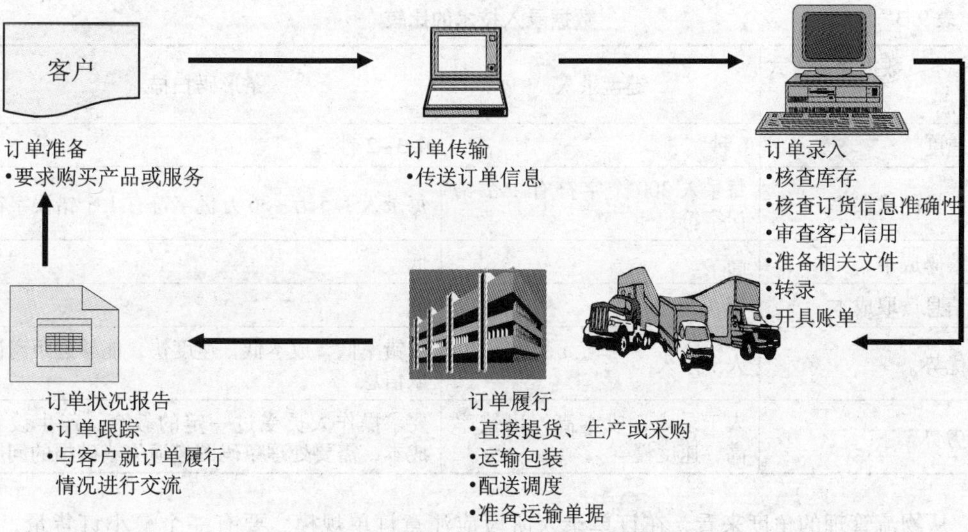

图9.16　订单管理的一般过程要素

2. 订单传输

订单传输是指订货请求从发出地点到订单录入地点的传输过程。订单传输分为人工传输和电子传输两种方式。前者可以是邮寄订单或由销售人员亲自将订单送到录入地点，后者则包括电话/传真传输和网络传输两种方式。上述三种方式各有优劣，详见表9.2。

表 9.2　　　订单传输方式比较

传输方式	速度	费用	可靠性	准确性
手工传输	慢	低	差	低
电话/传真传输	中	中	一般	一般
网络传输	快	投资高，运行费用低	好	高

3. 订单录入

订单录入是指在订单实际履行前所进行的各项工作，包括：①核对订货信息（如商品名称与编号、数量、价格等）的准确性；②检查所需商品是否可得；③如有必要，准备相关文件（补交货订单或取消订单的文件）；④审查客户信用；⑤必要时，转录订单信息；⑥开具账单。

进行上述工作很有必要，因为客户的订货信息往往与要求的格式不完全吻合（如表述不够准确），因此在交给订单履行部门执行之前还需做一些处理工作，这样就会延误订单的传递时间。

订单录入可以由人工完成，也可进行全自动处理。条形码、光学扫描仪以及计算机的使用极大地提高了该项活动的效率。其中，条形码和扫描技术对于准确、快速、低成本地录入订单信息尤为重要。与利用计算机键盘录入数据相比，条码扫描技术有录入速度快、出错率低、信息读取成本低等显著的优越性（见表 9.3），已经在零售、制造和服务行业广泛应用。

表 9.3　　　数据录入技术的比较

数据录入方式 / 特点	键盘录入	条形码扫描
速度	6 秒	0.3~2 秒
替换的错误率	每录入 300 个字符有 1 个错误字符	每录入 1.5 万~36 万亿字符有 1 个错误字符
编码成本	高	低
信息读取成本	低	低
优势	人工录入	出错率低，成本低，速度快，能够远距离读取信息
劣势	人工录入，成本高，出错率高，速度慢	要求操作人员受过一定的教育，产生设备成本，需要处理条码图像遗失或破损的问题

从物流管理的角度来看，在订单录入阶段应注意订单规模，要有一个最小订货量，对低于最小订货量的订单可以拒绝接受。这样可以确保企业不会产生高昂的运输成本，在由供应商支付运费的情况下更是如此。通过整合订单可以使运输调度更加有效，使拣货与装运模式更加优化。

4. 订单履行

［案例 9-10］ 某造纸厂的订单履行

某造纸厂生产供食品连锁店使用的食品袋和包装纸，该厂在处理订单时没有明确的顺序要求。然而，在实际履行时，却有订单履行的先后顺序。当订单履行工作繁重的时候，订单履行人员会先执行订货量小、相对简单的订单，而那些订货量较大的订单则被压到最后才履行，但这些大订单往往能为公司带来更多的利润。

订单履行是由与实物有关的活动组成的，包括：①通过提取存货（或生产、采购）来获取所订购的货物；②对货物进行运输包装；③安排送货；④准备运输单证。其中，有些活动可能会与订单录入同时进行，目的是缩短订单处理周期。

订单处理的先后次序及相关程序可能会影响所有订单的处理速度，也可能会影响较重要订单的处理周期。例如，一些企业的订单处理人员在忙得不可开交时，就可能会先处理那些不太复杂的订单，但这样就可能导致公司重要客户的订单履行时间拖延过久。在实务中，很多企业并未就订单履行（即订单录入和处理）的方法做出正式规定。

以下是一些可供选择的优先权法则：①先收到，先处理；②使处理时间最短；③预先确定顺序号；④优先处理订货量较小、相对简单的订单；⑤优先处理承诺交货日期最早的订单；⑥优先处理距约定交货日期最近的订单。

在实际运作中，有些企业在接到订单后并不立即履行，而是压后一段时间，以集中货物的运量再发运，目的是提高车辆的实载率，降低单位货物的运输成本。这种决策确实需要制定更为周详的订单处理程序。这样做增加了问题的复杂性。因为这些程序只有与送货计划妥善协调，才能全面提高订单处理、交货作业的效率。

5. 订单状况报告

订单管理的最后一个环节是不断向客户报告订单处理或货物交付过程中的任何延迟，以确保优质的客户服务水平。具体包括：①订单跟踪，即在整个订单处理过程中跟踪订单；②信息沟通，即与客户交换订单处理进度、订货交付时间等方面的信息。

订单状况报告是一种监控活动，并不影响订单处理的一般时间。

［案例9-11］技术在报告订单状况中的作用

技术在报告订单状况中扮演着重要角色。联邦快递公司（FedEx）和联合包裹服务公司（UPS）等公司在这方面走在了前列，他们都能够随时告诉客户他们的货物在起运地与目的地之间的具体位置。推动其跟踪系统发展的关键技术有激光条码技术、计算机网络以及专门设计的软件等。这些公司的系统相当高级，能够报告何人、何时、何地收到了货物。托运人只需知道货物装运的批号，就能通过互联网随时跟踪其在国内外的货物。

五、配送需求计划

（一）基本概念

配送需求计划（Distribution Requirements Planning，DRP）是“一种既保证有效地满足市场需求，又使得物流资源配置费用最省的计划方法，是物料需求计划（MRP）原理与方法在物品配送中的运用”（GB/T18354-2006）。具体而言，DRP是应用MRP原理，在配送环境下从数量和提前期等方面确定物料配送需求的一种动态方法。它可用于规划原材料的进货补货安排，也可用于企业产成品的分销计划。例如，运载工具的选择、运输线路的规划等。

从逻辑上看，DRP是MRP的扩展，但两者之间存在根本的差异：MRP通常是在相关需求环境下运作的，由企业制订和控制的生产计划所确定；而DRP则是在独立需求环境下运作的，由不确定的顾客需求直接确定存货需求。例如：协调同一供应商提供的多项物料的补货需求与安排；选择更有效的运输方式以及运载工具的容量规模；预先做好运输和接货、卸货人员及设备的安排工作；从最终的顾客需求出发，利用分销需求条件影响物料需求计划；等等。

2. DRP 的结构原理

DRP 的结构原理如图 9.17 所示。它有三个输入文件、两个输出计划。

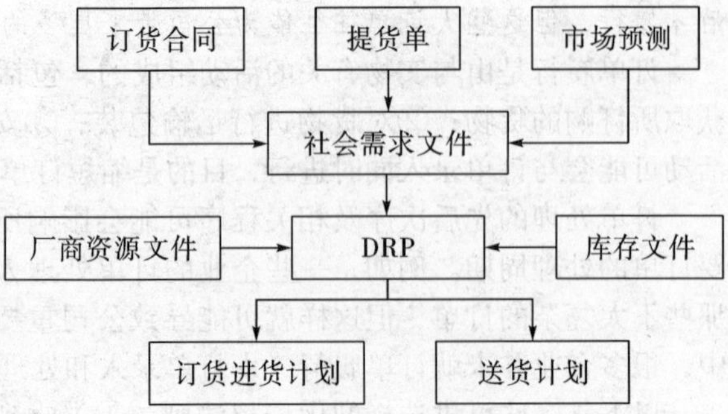

图 9.17 DRP 的结构原理

输入文件包括：

（1）社会需求文件。它包括所有用户的订货单、提货单和供货合同，以及公司下属分支机构（如子公司）的订货单、提货单和供货合同。此外，还包括在市场调查基础上预测的社会需求量。所有需求信息要按货物品种和需求时间进行统计，最终整理成社会需求文件。

（2）库存文件。它指企业目前拥有的库存信息，需要对库存数据进行统计列表，以便针对社会需求量确定必要的进货量。

（3）厂商资源文件。它包括供应（厂）商的地理位置及其可以供应的产品品种等信息，其中地理位置影响到订货提前期的长短。

输出文件包括：

（1）送货计划。它是指用户的送货计划。为了保证货物能按时送达，需要考虑作业时间及运程远近，应合理设置前置期。对于大批量需求可以直送，而对于数量众多的小批量需求则可以进行配送。

（2）订货进货计划。它是指向供应（厂）商订货进货的计划。对于有需求的货物，若库存不足，也需要向供应商订货。当然，这也要考虑适宜的订货提前期。

这两个文件是 DRP 的输出结果，是组织物流的指导文件。

3. DRP 的优点与局限性

（1）DRP 的优点。DRP 系统为管理部门提供了一系列的好处，主要表现在营销和物流两个方面。

在营销方面，DRP 的优点主要表现在：①改善了服务水平，保证了准时递送，减少了客户的抱怨；②更有效地改善了促销计划和新产品引入计划；③提高了预计短缺的能力，使营销努力不花费在低储备的产品上；④改善了与其他企业的协调功能，因为 DRP 有助于共用一套计划数字；⑤提高了向顾客提供存货管理服务的能力。

在物流方面，DRP 的优点主要表现在：①由于实行了协调装运，降低了配送中心的运输费用；②能准确确定何时需要何种产品，降低了存货水平和仓库空间需求；③减少了延迟供货现象，降低了客户的运输费用；④改善了物流与制造之间的存货可视性与协调性；⑤能有效地模拟存货和运输需求，提高了企业的预算能力。

（2）DRP 的局限性。尽管 DRP 有许多优点，但还是会受到一些因素的制约，在实际应用时要加以注意。①DRP 系统需要每一个配送中心具有精确的、经过协调的预测数，但在实际运作中，预测的误差是不可避免的；②DRP 系统要求配送设施之间的运输具有固定而又可靠的完成周期，虽然完成周期可以通过各种安全的前置时间加以调整，但完成周期的不确定因素则会降低 DRP 系统的效率；③由于生产故障或递送延迟，综合计划经常会受系统故障或频繁改动的影响，尤其是补货运输周期和供方递送的可靠性等不确定因素可能会使 DRP 系统在实际应用中有一定的局限性。

4. DRP 的适用范围

DRP 在两类企业中得到了应用。一类是流通企业。其基本特征是不一定要从事销售业务，但必须要有储存和运输等物流业务。其目标是在满足用户需求的前提下，追求物流资源配置最优、费用最省。另一类是大型生产企业。它们拥有自己的销售网络和销售物流系统，具体组织储、运、销活动。这两类企业的共同之处是：①以满足社会需求为宗旨；②依靠一定的物流能力来满足社会需求；③从制造企业或资源市场组织商品资源。

5. DRP 的应用

DRP 应用的潜在经济效益很大，一些企业实施 DRP 以后，客户服务水平从 85%提高到 97%，物流系统库存量减少 25%，物流成本降低 15%，库存积压物资减少 80%。更为重要的是，实施 DRP 还能为企业带来难以量化的、更为广泛的潜在效益。

在实际运作中，通常将 DRP 与 MRP 结合起来，形成 DRP/MRP 联合系统，从而综合了原材料、在制品和产成品的计划安排，总体协调库存水平，计划存货运输。综合的DRP/MRP 系统功能模型如图 9.18 所示。

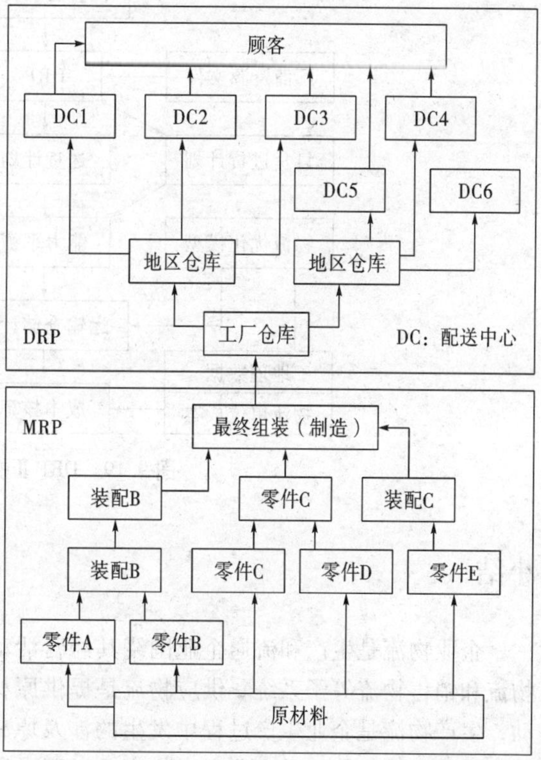

图 9.18 综合的 DRP/MRP 系统功能模型

6. DRP 的发展——DRPⅡ

DRP 和 MRP 一样，只提出了需求，而没有考虑执行计划的能力问题。因此，在 DRP 的基础上，又产生了 DRPⅡ。

（1）DRPⅡ的概念与原理。配送资源计划（Distribution Resource Planning，DRPⅡ）是“在配送需求计划（DRP）的基础上提高配送各环节的物流能力，达到系统优化运行目的的企业内物品配送计划管理方法”（GB/T18354-2006）。

较之于 DRP，DRPⅡ增加了物流能力计划，形成了一个集成、闭环的物流资源配置系统。其结构原理如图 9.19 所示。

（2）DRPⅡ的特点。DRPⅡ具有以下主要特点：①在功能方面，DRPⅡ除了对进货、供货以及库存进行管理外，还具有物流资源的配置利用功能、成本利润的核算功能以及物流优化与管理决策等功能；②在具体内容上，DRPⅡ增加了车辆管理、仓库管理、物流能力计划、物流优化辅助决策系统以及成本核算系统等功能模块；③具有闭环性。DRPⅡ是一个自我适应、自我发展的闭环系统。

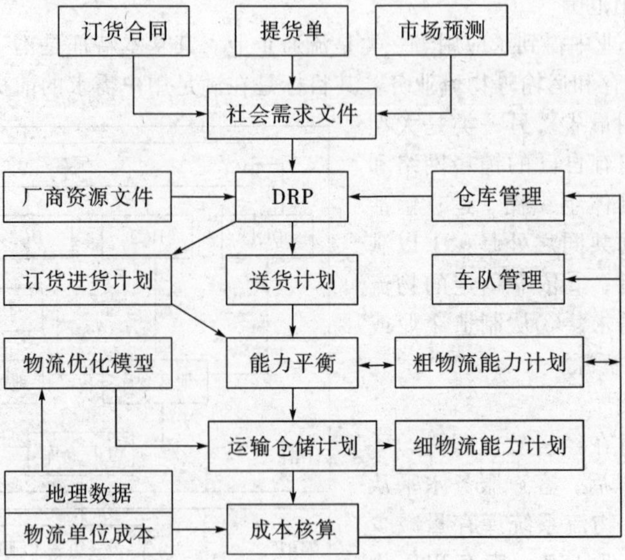

图 9.19　DRP Ⅱ的结构原理图

小结:

企业物流是生产和流通企业围绕其经营活动所发生的物流活动，包括供应物流、生产物流和销售物流等子系统。供应物流是提供原材料、零部件或其他物料时所发生的物流活动，生产物流是企业生产过程中发生的涉及原材料、在制品、半成品、产成品等所进行的物流活动，销售物流是企业在出售商品过程中所发生的物流活动。目前企业流行的采购模式包括电子采购、准时采购、全球采购等。生产物流具有连续性、流畅性、平行性、比例性、协调性、均衡性、节奏性、准时性、柔性、适应性等基本特征。生产物流的组织可以从空间、时间、人员三个角度进行。典型的生产物流控制原理包括推进式和拉动式两种。生产企业现代物流解决方案包括基于 MRP—MRP Ⅱ—ERP、基于 JIT 和基于 TOC 等几种。销售物流服务包括时间、可靠性、沟通和方便性四个要素，而订单管理则包括订单准备、订单传输、订单录入、订单履行、订单状况报告等过程要素。DRP 是在配送环境下从数量和提前期等方面确定物料配送需求的一种动态方法，它可用于规划原材料的进货补货安排，也可用于企业产成品的分销计划。

同步测试:

一、判断题

1. 对于进货难度和风险大的进货任务，首选供应商送货的进货方式。（　）

2. MRP 实现资金流与物流的统一管理，把财务子系统和生产子系统结合到一起，形成了一个系统整体。（　）

3. MRP 能模拟企业的生产经营活动，根据不同的决策方针模拟出未来可能发生的各种结果。（　）

4. ERP 可以说是 MRP/MRP Ⅱ的扩展，但 MRP 仍然是 ERP 的核心功能。 （ ）

5. 总成本最低的原则是进货管理中贯穿始终的原则。 （ ）

二、单项选择题

1. 能帮助企业识别出在实现目标过程中存在着的制约因素，并能进一步指出如何实施必要的措施来消除这些制约因素的理论称为（ ）。

A. 快速反应法 B. 有效客户反应法 C. 约束理论 D. 最优生产技术

2. 在 TOC 的物流原则中提出使各个工序都与瓶颈工序同步，以求生产周期最短、在制品最少。这就是所谓的（ ）。

A. 生产能力的平衡 B. 物流的平衡 C. 供销的平衡 D. 产销的平衡

3. （ ）打破了 MRP Ⅱ只局限在传统制造业的格局，并把它的触角伸向各行各业。

A. ERP B. MRP C. MRS D. DRP

4. 企业采购一般应包括（ ）。

A. 制造商采购和供应商采购 B. 原材料采购和零部件采购

C. 原材料采购和最终产品采购 D. 生产企业采购和流通企业采购

5. 一套良好的看板管理体系可以成为（ ）物流管理模式的有力支撑体系。

A. CRM B. TMS C. JIT D. WMS

三、名词解释

企业物流 电子采购 JIT 采购 供应物流 生产物流 销售物流

销售渠道 订货周期 MRP MRP Ⅱ ERP DRP DRP Ⅱ

四、计算题

1. 一批物料在加工过程中按顺序移动方式进行，已知 $n=4$，$t_1=10$ 分钟，$t_2=5$ 分钟，$t_3=15$ 分钟，$t_4=10$ 分钟，求 $t_{顺}$。

2. 一批物料在加工过程中按平行移动方式进行，已知 $n=4$，$t_1=10$ 分钟，$t_2=5$ 分钟，$t_3=15$ 分钟，$t_4=10$ 分钟，求 $t_{平}$。

3. 一批物料在加工过程中按平行顺序移动方式进行，已知 $n=4$，$t_1=10$ 分钟，$t_2=5$ 分钟，$t_3=15$ 分钟，$t_4=10$ 分钟，求 $t_{平顺}$。

4. 某企业在计划期需要采购某种钢材 500 吨，有 A、B 两家供应商的货物质量均符合企业的要求，信誉也较好。A 供应商相距企业 2.5 千米，其报价为 4 100 元/吨，运费是 3.6 元/吨·千米，订购费用支出为 180 元；B 供应商相距企业 12 千米，其报价为 3 500 元/吨，运费是 1.5 元/吨·千米，订购费用支出为 360 元。请通过计算确定应该选择哪家供应商。

五、简答（述）题

1. 简述企业物流的内涵与结构。

2. 简述企业物流合理化的措施。

3. 简述采购的分类。

4. 简述采购管理的目标与策略。

5. 简述采购流程及其变革。

6. 目前企业流行的采购模式有哪些？

7. 准时采购有哪些主要特点？

8. 简述进货管理的基本原则。

9. 简述生产物流的特征。

10. 简述企业生产物流的组织形式。

11. 简述生产物流控制原理。

12. 简述销售物流服务的构成要素及其重要性。

13. 订单管理包括哪些过程要素？

14. 简述 DRP 与 MRP 的区别和联系。

15. 生产企业应如何建立销售物流体系？

六、情境问答题

1. 在一次企业物流经理的座谈会上，来自不同企业的物流经理们相互交流工作经验和体会。某生产企业的物流经理说，他们日常工作中很重要的一项就是与供应商打交道，并管理供应商，包括采购订单的下达、产品的接收与检验以及负责审核货款的支付等。与会的很多物流经理都觉得很惊讶：这难道不是企业采购部门的事情吗？怎么会是物流部门的工作呢？物流部门应该只管理运输、仓储以及生产线配送等业务就可以了。怎么会管理供应商呢？请你对这些疑问给予合理的解释。

2. 益康公司是一家经营卷筒纸、面巾纸、餐巾纸、纸手帕等生活用纸的企业。随着公司市场份额的不断扩大，生产任务日益繁重。为此，生产部负责人希望增设一名生产物流主管，专门负责生产物流管理工作。如果你是生产部负责人，你认为应该给生产物流主管设定哪些岗位职责？

3. 在企业的生产计划协调会上，各车间与厂计划科之间总会讨价还价。其中，争论最激烈的往往是细能力计划（CRP）的内容，而对粗能力计划（RCCP）一般没有太大的争议。我们知道，粗能力计划是非常重要的，是决定企业生产目标能否实现的关键计划，但为什么双方在该阶段没有太多的争议，相反，对细能力计划的争论最激烈呢？请你给出合理的解释和理由。

4. 香港某咨询公司 A 与一家医疗器械生产企业 B 达成了销售物流优化咨询项目。出于项目前期调研需要，A 公司需向 B 企业提供一份“所需资料清单”，由 B 据此提供方案设计所需的数据及其他资料。你认为 A 公司向 B 企业提供的“所需资料清单”应该包括哪些内容？

七、实训题

学生以小组为单位，课余寻找一家大型生产企业，对其生产物流的运行情况进行调研，分析生产物流与生产的关系，并完成一篇不低于 1 000 字的调查报告。

八、案例分析题

海尔集团的物流之路

海尔集团是国内一家知名家电制造企业。为适应市场发展的需要，集团对供应链和物流系统进行了业务流程再造。在同步管理模式下，海尔集团的物流系统以订单信息流为中心，成了企业核心竞争力的有力支撑。海尔集团物流系统的发展经历了三个阶段：

第一阶段：物流资源优化重组，建立新型合作伙伴关系

整合内外部资源，成立隶属于物流部门的采购事业部、配送事业部和储运事业部。在这一阶段，海尔集团通过统一采购实现每年节约资金上亿元，环比降低材料成本 6%；通过统一仓储，不仅减少 20 万平方米仓库，而且呆滞物资降低 90%，库存资金占用减少 63%；通过统一配送，在全国可调拨车辆 16 000 辆，运输成本大降低。内部资源整合的同时也优化了外部资源。一方面，2 000 多家供应商优化到了不到 1 000 家；另一方面，通过将对外买卖关系转变为战略合作伙伴关系，海尔集团实现了从采购管理向资源管理的转变，与供应商形成了公平、互动、双赢的合作关系。

通过建设内部 ERP 信息系统和 B2B 电子商务平台大大加快信息的反馈，并带动物流快速流动。经销商、客户通过访问海尔集团网站，下达订单，订单数据直接进入后台的 ERP 系统，并通过采购平台将采购订单下达给供应商。供应商在网上接受订单并通过网上查询计划与库存，及时补货，实现了 JIT 供货。通过与银行的合作对供应商实现了网上货款支付，日付款制度的实施保证了对供应商付款及时率 100%，加快了物流与资金流速度。这使得原来半个月才能处理完毕的工作可以在几小时内完成，加快了订单和整条供应链的响应速度。

第二阶段：运用信息技术和物流技术，建立柔性化生产系统

物流技术的创新和广泛应用保证了同步柔性制造系统的运行。标准容器、标准包装、条形码和无线扫描等技术的广泛应用实现了单元化、标准化储存和机械化高速搬运，提高了劳动效率，改变了原来收货、搬运、分拣和发货使用手工操作的状况，保证了及时配送上工位，降低了库存成本。立体仓库的建成改变了企业原有仓储的观念，成为柔性生产配置的中转库，提前的分装与拣选则保证了大规模定制生产的需要。

由于信息的准确、及时，库存量大大降低。货物入库后，物流部门可根据次日的生产计划利用 ERP 系统进行配料，同时根据看板管理 4 小时配送至工位。海尔集团与供应商双赢的战略合作伙伴关系也推动了寄售模式的广泛应用。寄售模式一方面减少了供应商租赁、装卸与运输的费用，降低了物流成本；另一方面，避免了自身由于原材料不足而停产，使库存管理节约了大量的人力、物力和时间。

第三阶段：延伸服务领域，物流产业化发展

海尔物流储运事业部通过整合海尔集团的仓储资源和运输资源，可调配车量达 10 000 辆以上，在全国建立了 42 个配送中心，每天能够将上百个品种的 30 000 余台产品配送到全国 1 330 个专卖店和 9 000 余个营销网点。通过条形码和 GPS 技术的运用，可随时监控所有车辆的状况，运输效率大大提高。原来配送到全国平均 7 天的时间，目前中心城市实现 8 小时配送到位，区域内 24 小时配送到位，全国 4 天内配送到位。而且由于是按单生产，成品库只是中转库，在减少仓储面积 10 余万平方米的情况下实现了零库存。

参照集团的服务标准和规范，海尔物流规范运作，业务开展的同时也保证了服务质量。通过积极开展第三方配送，海尔物流已经在为多家知名企业提供第三方物流服务，并通过强强联合不断完善配送网络。物流已成为海尔集团新的核心竞争力。

根据案例提供的信息，请回答以下问题：

1. 海尔集团的生产物流和销售物流是如何衔接的？
2. 海尔集团与供应商之间的战略合作伙伴关系形成的基础是什么？
3. 海尔物流的核心竞争力是什么？为什么？
4. 请对海尔物流向第三方物流发展的方向提出你的建议。

第十章 第三方物流

【引例】

视频链接：物流的认知

京东商城物流自营引争议

2012年，电子商务企业的价格战一波胜于一波，直至8月15日，京东CEO刘强东将新一轮价格战推向高潮。有人说，京东发起的这场“战争”，意味着中国商业正式进入“电商时代”。热闹的价格战背后，反映出的是网上购物市场的火爆。2010年，中国电子商务市场交易额达到4.5万亿元，同比增长22%；2011年，中国电子商务市场交易额达6万亿元，同比增长33%。2012年仅第二季度，中国网上购物市场规模达2 683.7亿元，较上一季度增长17.6%，较上一年同期增长51.6%。未来两年，中国网上零售交易规模有望突破1万亿元（占全年社会商品零售总额的5%以上）。作为国内一家知名的电子商务企业，京东当然也是生意火爆。然而，在生意变得火爆、订单急速增长的同时，成长的脚步却被物流环节所拖累。网上购物从产生的那一天起，就依靠国内大大小小的快递企业来完成货物的配送。配送成本高、效率低、服务水平远不能达到消费者期望、消费者体验不佳等困扰着电子商务企业。京东的一位高管表示，“2009年前京东收到的投诉，70%都来自于第三方配送环节”。

面对物流环节的困扰，京东组织国内专家对物流体系如何建设进行了讨论，学院派人士几乎都认为电子商务企业应借助第三方物流，而实战派则多数认同自建。京东在争议中确定要投入巨资自建物流体系。刘强东称，“无论是过去还是现在，物流都是我们最大的挑战。公司能不能继续平稳地发展，就在于物流体系建设的成功与否。”因而，自2009年起，京东便在物流方面做出了一系列的计划和举动。除了宣布多达百亿元的物流投资计划，还根据业务发展情况，陆续在北京、广州、武汉、成都等地自建物流中心。如今，京东商城70%以上的业务可以实现自主配送，“京东商城在信息、技术、网络方面的大规模投入已经使其物流配送水平领先于多数快递企业”。

引导问题：

1. 为什么学院派人士主张物流外包？
2. 为什么实战派人士主张物流自营？
3. 什么是物流外包？企业应如何正确地进行物流自营与外包决策？
4. 什么是第三方物流？典型的第三方物流的运作模式有哪些？

物流是供应链流程的一个重要组成部分，为了增强供应链的系统性与集成性以及供应链的敏感性和响应性，第三方物流企业有必要加盟供应链，以便整合供应链的物流业务，提高物流效率，降低物流成本，为客户创造可感知的效用，并为客户企业创造强大的竞争优势。通过本章内容的学习，读者应掌握第三方物流的概念、特征和优势；理解物流外包及其与第三方物流的关系；理解物流外包的发展趋势；掌握物流外包决策方法；掌握物流服务商的评估与选择方法；掌握第三方物流的运作模式。

第一节　第三方物流概述

物流产业的发展水平是衡量一个国家或地区的产业结构是否合理以及经济发展水平高低的重要指标之一。而第三方物流的发展水平又是衡量一国物流产业发展水平的重要标志。

［案例10-1］**中远中海重组成立中国远洋海运集团**

2016年2月，中国航运业两大巨头中国远洋与中国海运重组成立中国远洋海运集团，被誉为“中国神运”。重组后的中国远洋海运集团拥有全球最大的干散货运输自有船队、全球最大的油运船队、全球吞吐量第二大的码头运营商、全球第三大的集装箱租赁企业以及全球第四大的集装箱班轮公司。合并前的中远和中海两家公司在国际竞争中不具备规模优势，业务资源同质化严重，在国际国内细分市场竞争中缺乏优势。公司经过重组与资源深度整合、重新架构全球航运物流产业链的业务分工、价值创造和分配格局，将实现规模经营，将规模效应转化为竞争能力，并实现商业模式联盟化，将协同效应转化为协同效益。中远和中海两家公司的合并，有利于遏制恶性竞争，减少无序竞争；新公司的成立有助于增强我国航运企业在国际上的话语权；同时还有利于精简机构，降低人力成本，增强公司的竞争力。

一、第三方物流的概念

第三方物流（Third Party Logistics，TPL或3PL）是指“独立于供需双方，为客户提供专项或全面的物流系统设计或系统运营的物流服务模式”（GB/T18354-2006）。

第三方物流也称综合物流（Integrated Logistics）。它是相对于第一方发货人（Shipper）和第二方收货人（Consignee）而言的第三方专业物流公司承担企业物流活动的一种物流形态。物流服务商通过与第一方和第二方的合作来提供其专业化的物流服务。它不拥有商品，不参与商品买卖，而是为顾客提供以合同约束、以结盟为基础的、系列化、个性化、信息化的物流代理服务，包括设计物流系统、提供EDI服务、报表管理、货物集运、选择承运人、货运代理、海关代理、信息管理、仓储、咨询、运费支付和谈判等。

由于物流服务商一般是通过与货主企业签订一定期限的合同来提供物流服务的，所以有人将第三方物流称为“合同物流”（Contract Logistics）。

需要指出的是，第三方物流是一种物流服务模式。它与第三方物流企业或者说第三方物流服务商（Third Party Logistics Service Provider，TPLs）是两个相关但不相同的概念，不能混淆。

二、第三方物流的特征

从欧美以及日本等发达国家的物流业发展状况来分析，第三方物流已在发展中形成了功能专业化、服务个性化综合化、关系契约化、合作联盟化、信息网络化等特征。

（一）功能专业化

第三方物流公司是专业化的物流企业。它除了具有运输、仓储、包装、装卸搬运、配送、流通加工以及物流信息处理等基本功能以外，还具有诸如物流系统规划与设计等增值功能。第三方物流公司无论是物流系统的规划与设计，还是物流业务的运作，抑或物流技术工具、物流设施设备，乃至物流管理，都必须体现专业化特点，这既是客户的要求，同时也是第三方物流企业自身发展的需要。

（二）服务个性化、综合化

一方面，不同的客户存在不同的物流服务需求。第三方物流企业应根据客户的不同需求，在企业形象、业务流程、产品包装、配送频率、服务的及时性等方面满足客户的个性化需求。另一方面，经济全球化进程加快。特别是从 2004 年 12 月以来，随着我国物流行业逐步对外开放，越来越多的外资物流企业已进入我国，物流企业之间的竞争日益激烈。为此，第三方物流企业亟须实施差异化战略，建立独特的物流资源和能力，构筑核心业务，打造核心竞争力，向客户提供特色鲜明、针对性强的个性化服务，甚至是多功能、全方位、一体化的综合物流服务。唯有如此，才能赢得客户的青睐，并持久领先。

一般而言，第三方物流企业除了能提供仓储、运输、包装、流通加工、配送等基本服务外，还能提供货物的分装、集运、订单分拣、存货控制、货物跟踪、车辆维护、托盘化、质量控制、物流系统设计、市场调查与预测、采购及订单处理、代收货款及结算、教育培训、物流咨询、报表管理、货运代理、海关代理、谈判等增值服务。

（三）关系契约化

第三方物流企业与客户之间是现代经济关系，需要以合同这一调整和约束双方行为的法律手段来进行治理。合同明确规定了双方的责、权、利关系，可规范物流服务活动与过程。有了合同约束，可确保合作关系的顺利开展，并对冲突的解决提供了依据。

（四）合作联盟化

国际上，很多第三方物流企业与其客户之间建立了长期的合作关系，甚至战略联盟。双方实时信息共享，打破传统业务束缚，将买卖关系转变为战略伙伴关系。双方的长期合作，可在服务供需方面达成默契；可有效降低搜寻交易对象、讨价还价、达成协议、监督履约的交易费用；可有效规避双方的短视行为，并有利于双方或多方建立长期合作伙伴关系。

（五）信息网络化

信息技术是第三方物流发展的基础，具体表现为物流信息的商品化、物流信息收集的数据化和代码化、物流信息处理的电子化和自动化、物流信息传递的标准化和实时化、物流信息储存的数字化等。信息化能更好地协调生产与销售、运输、仓储等环节的联系。常用的信息技术主要有 EDI 技术、EFT（电子资金转账）、条形码技术、电子商务技术以及 GPS 等。信息技术在物流服务与活动中的应用，实现了实时信息共享，极大地提高了物流流程的效率，提高了物流管理的效率和效益。

［案例 10-2］USCO 的信息网络化

美国橡胶公司（USCO）的物流分公司设立了信息处理中心，接受世界各地的订单，通常在几小时内便可将货物送到客户手中。良好的技术装备与管理能力大大提高了公司的服务水平，赢得了客户的尊敬与信赖。

三、第三方物流的优势

[**案例 10-3**] **TNT 与惠普的合作**

从 20 世纪末起，TNT 物流公司就成为惠普的第三方物流（3PL）管理商，负责管理零部件仓库和来自世界各地供应商货品的进口运输业务。

现在 TNT 做的所有工作，过去都是惠普自己做的；与使用惠普自己的员工相比，与 TNT 合作，开支要节省 40%，而且，TNT 更多地使用临时工和兼职人员，运作更有柔性。

TNT 管理着惠普的 11 座仓库，每年的营业额约 2 600 万美元，罗斯韦尔在其中占有大部分。位于罗斯韦尔的工厂占地 80 万平方英尺（1 英尺≈0. 304 8 米）。由于仓库和生产线是在同一处，所以这种经营又称为“同址”运营。目前在其他许多公司，零部件还需要在仓库和工厂间运来运去，既耗时又费钱。而在罗斯韦尔，配送零件通常只需一辆叉车跑一趟来回。接到提取某一零部件的提货单后，一名 TNT 员工就会在排满了 8 000 种库存产品的巨大货架上找到所要的零部件，然后更改库存记录，最后把零件送到组装线上。通常这只需要 30 分钟。但在过去，由于仓库和厂房遍布罗斯韦尔全城，运送一趟通常需要两三个小时。节省的不仅是时间，而且是产品的损耗和破坏。

TNT 物流公司除了管理上千万美元的库存，还从惠普员工手中接过了运输管理业务，这在惠普公司的历史上尚属首次。在 TNT 管理运输之前，惠普产品的国际空运通常耗时 17 天，国内空运需要七八天，供应商为了赶上配送时间，通常要加夜班。如今，TNT 保证在美国境内的运送时间是 1~4 天，国外的运送时间是 4 天，99%的产品运送都能按时送达。如果中间出了岔子，惠普将和 TNT 一起来解决，保证零部件按时送达。

TNT 的运输经理就像是沟通惠普采购经理和公司供应商的桥梁。TNT 从惠普手中拿到订单后，联系供应商，确保零部件能及时送到惠普的工厂，中间具体的运输过程就是承运商的事了。每周，TNT 都对每一条产品线上的国内和国际运输费用开出清单，这在惠普历史上也是从未有过的。仅仅是在与惠普合作的前 6 个月，TNT 就通过减少加急运输，为惠普节省了 250 万美元。另外，TNT 还通过减少运输商的使用、改变运输方式，帮惠普省下了 400 万美元。同时，TNT 还利用旧垫板，而不是像原来租用带垫板的面包车，这又为惠普在半年内省下了 50 万美元。过去，惠普要租赁大量飞机保证及时运输，但现在 TNT 只在为了保证生产线继续运转的紧急情况下才使用空运，其余情况下都通过公路运输。

与企业自营物流相比，第三方物流可以在作业利益、经济利益和管理利益三方面带来优势。

（一）作业利益

作业利益是指物流作业改善而产生的利益。在工商企业自营物流的条件下，一般而言，由于物流业务并非工商企业的核心主业，其物流资源并不丰富，物流设施设备并不够先进，物流能力并不够强大，物流人才也比较匮乏，因而物流作业效率比较低下，难以满足客户的需求。例如，在买方市场环境下，零售商往往要求厂商多频次、小批量地供货，以降低其库存成本，厂商或由于自身物流能力及条件所限，或因为 JIT 配送成本太高，一般很难做到。于是，商机转瞬即逝。第三方物流公司是专业物流企业，拥有人才、技术、工具、设施设备、从业经验等多方面的优势，因而，可改善物流作业，提供专业物流服务，从而为客户带来利益。

（二）经济利益

经济利益是指可直接用货币来衡量的利益。①第三方物流公司是专门为货主提供物流服务的专业企业，可通过向多个客户提供服务，实现物流经营的规模经济性，从而降低物流作业成本。例如，整合运输、集中配送、大量仓储、流通加工中的批量处理以及集中客户需求而进行的大量采购等，均可发挥第三方物流服务供应商在物流运作中的规模优势，进而降低物流成本，获取经济利益。在供应链管理的背景下，第三方物流企业还可整合供应链各节点的物流业务，统一科学管理，消除库存的重复设置，降低供应链总成本，从而为所有的成员企业以及终端的消费者带来经济利益，实现多边共赢。②实施第三方物流，可降低工商企业自营物流的机会成本。货主企业可将物流资源占用的资金释放，并转投资于核心业务，必将获得更大的产出，在所擅长的业务领域内实现规模经营，降低经营成本，提高经营效率，获取更大的利润。③工商企业与第三方物流公司合作，不必再进行物流设施设备的投资，而只需按照外包物流业务量的大小支付相应的费用。于是，物流费用从“固定成本”变为“可变成本”，货主将从中受益。④实施第三方物流，工商企业的物流费用将变得更加明晰，从“隐性成本”变为“显性成本”。一般而言，在一个企业内部，某一环节的成本费用往往很难与其他环节区分开来，因而物流费用实质上难于计量。但物流外包第三方后，由于物流费用变得明晰，实质上将一个企业的“隐性成本”变成了“显性成本”，增加了“会计成本”，产生“税盾”，使公司受益。①

（三）管理利益

物流外包第三方后，工商企业的物流部门虚化，组织结构扁平化，可降低管理费用。随着物流业务的外包，工商企业的物流管理部门将进一步弱化，实现虚拟经营。这必然降低公司的物流管理费用，且使组织结构呈现扁平化特征，使组织更具有柔性、更灵活、更能适应经营环境的变化。与此同时，工商企业可将人力资源集中于核心业务，进一步提高本公司业务的管理效益。此外，工商企业与第三方物流公司合作，可获得其专业物流能力，实现资源的外向配置。

总之，第三方物流企业凭借先进的物流设施设备、先进的物流信息系统和先进的物流管理技术为客户提供跟踪装运、货物配送、海关报关、代收货款等基本服务和增值服务；通过导入多客户运作，实现规模经营；通过整合供应链各环节的物流业务，减少非必要的库存，降低非必要的成本，为消费者创造更多的价值，增强供应链竞争力。因而，工商企业实施物流外包，可以享受到第三方物流企业带来的作业利益、经济利益和管理利益。

四、第三方物流的产生

全球经济一体化、国内竞争国际化、信息网络化、经营虚拟化等新经济时代的重大变化促进了物流服务的社会化趋势。物流供需双方的推动，促使第三方物流应运而生。

第三方物流的产生，首先源于工商企业对物流服务有需求。早期，许多工商企业既从事核心业务（生产制造和分销），又自营物流，拥有自己的车队、仓库等储运设施，自行从事运输、仓储、包装等物流作业。随着市场竞争的日益激烈以及社会分工的进一步细化，许多企业经营管理者逐渐意识到自营物流成本太高，效率太低，且服务质量低下，顾客不满意，企业缺乏竞争优势。为了提升企业竞争力，许多企业实施归核化战略，将资源和能力集中于核心业务，而将本企业不擅长的业务，诸如运输、仓储等物流业务外包给专业运输企业和仓储企业来运营。在社会需求的驱动下，物流产业崛起。

---

① 胡建波. 工商企业物流外包的动因探析［J］. 中国水运，2011（3）.

同时，WTO 倡导贸易自由，促进了资源在全球范围内流动，加速了全球经济一体化的进程。为了抢占更大的市场份额，获取更大的利润，许多企业国内成熟，国外拓展，多国公司、国际公司、跨国公司、全球公司越来越多。跨国经营，面临的是全球用户、全球供应商、全球分销商、全球化的市场，原材料采购、产成品运输、配送乃至整个物流活动在地域上跨度极大，因而导致管理复杂，协调难，费用高。一般而言，工商企业并非专业物流公司，物流资源和能力相当有限，物流系统规划与设计、线路规划等能力比较薄弱，物流信息系统尚不完善，不能提供跟踪装运服务，货损货差难免，导致物流作业与管理成本上升。工商企业对高水平物流服务的需求，进一步促进了提供专业化物流服务的第三方物流企业的产生。

此外，随着物流产业的崛起，物流企业间的竞争也日趋激烈。早在 20 世纪 90 年代，我国传统物流企业（储运企业）的经营者就已经意识到，仅靠单一的仓储、运输服务，获利较低。他们逐渐明白，只有实施差异化战略，为客户提供增值服务，才能获取更多的利润。于是，很多传统储运企业在原来经营业务的基础上逐渐拓展服务的范围，增加特色功能，强化增值服务，逐渐改造成现代意义上的第三方物流企业。

综上所述，第三方物流的产生是经济社会发展的必然趋势，更是物流供需双方推动的必然结果。归根结底，市场需求是其产生的根本原因。

五、第三方物流的发展阶段

物流发展的核心是为供应链企业群体提供最优的物流服务，具备实现产品链或产业链整体优化的物流能力。在这一能力的实现过程中，第三方物流的发展包括了简单物流、综合物流、综合集成、全面扩大、全面优化等阶段，如表 10.1 所示。

表 10.1　　第三方物流的发展阶段

阶段	描述	标志	能力	特征
简单物流阶段	简单的基于客户的运输、仓储等功能运作	2PL	资源能力（车队、仓库、其他物流工具）	物流运作主体众多，但方数①单一，管理关系简单
综合物流阶段	基于合同的物流优化和运作	3PL	资源能力、管理能力、信息能力	物流运作主体减少，方数增加，管理关系简单
综合集成阶段	基于供应链的整合与优化	4PL	集成优化能力、统筹能力	运作主体减少，方数增加，管理关系复杂
全面扩大阶段	基于供应链的网络化运作	5PL	扩大的价值支持能力，如信息平台、培训平台等	运作主体减少，方数增加，管理关系复杂
全面优化阶段	基于产品链或产业链的集约化物流再造与运作	6PL	技术能力、高度集约的整合与运作能力	运作主体减少，方数减少，管理关系简单

2PL~6PL 的运作方式都是为了实现物流的最优运作和实现产品链或产业链整体优化的物流能力所使用的重要手段，最终还是要归结到如何充分利用各种方式和手段，实现物流的最优运作（包括 1PL 在内）。因此，第三方物流发展的最高阶段是所谓的 6PL 阶段。在这一阶段，物流运作的基础信息平台和物流专业培训等服务平台均已建立并完善，物流企业具备先进的物流技术能力、高度集约的整合与运作能力。大型物流企业和超大型物流企

① 物流业务中涉及的业务各方数量。

业（或联盟）出现，它们真正具备物流运作能力、物流系统优化能力、物流信息服务能力以及人才培训等能力，可以为供应链企业群体提供真正的一体化物流服务。

［案例 10-4］**中外运长航集团与招商局集团的合并成效斐然**

2015 年年底，中国外运长航集团整体并入招商局集团，成为其全资子公司。合并后新公司的资产超过 7 000 亿元，超过中远与中海合并后新成立的中国远洋海运集团 5 000 亿元的资产。这两家公司战略重组的目的是实现双方在物流、航运、港口等方面资源的有效整合，进一步提升公司在综合物流、交通运输、物流园区开发以及港航联运等领域的综合服务能力与竞争优势，加速打造具有国际竞争力的世界一流物流企业。

两家公司的合并，有利于实现物流业务的整合。其中特殊物流如冷链物流、重大件货物运输等业务可实现优势互补。目前，中外运长航旗下拥有与 DHL 合资的中外运敦豪运营快递业务，另包括中外运股份旗下的重大件工程物流业务。物流为网络密集型业务，双方在网络上的合作会显著提高其整体的物流效益。

通过重组，双方可以结合各自在海运、空运、陆运、仓储及客户等方面的资源，给客户提供全程供应链解决方案和“一站式”服务，并提高全球性的综合物流服务能力，同时打造“海、陆、空”供应链一体化的综合物流企业。

在能源运输方面，双方通过远洋及内河能源运输的无缝衔接，保证国家的能源运输安全，同时充分发挥各自在干散货运输领域的资源优势，实现规模及效益的提升，建设国际领先的干散货运输船队。

此外，双方结合自身在枢纽港、支线码头和驳运网络的资源优势，可以搭建覆盖长江经济带、珠江三角洲的江海联运港航体系，并经过完善海外布局，搭建连接东南亚、欧洲等区域的港航网络体系和“21 世纪海上丝绸之路”的供应链管理平台。

两家公司的合并是在政府的主导下完成的。几年后资源整合的成效开始显现。2019 年 4 月，全球著名的国际物流运输业的分析咨询机构 SJ Consulting 公布了最新的全球物流企业 50 强榜单，中外运名列 14 位，俨然成为世界级的物流巨头。

第二节　物流外包与第三方物流

近年来，随着纵向一体化战略弊端的日益显露，国际上许多大公司纷纷实施“归核化”战略，将资源和能力集中于核心业务，而将非核心业务外包，与上下游企业建立战略伙伴关系。相应地，企业间的竞争逐渐演变为供应链与供应链的竞争。对多数工商企业而言，物流是辅助性的活动，为使企业有限资源发挥最大效力，自然将其外包。

一、物流外包概述

（一）物流外包的含义

物流外包（Logistics Outsourcing）是指“企业将其部分或全部物流的业务合同交由合作企业完成的物流运作模式”（GB/T18354-2006）。换言之，物流外包是一个业务实体将原来由本企业完成的物流业务，转移到企业外部由其他业务实体来完成。物流外包是企业业务外包的一种典型形态，主要包括物流功能外包和物流管理外包等类型，以及物流业务委托和物流战略外包等形式。

美国《财富》杂志刊载，目前全球年收入在 5 000 万美元以上的公司，都普遍开展了物流外包。例如，Dell 公司将物流业务外包给联邦快递（FedEx）、HP 公司将物流业务外包给联合包裹（UPS）、宜家居将物流业务外包给马士基（MAERSK）、广州宝洁公司将物流业务外包给广州宝供、通用汽车（GM）公司将物流业务外包给理斯维公司。

（二）物流外包的类型与形式

物流外包作为企业业务外包的常见形式之一，主要有以下三种类型：

（1）零散外包。零散外包是指由外部物流服务商承担企业较小的、离散的物流业务。

（2）业务委托。业务委托是指企业在操作层面上将自己的物流业务委托给外部物流服务商。

（3）战略外包。战略外包强调与企业的总体战略发展相协调，从战略高度全面规划和实施物流外包。

从零散外包到业务委托，再到战略性外包，这三种外包类型是从低级到高级，从离散到连续，从简单到复杂，从不规范到规范，不断升级演进、深化发展的。

具体而言，目前企业物流外包主要有以下几种形式：物流业务完全外包、物流业务部分外包、物流管理外包、物流系统剥离等。

（三）物流外包的驱动因素①

企业或没有能力在物流方面进行投资，或不能够建立起高效的物流配送机制，抑或自营物流缺乏竞争力，因而实施物流外包。

［案例 10-5］亚马逊公司的“最后一公里”配送外包

截止到 2019 年年底，全球最大的电子商务企业亚马逊公司已连续 9 年蝉联全球供应链大师的桂冠，彰显了亚马逊公司多年来在供应链管理领域的持续卓越表现。亚马逊公司是自营物流的典范。公司建立了高效的配送系统，目前拥有超过 10 万个正在服役的仓库机器人，这成为亚马逊公司的一大亮点。虽然亚马逊公司拥有完善的物流设施，但对于“门到门”的配送业务，公司始终坚持外包，因为这种“最后一公里配送”不但烦琐，而且成本高，自营不如外包。

2002 年，美智（Mercer）管理咨询公司和中国物流与采购联合会对我国第三方物流市场进行了为期 3 个月的调查，发布了《中国第三方物流市场——2002 年中国第三方物流市场调查的主要发现》报告。调查结果显示，工商企业实施物流外包首先是为了降低物流费用，其次是为了强化核心业务，最后是为了改善提高物流服务水平和质量。企业通过资源的外向配置来提升核心能力是市场经济发展的必然趋势，物流外包是企业提高自我适应能力的必然选择。

（四）物流外包的障碍

目前，我国企业在物流外包问题上主要遇到了以下障碍：

（1）经营理念的束缚。一方面，很多企业管理者对“第三利润源泉”缺乏正确认识；另一方面，传统“大而全”“小而全”观念根深蒂固，以及受“肥水不流外人田”等狭隘思想的影响，不愿将物流业务外包。

（2）传统经营模式遗留的问题。我国大中型工业企业与商品流通企业受过去“大而全”“小而全”经营模式的影响，一般拥有储运设施，如仓库、货运车辆等，一旦实施物流外包，必然面临物流资产的处置以及员工的安置等问题，给物流外包带来障碍。

---

① 胡建波. 工商企业物流外包的动因探析［J］. 中国水运，2011（3）.

（3）我国第三方物流企业本身的问题。我国第三方物流企业普遍服务质量不高，而收取的服务费用又昂贵，致使工商企业倾向自营物流。

二、物流外包的发展趋势

近年来，随着企业管理者对一体化物流管理模式认识的不断深化，物流外包呈现以下发展趋势：

1. 物流外包的模式从物流功能外包向一体化物流外包方向演变

随着越来越多的企业构建一体化物流管理模式，企业物流外包正在从运输、仓储等物流功能外包向一体化物流外包方向转变。工商企业要选择合适的物流服务商并对物流外包进行有效管理，首先要认识清楚一体化物流服务与功能性物流服务在服务性质、服务目标以及客户关系上的区别，树立全新的物流外包观念；同时，物流服务商要进行服务创新，尽量满足工商企业对一体化物流服务的要求。

（1）一体化物流服务不是物流服务功能的简单组合，而是提供综合管理多项物流服务功能的解决方案。一体化物流管理是运用系统的管理思想和方法，对从原材料供应到产成品配送的整个物流过程和物流功能进行统一管理。因此，物流服务商提供的一体化物流服务不是仓储、运输、配送等物流功能服务的简单组合，而是要对多项物流功能进行有机整合，对客户的物流服务方案进行总体设计，并对物流运作过程进行综合管理，扮演物流责任人的角色。

（2）一体化物流服务的目标，不仅仅是降低企业的物流成本，而是全面提升企业的价值。

小贴士　　　　　　　　　　物流外包的益处

从20世纪80年代起，美国供应链管理专业协会（CSCMP）就一直致力于组织对企业物流绩效评估和对第三方物流服务商（TPL_S）的价值研究。调查结果显示，企业通过实施一体化物流外包，物流成本下降11.8%，物流资产下降24.6%，订货周期从7.1天下降到3.9天，库存总量下降8.2%。

企业管理者对一体化物流外包的理解各不相同。运营总监（COO）看重的是一体化物流服务商物流运作的高效率与低成本；营销总监（CMO）看重一体化物流服务商的优质物流服务有助于扩大市场份额并提高产品销量，同时能更好地进行客户关系的维系与管理；财务总监（CFO）看重一体化物流外包能够减少物流资产，并将释放的资金投放到核心业务，有利于提高投资回报率；首席信息官（CIO）看重物流外包能够共享一体化物流服务商的信息系统与技术资源，避免自建物流信息系统及系统升级带来不必要的成本和麻烦；物流总监（CLO）则看重通过一体化物流外包，企业不必拥有物流资源就能控制物流运作，并能得到一体化物流服务。

（3）物流外包关系不是此消彼长的价格博弈关系，而是双赢的合作伙伴关系。既然第三方物流服务商给客户提供的是一体化物流管理服务，目标是全面提升企业的价值，工商企业就应该允许其分享物流合理化所产生的收益。事实上，由于物流功能之间存在效益背反关系，而企业主要的物流成本降低通常来自对库存的有效控制（特别是供应链库存的全局优化），因此，第三方物流服务商与供应链其他成员应该建立以物流外包为纽带的合作伙伴关系，实现互利共赢。

2. 物流外包的领域从非核心业务领域逐渐向核心业务领域方向拓展

工商企业要充分发挥物流外包的作用，就需要在仓储、运输等物流功能外包的基础上不断扩大外包的范围，以期获取一体化物流服务商差异化、个性化的物流服务，从而获得竞争优势；而物流商也要不断挖掘客户的物流服务需求，不断创新服务模式和服务内容。

工商企业在确定物流外包领域时，首先选择运输、仓储、配送等非核心业务，然后逐步延伸到订单处理、货物组配、商品采购等介于核心与非核心之间的业务，最后可能涉及售后服务支持等核心业务。随着物流外包关系的深化，工商企业会不断扩大物流外包的范围，最终只专注产品研究开发、生产、销售等最核心的业务环节。

相应地，物流商提供的物流服务从基本服务向增值服务方向延伸。提供仓储、运输、配送等功能性服务是许多物流商能够提供的基本服务，难以体现物流商的服务差异，也体现不出一体化物流服务商的价值。为此，一体化物流服务商要根据客户企业生产经营的需要，在基本服务的基础上延伸出增值服务，以个性化的服务创造物流服务的差异化。

想一想：物流企业提供的增值服务有哪些？

小贴士　　**物流的增值服务**

通常，运输的增值服务主要有运输方式与承运人选择、运输线路优化与计划安排、货物配载、货运招标等。仓储的增值服务主要有集货、包装、货物组配、条码生成、贴标签、退货处理等。配送的增值服务主要有生产线JIT配送以及配送货物的安装、调试、维修与销售服务支持等。

3. 物流外包的类型从物流功能外包向物流管理外包方向延伸

工商企业实施一体化物流外包，不是希望第三方物流服务商在货主企业的管理下完成多项物流功能，而是要求其参与企业的物流管理，将各个物流功能有机衔接起来，实现高效的一体化物流运作。近年来，一些大型企业要求第三方物流服务商对其全部物流外包活动承担更大的责任和实施更好的控制，提供领导型物流商（Leading Logistics Provider，LLP）服务。领导型物流商相当于替工商企业管理承运人、仓储服务商、报关行和其他物流企业的“物流总监”，通过基于互联网的强大的信息系统，管理供应链上的每一个物流参与体，控制库存及货物流动，最大限度地降低供应链的物流运作成本。

小资料：

物流外包成本节省取决于一体化外包的程度

有研究表明，企业物流外包的成本节省取决于物流一体化外包的程度。如果企业只是实施物流功能外包，借助第三方物流服务商的规模效应和运作专长，可以获得0%~5%的成本节省；如果企业利用第三方物流服务商的网络优势进行资源整合，部分改进原来的物流流程，有望获得5%~10%的成本节省；如果企业通过第三方物流服务商进行物流流程再造，将第三方物流企业的物流服务延伸到整个供应链，可预期获取10%~20%的成本节省。

［案例10-6］**叶水福为家乐福提供仓储与配送运营管理服务**

新加坡叶水福物流集团是新加坡规模最大、知名度最高的第三方物流企业，其物流网络覆盖东南亚、中国和澳洲等。叶水福物流（成都）公司是叶水福物流集团在中国西部设立的分公司。该公司承担了家乐福西区物流中心的仓储与配送运营管理业务，为云贵川和重庆等地的家乐福门店提供货物的仓储与配送服务。其中，承运人由家乐福指定，物流中心由家乐福在成都新津普洛斯物流园区租赁，叶水福物流（成都）公司则主要为家乐福提供仓储与配送运营管理服务。

4. 物流外包的方式从业务委托向战略协同方向发展

与物流功能外包相比，一体化物流外包更加具有长期性、交互性和灵活性。为此，工商企业在实施一体化物流外包时，应根据企业自身的需要，结合第三方物流服务商的优势，寻求最佳的外包方式。

小资料：

美国企业与第三方物流服务商的合作方式

美国企业与第三方物流服务商的合作，30%采用利益共享、风险共担的方式，20%采用成本共担的方式，20%采用营业收入共享的方式，20%采用相互参股的方式，10%采用合资的方式。

（1）从短期业务外包到长期合同外包。物流功能外包通常采用“一单一结”的交易方式，工商企业与物流商之间是短期的买卖关系；而实施一体化物流外包，工商企业与物流商之间是长期合作关系，双方需要签订一定期限的服务合同。物流合同是双方合作的基础，合同中的一些关键问题如 KPI 基准、服务费率、责任与保险、问题解决机制等，要有明确的约定；否则容易产生纠纷，甚至断送双方的合作前程。通常，双方的合作要经历从战术配合和战略交互的过程。

［案例 10-7］中远海运集团与海信集团签署战略合作协议

2017 年 4 月 18 日，中国远洋海运集团与海信集团在沪签署战略合作协议，建立全面战略伙伴关系。双方本着“着眼长远、互惠互利、市场主导、实现双赢”的原则，一致同意在物流领域开展全面、长期合作，发挥各自优势，不断促进自身业务发展，增强双方在各自领域的核心竞争力。这是中远与海信结束长达十余年的战略合作、在中远与中海合并成立中远海运集团后的再一次合作。

（2）从业务委托到协同运作。作业层面的物流功能外包，通常只需物流商按照货主的指令完成服务；而一体化物流外包则要求物流商参与企业的物流管理，双方共同实施物流运作方案。为此，双方应建立有效的沟通机制，按照项目管理模式协同完成物流运作。调查显示，工商企业对第三方物流服务商不满意的主要原因是，物流商不能兑现其服务与技术承诺，不能实现成本降低的目标以及缺少战略改进。人们一般将这些不足归结于工商企业在物流商的选择过程中出现失误，但更多的情形是货主没有对物流外包项目进行有效管理。因此，工商企业与物流商签订了物流外包合同后，与之协同完成项目的实施至关重要。双方要各自设立项目经理，并配备相应的人员；物流商要深入了解工商企业的采购、生产、销售、售后服务、财务、人力资源、信息等各部门的需求，并与之共同制订详细的实施方案；双方应共同制订绩效评价标准和奖惩办法，商讨项目运作细节，特别是对例外情况的处理方案。在项目正式运行前，双方还应进行试运行，以便发现和解决潜在的问题。为保证项目的顺利实施，双方的运作团队应建立联合办公制度，以便及时处理日常运作中发现的问题。为保证物流服务质量，双方应共同商定绩效监测与评估制度，使合作关系透明化。双方应保持运作层每天的沟通，管理层每月的绩效评估，以及不定期的检查与季度、年度回顾。

（3）从物流外包到开展物流合作。对于物流功能外包，工商企业主要寻求物流商基于自己的仓储设施、运输设备等物流资产提供物流功能服务；而一体化物流外包，工商企业寻求的是第三方物流服务商基于自己的物流专业技能和物流信息技术等物流资源提供一体化物流服务。因此，除常规的物流外包方式外，双方还可以根据彼此的战略意图，共同商讨在物流资产、资金和技术等方面的合作，谋求双赢的结果，具体包括以下几种方式。

①工商企业物流系统剥离，物流商系统接管。若工商企业在某地区有自己的仓储设施、运输设备和员工等物流资源，希望通过物流外包把固定成本变成可变成本。而物流商在该地区又恰好需要建立物流系统，则可以全盘买进工商企业的物流资产，接管并拥有工商企业的物流系统甚至接纳其员工。接管后，物流系统可以在为原来的企业服务的同时为其他客户服务，通过资源共享提高物流资产的利用率并分摊管理费用。

②工商企业与第三方物流企业签订物流管理合同。一些工商企业希望拥有物流资产，同时希望获得专业的物流管理服务，这样的企业可以与第三方物流服务商签订物流管理合同。一方面，物流商在为工商企业服务的同时，可以利用其物流系统为其他客户服务，以提高物流资源的利用率并分摊管理费用；另一方面，工商企业在获得专业、优质的物流管理服务的同时，也减轻了固定资产及管理成本的压力。这种合作方式比较适合经营快销品等拥有物流重资产的企业。

③工商企业与第三方物流企业合资成立物流公司。如果工商企业希望实施一体化物流外包但又不希望失去对物流的控制力，而该企业又正好处于对第三方物流企业具有战略意义的目标行业，双方可以合资组建物流公司。合资成立的物流公司在为工商企业提供一体化物流服务的同时，还可以为同行业的其他企业提供服务。这样的合作方式，既让工商企业保留部分物流产权，并在物流作业中保持参与，以加强对物流过程的控制，又注入了第三方物流企业的资本和专业技能，使第三方物流企业在目标行业的物流市场竞争中处于有利地位。

[案例 10-8] 上海安吉汽车零部件物流有限公司

上海安吉汽车零部件物流有限公司是上海汽车集团与基华（CEVA）物流合资组建的第三方物流公司。公司主要从事与汽车零部件相关的物流业务、与汽车相关的国内货运代理服务、整车仓储、物流技术咨询、物流规划、物流管理、物流培训、国际货运代理、汽车零部件批发与进出口以及相关配套服务，是一家技术领先，物流运作网络化、专业化，能为客户提供个性化物流解决方案并提供一体化物流服务的第三方物流企业。

三、物流外包的风险与规避

近年来，随着物流产业的快速发展，第三方物流企业的实力显著提升，工商企业实施物流外包的力度进一步加大。然而，物流业务外包在给企业带来利益的同时，也隐含着巨大的潜在风险，需要企业管理者理性分析，并采取有效措施加以规避。

（一）物流外包风险的类型①

物流外包风险是指企业物流外包过程及其结果的不确定性，包括决策、运作等风险，具有随机性（偶然性）、突发性、隐含性和关联性等特征。一般而言，实施物流业务外包，有利于工商企业强化核心业务，培育核心能力，获取竞争优势。但物流外包也可能产生负面效应，给企业带来风险。

1. 决策风险

决策阶段的风险主要涉及物流自营与外包决策、部分外包与完全外包决策，抑或物流系统剥离等决策的风险。甚至涉及企业在确定物流业务外包后，如何正确选择物流服务商、业务流程是否再造、组织结构是否变革、企业文化是否重塑、人力资源是否调整等问题，一旦决策失误，极有可能导致物流外包失败。

2. 运作风险

在物流外包实施阶段，主要存在以下风险：

（1）物流服务商的违约风险。在工商企业实施物流外包后，或者是因为物流服务商的能力有限，或者是由于交通运输状况的限制，抑或其他的一些因素，都有可能导致物流服务商违约，如货物损坏或灭失、延迟交货、错运错发等。此外，由于企业资源有限，为使

① 胡建波. 探析物流外包的风险与对策［J］. 企业导报，2012（4）.

有限资源发挥最大效力，获取最大化的利润，物流服务商往往会对客户实施ABC分类。进行重点管理（分级分层管理）。对于非A类客户，一般不会实施准时配送（JIT配送），这样，从物流服务商的服务策略来看，其本身就隐含着巨大的潜在风险。具体而言，对于B类客户，物流服务商的服务策略一般是实施货物批量正常配送，允许有一定的延迟交货期。对于C类客户，则允许更长的延迟交货期，在提供配送服务时，往往将客户委托运送的货物作临时配车之用（目的是提高车辆实载率以降低配送成本）或再度外包，从而给货主企业（委托方）带来巨大的潜在风险。而在实际运作中，为了有效降低成本，物流服务商往往会实施整合运输，即将多个客户的货物搭配装载，按照最优的运输路线进行配送，这往往会导致A类客户的货物误点交货，造成违约。

（2）物流失控风险。工商企业实施物流外包后，物流服务商必然会介入委托企业的供应物流、销售物流、逆向物流（包括退货物流与回收物流）以及废弃物流等若干环节，成为委托企业的物流运营管理者，相应地，货主企业对物流业务的控制力大大减弱。从某种意义上讲，委托方可能会因此而受制于物流服务商，这即是许多工商企业不愿意将物流业务外包的主要原因之一。特别地，当委托方与代理方在信息沟通、业务协调出现障碍时，货主企业必然会面临着物流失控的风险。换言之，物流服务商可能因未能完全理解委托方的意愿而无法按照其要求去运作，从而可能会影响货主企业生产经营活动的正常开展。例如，由于物流服务商未按时将原材料、零配件等生产资料供应到位，企业可能会因此而停工待料，为规避这一风险，企业必然会增大安全库存量，而这又必然以高成本为代价。而当物流服务商未按时将产成品送达客户，抑或出现较高的货损率或货差率时，必然会大大降低顾客满意度。在市场转型、竞争激烈的今天，这意味着客户流失、市场份额萎缩，长此以往，企业将无法生存，更谈不上发展。

（3）客户关系管理风险。工商企业实施物流外包后，由物流企业代其完成产品的递送，开展售后服务，倾听客户的意见。由于物流服务商直接与客户打交道，必然会减少工商企业与客户直接接触的机会，这在一定程度上会弱化委托方与客户之间的关系，从而带来客户关系管理风险。换言之，由于在第一方（卖方）与第二方（买方）之间增加了第三方（物流企业），客户的要求、意见、建议等反馈信息可能无法及时、直接传递给委托方。因为根据外包协议，可能事先约定由物流服务商代为收集客户反馈意见和信息，或者客户理所当然地将物流服务商视为委托方的代理者，从而直接向其反馈。但物流服务商往往会有意识地将对自己不利的客户信息过滤掉，或者是因为其他的原因未能向委托方反馈或全部反馈客户的意见和信息，这极有可能会导致委托方的客户信息系统不能完全发挥作用（不能完全捕捉到客户的反馈信息）。而一些比较重视企业形象、品牌声誉的第三方物流企业，则往往会通过公司形象识别系统（CIS），采用统一的标志与着装等，强化其在客户心中的地位。久而久之，委托方在客户心中的地位就有可能被物流服务商所取代。

（4）商业秘密泄露风险。工商企业实施物流外包后，由于货主企业与第三方物流企业的信息系统要实现对接，因此，物流服务商将会拥有甚至掌握工商企业经营运作的相关信息。例如，实施准时生产（JIT生产）的企业，需要借助第三方物流服务商高效的物流配送来实现生产资料的准时供应（JIT供应），第三方物流企业必然会掌握制造商的采购与供应计划以及生产计划等信息（如需要什么、需要多少、何时供应等）。此外，多数工商企业需要借助第三方物流服务商高效的物流配送来实现产成品的分拨与配送，因此，物流服务商必然会掌握企业的产品种类、客户分布、产品销售等相关信息。由于第三方物流企业是提供社会化物流服务的经济组织，一般会同时与多家互为竞争对手的同类型货主企业合作

（特别是那些专业化程度高的行业，如危险化学品等特殊物流行业），在运作中，可能会有意（如在客户的“公关”下，利益驱使）或在无意中将客户的商业秘密泄露给竞争对手，从而可能会给委托方带来无法挽回的损失。

（5）连带经营风险。工商企业物流外包第三方后，物流企业成为货主企业的合法物流代理者。在物流运作中，一旦物流服务商违约，对“买方”造成损失，“卖方”必然要承担直接的经济责任。虽然“卖方”在完成对其客户“买方”的赔偿之后，也会对物流企业进行追偿，但由于买卖双方签订的合同与货主企业和物流服务商签订的合同是两个完全不同的合同，其诉讼时效、赔偿限额、责任豁免等条款也存在差异，因此，这极有可能会导致“卖方”得不到足额赔偿。另外，即使是“卖方”得到了足额经济赔偿，但物流服务商因违约给货主企业（“卖方”）带来的企业形象受损、商誉下滑等无形资产损失将是无法用货币来衡量的。特别地，物流业务外包一般基于长期的合同，如果物流服务商在经营运作中出现重大问题，必然会给货主企业的生产经营活动带来不良影响。若重新评估、选择新的物流服务商，必然会带来供应商的转换成本，而与之解除合同关系，货主企业往往也会付出沉重的代价。

除了上述风险外，物流外包还可能给企业带来其他风险，如人力资源管理风险。因为随着物流业务外包的不断深入，物流部门的员工必然会担心自己的工作被物流服务商所取代，相应地，员工对企业的忠诚度会下降，工作绩效会下滑。此外，由于物流市场价格波动、遇到不可抗力、企业未有效控制物流外包成本抑或过分打压物流服务商的利润空间等，都可能引起相应的风险（市场、财务、管理等风险）。

（二）物流外包风险的成因①

工商企业在物流外包中之所以会面临风险，原因是多方面的。有决策的有限理性，有信息非对称的原因，也有代理者的败德行为。

1. 决策的有限理性

这主要体现在物流自营与外包决策以及物流服务商的选择阶段。一般而言，由于受到主、客观条件的限制，工商企业在物流外包时，所能获取的物流服务商的信息是有限的，即不可能找出所有的物流服务商，也不可能获取每个物流服务商完全的信息。有限的信息，对信息的有限的利用能力，双重有限性决定了工商企业在选择物流服务商时的决策方案数量有限。在对物流外包结果判定不明确的情况下，工商企业极有可能会做出错误的决策，即选错合作伙伴，从而给企业带来风险。

2. 信息非对称

无论是在物流外包协议签订前还是物流外包协议签订后，签约双方均存在严重的信息非对称。总体而言，物流服务商拥有信息优势，而货主企业处于信息劣势。这无疑给委托方带来了潜在的信息风险。

（1）签约前，由于信息非对称导致逆向选择

在签约前，为了获取订单，成功地与客户签约，物流服务商往往会隐瞒自身的一些信息（私有信息），而过分夸大物流能力与服务水平，甚至会做出一些未必能实现的承诺（如随时提供优质的物流服务、提供 JIT 配送等）。而委托方在不了解物流服务商的服务水平与物流能力的情况下，很难能够明辨真伪。即使是货主对物流服务商进行了实地考察与调研，也未必能做到“明察秋毫”，完全、准确、全面地掌握物流服务商真实的物流能力与

① 胡建波. 物流外包的风险成因与对策［J］. 中国物流与采购，2011（17）.

服务水平。特别是当委托方的物流服务需求比较迫切而又找不到合适的物流服务商时，极有可能会轻信物流服务商的承诺，从而做出“逆向选择”（即选错合作伙伴），这无疑给货主企业埋下了风险隐患。

（2）签约后，由于信息非对称引发道德风险

在签约后，根据双方的协定，货主企业的物流业务自然交给物流服务商去运营。在物流运作中，委托方仍然处于信息劣势，这将使其面临着物流服务商的道德风险。因为委托方很难能对物流服务商的运作情况进行实时监控，包括货物的集配载、装卸搬运、运输线路的规划与选择、货物的运送及送达服务等。这一方面是因为实时监控成本太高，另一方面是一些业务根本无法监控。因此，货主企业一般倾向选择事后控制，即根据准时交货率、货损率、发运错误率等关键绩效指标（KPI）对物流服务商的服务绩效进行事后评估。然而，这只能是“亡羊补牢”，因为损失已经铸成，只能采取措施进行弥补。而对物流服务商来说，股东或公司所有者与经理层乃至作业人员之间也存在委托-代理关系，这无疑会进一步加剧货主与物流服务商之间的委托-代理风险。因为在通常情况下，物流公司所有者会要求经理层与物流作业人员提高服务质量，但因为委托-代理关系的存在，经理层可能会放松对物流作业人员的监管，从而可能会使物流运作处于失控状态，于是野蛮装卸、偷盗或调换货主货物等现象自然就会出现（甚至一些物流公司的管理者连货损或货物灭失发生在哪个环节都不知道），而一旦货主事后发现并要求索赔时，很多物流服务商往往会采取“大事化小，小事化了”的手段来应对。在目前信用体系尚未健全、法治环境尚需完善的情况下，货主往往会权衡利弊，在考虑到高昂的诉讼成本（包括货币成本、时间与精力等非货币成本，以及因诉讼而导致的机会成本等损失）后，一些理性的货主会放弃诉讼而选择协商，但由于双方的利益不一致，最终货主可能会蒙受巨大的损失。

而之所以代理人会产生败德行为，归根结底是因为委托方和代理方是两个完全不同的企业，在合作中有着不同的利益，双方都为追求利润最大化的企业经营目标，难免一方会产生短期行为。特别是当物流外包合同存在不完全性时，这在一定程度上给物流服务商带来了可乘之机。委托-代理风险可以通过建立代理人激励机制和企业间的信任机制加以解决，以减弱其对供应链绩效的影响。

（三）物流外包风险的对策①

针对企业在物流外包中存在的风险，笔者提出以下应对策略与举措：

1. 正确进行物流自营与外包决策

一般可以采用“综合评价法”或“二维决策矩阵法”等方法科学地进行物流自营与外包决策。

2. 科学选择物流服务商

选择优秀的物流服务商并与之合作，可以起到防患于未然、事前规避风险的作用。按照现行物流企业分类与评估指标体系，可以从经营状况、资产、设备设施、管理及服务、人员素质、信息化水平（包括网络系统、电子单证、货物跟踪、客户查询）六个方面对物流企业进行评级（A 级至 AAAAA 级）。因此，通过行业主管部门的认证、评级，获得相应称号的物流企业，一般具备相应的物流能力与服务水平。从业已通过行业认证、评级的物流企业中选择合作伙伴，货主企业的选择成本与风险相对较低。此外，在选择物流服务商

① 胡建波. 物流外包的风险成因与对策［J］. 中国物流与采购，2011（17）.

时，还应考虑其服务区域（包括物流网络与辐射范围）、商誉、行业服务经验、业务集中控制的能力、核心业务是否与货主企业的物流需求相一致，能否促进货主企业改善经营管理，以及双方的企业文化、组织结构、管理风格等是否兼容。特别地，对于潜在（有签约意向）的物流服务商，还需要对其进行实地考察、论证；同时，通过走访物流服务商的客户，倾听客户的评价，均有助于降低风险并成功地选择物流服务商。

3. 审慎签订物流外包合同

物流外包合同是货主企业与物流服务商协商一致的产物，是约束双方行为的经济文件，是指导双方后续合作并处理纠纷的重要依据，因此，必须审慎签订。为此，可咨询物流纠纷处理经验丰富的律师，加强对签约人员的培训，建立相应的制度，完善物流服务商的信用审查、会签、审批、登记、备案等程序。加强合同文本管理，明确双方的责、权、利。完善合同条款，避免疏漏，以免留下风险隐患。特别地，为有效防止物流服务商泄露企业的商业秘密，合同中应有相应的保密条款（或另外签订保密协议）。此外，为避免物流市场价格波动给委托方带来损失，物流外包合同中的价格条款应有弹性，应与当期市场价格一致。为此，可由合作双方定期或不定期对服务价格进行评估并做出调整。

4. 加强对物流服务商的评估与管理

在实施物流外包合同时，委托-代理双方应加强沟通，促进信息共享，避免因沟通不良而导致物流服务商错误地理解委托方的意愿，出现业务协调障碍乃至业务失控。同时，委托方还应加强对物流服务商合同执行情况的考核，对发现的问题及时处理（如赔偿、限期整改等），以免留下后患。具体而言，委托方应定期或不定期地对物流服务商的服务绩效进行评估，以确保合约的严格执行，从而有效控制物流外包成本，同时提高物流服务质量。为此，委托方需建立一整套绩效评价指标体系，客观、公正地对物流服务商的绩效进行评估。评价指标应科学、合理，既要充分考虑到本企业的物流服务需求，又要参考行业平均水平。指标的设置不能脱离实际，要体现“跳一跳，摸得着”的原则。换言之，物流服务商经努力后能够达到，目的是使其潜能得到充分发挥。此外，绩效评价指标还应具有可操作性。通常，绩效评价应包括以下主要指标：准时交货率（或误点交货率/延迟交货率）、货损率（或商品完好率）、货差率、配送率、发运错误率、客户投诉率、物流成本率、物流效用增长率等。鉴于事后评估的弊端（亡羊补牢），工商企业可以派员常驻重要物流服务商的公司所在地，既充当合作双方沟通的桥梁和纽带，又可对物流服务商实施有效的监督与控制，实现事前、事中、事后控制的有机结合。

5. 把握好竞争与合作的度，切实激励物流服务商

工商企业与物流服务商之间本质上是一种“竞合”关系，把握好竞争与合作的“度”非常重要。一方面，既要“借力”，实现物流资源的外向配置，提升本企业的物流客户服务能力（由代理者执行）；另一方面，又不能完全依赖、受制于某个物流服务商，这样会增大委托-代理风险。因此，采用AB角制，与少数几家主要的物流服务商保持适度的竞争与合作关系（当然，也可以某一家主要的物流服务商为主，其余一两家为辅），加强对物流服务商的动态评估，及时反馈信息，根据服务质量，调整委托物流业务量，在物流服务商之间建立起有效的竞争机制，切实激励物流服务商提高服务质量，降低委托-代理风险。

除了上述策略外，委托方应及时办理物流货物保险，将风险转嫁；设置物流外包风险管理经理，加强风险管理专项工作；合作双方建立战略联盟，以预期的长远利益来规避物流服务商的短期行为；给物流服务商留出足够的利润空间；建立双赢合作机制等，均可有效降低物流外包风险。

四、物流外包决策

工商企业物流是自营还是外包，首先应考虑其能否给企业带来战略业绩。换言之，其是否支持企业的竞争战略，对企业核心能力的形成或提升有无影响。其次，应考虑其能否给企业带来财务业绩。换言之，其能否降低企业经营成本，同时提高服务水平。总的原则是，应该在成本与服务之间寻求平衡。

（一）二维决策矩阵法

通常，企业物流自营与外包决策主要应综合权衡以下两个因素：物流对企业经营成功的重要性程度以及企业自营物流的能力，如图 10.1 所示。

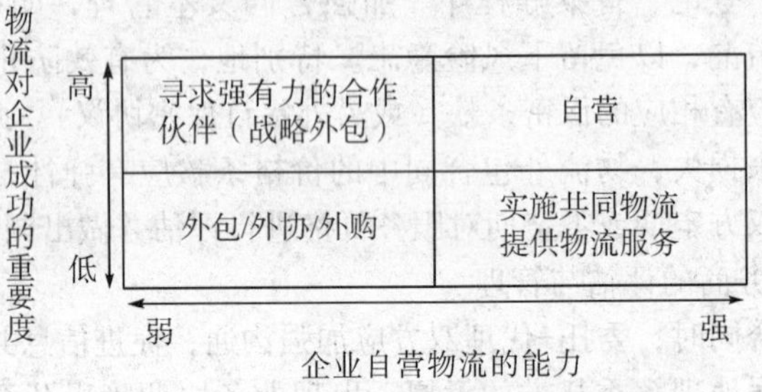

图 10.1　企业物流自营与外包决策矩阵

由图 10.1 可知，若物流对企业很重要，如物流是企业核心能力的关键构成要素；而企业自营物流的能力也很强，如企业已经拥有了相当数量的、先进的物流设施设备，而且已经拥有高素质的物流管理人员和作业人员，物流运作效率高，成本低，服务水平高，则企业就应该自营物流，而不应当将其外包。像美国零售巨头沃尔玛、我国著名企业海尔集团等，都是自营物流的典范。

若物流对企业不太重要，而企业自营物流的能力也较弱，则企业就应该将物流业务外包，而不应当将其自营，如软件企业的外购物流服务。

若物流对本企业的重要性相对较低，而企业自营物流的能力又很强，则企业不但应该自营物流，而且应积极拓展物流市场，实施共同物流，为其他工商企业提供物流服务。

［案例 10-9］**花王公司的自营物流**

花王公司是日本一流的日用品企业，一直致力组织以花王公司为核心的综合流通和物流体系，长期以来在物流体系上进行投资，因而其物流能力较强。为此，花王公司专门成立了花王系统物流分公司，在自营物流的基础上，实施共同物流，为其他企业提供物流服务。

若物流对企业很重要，而企业自营物流的能力又比较弱，则企业也应该将物流业务外包。因考虑到物流对本企业极为重要，故企业在实施物流外包时，应非常谨慎，尽量选择满意的第三方物流公司，并与之建立战略伙伴关系，进行长期合作。例如，Dell 公司，物流并非其核心业务，Dell 运作、管理物流的能力也比较弱，但电脑零配件及成品的配送对其非常重要，因此，该公司倾向战略性外包。

（二）综合决策法

采用综合决策法进行物流自营与外包决策，需要综合考虑企业物流系统的战略地位、物流总成本和物流服务水平。

1. 企业物流系统的战略地位

一般地，可以从以下几方面对企业物流系统的战略地位进行评估：企业物流系统是否高度影响企业的业务流程？企业物流系统是否需要先进的物流技术支撑？采用这些先进技术能否使公司在行业中领先？企业物流系统在短期内能否为竞争对手所模仿？

2. 企业物流系统的总成本

企业物流系统的总成本可以用以下公式来计算：

$$D=T+S+L+W_F+W_V+P+C$$

式中：D——物流系统总成本；T——运输总成本；S——库存维持成本；L——物流作业批量处理成本；W_F——总固定仓储成本；W_V——总变动仓储成本；P——订单处理和信息处理成本；C——客户服务成本。

3. 物流服务水平

物流服务水平是指物流系统总的服务能力。在决策时，要判断物流自营或外包能否满足企业经营的需要，能否满足客户对送货的时效、货品质量、服务态度以及售后等方面的需要。

综上所述，工商企业在物流自营与外包决策时，应充分考虑顾客的需求、本公司发展战略的需要、本公司的核心业务及核心能力、本公司的物流能力以及物流自营与外包成本的高低，综合权衡，在总成本（包括显性成本、隐性成本）与总服务水平之间寻求平衡。

五、第三方物流服务商的评估与选择

[案例 10-10] 意大利 A 公司精品鞋业的物流服务商选择

意大利 A 公司精品鞋业在选择物流合作伙伴时特别注重服务商的综合服务能力，他们除了要求物流商拥有最完善的物流服务网络、最先进的物手段和最丰富的物经验外，还针对其产品的特点，对物流服务商的仓库管理系统提出了严格的要求：①物流服务商的 WMS 同 A 公司的 ERP 间的信息流全程 EDI 交换；②强大成熟的 Barcode 解决方案；③对系统的执行效率、可靠性、稳定性等要求极高；④具有管理多点多仓的能力；⑤灵活的上架及拣货策略；⑥可以追踪货品的多种属性和状态；⑦灵活的报表及报告系统；⑧灵活的第三方物流费用结算系统；⑨方便、快捷的配送系统；⑩强大的网上查询系统。

物流服务商 T 公司有着同跨国公司多次合作的经历，有着丰富的中国当地物流市场经验，有着强大的仓储和运输网络，更因其采用的国内领先的 Power WMSTM 仓库管理系统（上海科箭软件科技有限公司产品），完全符合 A 公司对物流服务商仓库管理系统的严格要求而一举赢得了客户的青睐，成为管理 A 公司精品鞋业两个 RDC 和三个 DC 的第三方物流公司。

工商企业在决定实施物流外包后，接下来就要搜寻第三方物流服务商的信息，对其进行评估，并做出选择。

（一）制定物流外包方案

工商企业在实施物流外包之前，首先应制订可行的物流外包方案，这是选择满意的物流服务商的前提。一般地，物流外包方案应包含以下内容：

（1）对本企业的物流服务需求及第三方物流企业的物流服务水平进行准确的界定；

（2）界定物流外包应解决的主要问题；

（3）描述物流外包预期应达成的目标；

（4）描述本企业所需要的第三方物流企业的类型。

（二）第三方物流服务商的评估

一般而言，工商企业可从以下几方面对第三方物流服务商进行评估：

（1）第三方物流服务商的物流系统规划与设计能力；

（2）第三方物流服务商的物流网络是否完善，分布是否合理；

（3）第三方物流服务商的关键物流活动（如仓储、运输）的运营能力，包括能否提供多式联运服务，以及仓储作业能力及其增值服务等；

（4）第三方物流服务商的信息服务能力，如是否拥有完善的物流信息系统、能否提供跟踪装运及货物状态查询等服务；

（5）第三方物流服务商的管理水平，如管理人员的管理能力、业务流程是否标准、是否通过了ISO质量管理体系认证、是否健全了绩效评价体系等；

（6）第三方物流服务商的总体物流服务水平的高低，如目标客户群的多少及其分布、客户对第三方物流服务商的历史性评估等。

需要强调的是，物流外包的重点在于物流服务整体价值的实现上，即除了第三方物流服务商能保证物流作业的实现之外，还应侧重对其在物流时间、速度、效率、服务水平、延伸能力等方面的综合测评。具体包括：有效的物流时间是多少；与自营物流相比，物流流速提高了多少；同等货物量下的装卸搬运频次、时间和人力消耗量；储存空间的负荷量及仓库的有效利用率；准时服务的质量及保障；货损失货差；等等。

（三）第三方物流服务商的选择

工商企业对第三方物流服务商进行考察与评估之后，可根据服务商的物流能力、战略导向、双方企业文化及组织结构的兼容性等对物流商进行选择。具体而言，应遵循以下十条原则：

（1）第三方物流服务商应能最大限度地支持货主企业的竞争战略；

（2）第三方物流服务商应具有业务集中控制的能力；

（3）第三方物流服务商应具有行业服务经验；

（4）第三方物流服务商应具有适应货主企业发展的物流技术能力；

（5）第三方物流服务商的核心业务应与货主企业的物流需求相一致；

（6）第三方物流服务商应具有为货主企业服务的实力；

（7）双方应能相互信任；

（8）双方的企业文化、组织结构兼容；

（9）第三方物流服务商要能够促进货主企业改善经营管理；

（10）不能过分强调成本低。

美智（Mercer）管理咨询公司与中国物流与采购联合会联合发布的《中国第三方物流市场——2002年中国第三方物流市场调查的主要发现》报告指出，客户在选择第三方物流企业时，首先看重的是其物流服务能力（包含行业运营经验），其次是品牌声誉，再次是物流网络覆盖率，最后才是较低的价格。

第三节　第三方物流的运作模式

第三方物流的运作模式可分为基于单个第三方物流企业的运作模式和基于合作关系的第三方物流运作模式，后者主要有垂直一体化物流、第三方物流企业战略联盟以及物流企业连锁经营等几种情形。

一、基于单个第三方物流企业的运作模式

该模式主要从单个第三方物流企业的角度出发进行物流业务运作。如图10.2所示，第

三方物流企业的业务运作首先源于用户的物流需求。在明确了客户的需求之后，首先应进行物流（系统）方案的规划与设计，为客户提供完整的物流解决方案，在此基础上开展物流业务活动，并进行相关的运作管理，包括仓储管理、运输管理、包装、装卸搬运、订单分拣、流通加工等活动的管理。为更好地满足客户的需求，并提高物流运作的效率，还必须进行相应的信息管理，包括物流信息系统的规划与设计、信息技术的开发与信息系统的维护以及具体的物流信息管理等活动。尤其是随着信息时代的来临，竞争日益激烈，顾客越来越挑剔，第三方物流企业应能提供跟踪装运服务，应尽量满足客户的个性化需求；同时，有了完善的物流信息系统，可深化物流信息管理，可及时获取物流运作的信息，可根据反馈信息及时调整物流活动，确保向客户提供满意的物流服务。

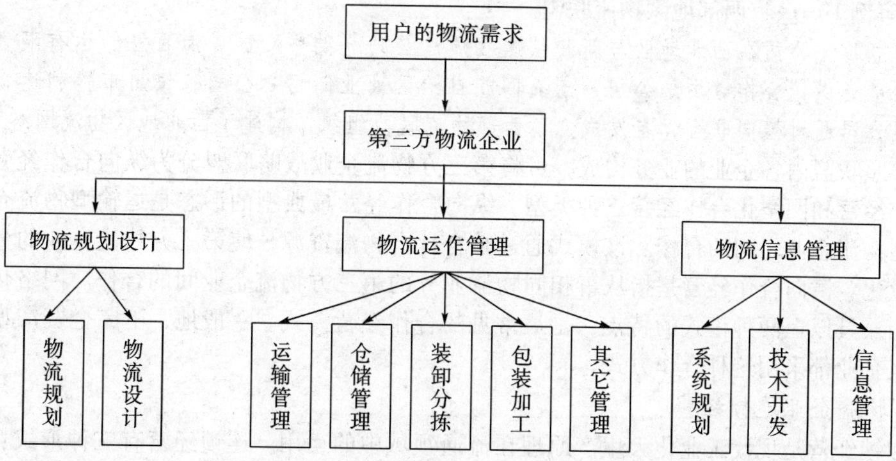

图 10.2　基于单个第三方物流企业的运作模式

二、基于合作关系的第三方物流运作模式

20 世纪 90 年代以后，信息技术的飞速发展推动了管理理念和管理技术的创新，促使物流管理向专业化合作经营方向发展。在此背景下，物流一体化应运而升，而垂直一体化则是其典型形态。

（一）垂直一体化物流

物流一体化是物流产业最具影响力的发展趋势之一，但它必须以第三方物流的充分发育和完善为基础。物流一体化有三种形式：垂直一体化、水平一体化和物流网络。其中，研究最多、应用最广的是垂直一体化物流。

所谓垂直一体化物流（Vertical Integrated Logistics），就是为了更好地满足顾客的价值需求，核心企业加强与上下游企业及第三方物流企业的合作，由第三方物流企业整合供应链物流业务，实现从原材料的供应、生产、分销，一直到消费者的整个物流活动的一体化、系统化和整合化。它通过对分散的、跨越企业和部门的物流活动进行集成，整合物流活动各环节，形成客户服务的综合能力，提高流通的效率和效益，为工商企业及其客户降低物流成本，创造第三利润源。简言之，垂直一体化物流是第三方物流企业与上下游企业进行合作的一种物流运作模式。

垂直一体化物流要求企业将产品或运输服务的供应商和用户纳入管理范畴，并作为物流管理的一项中心内容。具体而言，要求企业从原材料的供应到产品送达用户实现全程物流管理，要求企业建立和发展与供应商和用户的合作关系，建立战略联盟，获取竞争优势。垂直一体化物流为解决复杂的物流问题提供了方便，而先进的管理思想、方法和手段，物流技术以及信息技术则为其提供了强大的支持。目前，垂直一体化物流已经发展到了供应链管理阶段，而且已经成为供应链管理的一个重要组成部分。

（二）第三方物流企业战略联盟

第三方物流企业战略联盟是第三方物流企业之间加强合作，组建战略联盟，建立基于合作关系的一种物流运作模式，它属于物流联盟①的一种情形。具体而言，它是指两个或多个第三方物流企业为了实现特定的目标，取得单独从事物流运作所不能达到的绩效，而形成的相互信任、互惠互利并以结盟为基础的物流战略伙伴关系。从本质上讲，这是一种双赢。

［**案例10-11**］**西部地区物流联盟**

中电物流公司在西北地区与新疆铁路物质总公司仓储中心、青海百立储运有限责任公司、甘肃省供销合作储运总公司、宁夏回族自治区商业储运总公司、银川市腾利达物质运输有限公司通过横向联合，自发成立了西部物流联盟组织，构建了西北地区物流网络平台。

按照联盟内各企业的业务构成，可将第三方物流企业战略联盟分为纵向合作经营、横向合作经营和网络化合作经营三种类型。纵向合作经营最典型的形态是运输型物流企业与仓储型物流企业之间的合作。该模式通过整合社会物流资源，使第三方物流企业的分工更加专业化。横向合作经营是指从事相同物流业务的第三方物流企业间的合作。网络化合作经营则兼具以上两种模式的特点，是最常见的合作经营模式。一般地，不完全资产型第三方物流企业都采用这种合作方式。

（三）物流企业连锁经营

连锁经营是现代工业化大生产原理在流通领域中的运用。连锁经营有三种形式：直营连锁经营、自由连锁经营和特许连锁经营。在物流管理中引入后两种模式，可实现第三方物流企业经营的社会化和网络化，这比较适合我国国情，也是第三方物流运作的一大创新。利用特许连锁经营理论，在核心企业的主导下，把组织化程度较低的、分散的物流企业连接起来，以总部的名义统一组织拓展市场，加盟企业分散运作，以达到物流集约化经营的目的。

1. 物流连锁网络

物流连锁网络是指物流加盟企业相互合作，共同管理、控制和改进从供应商到用户的物流和信息流，所形成的相互依赖的“经济利益共同体”网络。这个网络作为一个整体与其他物流企业或物流网络竞争。

建立物流连锁网络的核心是合作与信任，通过合作来降低风险，提高物流流程的效率，消除空驶浪费和重复努力；同时，合作能带来更多的机会，能改善经营业绩，能为网络成员和货主带来更多的利益。采取连锁形式开展物流经营活动，需要注意连锁经营的地域范围、经营实力、服务水平以及连锁经营的规模效益等。

2. 物流连锁网络的共赢机制

以供应链理论和特许连锁经营理论作为指导物流连锁网络建设的理论基础，以行业核心企业（主要投资者、集约管理者）为主导，以资本为纽带，与各主要经营区域（或城市）的骨干公路运输企业（微量投资者）按现代企业制度联合组建有共同战略目标的物流连锁企业实体（集团公司即连锁总部），并在各地成立集团公司的子公司，子公司由当地的

① 物流联盟（Logistics Alliance）是指“两个或两个以上的经济组织为实现特定的物流目标而采取的长期联合与合作”。——中华人民共和国国家标准《物流术语》（GB/T18354-2006）

加盟企业运作；集团公司负责提供统一的物流服务商标、商号、标志，统一的运作模式和服务规范，特别是负责提供统一的基于 Internet 的物流信息平台，总部、子公司和货主都在一个统一的信息平台上进行物流运作。建立物流连锁网络共赢机制的目标是通过合作促进双赢乃至多边共赢。

共赢机制的核心有三点：

(1) 利用社会零散物流资源，通过物流连锁经营以提高物流整体运作能力及效率，这也是物流连锁网络的驱动力。

(2) 建立总部、加盟企业、货主共同受益的利益分配机制，使多方都有动力维护合作，共同建立紧密型战略合作伙伴关系。例如，各子公司以集团公司的名义开展揽货，并将所揽货源的至少 1/3 优先分配给加盟企业的返程车辆，总部对返程车辆运费提取 30%，由总部、加盟企业、货主企业共同受益。

(3) 建立新的事故处理机制和责任追究制度，由总部统一对货主承担事故责任，而本质上仍是事故车辆所属加盟企业承担责任，这既没有增加也没有减少加盟企业的现有责任。但总部的对外承诺是提高信誉和揽货的基础，没有这一承诺，网络就没有可信度。

物流连锁经营能够适应社会化大生产和现代物流发展对物流集约化程度的客观要求，通过规模化经营、科学化管理和标准化服务，兼顾物流供需各方的利益，实现效益最大化。物流连锁网络为货主提供更高质量、更高水平、更低成本的物流服务，使货主能获取“第三利润源”达到增加利润的目的。

[案例 10-12] **锦程国际的物流连锁经营模式**

锦程国际物流集团有限公司是国内领先的第三方物流企业。公司连续多年被评为“中国民营物流企业第一名”和“中国国际货代民营物流企业第一名”。同时，公司也是 5A 级综合服务型物流企业和 3A 级信用资质货代企业。公司是国内第一家把商业领域的连锁经营模式引入国际物流行业的物流企业。网络规模是实现全程国际物流服务的前提。通过开展物流连锁经营，公司重组了分布在全球的中小型物流企业的货源，快速健全了全球化的物流网络，加快了锦程国际物流集团全球化的进程。

3. 第三方物流连锁网络建设原则

第三方物流连锁网络的建设按照“有统有分，统分结合”的原则，统一规划、统一章程、统一名称、统一徽标、统一编码、统一软件、统一格式、统一广告；分段实施，分片建站，分户经营，分点扩网，分区竞争，分月结算，分级培训，分批投入。在全国总规划及布局完成后，选择条件比较成熟的地区，优先进行建设，即一次规划，分级实施。

4. 第三方物流连锁网络的发展步骤

物流连锁网络的初期是以运输为基础，以降低运输成本为竞争手段，以回程配载为切入点，通过利益机制巩固网络，并与货主形成战略伙伴关系，在此基础上寻求机会，进一步为货主提供综合物流服务。具体而言，物流连锁网络的发展可分为三个阶段。

(1) 初级阶段。初期以构造公路运输网络为主，在现有的物流资源基础上，以“软件”起步，通过核心企业先进的物流信息平台，整合各地骨干公路运输企业，建立分布在全国主要经济区域的运输网络。初期要注意控制规模，逐步发展，防止失控，一旦失控就会失去信誉，毁掉网络。若当地“物流诸侯企业”不愿加盟，总部可采用直营连锁模式，在当地建立直营子公司，通过向货主提供更高的回程运费折扣率来争取货源，通过采购当地运力来满足货主的及时运输，并最大限度地将货源提供给回程运输的车辆。

(2) 发展阶段。以连锁物流企业为核心，在全国主要经济区域建立（或整合）大型的、信息化的区域物流中心（或配送中心），提高物流作业的标准化程度，采用国际标准的托盘、货车、货架、集装箱，使用GPS系统、物流条形码技术和存货管理系统，为企业提供产品的运输、仓储、装卸、加工、库存控制、共同配送、信息处理等一体化的综合物流服务。

（3）成熟阶段。采用先进的运输方式，开展国内普通货物的集装化运输，实施多式联运，为厂商的JIT生产提供JIT物料配送，为商业企业提供最后一千米JIT销售配送。开展国际物流，进一步拓展物流业务，为其他工商企业提供全方位的、一体化的综合物流服务，最终形成覆盖全国、辐射全球的现代物流网络。

综上所述，加强第三方物流企业之间以及第三方物流企业与工商企业之间的合作，构筑基于合作关系的第三方物流运作模式，是未来我国第三方物流的发展方向。

小结：

第三方物流是独立于供需双方，为客户提供专项或全面的物流系统设计或系统运营的物流服务模式。第三方物流具有功能专业化、服务个性化综合化、关系契约化、合作联盟化、信息网络化等特征。第三方物流的发展包括2PL~6PL等阶段。物流外包是企业将其部分或全部物流业务合同交由合作企业完成的物流运作模式。物流外包不断从物流功能外包向物流管理外包、一体化物流外包方向转变，从非核心业务领域逐渐向核心业务领域方向延伸，从业务委托向战略协同方向发展。物流外包有利于工商企业强化核心业务，培育核心能力，获取竞争优势，但也面临着决策和运作等风险，具有随机性、突发性、隐含性和关联性等特征。物流外包决策方法主要有综合评价法和二维决策矩阵法。第三方物流的运作模式包括基于单个第三方物流企业的运作模式和基于合作关系的第三方物流运作模式，后者主要有垂直一体化物流、第三方物流企业战略联盟以及物流企业连锁经营等几种形式。

同步测试：

一、判断题

1. 虽然第三方物流企业不参与商品的买卖活动，但它拥有商品。（　）

2. 货主企业的运营成本和费用是物流企业物流成本的转移。（　）

3. 制造业物流是物流业发展的原动力，而流通业是连接制造业和最终客户的纽带。（　）

4. 第三方物流企业在经营运作中可实现规模经济和范围经济。（　）

5. 第三方物流是提供第三方物流服务的企业，其前身一般是运输业、仓储业等从事物流活动及相关的行业。（　）

二、单项选择题

1. 第三方物流企业如果要实现优质、高效的物流服务并取得丰厚的利润，必须具备物流目标系统化、物流信息电子化、物流作业规范化、物流业务市场化、（　）等基本条件。

A. 物流组织网络化　　B. 物流经营全球化

C. 物流企业规模化　　D. 物流服务一体化

2. 具有经营管理机构，能独立签发物流服务单证，具有与经营能力相适应的自有资金和具有承担物流服务合同义务的能力，是（　）应具备的条件。

A. 流通经营企业 B. 物流委托企业 C. 物流服务商 D. 传统物流业

3. 物流企业通过（ ）的物流服务，降低货主企业物流运营成本，从中获得利润。

A. 网络化 B. 智能化 C. 专业化 D. 系统化

4. 不属于物流业务外包风险的是（ ）。

A. 物流失控风险 B. 财务风险 C. CRM 风险 D. 连带经营风险

5. 不属于第三方物流特征的是（ ）。

A. 市场买方化 B. 服务个性化、综合化 C. 合作联盟化 D. 信息网络化

三、计算题

目前，许多货主企业已纷纷实施物流业务外包。以下是 CC 公司 M5 厂成品库到 SC2 营业所的产品调拨吨位及第三方运输成本数据。假如你是该公司的物流经理，请以 1 月份的运量为例，通过计算说明如何确定第三方物流公司的报价是否合理。

CC 公司 M5 厂 SC2 营业所产品调拨吨位及第三方运输成本数据

月份	运量（吨）
1	837.38
2	504.1
3	736.57
4	784.95
5	723.11
6	987.98
7	735.45
8	658.04
9	1 086.05
10	436.98
11	219.83
12	412.93
合计	8 195.38

M5 到 SC2 的里程（单位：千米）	100
一般运输车辆吨位（单位：吨）	15
运营规费（单位：元/吨·月，全年只缴 10 个月）	47
保险费（单位：元，含交通强制险和第三者责任险）	12 000
二级维护与年审（单位：元/年，含排污、车船使用税等）	1 500
车辆购置费（单位：元）	200 000
车辆折旧期（单位：年，按直线折旧法①计算）	8
车辆油耗（单位：升/100 千米）	30
目前平均油价（单位：元/升）	6.88
司机工资（正负驾驶，单位：元/月）	1 800
车辆平均维修费（单位：元/千米）	0.25
高速公路收费（此吨位车辆，单位：元/辆）	190
普通公路收费（此吨位车辆，单位：元/辆）	80

备注：货运车辆的通行费按载重吨位计收。这里为简化计算，车辆往返通行费都按上表所列费用计算。

四、简答（述）题

1. 什么是第三方物流？怎样理解“第三方”？
2. 第三方物流有哪些特征？有哪些优势？
3. 简述物流外包的利弊。
4. 简述物流外包的风险与规避。
5. 简述物流外包与第三方物流的关系。
6. 怎样进行物流自营与外包决策？

① 根据国家有关规定，营运车辆按行驶里程法进行折旧，这里为简化计算，变通处理，按车辆使用年限折旧计算。

7. 在选择第三方物流服务商时应考虑哪些因素？

8. 典型的第三方物流的运作模式有哪些？

五、情境问答题

华运物流公司为鹿牌和雨露牌两大知名品牌啤酒在武汉地区的销售物流服务商，承担两大品牌多个品种啤酒产品在武汉地区的仓储及配送业务。期初，华运公司腾出了一栋5 000平方米的普通平面仓库，除了基本的照明和消防设备外，并无其他设备。在人员方面，配备了2名保管员和8名工人，负责仓储保管、入库出库、装卸搬运等具体业务。运作一段时间后，公司发现货损率高，差错率高，效率低，工人劳动强度也很大。尤其在夏季啤酒销售旺季，这些问题就更加突出。客户满意度低也就理所当然了。你认为应该采取哪些措施才能改变公司目前的状况？

六、实训题

学生以小组为单位，对学校所在地的第三方物流的发展现状进行调研，并撰写一份不低于1 000字的调查报告。

七、案例分析题

"大众包餐"公司的困惑

"大众包餐"是一家提供全方位包餐服务的公司，由上海某大饭店的下岗工人李杨夫妇于1994年创办，如今已经发展成为苏锡常和杭嘉湖地区小有名气的餐饮服务企业之一。"大众包餐"的服务分为两类：递送盒饭和套餐服务。盒饭主要由荤菜、素菜、卤菜、大众汤和普通水果组成。可供顾客选择的菜单有荤菜6种、素菜10种、卤菜4种、大众汤3种和普通水果3种，还可以定做饮料佐餐。尽管菜单的变化不大，但从年度报表上来看，这项服务的总体需求水平相当稳定，老顾客通常每天会打电话来订购。但由于设施设备的缘故，"大众包餐"会要求顾客们在上午10点前电话预订，以便确保当天递送到位。在套餐服务方面，该公司的核心能力是为企事业单位提供冷餐会、大型聚会，以及一般家庭的家宴和喜庆宴会。客户所需的各种菜肴和服务可以事先预约，但由于这项服务的季节性很强，又与各种社会节日和国定假日相关，需求量忽高忽低，有旺季和淡季之分，因此要求顾客提前几周甚至1个月前来预定。大众包餐公司内的设施布局类似于一个加工车间。主要有五个工作区域：热制食品工作区、冷菜工作区、卤菜准备区、汤类与水果准备区以及一个配餐工作区。此外，还有三间小冷库供储存冷冻食品，一间大型干货间供储藏不易变质的物料。由于设施设备的限制以及食品变质的风险制约了大众包餐公司的发展规模。虽然饮料和水果可以外购，有些店家愿意送货上门，但总体上限制了大众包餐公司提供柔性化服务。李杨夫妇聘用了10名员工：两名厨师和8名食品准备工，旺季时另外雇佣一些兼职服务员。

包餐行业的竞争是十分激烈的，高质量的食品、可靠的递送、灵活的服务以及低成本的运营等都是这一行求生存谋发展的根本。近来，大众包餐公司已经开始感觉到来自愈来愈挑剔的顾客和几位新来的专业包餐商的竞争压力。顾客们愈来愈需要菜单的多样化、服务的柔性化以及响应的及时化。李杨夫妇最近参加了现代物流知识培训班，对准时化运作和第三方物流服务的概念印象很深，这些理念正是大众包餐公司要保持其竞争能力所需要的东西。但是他们感到疑惑，大众包餐公司能否借助于第三方的物流服务。

根据案例提供的信息，请回答以下问题：

1. 大众包餐公司的经营活动可否引入第三方物流服务，请说明理由。

2. 大众包餐公司实施准时化服务有无困难，请加以解释。

3. 如果要引入第三方物流服务，你对此有何建议？

第十一章　物流组织与管理

【引例】

某物流企业鲜花配送竞标项目的提案

视频链接：物流的认知

某物流企业拟竞标世博会鲜花物流项目，由于该公司的主营业务并不是生鲜产品配送，在鲜花运输方面也没有经验，因此该公司组建了一个项目组专门负责该竞标项目的策划与实施。为了提高竞标的成功率，项目经理提出以下方案：购买10台特种车辆，专门负责鲜花的配送；同时设置固定岗位、配备人员负责项目的运行与实施。

引导问题：

1. 如果你是公司的总经理，你是否同意该项目经理的提案？为什么？
2. 如果不同意该提案，请提出一个可行的方案。

物流管理是对物流活动进行计划、组织、协调与控制。实施有效的物流管理可以降低物流成本，提高客户服务水平，提高顾客满意度，提升企业竞争力。通过本章内容的学习，读者应掌握物流组织的形式与设计原则；理解物流服务的内涵、特征与关键绩效指标，掌握物流服务水平的确定方法；掌握物流质量管理的内容、特点与方法；理解库存的概念、成本及利弊，掌握库存管理方法与控制技术；理解物流成本及相关理论，掌握物流成本的核算方法；了解物流标准化及其现状与对策。

第一节　物流组织机构

组织是进行有效管理的手段，建立健全合理的物流组织是实现物流合理化的基础和保证。

一、物流组织机构设计的原则

物流组织形成的基本条件在于如何明确业务范围，如何进行业务分工以及如何实施物流管理的统一化。基于这一条件，设计物流组织首先要有系统观念。物流管理系统有五个必不可少的组织要素：人员、职位、职责、关系和信息。物流组织的系统观念就是要立足于物流任务的整体，综合考虑各要素、各部门的关系，围绕共同的目的建立组织机构，对组织机构中的全体成员指定职位，明确职责，交流信息，并协调其工作，达到物流组织的合理化，使该组织在实现既定目标中获得最大效率。具体来说，建立健全物流组织必须遵循下述基本原则。

（一）有效性原则

有效性原则要求物流组织必须是有效率的。这里所讲的效率，包括管理的效率、工作的效率和信息传递的效率。物流组织的效率表现为组织内各部门均有明确的职责范围，节约人力，节约时间，有利于发挥管理人员和业务人员的积极性，使物流企业能够以最少的费用支出实现目标，使每个物流工作者都能在实现目标过程中做出贡献。

有效性原则要贯穿在物流组织的动态过程中。在物流组织的运行中，组织机构要反映物流管理的目标和规划，要能适应企业内部条件和外部环境的变化，并随之选择最有利的目标，保证目标实现。物流组织的结构形式、机构的设置及其改善，都要以是否有利于推进物流合理化这一目标的实现为衡量标准。

(二) 统一指挥原则

统一指挥原则是建立物流管理指挥系统的原则，其实质在于建立物流组织的合理纵向分工，设计合理的垂直机构。

物流组织机构是企业、公司以及社会的物流管理部门，是负责不同范围的物流合理化使命的部门。为了使物流部门内部协调一致，更好地完成物流管理任务，必须遵循统一指挥的原则，实现“头脑与手脚的一体化”、责任和权限的体系化，使物流组织成为有指挥命令权的组织。

(三) 管理层次扁平化原则

在统一指挥原则下，一般形成三级物流管理层次，即最高决策层、执行监督层和物流作业层。高层管理者的任务是根据企业或社会经济的总体发展战略，制订长期物流规划，决定物流组织机构的设置及变更，进行财务监督，决定物流管理人员的调配等；中层管理者的任务是组织和保证实现最高决策的目标，包括制订各项物流业务计划、预测物流量、分析设计和改善物流体系、检查服务水平、编制物流预算草案、分析物流费用、实施活动管理、进行物流思想宣传等；基层管理者的主要任务是合理组织物流作业，对物流从业者进行鼓励和奖励，协调人员的矛盾和业务联系的矛盾，做好思想工作。

(四) 职责与职权对等原则

无论是管理组织的纵向环节还是横向环节，都必须贯彻职责与职权对等原则。职责即职位的责任。职位是组织中的位置，是组织中纵向分工与横向分工的结合点。职位的工作责任是职务。在组织中，职责是单位之间的连接环，把组织机构的职责连接起来，就是组织的责任体系。如果一个组织没有明确的职责，这个组织就不牢固。

职权是指在一定职位上，在其职务范围内为完成其责任所应具有的权力。职责与职权应是相应的。高层领导担负决策责任，就必须有较大的物流决策权；中层管理者承担执行任务的监督责任，就要有监督和执行的权力。职责与职权的相适应叫权限，即权力限定在责任范围内，权力的授予要受职务和职责的限制。不能有职无权，或有权无职，这两种情况都不利于调动积极性，影响工作责任心，降低工作效率。要贯彻权责对等的原则，就应在分配任务的同时，授予相应的职权，以便有效率、有效益地实现目标。

(五) 协调原则

物流管理的协调原则，是指对管理组织中的一定职位的职责与具体任务要协调，不同职位的职能要协调，不同职位的任务要协调。具体地讲，协调原则就是指物流管理各层次之间的纵向协调、物流系统各职能要素的横向协调和部门之间的横向协调。在这里，横向协调更为重要。改善物流组织的横向协调关系可以采取下述措施：建立职能管理横向工作流程，使业务管理工作标准化；将职能相近的部门组织成系统，如供、运、需一体化；建立横向综合管理机构。

二、物流组织机构的基本形式

组织机构要体现组织各部分之间的关系，它是由组织的目标和任务以及环境因素决定的。合理的组织机构是实现组织目标、提高组织效率的保证。经过长期的实践和发展，组织机构已经形成了多种形式。结合物流运营的特点，物流运营组织机构的规划主要可以参考以下几种基本形式。

（一）直线职能制组织结构形式

直线职能制组织结构形式的主要特点是设置两套系统：一套是直接参与和负责组织物流经营业务的业务执行机构。它包括从事物流活动的各个业务经营机构，担负着整个物流活动过程的作业实现。例如，直接从事商品及有关物资的采购与供应、仓储、运输、流通加工、品质检验、配送等部门。另一套是按照专业管理的职责和权限设置的职能管理机构。它是专门为物流经营业务活动服务的管理工作机构，直接担负着物流活动的计划、指导、信息服务、监督调节及其他配套管理服务，如计划统计、财务会计、劳动工资、信息支持、市场开发、行政管理、客户关系管理等部门。

物流运营的业务执行机构是物流组织机构的主体，它们的主要任务、职责和职权是直接从事物流业务的运营，其机构的规模和分工程度直接影响着其他部门的设置以及职能的划分。而物流运营的职能管理机构则可以不直接参与物流作业，而作为物流运营的参谋和保障机构。典型的直线职能制物流组织结构形式如图 11.1 所示。

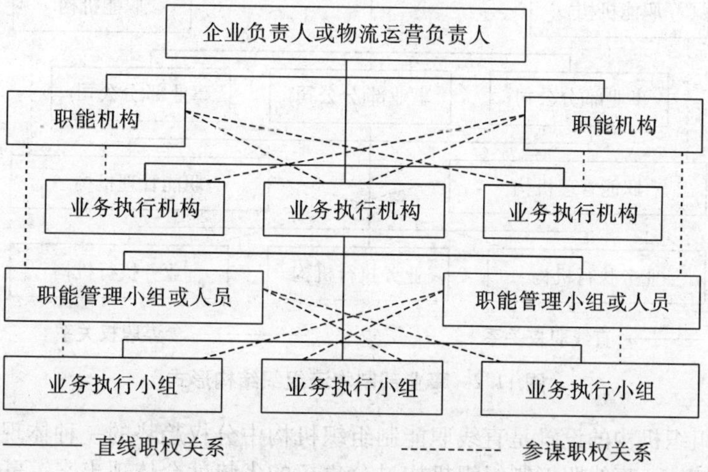

图 11.1　直线职能制物流组织结构形式

直线职能制组织机构设置既能保证集中统一指挥管理，又能充分发挥专业人员的才能、智慧和积极性，比较适应现代企业生产经营管理的特点和要求，所以，国内外许多企业都采用这种类型的组织结构形式。基于物流运营的特点和物流管理发展的现状，我国大中型物流企业的运营组织机构设置也主要采用这种形式。

直线职能制组织结构形式的缺点是过于正规化，权力集中于高层，机构不够灵活，横向协调性较差，特别是物流运营的业务执行部门缺乏自主性，很难有效地调动业务执行部门的主观能动性。因此，这种形式在企业规模不是很大，物流服务业务范围相对稳定，以及市场不确定性相对较小的情况下，更加能够显示出其优点。随着企业规模的扩大，市场的不确定性逐渐增加，这种组织形式有时不能完全适应环境的变化。近年来，有些企业，其中也包括一些物流企业，为了充分发挥职能机构的作用以及业务执行部门的主观能动性，已经适当地进行了一定的集权和分权模式的调整，特别是对独立经营权、调度、质量检查等权力进行了一定的分权化处理。但是，直线职能制组织机构仍然是我国企业（包括物流企业）的主要组织结构形式。

(二) 事业部制组织结构形式

事业部制组织结构又称分权制或部门化结构。其特点是“集中政策，分散经营”。一般是按产品类别、地区或者经营部门分别成立若干个事业部。这些事业部具有相对独立的市场，相对独立的利益和相对独立的自主权。各事业部在公司的统一领导下实行独立经营、单独核算、自负盈亏。各事业部具有相对独立的充分自主权，高层管理部门则实行有限的控制，以便其摆脱行政管理事务，集中力量研究和制订经营方针，并通过规定的经营方针，控制绩效并统一调度资金，对各事业部进行协调管理。

事业部制组织机构是国内外许多大型企业采用的组织结构形式。国内一些大型的分销企业和物流企业也采用这种组织形式。其主要特点在于，在公司内部按地域或产品类别（对于物流企业来说，就是指物流服务类别）设立相对独立的事业部或分公司，各事业部或分公司拥有相对较大的自主权，有利于事业部或分公司及时根据市场变化和业务环境进行经营业务的调整。事业部制物流组织结构形式如图 11.2 所示。

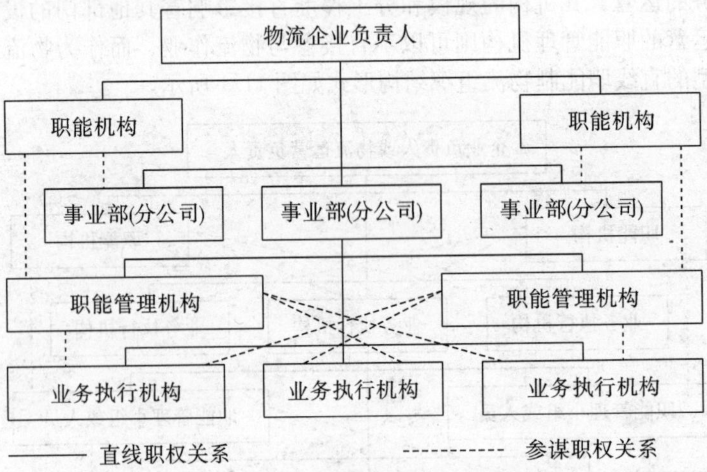

图 11.2 事业部制物流组织结构形式

事业部制组织机构的设置是直线职能制组织机构中分权趋势的一种体现。实际上，随着企业规模的扩大，直线职能制组织机构过分集权的劣势就会体现出来。事业部制组织机构显然可以弥补这种缺陷，同时又有利于提高各个事业部（分公司）的主观能动性。因此，事业部制组织结构形式正被越来越多的大中型企业所采用。实际上，事业部制物流组织模式是对直线职能制物流组织模式适当分权要求的具体体现，而这种要求也是随着企业运营规模的扩大必然会产生的。而从图 11.2 中也可以看到，在事业部制组织机构的每一个事业部中，往往实施的也是直线职能制的组织管理模式。

事业部制组织结构形式的主要优点在于：各事业部或分公司职权明确，拥有相当的自主权，有权及时调整策略应对市场或内部环境的变化，积极、灵活地开展物流经营业务活动。而公司总部也可以摆脱事务性的行政管理，专心致力公司重大的经营方针和重大决策的制定。但是，这种方式也存在一定的缺点，主要体现在当各个事业部或分公司是一个利润中心时，往往会只考虑到自己的利益而影响相互协作；同时，由于各事业部或分公司权力的加大，如果经理不适当地运用权力，就有可能导致整个公司职能机构的作用有所削弱，不利于公司的统一决策和领导。在物流企业和分销企业中，结合物流业务和物流一体化运行的特点，在实施事业部制物流运营模式时，会有更多的基础工作需要完成，包括内部结算、业务交接、货损货差责任由谁承担等。也就是说，对于需要一体化物流运作的物流企业或分销企业，由于产品的特殊性，事业部的设立也具有一定的自身特点，必须在明确各事业部之间的业务合作、业务结算、业务责任等的前提下，才能很好地贯彻实施事业部管理模式。

（三）其他组织结构形式

除了直线职能制和事业部制组织结构形式以外，企业的组织机构形式还有很多种，如直线制组织结构形式和矩阵制组织结构形式。这些组织结构形式在物流业务的运营管理中，也可以借鉴和使用。

1. 直线制组织结构形式

直线制组织结构形式又称单线制或军队式结构，这是一种早期的组织结构形式，如图 11.3 所示。

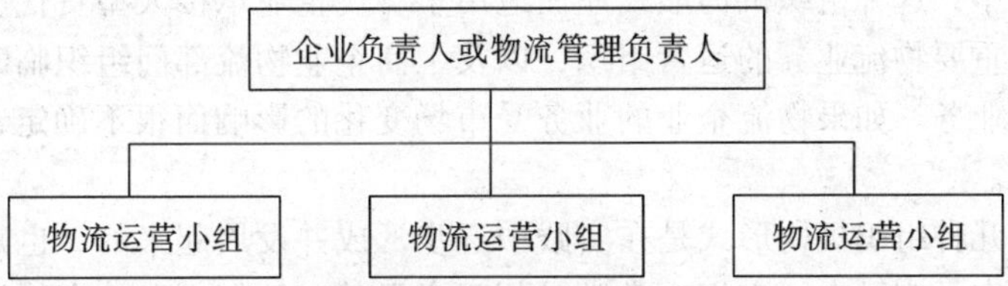

图 11.3　直线制组织结构形式

这种组织机构的特点是：组织的各级行政单位，从上到下进行垂直领导，各级领导者直接行使对下级的统一指挥与管理职能，对所属单位的一切问题负责，一般由一人承担或者配备若干职能管理人员协助工作，不另设单独的职能管理机构。这种组织结构形式对各级管理者在管理知识、能力及专业技巧等方面都有较高的要求。其优点是简单灵活，职权明确，决策迅速，指挥统一；其缺点是领导需要处理的事情太多，精力受牵制，不利于提高企业的经营管理水平。这种组织机构形式适用于经营规模小、经营对象比较简单、业务复杂程度低的生产或流通企业的供应和销售物流管理部门，也适用于业务相对简单、规模相对较小或者新创建的小型货代企业、货运企业、仓储服务企业和小型物流企业。当前，这种组织结构形式在许多企业的物流管理部门以及许多小型物流企业中也普遍存在。但是，这种结构比较脆弱，如果组织规模扩大，管理任务繁重复杂，这种模式显然不能适应。

2. 矩阵制组织结构形式

矩阵制组织结构又称规划目标结构，它是在纵向职能系统的基础上，增加一种横向的目标系统，构成管理网络，如图 11.4 所示。

这种结构一般是为了达到一定的目标或完成一个项目，在已有的直线职能结构中，从各个职能部门抽调专业人员，组成临时的专门机构。这种专门机构的领导者（项目经理）有权指挥项目组织的成员，并同有关部门进行横向联系和协调。参与专门机构的成员同自己原来的部门保持隶属关系，即各部门既同垂直的指挥系统保持联系，又与按产品或服务项目划分的小组保持横向联系，形成一个矩阵形式，借用数学上的术语，称之为矩阵制组织结构。这种结构的优点在于：把不同部门、不同专业背景的人员汇集在一起，密切协作，互相配合，有利于解决问题。同时，集权和分权的有机结合，增强了组织的机动性和适用性，使之能适应竞争所带来的产品或服务市场的不稳定性，以及组织规模庞大、产品或服务复杂、技术要求高的物流服务业务。其缺点是：如果纵向和横向的关系处理不当，就会造成意见分歧，工作扯皮，工作上出现问题也难以分清责任，而且人员的不断流动使得管理工作出现困难。

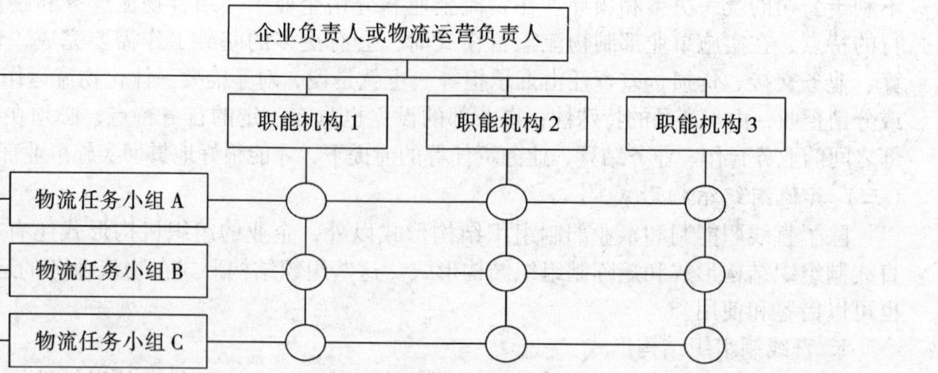

图 11.4　矩阵制组织结构形式

在物流运营中，这种组织机构形式往往适用于货代企业承接大型货代服务业务，物流企业承接临时性重要物流业务的运营组织，以及工商企业物流部门组织临时性的重大采购供应或销售物流业务。如果物流企业的业务受市场变化的影响而很不确定，也可以采用这种组织结构形式。

以上介绍的几种组织机构形式是在实践中逐步形成并发展起来的，也是比较典型的组织结构形态。在实际应用中，它们也常常是相互交叉的。例如，在一个物流系统中，可能同时存在事业部制和职能制，或职能制与矩阵制等。各种组织结构形式各有优劣，不存在适应一切环境条件的最佳组织形式。为了适应复杂多变的企业内外部环境，应根据需要组织自身的物流运营组织体系，也可以在这些基本形式的基础上，创造出更好的适合自身需要的组织结构形式。当然，物流组织机构的形式一旦确定，也不是一成不变的，随着市场环境的变化以及组织内部运营的发展，要对已有的组织机构进行适时的调整，这对于物流的运营管理来说，也是非常重要的。

[案例 11-1]　上海某民营物流企业的区域性物流公司点式经营组织机构设计

对于区域性物流公司来说，物流的运营一般集中在某一个区域内进行。在物流网络化、全球化运作的今天，这种区域性点式经营的物流公司大量存在。在我国，由于第三方物流的发展尚处在初级阶段，很多企业尚未形成网络化经营的能力。因此，这些企业目前都在致力于区域范围内的物流服务业务，先积累经验，然后再逐渐扩展自己的业务覆盖范围。

上海某民营物流企业的组织机构如图 11.5 所示。

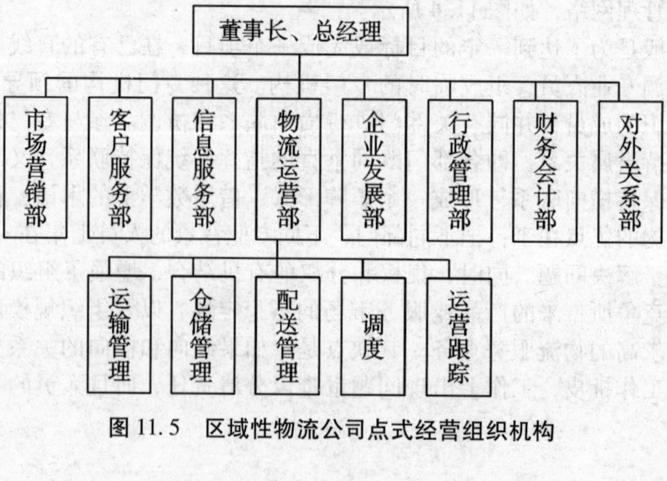

图 11.5　区域性物流公司点式经营组织机构

第二节 物流服务管理

［**案例 11-2**］**美国物流企业的服务范围**

美国物流企业服务范围有时会扩大到售后退货管理、货物回收销毁、因特网订单执行和电脑装配等其他的增值服务领域。美国雷兹集团公司（APC）就是一个以运输和配送为主的大公司。优质和系统的服务使物流企业与货主企业结成战略伙伴关系，一方面有助于货主企业的产品迅速进入市场，提高竞争力；另一方面则使物流企业有稳定的资源。雷兹集团公司与战略伙伴的物流服务，就包括了售后退货管理、货物回收销毁等逆向物流的增值服务部分。

面对日益激烈的国际、国内竞争以及消费者价值取向的多元化，很多企业管理者已经发现，加强物流管理、提高物流服务水平是企业创造持久竞争优势的有效手段。

一、物流服务的概念与内涵

物流服务（Logistics Service）是“为满足客户需求所实施的一系列物流活动过程及其产生的结果”（GB/T18354-2006）。站在不同经营实体的角度，物流服务有着不同的内涵和要求。

（一）物流客户服务

从货主企业（工商企业）的角度出发，物流服务属于企业客户服务的范畴，即物流客户服务。所谓客户服务，是指为支持企业的核心产品（或服务）而提供的服务。顾客在购买商品时，不仅仅是购买实体产品本身，而是购买由有形产品、无形的服务、信息及其他要素所组成的“产品服务组合”。其中，物流服务是这个“产品服务组合”的重要组成部分。因此，工商企业的物流服务是用来支持其产品营销活动而向客户提供的一种服务，是顾客对“商品利用可能性”① 的物流保障。它包含以下三个要素：

（1）备货保障，即拥有客户所期望的商品；

（2）输送保障，即在客户期望的时间内递送商品；

（3）质量保障，即符合客户所期望的质量，包括商品质量与服务质量。

物流客户服务就是围绕上述三个要素展开的，如图 11.6 所示。

物流客户服务的表现形式有多种，它可以是具体的物流活动，如订单处理、拣选、分类理货、配送、流通加工等；也可表现为一种执行标准或绩效水平，即通过供应提前期、库存保有率、缺货率、商品完好率②、货损率、配送率、订单满足率③等指标来衡量；还可表现为一种经营理念，即通过物流服务水平与成本的平衡，找到企业经营效益与顾客需求的最佳结合点，使之成为“顾客导向”的企业营销理念。

---

① 按照日本物流学者阿保荣司教授的观点，应该用“到达理论”代替“距离理论”。“到达理论”强调物流服务的本质是将商品送达用户手中，使其获得商品的“利用可能性”。商品的“利用可能性”等于“存货服务率”与“配送服务率”之积，前者由“库存保有率”来衡量，后者由“配送率”来衡量。

② 商品完好率（Rate of the Goodsin Good Condition）是指“交货时完好的物品量与应交付物品总量的比率”。——中华人民共和国国家标准《物流术语》（GB/T18354-2006）。

③ 订单满足率（Fulfillment Rate）是指“衡量订货实现程度及其影响的指标。用实际交货数量与订单需求数量的比率表示”。——中华人民共和国国家标准《物流术语》（GB/T18354-2006）。

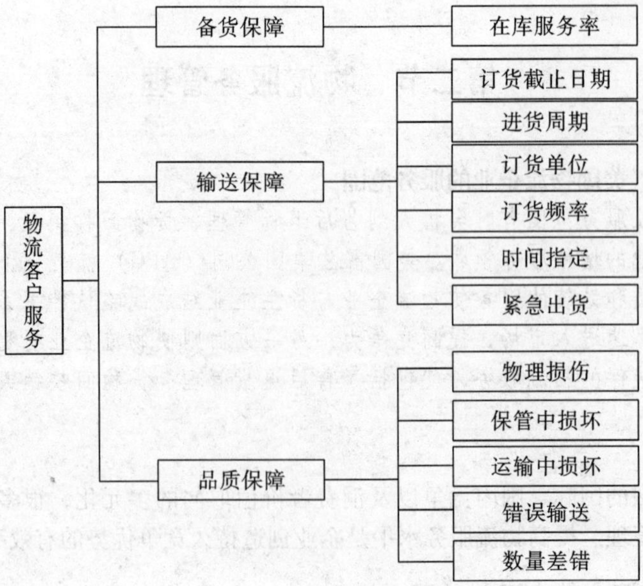

图 11.6　物流客户服务的构成要素

(二) 物流商品

从物流企业的角度出发，物流服务是一种特殊的商品——“物流商品”。当工商企业将物流业务外包给物流企业去运作时，物流企业提供的物流服务就构成了工商企业物流服务的一部分。为此，物流企业必须紧紧围绕货主企业的物流需求开展经营活动，必须把握货主企业的物流需求特点，将物流服务融入货主企业的物流系统中去，根据需求分析，开发新的服务项目（产品），做好物流服务（产品）的市场营销和客户服务工作。同时，物流企业要充分发挥其技术优势、成本优势和网络优势，不但能为客户提供运输、储存、包装、装卸搬运等基本物流服务，而且还要能提供海关代理、跟踪装运（全程可视化）、物流系统设计以及一体化物流服务等增值物流服务。

二、物流服务的特征

(一) 物流客户服务的基本特点

从货主企业（工商企业）的角度来看，物流客户服务具有以下基本特点：

1. 产品的可得性

产品的可得性是指当客户需要产品时，企业具有可以向客户提供足够产品的库存能力。企业传统的做法是，通过预测需求来储存产品，即在预测的基础上，根据产品消费的流行性，产品的盈利能力，产品的价值、特点，以及产品在整个产品序列中的重要性，采取不同的储存策略。事实上，要实现高水平的产品可得性，关键是要在尽量降低对库存及其设施的总体投入的同时，有选择地对重要客户提供高水平的产品可得性。产品可得性可通过缺货率或缺货频率、订单满足率以及反映订单完成情况的指标（如货损率或商品完好率、准时交货率等）来衡量。

2. 运作绩效

运作绩效反映企业提供物流客户服务的能力与效果。运作绩效可以通过对供应前置期（与客户订货周期相对应）、准时交货率、柔性服务能力、应急服务能力的考核来衡量。

［案例11-3］ **物流客户服务的应急功能**

某著名的办公复印设备制造商位于美国西海岸的仓库在某个星期五的下午付之一炬。该仓库存有办公复印机替换部件和一般办公用品，供应美国西海岸绝大部分地区的客户。由于业务的竞争性，大火可能带来的不良后果是销售损失，企业的一部分分拨系统也因此瘫痪。

幸运的是，企业的分拨管理人员已经预见到这种可能性，并制订了针对此类事件的应急方案。到星期一，该公司就已空运了足量的存货到某个准备就绪的公共仓库。客户服务与以前的水平几无二至，竟使客户对失火事件毫不知晓。

3. 服务的可靠性

服务的可靠性体现了物流的综合特征，反映了企业是否具备提供物流客户服务的能力。它不仅表现在产品的可得性和运作绩效上，还表现在货物发运准确、准时送达、商品完好、结算准确、数量符合订单要求以及与客户及时有效沟通等方面。

（二）物流服务的主要特性

从物流企业的角度来看，物流服务具有以下主要特性：

1. 从属性

由于货主企业的物流需求是以商流为基础的，它伴随着商流的变化而变化，因此，物流服务必须从属于货主企业的物流系统。这表现在递送的货物品种、送货的时间、方式等都由货主决定，物流企业只是按照货主的要求，提供相应的物流服务。

2. 即时性

物流服务属于非物质形态的劳动，它不是有形的商品，而是一种伴随销售和消费同时发生的即时性服务。因而，物流服务与其他类型的服务都具有非储存性、生产与消费同时进行的特点。

3. 移动性和分散性

物流服务以分布广泛且多数不固定的客户为对象，因而具有移动性和分散性的特点。这一特点容易导致物流需求在局部上的供需不平衡，给经营管理带来一定的难度。

4. 需求波动性

由于物流服务以数量众多且不固定的客户为对象，他们的需求方式以及运送或包管的货物数量往往多变，因而具有较强的波动性。就是哪些有固定客户群体的物流企业，由于客户所在行业的季节性波动，物流需求随之波动。因此，国际航运中的“十年一山”“冬高夏低”等规律就不难于理解了。

5. 可替代性

物流服务的可替代性主要表现在两方面：①若物流企业的服务水平达不到客户的要求，就很有可能被货主企业的自营物流所替代，特别是自营物流的普遍存在，使物流经营者从数量和质量上调整物流服务的供给变得相当困难；②物流行业内不同运输方式之间存在着替代竞争，这无疑加大了物流企业尤其是运输型企业经营的难度。

三、物流服务对企业经营的重要意义

无论是货主企业还是物流企业，优质的物流服务能使企业脱颖而出，获取强大竞争优势。特别是随着网络技术的发展，企业间的竞争已突破了地域限制，竞争的焦点将是物流服务的竞争。物流服务对企业经营的重要性主要表现在以下几方面：

（一）物流服务已成为企业经营差异化的重要手段

随着市场转型，竞争日益激烈，顾客需求越来越呈现出多元化的特点。面对不同层次、不同类型的市场需求，企业只有快速、有效地满足，才能在激烈的市场竞争中求得生存和发展。为此，企业需实施差异化战略，为客户提供与竞争对手不同的产品或服务。而在竞争日益激烈的今天，企业产品的同质化越来越严重，通过物流服务来创造差异化就成了提升企业竞争力的关键。

（二）物流服务水平的确立对经营绩效具有重大影响

制定适宜的物流服务水平是构筑物流系统的前提，在物流逐渐成为企业经营战略的重要组成部分的过程中，物流服务越来越具有经济性的特征，即物流服务有随市场机制和价格机制变化的倾向。或者说，市场机制和价格机制通过供求关系既确定了物流服务的价值，又决定了在一定服务水平下的物流成本。因此，物流服务的供给不可能是无限制的，过高的服务水平必然会导致高成本，从而影响企业的经营业绩。

（三）物流服务方式的选择对降低流通成本具有重要影响

合理的物流服务方式不仅能够满足企业和客户的物流服务需求，降低物流运营成本，而且能够从本源上推动企业的发展，成为企业的第三利润源。特别是随着第三方物流、JIT供应、共同配送、越库配送等新的物流服务方式的产生和发展，商品流通环节减少，流通成本降低，最终实现企业和顾客的双赢。

（四）物流服务起着连接供应链各节点的纽带作用

物流服务是在合理分工的前提下，紧密联系供应商、制造商、批发商、零售商和消费者的桥梁和纽带。随着经济全球化、信息网络化的发展，企业的竞争逐渐演变为供应链与供应链的竞争。物流服务成为构造企业经营网络的重要内容之一。一方面，通过商品的实体流动，将上下游企业和消费者连为一体；另一方面，借助物流信息技术手段，不断将商品销售、在库保管、货物运输等重要信息反馈给供应链中的所有企业，并通过知识、诀窍等经营资源的积累，使企业经营涉及的各个环节不断地协调以适应市场的变化，进而创造出超越单个企业的供应链价值。

四、物流服务水平的确定

确定物流服务水平的一种比较流行的方法，是将竞争对手的服务水平作为标杆。但仅仅参照竞争对手的水平是不够的，因为这很难断定竞争对手是否很好地把握了顾客的需求并集中力量于正确的物流服务要素。这方面的不足可以通过结合详尽的顾客调查来弥补，后者能够揭示各种物流服务要素的重要性，有助于消除顾客需求与企业运营状况之间的差距。

有多种方法可用于确定物流服务水平，相对而言，以下四种方法比较实用。

（一）根据顾客对缺货的反应来确定物流服务水平

制造商的顾客包括中间商和产品的最终用户，而产品通常是从零售商处转销到顾客手中的。因此，制造商往往难于判断缺货对最终顾客的影响有多大。例如，制造商的成品仓库里有某种产品缺货，这并不一定意味着零售商也同时缺货。通常，零售环节的物流服务水平对销售有很大影响，为此，必须明确最终顾客对缺货的反应模式。一般地，当某种产品缺货时，顾客可能购买同种品牌但不同规格的产品，也可能购买另一品牌的同类产品，或者换一家商店看看。在产品同质化倾向日益明显的今天，顾客“非买它不可”的现象已经越来越罕见，除非顾客坚定地认为该种产品在质量或价格上明显优于替代品。

对于制造商而言，其物流服务战略很重要的一点是，保证最终顾客能方便及时地了解和购买到所需要的商品。制造商对零售环节的关注使其考虑如何调整订货周期、订单满足率和运输方式等策略，尽量避免零售环节缺货现象的发生。

此外，顾客对不同产品的购买在时间要求上也有所不同。对绝大多数产品，顾客希望在做出购买决策时就能够拿到，但也有特殊的情况，比如选购大型家具，顾客在展示厅选中样品并订购以后，往往愿意等待一段时间在家中收货。

［案例 11-4］物流服务水平的确定

美国西尔斯百货公司与惠而浦家电公司在进行一项顾客调查时发现，顾客并不要求在订货的当天就将大型家电运回家，除非有特别紧急的情况，否则他们愿意等上 5~7 天的时间。这一调查结果对西尔斯与惠而浦的物流系统影响很大。西尔斯公司只需在营业厅里摆放样品供顾客挑选，其配送中心的存货也不多。惠而浦公司的产成品被运至位于俄亥俄州马利恩的大型仓库。西尔斯公司将收到的顾客订单发送给惠而浦公司，相应的产品随即从马利恩仓库分送到西尔斯位于各地的配送中心，然后从配送中心直接用卡车将产品分送到顾客家中。从顾客下订单到送货上门的时间控制在 48~72 小时。

在采用该法确定物流服务水平时要注意以下几点：①不应当站在供方的角度考虑物流服务水平，而应当把握顾客的需求，视觉应由卖方转向买方；②针对不同的顾客，物流服务的内容应有所不同，重要的客户应得到优先照顾，因此首先应确定核心服务；③物流服务应与顾客的特点、层次相符；④在确定物流服务水平时，应考虑如何创造自己的特色，以便超过竞争对手，换言之，要采纳“相对”的物流服务的观点；⑤运作一段时间后，要对企业的物流服务水平进行评估并改进。

（二）通过权衡成本与收益来确定物流服务水平

物流总成本，包括库存持有成本、运输费用、订单处理费用等，可以视为企业在物流服务上的支出。实施集成的物流管理时的成本权衡，其目标是在市场组合要素之间合理分配资源以获得最大的长期收益，也就是以最低的物流总成本实现既定的物流服务水平。

［案例 11-5］物流服务水平的效益背反规律

某百货连锁集团希望将零售供货率提高到 98%的水平，需要获取每个商店及每种商品的实时销售数据（POS）。为此，需在各分店配置条形码扫描器及其他软、硬件设施；同时，为尽可能地利用这些数据，集团还希望投资建设 EDI 系统，以便与供应商进行快速双向的信息交流。估计平均每家分店需投入 20 万元。于是，管理层面临着成本与收益的权衡，对信息技术的投入能提高物流服务水平，但同时也会增加成本。假设该公司的销售毛利率是 20%，每家分店为收回 20 万元的新增投资，至少要增加 100 万元的销售额。如果实际的销售增长超过了 100 万元，则企业在提高物流服务水平的同时也增加了净收益。对这一决策的评估还需考虑各分店当前的销售额水平。若各分店当前的年销售额是 1 000 万元，则收回这笔投资比年销售额只有 400 万元要快得多。

尽管存在成本与收益的权衡和费用的预算分配问题，但这种权衡只是针对短期。若是长期，仍有可能在多个环节上同时得到改善，企业在降低总成本的同时亦能提高物流服务水平。

（三）借助 ABC 分析与帕累托定律来确定物流服务水平

帕累托定律指出，样本总体中的大多数事件的发生源于为数不多的几个关键因素。例如，80%的物流系统中的瓶颈现象可能仅仅是由一辆送货卡车的不良运作造成的。

ABC 分析是 80/20 定律在物流管理中的应用，它是物流管理中的常用工具之一。通过 ABC 分析，可将各种产品和顾客按其对企业的重要性程度进行分类。那些对企业的重要度较高的顾客和产品，应受到企业管理者的特别关注。因此，那些对企业最重要的“顾客-产品组合”，应配以最高的物流服务水平。

该方法的具体步骤如下：

1. 绘制“顾客-产品贡献矩阵”

首先绘制“顾客-产品贡献矩阵”，如表 11.1 所示。借助该矩阵，我们将不同顾客的重要性与不同产品的重要性联系起来考虑，以便确定能给企业带来最大收益的物流服务水平。

在这里，我们将盈利能力（以利润率反映）作为度量顾客和产品重要性的指标（指标的选择应结合企业的具体情况而定）。

表 11.1　　顾客-产品贡献矩阵

顾客分类＼产品分类	A	B	C	D
Ⅰ	1	3	5	10
Ⅱ	2	4	7	13
Ⅲ	6	9	12	16
Ⅳ	8	14	15	19
Ⅴ	11	17	18	20

表 11.1 中的产品是按照利润率来分类的，A 类产品利润率最高，B、C、D 类产品的利润率依次递减。在整个产品线中，A 类产品通常只占很小的比例，而 D 类产品所占的比例则可能达到 80%。而顾客也是按照对企业的重要度来分类的，Ⅰ~Ⅴ类顾客重要度依次递减。Ⅰ类顾客对企业最重要，他们能产生比较稳定的需求，对价格不太敏感，在交易中发生的费用也比较少，但这类顾客通常很少，可能只占 5%~10%；Ⅴ类顾客为企业创造的利润最少，但其数量却占了企业顾客的绝大部分。

2. 确定物流服务水平

由表 11.1 可知，对企业最有价值的“顾客-产品组合”是Ⅰ—A，即Ⅰ类顾客购买 A 类产品，再往下是Ⅱ—A 或Ⅰ—B，依此类推。管理人员可以使用一些方法对“顾客-产品组合”进行打分并进一步排序，以此来确定服务的优先等级，并在此基础上制定相应的物流服务水平标准。如表 11.2 所示。

表 11.2　　物流服务水平标准的确定

优先等级＼服务水平标准	存货可供率（%）	订货周期（小时）	订单满足率（%）
1~5	100	48	99
6~10	95	72	97
11~15	90	96	95
16~20	85	120	93

在该例中，对排序在 1~5 的“顾客-产品组合”应给予 100%的存货可供率，低于 48 小时的订货周期，以及 99%的订单满足率。

值得注意的是，较低的服务水平并不意味着所提供的服务缺乏稳定性。企业无论提供什么水平的服务，都要尽可能保持 100%的稳定性，这是顾客所期望的；而且，企业以高稳定性提供较低水平的物流服务（如送货时间），其费用通常低于以低稳定性提供高水平的物流服务。例如，高度稳定的 72 小时订货周期比不稳定的 48 小时订货周期更节省费用，也更令顾客满意。编制能良好反映顾客与企业真实情况的“顾客-产品贡献矩阵”的关键，在于切实了解顾客对服务的要求，并从中识别出最为重要的服务要素以及确定要提供多高的服务水平。上述信息可通过物流服务审计获取。

（四）通过物流服务审计来确定或评估物流服务水平

物流服务审计是评估企业物流服务水平的一种方法，也是企业对其物流服务策略进行调整时所产生影响的评价标尺。物流服务审计的目标是：①识别关键的物流服务要素；②识别这些要素的控制机制；评估内部信息系统的质量和能力。物流服务审计包括四个阶段：外部物流服务审计、内部物流服务审计、识别潜在的改进方法和机会、确定物流服务水平。如图 11.7 所示。

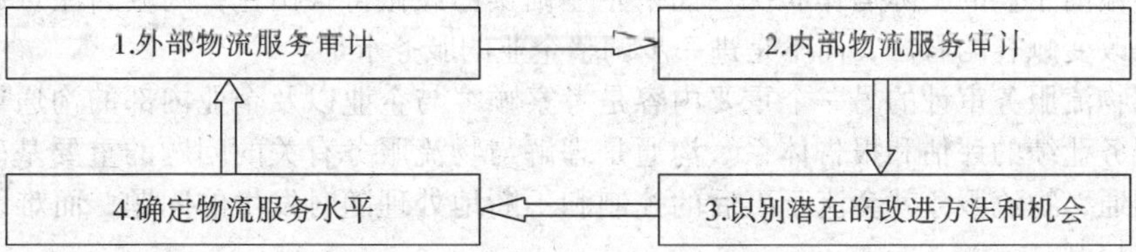

图 11.7　物流服务审计的四个阶段

1. 外部物流服务审计

外部物流服务审计是整个物流服务审计的起点，其主要目标是：①识别顾客在做购买决策时认为重要的物流服务要素；②确定本企业与主要竞争对手为顾客提供服务的市场比例。

（1）确定顾客认同的物流服务要素。即确定哪些物流服务要素是顾客真正重视的。其主要工作是对顾客进行调查与访谈。例如，某种普通消费品的零售商在衡量其供应商的服务水平时主要考虑了以下物流服务要素：订货周期的稳定性，订货周期的绝对时间，是否使用 EDI，订单满足率，延期订货策略，单据处理程序，回收政策等。

在外部物流服务审计阶段，有必要邀请市场部门的人员参与这项工作，这样做的好处有三点：①物流服务从属于整个市场组合，而市场部门在市场组合的费用预算决策中是最有权威和最有发言权的部门；②市场营销部门的研究人员是调查问卷设计和分析的专家，而这些工作是外部物流服务审计的重要一环；③这样做可以提高调查结果的可信度，从而有利于物流服务战略的成功实施。

（2）对企业有代表性的和统计有效的顾客群体进行问卷调查。在确定了重要的物流服务因素之后，下一步就是对企业有代表性的和统计有效的顾客群体进行问卷调查（表 11.3 是某企业物流服务水平的调查表）。通过问卷调查，可以确定物流服务要素及其他市场组合要素的相对重要性，可以评估顾客对本企业及主要竞争对手各方面服务绩效的满意度以及顾客的购买倾向。依据调查的结果，企业应加强对顾客认同的服务要素的重视。

借助于问卷，企业还能了解竞争对手的强势和不足，并在此基础上发展相应的顾客分类策略。此外，问卷还能反映出顾客对关键服务要素的服务水平的期望值。

表 11.3　　×××企业物流服务水平调查表

调查项目	好（90~100）	较好（75~89）	一般（55~74）	差（40~54）	很差（0~40）
总体物流管理水平					
订单处理速度					
临时订单和紧急发货服务					
货损货差					
库存管理服务					
物流信息提供及时、准确					
能提供足够的物流信息服务					
员工服务态度					

2. 内部物流服务审计

内部物流服务审计是审查企业当前的物流服务状况，为评估物流服务水平发生变化时所产生的影响确立一个衡量标尺。内部物流服务审计的主要目的是检查企业的服务现状与顾客需求之间的差距。顾客实际接收到的企业物流服务水平也有必要测定，因为顾客的评价有时会偏离企业的实际运作状况。如果企业确实已经做得很出色，则应当注意通过引导和促销来改变顾客的看法，而不是进一步调整企业的服务水平。

内部物流服务审计的另一个重要内容是考察顾客与企业以及企业内部的沟通渠道，甚至包括服务业绩的评估和报告体系。沟通是理解与物流服务有关的问题的重要基础，缺乏良好的沟通，物流服务就会流于事后的控制和不断地处理随时发生的问题，而难以实现良好的事前控制。

3. 识别潜在的改进方法

外部物流服务审计明确了企业在物流服务和市场营销战略方面的问题，结合内部审计，可以帮助管理层针对各个服务要素和细分市场调整上述战略，提高企业的盈利能力。管理层在借助内、外部物流服务审计提供的信息制定新的物流服务和市场营销战略时，需针对竞争对手进行详细的对比分析。当顾客对本企业和各主要竞争对手的服务业绩进行比较、评价并相互交流时，竞争性的标尺（Benchmarking）就显得更为重要了。

4. 确定物流服务水平

物流服务审计的最后一步是制定服务业绩标准和考核方法。管理层必须为各个细分领域（如不同的顾客类型、不同的地理区域、不同的分销渠道以及产品）详细制定目标服务水平，并将之切实传达到所有的相关部门及员工，同时辅之以必要的激励政策以激励员工努力实现企业的物流服务目标。此外，还要有一套正式的业务报告文本格式。

管理层必须定期按上述步骤进行物流服务审计，以确保企业的物流服务政策与运作满足当前顾客的需求。

五、物流服务的关键绩效指标

物流服务水平可以通过一些关键绩效指标（Key Performance Indicators，KPI）来描述。但企业及其客户的类型不同，要求的物流服务内容、形式及水平也有所不同。表 11.4 所列的是一些常见的关键绩效指标。

表 11.4　　物流服务水平关键绩效指标（KPI）

指标名称	计算方法	说明
缺货率	缺货次数/客户订货次数	衡量缺货程度及其影响的指标
商品完好率	交货时完好的物品量/应交付的物品总量	衡量商品完好程度的指标
货损率	交货时损失的物品量/应交付的物品总量	衡量货物损失程度及其影响的指标
订单满足率	实际交货数量/订单需求数量	衡量订货实现程度及其影响的指标
准时交货率	准时交货次数/总交货次数	衡量准时交货程度的指标
误点交货率（延迟交货率）	误点交货次数/总交货次数（延迟交货次数/总交货次数）	衡量误点（延迟）交货程度及其影响的指标
配送率	实际配送次数/客户要求配送次数	衡量满足客户配送需求（次数）程度及其影响的指标
发运错误率	错误发运次数/货物发运总次数	衡量货物错误发运程度及其影响的指标
订单准确率	准确履行订单次数/订单履行总次数	衡量订单履行准确程度的指标
客户投诉率	客户投诉次数/服务总次数	衡量客户不满意程度及其影响的指标

第三节 物流质量管理

随着多品种、小批量消费需求时代的来临，物流质量管理变得越来越重要。这是因为物流系统的复杂程度在不断提高，顾客对物流服务的期望也越来越高。企业要充分发挥物流在促进生产、销售与提升企业竞争力的作用，必须做好物流质量管理工作。

一、物流质量管理的概念

质量管理一般包括质量保证和质量控制两个方面的内容。前者是指企业对用户的质量保证，即为了维护用户的利益，使用户满意，取得用户信誉的一系列有计划、有组织的活动。质量保证是企业质量管理的核心。而质量控制是针对企业内部而言的，是为了保证工作过程或服务质量所采取的作业技术标准及有关活动。质量控制的过程是将质量评估结果与质量标准进行对比，发现偏差并对偏差采取矫正措施的调节管理过程。质量控制是质量保证的基础。

物流质量是一个整体概念。一方面，物流活动过程需要的各种资源和技术是完全可以控制的，很容易确定其质量规格和操作标准；另一方面，物流是为客户提供时间效用和空间效用的服务活动，需要根据顾客的不同需求提供个性化的服务（物流服务质量是由顾客根据其期望来评价的）。因此，物流质量是企业根据物流运动规律所确定的物流工作量化标准与顾客期望满足程度的有机结合。

物流质量管理是为了满足客户的物流服务需求，根据物流系统运动的客观规律，制定科学合理的质量标准，运用经济手段对物流质量及有关工作进行计划、组织、协调和控制的过程。企业物流质量管理必须满足两方面的要求：一是满足生产者的要求，即必须保证生产者的产品能保质保量地转移给用户；二是满足用户的要求，即必须按照用户的要求将其所需的商品按时并完整无缺地递交用户。

二、物流质量管理的内容

物流质量管理是企业全面质量管理（TQM）的重要一环，其核心是物流服务质量管理。物流服务是物流系统的输出，物流服务水平的高低取决于物流系统的结构与功能。但是，一定服务水平下的物流服务质量与物流系统运行过程中每一项物流工作的质量，以及物流工程的质量密切相关；物流质量不仅体现在服务保障上，还体现在物流对象——货物在物流过程中的质量保证和改善等方面。因此，物流质量涵盖了以下四方面的内容：

（一）货物的质量保证及改善

物流的对象是具有一定质量的实体，具有合乎要求的等级、尺寸、规格、性质与外观。这些质量是在生产过程中形成的，物流过程在于转移和保护这些质量，最后实现对用户的质量保证。因此，对用户的质量保证既依赖于生产，又依赖于流通。现代物流过程不仅是消极地保护和转移物流对象，还可以采用流通加工等手段改善和提高货物的质量，因此，物流过程在一定程度上也是货物质量的“形成过程”。

（二）物流服务质量

物流活动具有服务的本质特性，可以说，物流管理的质量目标就是要提供顾客满意的物流服务，该服务质量要能符合并超越顾客的期望。服务质量因不同用户的要求而异，因此要了解并把握用户的需求，包括：①商品狭义质量的保持程度；②流通加工对商品质量的提高程度；③批量及数量的满足程度；④配送额度、间隔期及交货期的保证程度；⑤配送、运输方式的满足程度；⑥成本水平及物流费用的满足程度；⑦相关服务（如信息提供、索赔及纠纷处理）的满足程度等。

（三）物流工作质量

物流工作质量是指物流活动各环节、各工种、各岗位的具体工作质量。工作质量和物流服务质量是两个相关但又不相同的概念，物流服务质量水平取决于物流活动各环节工作质量的总和。所以，工作质量是物流服务质量的基础和保证。重点抓好工作质量，物流服务质量也就有了一定程度的保证。同时，需要强化物流管理，建立科学合理的管理制度，充分调动员工的工作积极性，不断提高物流工作质量。

由于物流系统非常庞杂，不同环节的物流活动其工作质量的侧重点也有所不同。以仓库工作质量为例，可以归纳为商品损坏、变质、挥发等影响商品质量因素的控制及管理；商品丢失、错发、破损等影响商品数量因素的控制及管理；商品维护、保养，商品入库、出库检查及验收，商品入库、出库计划管理；商品标签、标示、货位、账目管理等。

（四）物流工程质量

物流质量不但取决于工作质量，还取决于工程质量。在物流过程中，将对产品质量产生影响的各因素统称为“工程”，这些因素包括人的因素、体制的因素、设备因素、工艺方法因素、计量与测试因素、环境因素等。显然，提高工程质量是进行物流质量管理的基础工作，提高工程质量，就能起到“预防为主”的作用，有利于实施前馈控制，提高质量管理的效能。

综上所述，加强物流质量管理，就要从以上几方面入手，抓好服务质量、工作质量、工程质量，并做好商品质量的保障及改善工作；否则，物流质量管理就只是一句空话。

三、物流质量管理的特点

物流活动具有其内在的客观规律性，在质量管理方面也同样如此。归纳起来，物流质量管理具有以下基本特点：

（一）全员参与

要保证物流质量，就涉及物流活动的相关环节、相关部门和相关人员，需要依靠各个环节、各部门和广大员工的共同努力。物流管理的全员性，正是物流的综合性、物流质量问题的重要性和复杂性所决定的，它反映了企业质量管理的客观要求。

（二）全程控制

现代企业物流质量管理对商品的包装、储存、运输、配送、流通加工等功能活动进行全过程的质量管理，同时，物流质量管理也是对产品在社会再生产过程中进行全面质量管理的重要一环。

（三）全面管理

影响物流质量的因素具有综合性、复杂性和多变性，因此加强物流质量管理就必须全面分析有关的各种因素，把握其内在规律性。加强物流质量管理，不仅需要对物流对象本身进行管理，而且还要对物流工作质量和工程质量进行管理，最终要对物流成本及物流服务水平进行控制。

（四）整体发展

物流是一个系统，任何一个环节的问题都会影响到物流服务的质量。因此，加强物流质量管理就必须从系统的各个环节、各种资源以及整个物流活动的相互协调和配合做起，通过强化整个物流系统的质量素质来促进物流质量的整体发展。唯有如此，才能实现现代企业物流管理的目标。

四、物流质量管理的方法

物流质量管理的方法包括质量目标管理、PDCA 循环等。

（一）质量目标管理

目标管理（Management by Objectives，MBO）也称“成果管理”，俗称责任制，它是以目标为导向，以人为中心，以成果为标准，使组织和个人取得最佳业绩的现代管理方法。换言之，目标管理是在企业员工的积极参与下，自上而下地确定工作目标，并在工作中实行“自我控制”，自下而上地保证目标实现的一种管理办法。

实施质量目标管理的一般程序是：

（1）制订企业的质量总目标。该目标应定性与定量相结合，并尽量具体化、量化，且目标在一定时期（多数企业以一年为目标周期）内经过全员努力能够达成。

（2）将总目标层层分解落实。自上而下将质量总目标展开，落实到每个部门和员工，做到“千斤重担大家挑，人人肩上有指标”。部门和个人的分目标就是企业对他们的要求，同时，也是部门和个人对单位应尽的责任和预期的贡献。这样做，有利于贯彻质量责任制与经济责任制。在制定各级分目标时，应制订相应的实施计划并明确管理重点，以便检查和考核。

（3）实施企业质量总目标。根据企业质量方针和分目标，建立质量目标管理体系，充分运用各种质量管理的方法和工具，加大实施力度，确保企业质量目标的实现。

（4）评价企业质量总目标。通过定期检查、诊断，考评、奖惩，不断改进，必要时对目标进行调整、优化。定期或不定期对质量总目标的实施效果进行评价，将不足之处与遗留问题置于下一个新的质量目标的循环系统中，加以改进和完善。

（二）PDCA 循环

PDCA 循环的概念最早是由美国质量管理专家戴明博士提出来的，所以又称“戴明循环”，简称“戴明环”。它是全面质量管理应遵循的科学程序。全面质量管理活动的全部过程，就是质量计划的制订和组织实现的过程，该过程是按照 PDCA 循环，不停顿地、周而复始地运转的。

1. PDCA 循环的含义

PDCA 循环反映了以下四个阶段的基本工作内容，如图 11.8 所示。

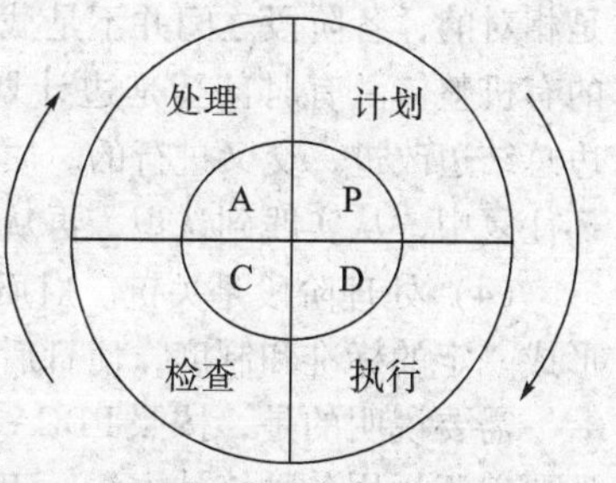

图 11.8 PDCA 循环的四个阶段

（1）计划（Plan）阶段。此阶段即为了满足顾客需求，研究、设计质量目标，制定技术经济指标，并确定相应的实施办法和举措的阶段。

（2）执行（Do）阶段。按照已制订的计划实施，以实现预定的质量目标的过程。

（3）检查（Check）阶段。对照计划和目标，检查实施的情况与结果，以便及时发现问题。

（4）处理（Act）阶段。对检查的结果进行处理，对成功的经验加以肯定并积极推广，使之标准化；对失败的教训加以总结，避免日后再犯同样的错误，将遗留问题放到下一个PDCA循环来解决。

2. PDCA循环的步骤

PDCA循环的四个阶段又可进一步细分为以下八个步骤，如图11.9所示。

（1）分析现状，找出存在的主要问题；

（2）分析主要问题产生的原因；

（3）找出主要原因；

（4）拟订计划，制定措施；

（5）执行计划，落实措施；

（6）检查工作，调查效果；

（7）总结经验，巩固成绩，将工作成果标准化；

（8）将遗留问题放到下一个PDCA循环来解决。

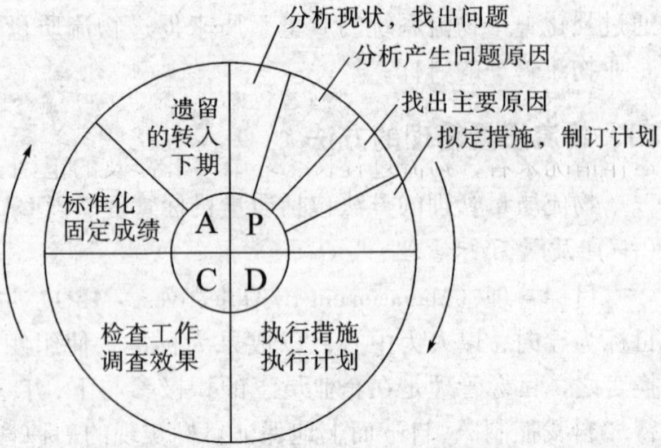

图11.9 PDCA循环的八个步骤

3. PDCA循环的特点

PDCA循环具有以下几个特点：

（1）大环套小环。企业的各级质量管理都有一个PDCA循环，形成大环套小环，一环扣一环，相互制约，相互补充，相互促进的有机整体。如图11.10所示。

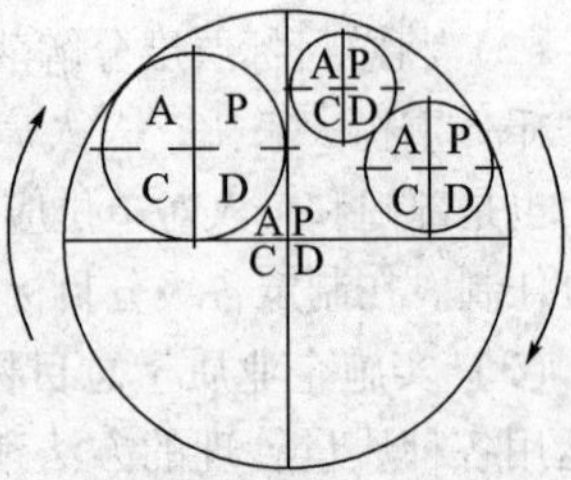

图11.10 多层次的PDCA循环

在PDCA循环中，上一级循环是下一级循环的依据，下一级循环是上一级循环的落实和具体化。通过PDCA循环，企业各个环节的质量管理工作形成一个统一的质量体系，进而实现总的质量目标。

（2）螺旋式上升。PDCA循环是螺旋式上升的，因此有人形象地称其为“爬楼梯”，如图11.11所示。

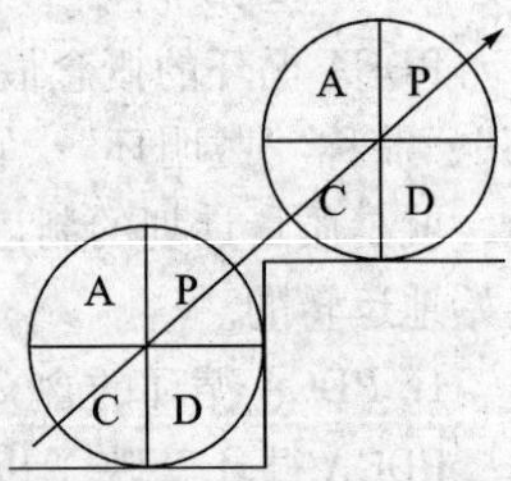

图11.11 螺旋式上升的PDCA循环（爬楼梯）

PDCA四个阶段周而复始地循环，每次循环都有新的内容和目标，都解决了一些质量问题。每循环一次，质量水平就上升一个台阶。

（3）PDCA循环是综合性循环。PDCA循环四阶段的划分是相对的，各阶段之间并不是截然分开的，而是紧密衔接而成的有机整体。有时甚至是边计划边执行，边执行边检查总结，边总结边改进，交叉进行的。质量管理的目标就是在这样的循环往复中，从实践到认识，再从认识到实践的飞跃中达成的。

（4）处理阶段是关键。对质量管理而言，经验和教训都是宝贵的。通过总结经验教训，形成一定的标准和制度，使日后的工作做得更好，才能促进质量水平的不断提高。

需要说明的是，按照PDCA循环的四个阶段、八个步骤加强质量管理，提高质量水平，还要善于运用各种统计方法、工具和技术对质量数据、资料进行收集和整理，才能对质量状况做出科学的判断。常用的质量统计方法包括排列图法、因果分析图法、相关图法、调查表法、直方图法、分层法以及控制图法等。

五、提升物流质量管理水平的策略与举措

提升物流质量管理水平的策略与举措主要包括：

（一）建立协作型领导体制

从国内物流的运作来看，多数物流过程是被分割的。当前，国内只有极少数企业的物流过程实现了全过程由单一的领导机构来领导，大部分仍处于分割状态。而从国外物流的运作情况来看，物流过程长、环节多、涉及的范围大，导致许多物流过程不可能实现由单一的机构来领导，而必须是多部门、多企业、多环节的协作。因此，有必要建立有效的协作型领导体制。协作型物流领导体制主要有以下两种形式：

1. 建立物流企业参与的联合领导机构

某一物流过程所涉及的各个部门，可以委派专人共同组建对物流全过程起领导作用的联合领导机构，同时，由其中的主要责任承担单位担任该机构的主席。联合领导机构是一种临时性机构，当某项物流工作完成后即可解散。这种联合领导机构所承担的任务是，全权处理所指派的某项物流过程的领导工作。该机构对所有协作单位负责，对各协作单位所承担的义务，则可通过事先拟订有关协议来确定。该机构的参加者具有双重身份，既是该机构的领导者之一，又是原单位委派的代表，要代表原单位的利益并起着物流过程中与本单位管理的那些（个）物流环节之间的协调作用。

2. 采用委托、承（转）包方式，建立以货主为中心的协作领导体制

这里所说的货主，是指物流对象在物流过程中的归属者。在送货制的流通体制中，货主是进行销售送货的生产厂商或批发商等企业；在取货制的流通体制中，货主则是购买货物的使用者。总之，货主是指拥有该货物权属的企业或个体。以货主为中心，采用责任委托方式，由某些物流企业根据委托协议具体组织物流，或由其中主要物流业者实行承包，具体工作再采用转包方式，实行再委托，使物流过程的全部工作都以委托、承包或转包形式落实到具体执行企业，这些企业共同协作，实现全面物流质量管理。采用这种方式的关键是在委托、承包或转包时，订立严格的合同，明确各方的责任、权利和义务，明确经济收益的分配，规定物流的质量标准和成本等。所以，无须建立新的协作组织，参与物流的各部门只依照合同行事即可。

尽管这种方式在执行过程中不如前一种方式易于协调，但可避免联合领导机构决策缓慢、意见分歧的弊端。无论是建立联合领导机构还是采取委托形式，合作者的质量管理基础和水平是其他合作者事前必须了解的，并要对其质量管理水平进行分析和判断，确认能满足物流质量要求，才能实施这种联合。真正的质量管理水平固然和领导机制有关，但更重要的还是取决各基础领域的素质。

（二）增强质量意识，加强质量管理，做好物流信息管理工作

增强物流质量意识，加强物流质量管理，做好物流信息管理工作的策略与举措具体包括：

1. 增强全员的质量意识，加强质量管理

与质量管理的全面性和全员性相对应，必须加强对全体员工的教育培训，使全体人员增强质量意识，进而提高企业的质量管理水平。为此，在进行全员培训时，需要将质量意识与技术、技能并重，因为仅有意识但无能力或仅有能力但无责任心都是搞不好质量管理的。此外，还应建立必要的质量管理组织，通过组织来保证质量管理制度的实施。质量管理组织包括领导机构与群众组织两个方面。物流过程的质量管理必须要有相应的领导机构，

同时还应进行分工管理。领导机构的职责是进行宣传、教育、培训以及计划、实施和检查。为了体现全面及全员性，要求每个环节、每个岗位都要落实责任人，一定要严把质量关，为此，建立质量管理小组是很有必要的。该小组既是群众性质量研究和学习的组织，也是各个岗位、各个业务环节的质量管理执行机构，对强化物流质量管理有着十分重要的作用。

2. 做好物流质量管理的信息工作

物流质量管理与一般产品生产过程质量管理的一个区别是，物流质量管理涉及的范围更广，产生质量信息的源点之间的距离更远。因此，信息的收集存在难度大、滞后性明显等特点，信息反馈的及时性也较差。为了解决这些问题，需要建立有效的质量信息系统，据此对物流过程实施动态监控与管理。同时，为了提高质量保障程度，还应借助物流管理信息系统加强物流科技等信息的收集以及同用户、生产厂商的信息沟通等工作，以及时掌握制造商、用户的质量动态，用以指导物流质量管理工作。

第四节　库存管理

[案例 11-6] 沃尔玛的低成本库存管理

沃尔玛为了满足零售店的需求，不断提高公司的经营能力。零售店可以从多种交付计划中选择最佳的交付方式。例如，如果零售店需要紧急补货，就可以选择特定区域内的特快交付系统 ADS（Accelerated Delivery System），在 1 天之内便可收到补货。为了跟踪美国所有零售店的销售和库存状况，早在 1983 年沃尔玛就建立了自己的卫星通信系统。在卫星通信监控中心，技术人员坐在电脑屏幕前，通过电话与零售店就各种系统问题进行沟通。通过电脑屏幕可以快速掌握沃尔玛每天的运营状况。沃尔玛允许零售店管理自己的库存、缩减产品的包装尺码甚至及时地进行价格调整，从而减少那些没有利润空间的库存。借助 IT 手段，沃尔玛提高了畅销品项的库存可用性，而不是为了缩减成本而全面降低所有品项的库存水平。零售店的员工配备了手持式计算机，它们通过无线射频网络与店内的计算机终端连接在一起。这些手持式计算机能帮助员工监控零售店的库存水平以及了解配送中心的库存状况。订单管理和补货工作全部通过 POS 系统和计算机来完成。有了 POS 系统的支持，监控销售和货架上的库存状况便成为可能。沃尔玛运用了复杂的运算系统，并根据每个零售店的库存状况来预测准确的交付数量。此外，沃尔玛还应用一种集中式库存数据系统。零售店的作业人员通过这个系统就能确定特定时间内所有产品的库存水平和存放位置。与此同时，作业人员也可以知道这些产品在配送中心是否有存货或在途中。货物一旦在零售店卸完，零售店就立即更新库存数据系统中的库存信息。沃尔玛还应用了条形码技术（Bar-Coding）和射频识别（RFID）技术来管理库存。使用条形码和固定阅读器，货物能被引导到正确的作业台，随后被装载到卡车上以备发货。条形码技术使货物的分拣、收货和库存控制变得更加有效率，同时订货包装和库存盘点也变得更加容易。

库存控制是物流管理的重要一环。合理确定库存的最佳数量，用最少的人力、物力、财力把库存管理好，提供最大的供给保障支持是物流管理的目标之一，也是企业赢得竞争优势的重要手段。

一、库存的概念与分类

库存的定义（微课）

（一）库存的定义

库存（Stock）是指“储存作为今后按预定的目的使用而处于闲置或非生产状态的物品。广义库存还包括处于制造加工状态和运输状态的物品”（GB/T18354-2006）。通俗地说，库存是企业在生产经营过程中为现在和将来的耗用或销售而储备的资源。

（二）库存的分类

库存常见的分类方法（微课）

库存有多种分类方法，可以从不同的角度对库存进行分类。

1. 按照库存的目的或作用分类

按照库存的目的或作用，可将其划分为周转库存、安全库存和季节性库存三类。

（1）周转库存（Cycle Inventory），也称经常库存或循环库存，是指在前后两批货物正常到达期间，企业为满足正常的生产经营需要而持有的库存。周转库存的大小与订购批量直接相关。

（2）安全库存（Safety Stock），也称保险库存，是指“用于应对不确定因素（如大量突发性订货、交货期突然延期等）而准备的缓冲库存”（GB/T18354-2006）。换言之，设置安全库存是为了满足不可预知的突发需求。安全库存的大小与库存安全系数及与库存服务水平等因素有关。

（3）季节性库存（Seasonal Inventory），是指企业为满足可预知的需求而持有的库存。例如，重大节假日来临时，需求急增，零售商提前备货以应对这期间需求的变化，这种库存即为季节性库存。

周转库存产生的原因（微课）　企业持有周转库存的原因（微课）　企业持有安全库存的原因（微课）

2. 按照库存在企业中的用途分类

按照库存在企业中的用途，可将其划分为原材料库存、在制品库存、产成品库存、维护/维修/运行用品库存、包装物和低值易耗品库存五类。

（1）原材料库存（Raw Material Inventory）。它是指企业通过采购或其他方式取得的用于制造产品并构成产品实体的物品（如原料或配件等），以及供生产耗用但不构成产品实体的辅料、燃料等，是用于支持企业内部制造或装配过程的库存。

（2）在制品库存（WIP Inventory）。WIP 是 Work in Process 的缩写。WIP 库存是指经过部分加工，但尚未完成的半成品存货。WIP 之所以存在，是因为生产一件产品需要一定的循环时间。

（3）产成品库存（Product Inventory）。它是指已经制造完成并等待装运，可以对外销售的制成品库存。产成品需要以库存的形式存在的原因是，用户在某一特定时期的需求是未知的。

（4）维护/维修/运行用品库存（MRO Inventory）。MRO 是英文 Maintenance，Repair & Operations 的缩写。它是非生产原料性质的工业用品，通常是指在实际的生产过程中不直接构成产品，只是用于维护、维修、运行设备的物料（如配件、零件、材料等）。MRO 的存在是因为维护和维修某些设备的需求及其所花费的时间往往具有不确定性，对 MRO 存货的需求常常是维护计划的内容之一。

（5）包装物和低值易耗品库存。这类库存是指企业为了包装本企业产品而储备的各种包装容器以及由于价值低、易损耗等原因而不能作为固定资产的各种劳动资料的储备。

3. 按照用户对库存的需求特性分类

按照用户对库存的需求特性或者说库存需求的相关性，可将其划分为独立需求库存和相关需求库存两类。

（1）独立需求库存（Independent Inventory），是指用户对某一物品的库存需求与对其他物品的库存需求没有直接关系，表现出对该物品库存需求的独立性特征。例如，用户对汽车的需求与对冰箱的需求无直接关系。独立需求一般是随机的、企业不能控制而由市场决定的需求。

（2）相关需求库存（Dependent Inventory），也称非独立需求库存，是指对某种物品的库存需求与对某些物品的库存需求存在内在相关性（即存在量与时间的对应关系），根据这种关系，企业可以精确地计算出它的需求量和需求时间。例如，对汽车的需求与对轮胎的需求就存在对应关系。一旦独立需求确定，相关需求也随之而定。

此外，按照库存在再生产过程中所处的领域，可将其划分为生产库存和流通库存；根据库存物品的价值等标准，可对其进行 ABC 分类等。

二、库存的作用与弊端

自从有了生产，就有了库存物品的存在。库存对市场的发展、企业的正常运作能起到非常重要的作用。

库存的作用与弊端（微课）

（一）库存的作用

库存具有以下几方面的作用：

（1）维持产品销售的稳定。对销售预测型企业（备货方式生产的企业）而言，必须保持一定数量的产成品库存，目的是为了成功地应对市场需求的变化（如市场需求旺盛，销量不可预见地增长）。在这种运营方式下，企业事先并不知道市场真正需要什么，而只能根据对市场需求的预测进行生产，因而产生一定数量的库存是必要的。但随着供应链管理模式的形成，这种库存也在减少甚至消失。从另一个角度来说，企业持有一定数量的库存，以适当的库存保有率来维持甚至提高库存服务水平，这对扩大产品销售、应对激烈的竞争也是很有必要的。

（2）维持生产的稳定。企业根据客户订单及销售预测安排生产计划，并制订采购计划，进而向供应商下达采购订单。由于物料采购需要一定的前置期，该提前期是根据统计数据或根据供应商在稳定生产的前提下制定的，因而存在一定的风险性，供应商可能会延迟交货，最终影响企业的正常生产，造成生产的不稳定。为了降低这种供应风险，企业就必然会增加原材料的库存量。

（3）平衡企业物流。企业在采购原料、生产用料、在制品搬运及销售产品的各物流环节中，库存起着重要的平衡作用。在采购原材料时，一般会根据库存能力（资金占用等）

协调来料收货入库。同时，对于生产部门的领料也应考虑库存能力、生产线物流情况（场地、人力等）平衡物料发放，并协调在制品的库存管理。另外，在销售产品时也要视情况对产成品库存进行协调（各个分支仓库的调度及进出货速度等）。

（4）平衡企业流动资金的占用。库存的原材料、半成品、在制品及产成品等是企业流动资金的主要占用部分，因而库存量的控制实际上也是进行流动资金的平衡。例如，加大订货批量会降低企业的订货费用，保持一定的在制品库存与生产物料会减少生产交换次数，提高工作效率，但这都要寻找最佳控制点才能实现。

（二）库存的弊端

库存的作用是相对的。从主观上讲，任何企业的管理者都不希望存在任何形式的库存，无论是原材料、在制品还是产成品，企业都会想方法降低其库存。这是因为库存是有弊端的。库存的弊端主要体现在以下几个方面：

（1）库存占用企业大量流动资金。通常情况下，库存占企业总资产的比重为20%~40%，而库存持有成本一般占库存物品价值的20%~50%。库存管理不当会形成大量的资金沉淀。

（2）库存使企业的产品成本与管理成本上升。原材料、在制品、产成品的库存成本直接导致企业产品成本上升，而与库存有关的设施设备以及管理人员的增加也会加大企业的管理成本。

（3）库存还会掩盖众多企业管理的问题。如计划不周、采购不力、生产不均衡、产品质量不稳定以及市场销售不力等。打个形象的比喻，企业好比一艘航船，在漆黑的夜里在海洋上航行。海洋里有许多暗礁，但都被海水淹没，这是非常危险的，因为不经意就可能触礁船沉。这些海水就好比库存。如果要解决企业管理中存在的问题，只有不断减少库存、暴露问题，才能消除弊端、优化管理。如图 11.12 所示。

正是因为库存存在诸多弊端，有企业老总称其为“万恶之源”。

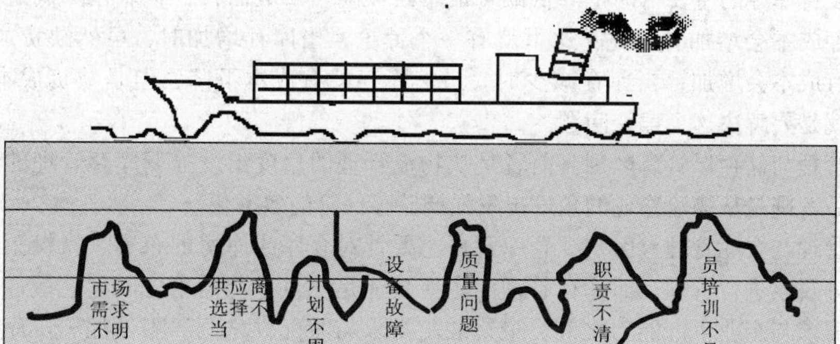

图 11.12　库存掩盖了大量企业管理的问题

三、库存成本

持有一定的库存，就必然要占用资金。一般而言，年库存总成本=购入成本+订货成本+储存成本+缺货成本。

（一）购入成本

购入成本也称购置成本或购买成本，是企业为获得采购物品的全部支出。包括买方支付给供应商的货款、运输费用（含装卸搬运费用及运输保险费用）以及在物流过程中发生的货物损耗等。

（二）订货成本

订货成本一般指订购一次货物所发生的费用，主要包括差旅费、通信费及订单跟踪费用。企业年度库存成本核算中的订货成本指全年的订货费用。在年度总需求量一定的情况下，企业的订货次数越多，总的订货成本越高。

（三）储存成本

储存成本是指企业为存储保管货物所发生的费用，包括库存资金占用成本①、仓储设施设备的资金占用成本（或仓库的租赁费）、仓库的运营成本（如货物保管费、管理费、商品养护费、保险费、设施设备的维护费以及损耗等）。储存成本随着库存量的增加而增大。

（四）缺货成本

缺货成本是指企业因缺货而产生的损失，包括停工待料的损失（如缺少原材料时，生产线机器设备的折旧费用依然存在）、紧急采购产生的额外费用、不能履行客户订单而导致的违约金、减少的预期销售收益、商誉损失等。虽然我国现行会计体系没有缺货成本一说，但该项成本是客观存在的。企业可以按照不缺货的收益去衡量缺货成本。

四、库存管理

（一）库存管理的概念与内涵

库存管理（Inventory Management）是指为了满足企业生产经营的需要而对计划存储、流通的有关物料进行管理的活动。其主要内容包括库存信息管理及在此基础上所进行的决策与分析工作。库存管理是物流管理的重要内容之一，其核心问题是如何保证在满足用户或企业对库存物品需要的前提下，保持合理的库存水平，即在防止缺货的情况下，控制合理的库存总成本。

企业设置库存的主要目的是降低缺货成本及风险。一般而言，企业在降低缺货成本的同时，储存成本会增加。因此，这里就有一个悖论，当库存增加时，虽然缺货成本降低，但库存持有成本会增加；当库存减少时，虽然库存持有成本下降，但是缺货成本会增大。库存管理就是要解决这个悖论问题。

库存管理与储存保管有区别。前者是从物流管理的角度出发强调库存管理的经济性和合理化，后者则是从物流作业的角度出发强调储存保管的效率化。

库存管理与仓库管理有区别。仓库管理主要针对仓库或库房的布置、物料搬运以及存储自动化等要素进行管理；而库存管理的主要功能是在供应与需求之间建立缓冲区，达到缓和用户需求与企业生产能力之间、最终装配需求与零配件之间、零件加工工序之间、制造商需求与原材料供应商之间的矛盾。库存管理的对象是库存项目，即企业中的所有物料，包括原材料、零部件、在制品、半成品、产成品以及辅助物料。

（二）库存管理的目标

库存好比一把双刃剑，库存水平过高会增加企业的库存持有成本，库存水平过低又会使缺货成本上升。因此，库存管理的目的是：在保证满足顾客需求的前提下，通过对企业的库存水平进行合理控制，达到降低库存总成本、提高服务水平、增强企业竞争力的目的。

---

① 包括融资成本（利息费用）和机会成本（因存货占用资金而减少的投资收益）。

库存管理的总目标是“通过适量的库存达到合理的供应，使得总成本最低”。具体包括以下分目标：

（1）合理控制库存，有效运用资金；

（2）以最低的库存量保证企业生产经营活动的正常进行；

（3）及时把握库存状况，维持适当的库存水平；

（4）减少不良库存，节约库存费用。

库存管理的目标（微课）

总之，通过有效的库存管理，应使物流均衡顺畅，既能保障生产经营活动的正常进行，又能合理压缩库存资金，取得良好的经济效益。

（三）库存管理的评价指标

［案例 11-7］宏盛公司的库存管理

宏盛公司是广州一家用电器制造商，公司拥有多种类型的产品，产品销往全国各地。宏盛公司对各种型号的产品实行统一的库存管理。前段时间，宏盛公司的物流部门发现某些型号的产品库存量不足，而另外一些产品又出现了大量库存积压。为此，物流部采取了一系列措施进行集中整改。如果你是宏盛公司物流部门的经理，你将从哪些方面来评估整改的效果？

库存管理的评价指标（微课）

想一想：如何评价库存管理的绩效？

库存管理的评价指标主要有平均库存值、可供应时间和库存周转率。

1. 平均库存值

平均库存值是指某时段范围内全部库存物品价值之和的平均值。一般以期初和期末库存物品价值之和的算术平均值来表示。通过该指标，可以让企业管理者了解企业库存资金的占用状况。

2. 可供应时间

可供应时间是指现有库存能够满足多长时间的需求。其计算公式如下：

可供应时间=平均库存值÷需求率

3. 库存周转率

库存周转率是指在一定期间库存周转的速度。其计算公式如下：

库存周转率=一定期间销售额÷一定期间平均库存值

提高库存周转率对于加快资金周转、提高资金利用率和变现能力具有积极的作用。可通过重点控制耗用金额高的物品、及时处理过剩物料、合理确定进货批量和削减滞销存货等方式来提高库存周转率。但是库存周转率过高将可能发生缺货现象，并且由于采购次数增加会使采购费用上升。

（四）库存管理方法

要对库存进行有效的管理和控制，首先要对库存进行分类。常见的库存分类方法有ABC 分类法和 CVA 分类法。

1. ABC 分类法

（1）基本概念。ABC 分类法（ABC Classification）是指“将库存物品按照设定的分类标准和要求分为特别重要的库存（A 类）、一般重要的库存（B 类）和不重要的库存（C 类）三个等级，然后针对不同等级分别进行控制的管理方法”（GB/T18354-2006）。ABC 分类法一般也称 ABC 分类管理法、ABC 分析方法或重点管理法。其核心思想是“抓住重点，分清主次”，以收到事半功倍的效果。

［案例 11-8］80/20 **原则的由来**

1879 年，意大利经济学家帕累托提出，80%的社会财富掌握在 20%的人手中，而其余 80%的人只拥有 20%的社会财富。这种“关键的少数和次要的多数”的理论逐渐被广泛应用到社会学和经济学中，并被称为帕累托原则，即 80/20 原则。

［案例 11-9］ABC **分类法的由来**

1951 年，美国通用电器公司的迪克在对公司的库存产品进行分类时，首次提出根据产品销量、现金流量、前置时间或缺货成本将产品分为 ABC 三类：A 类库存为重要的产品、B 类库存为次重要的产品、C 类库存是不重要的产品。

（2）库存分类与管理策略。ABC 分类管理法实际上是 80/20 原则在物流管理中的运用。一般来说，库存与资金占用之间存在这种规律，即：少数库存物品价值昂贵，占用大部分的库存资金；相反，大多数库存物品价格便宜，仅占用很小部分的库存资金。因此，可根据库存种类数量及所占用资金比重之间的关系，将库存分为 ABC 三类，并根据其特点分别采取不同的管理方法。

通常，企业将库存物品按照年度货币占用量分为三类，如表 11.5 所示。

表 11.5　库存 ABC 分类

分类标准 / 库存类别	库存物品价值占企业年度库存总金额的百分比（%）	库存品种数占库存品种总数的百分比（%）
A	70~80	<20
B	15~20	20~30
C	5~10	>50

一般地，A 类物品的库存品种数量不超过库存品种总数的 20%，而其价值占企业年度库存总金额的比例高达 70%以上；B 类物品的库存品种数量不超过库存品种总数的 30%，其库存金额所占的比例一般也不超过 20%；而 C 类物品的库存品种数量占比通常超过 50%，而其库存价值占比一般不超过 10%。

对上述不同类别的货物应采取不同的管理策略，如表 11.6 所示。

表 11.6　不同类型库存物品的管理策略

库存类别 / 管理策略	A	B	C
控制程度	严格控制	一般控制	简单控制
库存量计算	依库存模型详细计算	一般计算	简单计算或不计算
进出记录	详细记录	一般记录	简单记录
存货检查频度	密集	一般	很低
安全库存量	较低	较高	高

其中，A类物品属重点库存控制对象，要求库存记录准确，严格按照物品的盘点周期进行盘点，检查其数量与质量状况，并要制定不定期检查制度，密切监控该类物品的使用与保管情况。另外，A类物品还应尽量降低库存量，采取合理的订货周期与订货量，杜绝浪费与呆滞库存；C类物品无须进行太多的管理投入，库存记录可以允许适当的偏差，盘点周期也可以适当地延长；B类物品介于A类与B类物品之间，使用、保管与控制的程度也介于其间。

有两点需要说明：①关于分类标准。除了可以按照库存物品价值来划分外，在实务中，企业还可以按照销量、销售额、订货提前期、缺货成本等指标进行分类，其实质是按照对企业的重要度来分类。②关于类别数量。ABC分类法并不局限于将库存物品分为三类，类别数量可以增加。但实践经验表明，一般最多不要超过五类，否则，过多的类别反而会增加控制成本。

（3）ABC分析法的实施步骤。①收集数据。首先要收集有关库存物品的年度总需求量、单价以及重要度的信息。②处理数据。计算出各种库存物品的年度耗用总金额（年度耗用总金额=年度总需求量×单价）。③编制ABC分析表。根据已计算出的各种库存物品的年度耗用总金额，把库存物品按照年度耗用总金额从大到小进行排列，并计算累计百分比。④确定分类。根据已计算出的年度耗用总金额的累计百分比，按照ABC分类法的基本原理，对库存物品进行分类。⑤绘制ABC分析图。把上述的分类结果，在曲线图上表现出来。

例11-1 某企业全部库存商品按照SKU统计共计3 424种。库存管理人员按照每个品项年度销售额从大到小的顺序将其排列成七个档次，并统计了每个档次的品种数量和销售金额（见表11.7）。请你运用ABC分析法确定库存商品的分类并绘制ABC分析图

解：库存商品的ABC分析一般包括收集数据、统计汇总、编制ABC分析表、确定ABC分类、绘制ABC分析图等几个步骤。

第一步：收集数据并进行统计。按照每个品项年度销售额从大到小的顺序将其排列成七个档次，如表11.7所示。

表11.7 **根据年度销售额统计的品种数和销售额**

每档商品的年度销售额X（万元）	品种数	销售额（万元）
X>6	260	5 800
5<X≤6	68	500
4<X≤5	55	250
3<X≤4	95	340
2<X≤3	170	420
1<X≤2	352	410
X≤1	2 424	670

第二步：统计汇总。根据表11.7的数据计算并编制库存商品的分类汇总表，如表11.8所示。

表 11.8 库存商品分类汇总表

每档商品的年度销售额X（万元）(1)	品种数 (2)	占全部品种数的百分比（%）(3)	品种数累计 (4)	占全部品种数的累计百分比（%）(5)	销售额（万元）(6)	占年度销售总额的百分比（%）(7)	销售额累计（万元）(8)	占销售总额的累计百分比（%）(9)
X>6	260	7.59	260	7.59	5 800	69.13	5 800	69.13
5<X≤6	68	1.99	328	9.58	500	5.96	6 300	75.09
4<X≤5	55	1.61	383	11.19	250	2.98	6 550	78.07
3<X≤4	95	2.78	478	13.97	340	4.05	6 890	82.12
2<X≤3	170	4.96	648	18.93	420	5.01	7 310	87.13
1<X≤2	352	10.28	1 000	29.21	410	4.89	7 720	92.02
X≤1	2 424	70.79	3 424	100.00	670	7.99	8 390	100.00
合计	3 424	100			8 390	100		

第三步：根据 ABC 分类标准（年度销售额及品种数）绘制 ABC 分析表，如表 11.9 所示。分类结果如下：X>6 为 A 类，1<X≤6 为 B 类，X≤1 为 C 类。

表 11.9 库存商品的 ABC 分析表

分类	品种数	占全部品种数的百分比（%）	占全部品种数的累计百分比（%）	销售额（万元）	占销售总额的百分比（%）	占销售总额的累计百分比（%）
A	260	7.6	7.6	5 800	69.1	69.1
B	740	21.6	29.2	1 920	22.9	92.0
C	2 421	70.8	100	670	8	100

第四步：根据 ABC 分析表绘制 ABC 分析图，如图 11.13 所示。

2. CVA 管理法

尽管 ABC 分类法在库存管理实践中取得了一定的成效，如使企业库存总量降低、库存资金占用减少、库存结构得以优化、管理资源得到节约等，但 ABC 分类管理法也有不足，通常表现为 C 类物质得不到应有的重视，而 C 类物质往往也会导致整个装配线的停工。为此，人们开发出了关键因素分析法（Critical Value Analysis，CVA），并在一些企业中成功应用。

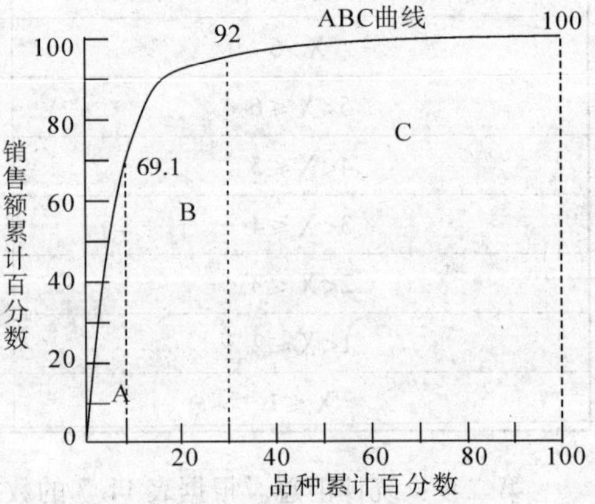

图 11.13 ABC 分析图

该方法把库存物品按照关键性分为 3~5 类，分别给予不同的优先级，并采取不同的管理策略，如表 11.10 所示。

表 11.10　　CVA 法库存种类及其管理策略

库存类型	特点	管理策略
最高优先级	经营管理中的关键物品，或 A 类客户的存货	不允许缺货
较高优先级	生产经营中的基础性物品，或 B 类客户的存货	允许偶尔缺货
中等优先级	生产经营中较重要的物品，或 C 类客户的存货	允许在合理范围内缺货
较低优先级	生产经营中需要但可替代的物品	允许缺货

CVA 管理法比 ABC 分类管理法有更强的目的性。但在使用时要注意，人们往往倾向制定较高的优先级，结果高优先级的物质种类很多，最终哪种物质也得不到应有的重视。在实务中，将上述两种方法结合使用，可以达到分清主次、抓住关键环节的目的。在对成千上万种物质进行优先级分类时，也不得不借助 ABC 分类法进行归类。

(五)“零库存”管理

1. 基本概念

“零库存”是一种特殊的库存概念，“零库存”并不是不要储备和没有储备。所谓的“零库存”，是指物料（包括原材料、半成品和产成品等）在采购、生产、销售、配送等一个或几个经营环节中，不以仓库存储的形式存在，而均处于周转的状态。换言之，“零库存”并非是指以仓库储存形式的某种或某些物品的储存数量真正为零，而是通过实施特定的库策略，实现库存量的最小化。所以，“零库存”管理（Zero Inventory Management/Zero-stock Management）的内涵是以仓库储存形式的某些物品数量为“零”，即不保存经常性库存。它是在物资有充分社会储备保证的前提下，所采取的一种特殊供给方式。

2.“零库存”管理的意义

实现“零库存”管理的目的是为了减少库存资金占用量，减少仓储设施设备的资金占用量，减少劳动消耗量，提高物流运营的经济效益。如果把“零库存”仅仅看成仓库中存储物的数量减少而忽视其他物质要素的变化，那么上述目的就很难能实现。因此，从物流运营合理化的角度来说，“零库存”管理应当包含以下两层意义：①库存货物的数量趋于零或等于零；②库存设施、设备的数量及库存劳动耗费同时趋于零或等于零。后者实际上是社会库存结构的合理调整和库存集中化的表现。

3.“零库存”管理的实现方式

“零库存”管理可以通过实施准时制库存、供应商管理库存以及寄销库存等方式来实现。

（1）准时制（Just In Time，JIT）库存，即维持系统完整运行所需的最小库存。有了准时制库存，所需的商品就能按时按量到位，分秒不差。

（2）供应商管理库存（Vendor Managed Inventory，VMI），是指“按照双方达成的协议，由供应链的上游企业根据下游企业的物料需求计划、销售信息和库存量，主动对下游企业的库存进行管理和控制的库存管理方式”（GB/T18354-2006）。

VMI 的概念与内涵（微课）

VMI 的运作模式（微课）

VMI 成功实施的条件（微课）

摩托罗拉公司的库存管理模式（微课）

［案例 11-10］**摩托罗拉公司的库存管理模式**

摩托罗拉公司位于天津港保税区的原料库采用全球先进的供应商 HUB 系统管理模式，大约有 30 家零部件供应商在摩托罗拉公司天津工厂周边地区设有工厂或仓库。摩托罗拉公司每天将原材料、零部件的需求计划提供给这些供应商，供应商根据摩托罗拉公司的需求计划管理库存，并且每天安排 4 次送货，摩托罗拉公司真正实现了 JIT 生产。

（3）寄销库存。这是企业实现“零库存资金占用”的一种有效方式，即供应商将产品直接存放在用户的仓库里，并拥有对库存商品的所有权，用户只在领用这些产品后才与供应商进行货款结算。显然，采用这种方式，供需双方可实现双赢。

五、库存控制技术

库存控制即存货控制（Inventory Control），是指“在保证供应的前提下，使库存物品的数量合理所进行的有效管理的技术经济措施”（GB/T18354-2006）。

下面分独立需求库存控制与相关需求库存控制两种情况来讨论。

（一）独立需求库存控制

独立需求物品是指物品的需求量之间没有直接的联系，也就是说没有量的传递关系。对这类库存物品的控制，主要是确定订货点、订货量以及订货周期等参数。一般采用订货点法确定何时订货，采用经济订货批量法确定每次订货的最佳批量，然后发出订单并催货。独立需求物品的库存控制模型一般分定量库存控制模型和定期库存控制模型两种。

1. 定量库存控制模型

定量库存控制也称订购点控制。该模型是在下述前提条件下建立的：①产品订货批量是固定的；②订货提前期是固定的；③单位产品的价格是固定的；④产品的需求是基本固定的。

库存控制模型（微课）　　定量订货法的要旨（微课）　　某零售企业的库存管理模式（微课）

定量库存控制方法具有两个基本特点：①“双定”，即订货点和订货批量都是固定的；②“定量不定期”。由于物料的消耗是不均衡的，因此，若每次订购的货物批量都相同，则订货间隔期往往不同。按照该模型进行库存控制，就需要连续不断地检查库存物料的数量，当库存下降到一定水平（订货点）时，按固定的订货数量向供应商订货（见图 11.14）。因此，该模型也称连续检查库存控制模型。

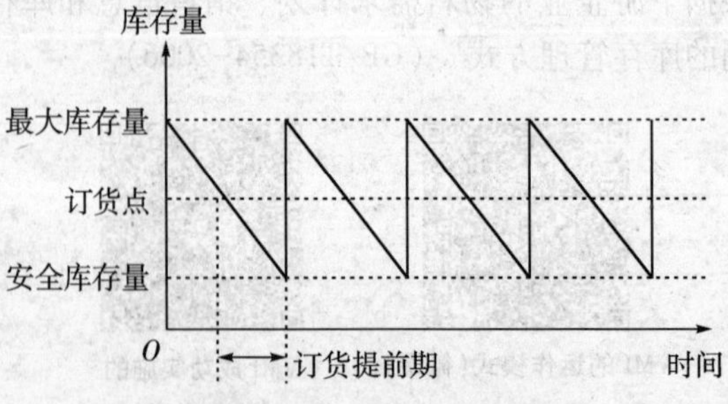

图 11.14　定量库存控制模型

显然，按该模型进行库存控制必须确定两个参数：补充库存的订货点（有时也称报警点）和订货批量。

(1) 订货点的确定。订货点即订购点，也称再订货点或再订购点，是指当库存物品的数量下降到必须再次订货的时点时，仓库所拥有的库存量。

订货点的计算方法（微课）

订货点的计算公式为：

订货点=日平均消耗量×订货提前期+安全库存量

即　$$ROP=\frac{D}{365}\times L_t+SS$$

式中：ROP——（再）订货点；D——库存物品的年需求量或年需求率（件/年）；L_t——订货提前期（天）；SS——安全库存量（件）。

需要说明的是，安全库存量（SS）的设定，要考虑库存物品的需求特性以及订货提前期等因素。可根据客户的重要程度、产品特性手工设置安全系数（安全系数与库存服务水平有关）。

安全库存的设置应考虑的因素（微课）

对于定量订货法，安全库存量可以根据需求量变化、提前期固定，提前期变化、需求量固定，或者需求量和提前期同时变化三种情况，分别通过计算来确定。

①当需求量变化、提前期固定时，计算公式为：

$$SS=z\sigma_d\sqrt{L_t}$$

式中：σ_d——提前期内需求量的标准差；L_t——订货提前期（天）；z——一定客户服务水平下需求量变化的安全系数（可根据设定的服务水平，由正态分布表查出）。

例 11-2　某超市的某种食用油的平均日需求量为 1 000 瓶，且食用油的需求情况服从标准差为 20 瓶/天的正态分布。若提前期是固定常数 5 天，客户服务水平不低于 95%。请问该食用油的安全库存量应该为多少？(已知 95%的客户服务水平对应的安全系数为 1.65)

解：已知 $\sigma_d=20$ 瓶/天，$L_t=5$ 天，$z=1.65$，代入公式

$$SS=z\sigma_d\sqrt{L_t}=1.65\times20\times\sqrt{5}\approx74\text{（瓶）}$$

即该食用油的安全库存量应该为 74 瓶。

②当需求量固定、提前期变化时，计算公式为：

$$SS=zR_d\sigma_t$$

式中：σ_t——提前期的标准差；R_d——提前期内的日需求量（件/天）；z——一定客户服务水平下需求量变化的安全系数。

例 11-3　某超市的某种饮料的日需求量为 1 000 瓶，提前期随机变化且服从均值为 5 天，标准差为 1 天的正态分布。若客户服务水平要达到 95%，请问该饮料的安全库存量应该为多少？(已知 95%的客户服务水平对应的安全系数为 1.65)

解：已知 $\sigma_t=1$ 天，$R_d=1\,000$ 瓶/天，$z=1.65$，代入公式

$$SS=zR_d\sigma_t=1.65\times1\,000\times1=1\,650\text{（瓶）}$$

即该饮料的安全库存量应该为 1 650 瓶。

③当需求量和提前期都随机变化且相互独立时，计算公式为：

$$SS=z\sqrt{\sigma_d^2\overline{L}_t+\overline{R}_d^2\sigma_t^2}$$

式中：z、σ_d、σ_t 的含义同上；$\overline{R}_d$——提前期内平均日需求量（件/天）；$\overline{L}_t$——平均订

货提前期（天）。

例 11-4 某超市的某种饮料的需求量和提前期都随机变化并服从正态分布，且需求量和提前期相互独立，平均日需求量为 1 000 瓶，标准差为 20 瓶/天，平均提前期为 5 天，标准差为 1 天。若客户服务水平要达到 95%，请问该饮料的安全库存量应该为多少？（已知 95%的客户服务水平对应的安全系数为 1.65）

解：已知 $\sigma_d=20$ 瓶/天，$\bar{L}_t=5$ 天，$\bar{R}_d=1\ 000$ 瓶/天，$\sigma_t=1$ 天，$z=1.65$

代入公式

$$SS=z\sqrt{\sigma_d^2\bar{L}_t+\bar{R}_d^2\sigma_t^2}=1.65\times\sqrt{20^2\times5+1\ 000^2\times1^2}=1\ 625\text{（瓶）}$$

即该饮料的安全库存量应该为 1 625 瓶。

（2）订货批量的确定。定量库存控制模型中的订货批量是指经济订货批量。所谓经济订货批量（Economic Order Quantity，EOQ）是指“通过平衡采购进货成本和保管仓储成本核算，以实现总库存成本最低的最佳订货量”（GB/T18354-2006）。如图 11.15 所示。

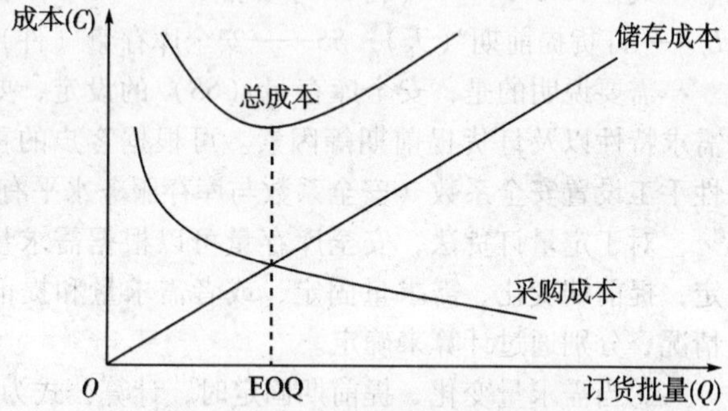

图 11.15 经济批量订货模型

理想的经济订货批量是指不考虑缺货，也不考虑数量折扣以及其他问题的经济订货批量。在不允许缺货，也没有数量折扣等因素影响的情况下，库存物品的年库存总成本（TC）= 购进成本+订购成本+储存成本，即：

$$TC=DP+\frac{DC_r}{Q}+\frac{QH}{2}$$

若使 TC 最小，将上式对 Q 求导后令其等于 0，得到经济订货批量 Q^* 的计算公式：

$$EOQ=Q^*=\sqrt{\frac{2DC_r}{H}}$$

定量库存控制法中订货量的确定方法（微课）

式中：D——库存物品的年需求量或年需求率（件/年）；P——单位购进成本（元/件）；C_r——单次订购费用（元/次）；H——单位库存保管费（元/件·年）。

例 11-5 A 公司对 B 物品的年需求量为 1 200 单位，单价为 10 元/单位，单位物品年平均储存成本为单位物品单价的 20%，每次订购成本为 300 元。求经济订货批量和库存总成本。

解：$D=1\ 200$ 单位，$P=10$ 元，$C_r=300$ 元，$H=20\%\times P=10\times20\%=2$（元）

$$EOQ=Q^*=\sqrt{\frac{2DC_r}{H}}=\sqrt{\frac{2\times1\ 200\times300}{10\times20\%}}=600\text{（单位）}$$

$$\text{库存总成本 } TC=DP+\frac{DC_r}{Q}+\frac{QH}{2}$$

$$=1\ 200\times10+\frac{1\ 200\times300}{600}+\frac{600\times10\times20\%}{2}$$

$$=132\ 00\text{（元）}$$

即在每次订购数量为 600 单位时，库存总费用最小，为 13 200 元。

（3）定量库存控制法的适用范围。订货点法主要适用于需求量大、需求波动性大、缺货损失较大的库存物品的控制。具体而言，定量库存控制法主要适于以下物品：①消费金额高、需要实施严格管理的重要物品；②根据市场的状况和经营方针，需要经常调整生产或采购数量的物品；③需求预测困难的物品等。

定量库存控制法的适用范围（微课）

2. 定期库存控制模型

定期库存控制也称固定订购周期控制，以这种方式进行订货的方法称为定期订货法。采用该法控制库存也具有两个基本特点：一是“双定”，即预先确定订货周期和最大库存水平；二是“定期不定量”。由于物料消耗不均衡，若订货间隔期相同，则每次订货的数量往往不同。按照该模型进行库存控制，就需要周期性地检查库存水平，将库存补充到最大。因此，该模型也称为周期性检查库存控制模型。采用该模型进行库存控制，不存在固定的订货点，但也要设立安全库存量。如图 11. 16 所示。

周期性检查库存控制方法（定期订货法）（微课）

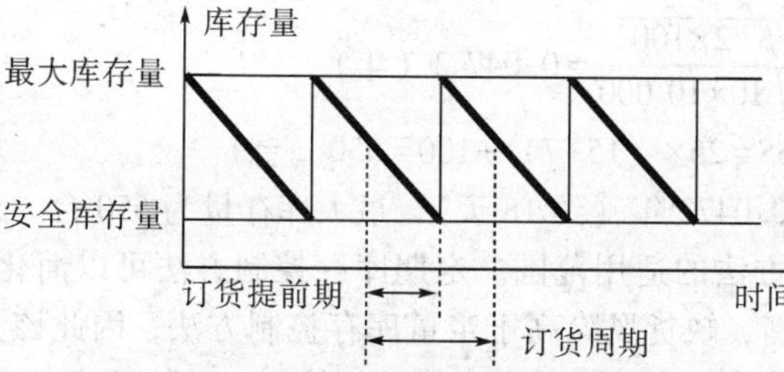

图 11. 16　定期库存控制模型

显然，按该模型进行库存控制必须确定三个参数：订货周期、最大库存量与订货量。

（1）订货周期的确定。订货周期即订货间隔期，是指相邻两次订货的时间间隔。一般按照经济订货周期求解。所谓经济订货周期（Economic Order Interval，EOI），是指通过平衡采购进货成本和保管仓储成本核算，以实现总库存成本最低的最佳订货周期。其计算公式为：

$$EOI=T^{*}=\sqrt{\frac{2C_r}{HD}}$$

式中：C_r——单次订货费用（元/次）；H——单位库存保管费（元/件年）；D——库存货物的年需求量或年需求率（件/年）。

（2）最大库存量的确定。最大库存量一般是通过对库存物品需求的预测来确定的，应该满足订货周期、订货提前期和安全库存三方面的要求。其计算公式为：

$$Q_{\max}=\bar{R}_d\ (T+\bar{L}_t)\ +SS$$

式中：$Q_{\max}$——最大库存量（件）；$\bar{R}_d$——（$T+\bar{L}_t$）期间对库存物品的平均日需求量（件/天）；T——订货周期（天）；$\bar{L}_t$——平均订货提前期（天）；SS——安全库存量（件）。

对于定期订货法，安全库存量的设定及计算方法与定量订货法类似，下面以需求量和提前期都随机变化且相互独立的情况为例来说明。在这种情况下，安全库存量的计算公式为：

$$SS=z\sqrt{\sigma_d^2(\bar{L}_t+T)+\bar{R}_d^2\sigma_t^2}$$

式中：z——一定客户服务水平下需求量变化的安全系数（可根据设定的服务水平，由正态分布表查出）；σ_d——提前期内需求量的标准差；$\bar{L}_t$——平均订货提前期（天）；T——订货周期（天）；$\bar{R}_d$——提前期内平均日需求量（件/天）；σ_t——提前期的标准差。

但要注意，该法与定量订货法的区别是，需要在订货周期（订货间隔期）内备有一定的安全库存。

（3）订货量的确定。订货量即库存补充量，计算公式为：

$$Q_i = Q_{\max} - Q_{Ni} - Q_{Ki} + Q_{Mi}$$

式中：Q_i——第 i 次订货的订货量（件）；$Q_{\max}$——最高库存量（件）；Q_{Ni}——第 i 次订货点的在途到货量（件）；Q_{Ki}——第 i 次订货点的实际库存量（件）；Q_{Mi}——第 i 次订货点已售待出库货物数量（件）。

例 11-6 某商业企业的 X 型彩电年销售量为 10 000 台，订货费用为 100 元/次，每台彩电年平均储存成本为 10 元/台，订货提前期为 7 天，订货间隔期为 15 天。其间，平均每天的销售量为 25 台，安全库存量为 100 台。求经济订货周期和最大库存量。

解：已知 D＝10 000 台，C_r＝100 元/次，H＝10 元/台，L_t＝7 天，T＝15 天

$\bar{R}_d$＝25 台/天，SS＝100 台，则

$$EOI = T^* = \sqrt{\frac{2C_r}{HD}} = \sqrt{\frac{2\times100}{10\times10\ 000}} = 0.047\ 2\ （年）$$

$$Q_{\max} = \bar{R}_d\ （T+\bar{L}_t）\ +SS = 25\times\ （15+7）\ +100 = 650\ （台）$$

即经济订货周期为 0. 0472 年（约 18 天），最大库存量为 650 台。

（4）定期库存控制方法的适用范围。定期库存控制方法可以简化库存控制的工作量，但由于库存消耗的不均衡，缺货风险高于定量库存控制方法，因此该方法主要适用于需求较稳定或需求量不大、缺货损失较小的库存物品的控制。具体而言，主要适用于以下物品：①单价较低，不便于少量订购的货物，如螺栓、螺母等；②需求量变动幅度大，但变动有周期性、可以正确判断的物品；③品种数量繁多、库房管理事务量较大的物品；④通用性强、需求总量比较稳定的产品等；⑤受交易习惯的影响，需要定期采购的物品；⑥消费量计算复杂的产品；⑦联合采购可以节省运输费用的商品；⑧同一品种物品分散保管、同一品种物品向多家供货商订购、批量订购分期入库等订购、保管和入库不规则的物品；⑨建筑工程、出口等时间可以确定的物品；⑩定期制造的物品等。

3. 库存补给策略

在定量订货和定期订货库存控制模型的基础上，产生了一系列库存补给策略（订货策略），最基本的有四种：

综合库存控制策略（微课）

（1）（Q，R）策略，即连续检查、固定订货点（R）和订货量（Q）的订货策略。该策略适用于需求量大、缺货成本较高、需求波动性很大的库存物品的补给。

（2）（R，S）策略，即连续检查、固定订货点（R）和最大库存量（S）的订货策略。该策略的适用条件与（Q，R）策略相似。

（3）（T，S）策略，即周期性检查（固定检查周期 T）、固定最大库存量（S）的库存补给策略。该策略适用于一些不很重要或使用量不大的货品的补给。

（4）（T，R，S）策略。该策略是（T，S）策略和（R，S）策略的综合。其特点是 T、R、S 三个参数都是固定的。在实施该策略时，隔一段时间（T）检查一次库存，若库存量低于或等于订货点（R），则发出订单，订货量（Q）等于最大库存量（S）与检查时的库

存量（I）之差；若库存量还未下降到订货点（R），则无须订货。

（二）相关需求库存控制

以上策略适用于独立性需求环境下的库存控制系统，它是以经常性地补充库存并维持一定的库存水平为特征的。连续检查和定期检查就是这种系统的两种基本控制策略。对于相关需求的库存控制系统有 MRP 和 JIT 系统，参见本书第九章，在此不再赘述。

相关需求库存的控制方法（微课）

第五节　物流成本管理

物流成本占企业经营成本的比重很大，物流成本的高低直接关系到企业竞争力的强弱，因而物流成本管理已成为企业物流管理的一个核心内容，而降低物流成本则成为物流管理的首要任务。

一、物流成本的概念与内涵

物流成本（Logistics Cost）是指“物流活动中所消耗的物化劳动和活劳动的货币表现”（GB/T18354-2006）。物流成本是物品在物流活动中所支出的人力、物力和财力的总和，包括：物品在实物运动（如运输、包装、装卸搬运、配送、流通加工等）过程中所发生的费用，以及从事这些活动所必需的设施设备费用；完成物流信息处理所发生的费用及相应的设施设备费用；对上述活动进行综合管理所发生的费用。简言之，物流成本是完成物流活动的全部成本和费用。

从物流成本管理的角度，可将物流成本分为社会物流成本、货主企业（工商企业）的物流成本以及物流企业的物流成本三种类型。其中，社会物流成本也称宏观物流成本，它是一个国家在一定时期内发生的物流总成本，是不同性质的企业物流成本（微观物流成本）之和①。通常用物流成本占 GDP 的比重来衡量一国物理管理水平的高低。国家和地方政府可以通过制定物流相关政策、进行区域物流规划、建设物流园区等举措来推动物流产业的发展，从而降低宏观物流成本。

可以认为，制造企业物流是物流业发展的原动力，而商业企业是连接工业企业和最终用户的桥梁和纽带，工商企业是物流服务的需求主体。故一般所说的物流成本主要是指货主企业的物流成本，商业企业的物流活动可以看成工业企业物流活动的延伸，而物流企业主要为工商企业提供物流服务。因此，物流企业的物流成本是货主企业物流成本的转移，是货主企业物流成本的组成部分。社会宏观物流成本则是货主企业物流成本的综合。

二、物流成本管理

（一）物流成本管理的意义

无论采用何种物流技术与管理模式，最终的目的都是为了实现物流合理化，即通过对物流系统目标、物流设施设备以及物流活动组织等进行调整与改善，实现物流系统的整体

① 目前，各国物流学术界和实业界普遍认同的一个社会物流成本计算的概念性公式是：物流总成本＝运输成本+存货持有成本+物流行政管理成本。

优化，而最终的目标都是要在保证一定物流服务水平的前提下实现物流成本的降低。可以说，整个物流管理的发展过程就是不断追求物流成本降低的过程。

物流成本管理是物流管理的重要内容，而降低物流成本与提高物流服务水平则构成物流管理最基本的课题。物流成本管理的意义在于，通过对物流成本的有效把握，利用物流要素之间的效益背反关系，科学、合理地组织物流活动，加强对物流活动过程中费用支出的有效控制，降低物流活动中的物化劳动和活劳动的消耗，从而达到降低物流总成本，提高企业和社会经济效益的目的。

从微观的角度看，降低物流成本给企业带来的经济效益主要体现在以下两个方面：

（1）由于物流成本在企业产品成本中占有很大的比重，在其他条件不变的情况下，降低物流成本意味着产品的边际利润增加，企业的获利能力增强，总利润增加；

（2）物流成本的降低，意味着企业产品的价格竞争力增强，企业可以利用相对低廉的价格在市场上出售自己的产品，从而提高产品的市场竞争力，扩大销量，获得更多的利润。

从宏观的角度讲，降低物流成本给行业和社会带来的经济效益主要体现在以下三个方面：

（1）如果全行业的物流效率普遍提高，平均物流费用降低到一个新的水平，将会增强该行业在国际上的竞争力。而对于一个地区性的行业来说，则可提高其在全国市场的竞争力。

（2）全行业物流成本的普遍下降，将会对产品价格产生一定的影响，导致物价降低，这有利于刺激消费，提高国民的购买力。

（3）对于全社会而言，物流成本的降低，意味着创造同等数量的财富，在物流领域所消耗的物化劳动和活劳动得到节约。这样就实现了以尽可能少的资源投入，创造出尽可能多的物质财富，达到了节约资源的目的。

（二）物流成本管理相关理论

1.“物流成本冰山”说

这一理论是由日本早稻田大学的西泽修教授提出的。西泽修教授认为，人们对物流成本的全貌并不知晓，如果把物流成本比喻成一座冰山，大家看到的只是露出海面的冰山一角，而大部分冰山却被海水淹没，这才是物流成本的主体部分。他指出，企业在计算盈亏时，“销售费用和管理费用”项目所列支的“运费”和“保管费”的现金金额，一般只包括企业支付给其他企业的运费和仓储保管费，而这些外付物流费用不过是企业整个物流费用的“冰山一角”。如图 11.17 所示。

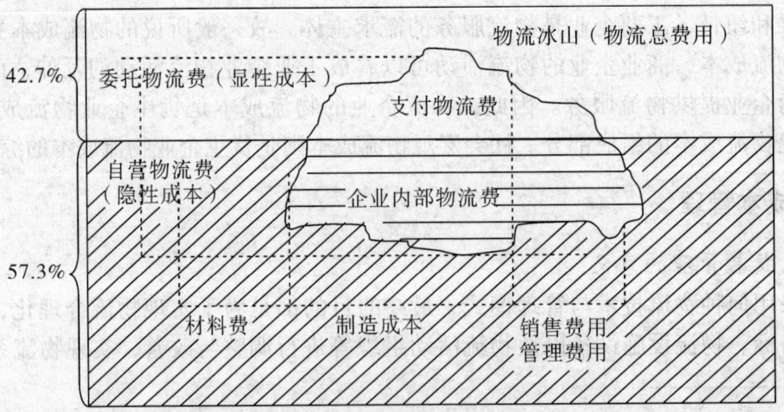

图 11.17 “物流成本冰山”说

一般情况下，在企业的财务统计数据中，我们只能看到支付给外部运输企业和仓储企业的委托物流费用，而实际上，这些委托物流费用在整个企业的物流费用中确实犹如冰山一角。因为物流基础设施设备的折旧费、企业利用自己的车辆运输和利用自己的仓库保管货物、由自己的工人进行包装、装卸等自营物流费用都计入了原材料、生产成本（制造费用）、管理费用和销售费用等科目中。一般来说，企业向外部支付的委托物流费用是很小的一部分，而发生在企业内部的自营物流费用才是企业物流成本的主要部分。从现代物流管理的需求来看，当前的会计科目设置使企业管理者难以准确把握物流成本的全貌。美国、日本等国家的实践表明，企业实际物流成本的支出往往要超过企业外付物流成本额的5倍以上。

“物流成本冰山”说之所以成立，除了会计核算制度本身没有设立专门的物流成本科目外，还有以下三个方面的原因：

（1）物流成本的计算范围太大，包括供应物流、生产物流、销售物流、逆向物流与废弃物物流。物流活动范围广，涉及的主体多，很容易漏掉其中的某一部分，结果会导致物流费用的计算结果相距甚远。

（2）运输、保管、包装、装卸以及物流信息处理等各物流环节活动中，哪些应该作为物流成本的计算对象问题。如果只计运费和保管费，与运输、保管、包装、装卸以及物流信息处理等全部费用都记入相比，计算结果的差别也会很大。

（3）选择哪几种成本科目列入物流成本计算的问题。比如，向外部支付的运输费、保管费、装卸费等费用一般都容易列入物流成本，但本企业内部发生的物流费用，如与物流相关的人工费、物流设施建设费、设备购置费，以及折旧费、维修费、电费、燃料费等是否也列入物流成本？这些都与物流费用的大小直接相关。

综上所述，物流成本确实犹如大海里的一座冰山，露出海面的仅是冰山一角。

［案例11-11］汽车行业的物流冰山现象

近年来，我国汽车行业的竞争越来越激烈，汽车制造商降低成本已迫在眉睫。汽车制造商的成本主要包括生产、销售、物流和管理等成本及费用，而物流主要包括整车物流和零部件物流。有数据显示，欧美汽车制造商的物流成本占销售额的比例约为8%，日本汽车厂商的这一比例甚至可以达到5%，而中国汽车生产企业的这一数字普遍在15%以上。中国汽车制造商的“物流冰山”现象已经显现。如果中国汽车制造商能达到欧美企业的物流配送水平，仅零部件售后物流服务一项就可以节省近千万元。中国汽车制造商必须加强物流管理，降低物流成本，获取“第三利润源泉”。

2.“第三利润源”说

西泽修教授于1970年所写的《流通费用》一书中继续指出，利用劳动对象和劳动者提高生产效率、创造利润，分别是企业的“第一利润源”和“第二利润源”。在“第一利润源”和“第二利润源”可利用空间越来越小的情况下，物流成为企业增加利润的“第三利润源”。显然，“第三利润源”学说揭示了现代物流的本质，使物流能在战略和管理上统筹企业生产、经营的全过程，并推动现代物流的发展。

3.“黑大陆”学说

1962年，“现代管理之父”彼德·德鲁克在《财富》杂志上发表的《经济的黑色大陆》一文中，把物流比作“一块未开垦的处女地”，强调应高度重视流通及流通过程的物流管理。他指出，“流通是经济领域的黑暗大陆”。虽然彼得·德鲁克在这里泛指的是流通，但由于流通领域中物流活动的模糊性特别突出，而该领域恰恰是人们尚未认识清楚的领域，所以“黑大陆”学说主要是针对物流而言的。“黑大陆”学说是一种未来学的研究结论，是战略分析的结论，带有较强的哲学抽象性，这一学说对于研究物流成本起到了启迪和动员作用。

4.“成本中心”说

该学说认为，物流在整个企业战略中，只对企业营销活动的成本产生影响。物流是重要的企业成本的产生点，又是“降低成本的宝库”，因而解决物流的问题，并不只是要搞合理化、现代化，不只是为了支持保障其他活动，重要的是通过物流管理和一系列物流活动降低成本。所以，成本中心既是指主要成本的产生点，又是指降低成本的关注点，物流是“降低成本的宝库”等说法正是这种认识的形象表述。

5. 物流成本“交替损益”观

在物流管理中，要使任何一个要素增益，必将对其他要素产生减损的作用，这就是物流成本的“交替损益”，也称“效益背反”或“二律背反”。该规律主要体现在物流成本与物流服务水平之间以及各物流功能要素之间。

物流管理的核心问题，是如何实现在降低物流成本的同时，提高客户服务水平。而物流服务水平的提高必然以提高物流成本为代价。在没有很大技术进步的情况下，企业很难做到在提高物流服务水平的同时又降低物流成本。因此，需要在物流成本与物流服务水平之间进行权衡。

物流成本与物流服务水平之间是一种此消彼长的关系，两者间的关系适用于收益递减规律。如图 11.18 所示，物流服务水平与物流成本之间并非呈线性关系。在服务水平较低的阶段，如果增加 a 个单位的成本，则服务水平将提高 b 个单位；而在服务水平较高的阶段，同样增加 a 个单位的成本，则服务水平仅提高 c 个单位，且 $c<b$。若无限度地提高物流服务水平，则会导致物流成本迅速上升，而物流服务水平并没有同步增长，甚至可能会出现下降的趋势。从理论上讲，企业可以在保持一定的物流成本的情况下，提高物流服务水平；或者在保持一定的物流服务水平的情况下，降低物流成本。当然，在具体运作时还必须考虑客户的需求以及竞争对手的反应。因此，有效物流管理的目标，就是要在保持客户要求的物流服务水平的同时，使物流成本达到最低。

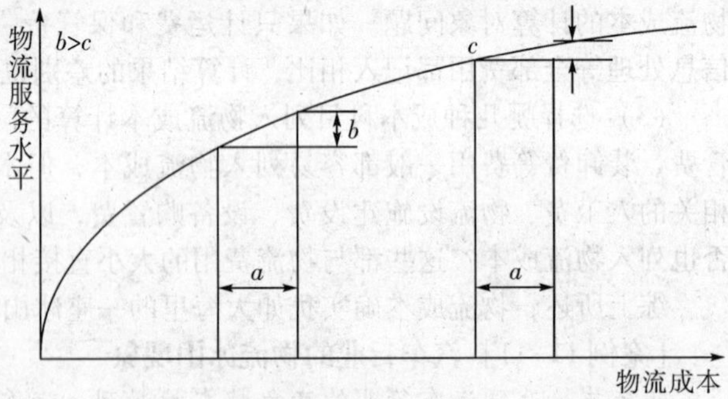

图 11.18 物流成本与物流服务水平的效益背反

(三) 物流成本管理与控制系统

物流成本管理与控制系统主要由物流成本管理系统和物流成本日常控制系统两部分组成。

1. 物流成本管理系统

物流成本管理系统是指在物流成本核算的基础上，运用专业的预测、计划、核算、分析和考核等经济管理方法来进行物流成本的管理，具体包括物流成本预算、物流成本性态分析、物流责任成本管理以及物流成本效益分析等。物流成本管理系统有三个层次，如图 11.19 所示。

需要说明，在进行物流成本核算时，首先要明确核算的目的，不能仅仅停留在会计核算层面，而要充分利用物流成本信息，服务于管理决策。其次，要明确物流成本的构成内容，要将全部物流成本从原有的会计资料中分离出来。最后，进入具体的核算阶段，要将物流成本按照一定的标准进行分配与归集核算。比如，按产品、顾客、地域、物流功能或费用支付形式等进行归集，这些归集方法与目前的财务会计核算口径是一致的。或者按照作业成本法进行归集，则更加科学、有效。

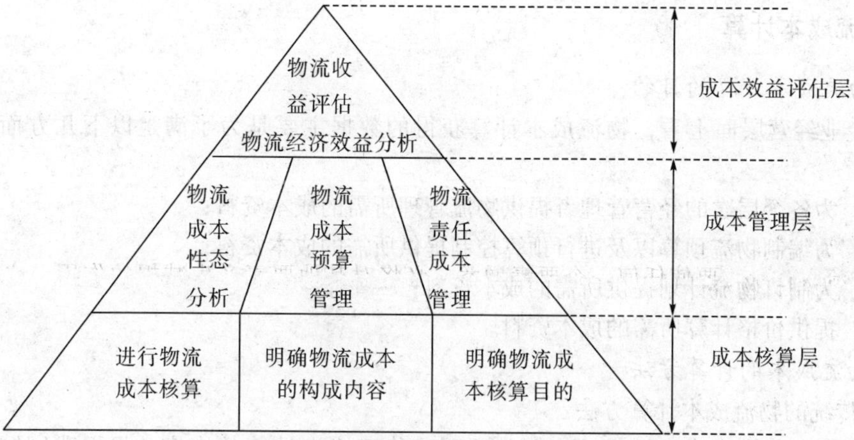

图 11.19　物流成本管理系统的层次结构与基本内容

2. 物流成本日常控制系统

物流成本的日常控制系统是指在物流运营过程中，通过物流技术的改善和物流管理水平的提高来降低和控制物流成本。具体的技术措施包括：①提高物流服务的机械化、装箱化、托盘化水平；②改善物流途径，缩短运输距离；③扩大运输批量、减少运输次数、实施共同运输；④维持合理库存、管好库存物质、减少物质损毁。

物流成本控制是物流成本管理的中心环节。物流成本控制的对象有很多，在实际工作中，一般可以物流成本的形成阶段作为控制对象，也可以物流服务的不同功能作为控制对象，还可以物流成本的不同项目作为控制对象。这三种物流成本控制的形式并非独立的，彼此间存在相互作用与影响。如图 11.20 所示。

图 11.20　物流成本控制系统的对象与基本内容

综上所述，对物流成本进行综合管理与控制，就是要将物流成本管理系统与物流成本日常控制系统结合起来，形成一个不断优化的物流系统的循环。

三、物流成本计算

（一）物流成本计算的目的

从企业经营层面上看，物流成本计算获得的数据主要是为了满足以下几方面工作的需要：

（1）为各个层次的经营管理者提供物流管理所需的成本资料；

（2）为编制物流预算以及进行预算控制提供所需的成本资料；

（3）为制订物流计划提供所需的成本资料；

（4）提供价格计算所需的成本资料。

（二）物流成本的计算方法

1. 传统的物流成本计算方法

在进行企业物流成本计算时，首先要明确物流成本计算的内容。根据我国国家标准《企业物流成本构成与计算》的规定，物流成本的计算对象可以从成本项目类别、范围类别和形态类别三个方面进行计算。

（1）成本项目类别物流成本。它是指以物流成本项目作为物流成本计算的对象，具体包括物流功能成本和存货相关成本。其中，物流功能成本是指在包装、运输、仓储、装卸搬运、流通加工、物流信息处理和物流管理过程中所发生的物流成本，而存货相关成本是指企业在物流活动过程中所发生的与存货有关的资金占用成本、物品损耗成本、保险和税收成本。如表 11.11 所示。

表 11.11　企业物流成本项目构成表

<table>
<tr><th>成本类别</th><th colspan="2">成本项目</th><th>说明</th></tr>
<tr><td rowspan="7">物流功能成本</td><td rowspan="5">物流运作成本</td><td>运输成本</td><td>指一定时期内，企业为完成货物运输业务而发生的全部费用，包括从事货物运输业务的人员费用、车辆（包括其他运输工具）的燃料费、折旧费、维修保养费、租赁费、养路费、过路费、年检费、事故损失费、相关税金等</td></tr>
<tr><td>仓储成本</td><td>指一定时期内，企业为完成货物储存业务而发生的全部费用，包括仓储业务人员费用,仓储设施的折旧费、维修保养费、水电费、燃料与动力消耗等</td></tr>
<tr><td>包装成本</td><td>指一定时期内，企业为完成货物包装业务而发生的全部费用，包括包装业务人员费用，包装材料消耗，包装设施折旧费、维修保养费，包装技术设计、实施费用以及包装标识的设计、印刷等辅助费用</td></tr>
<tr><td>装卸搬运成本</td><td>指一定时期内，企业为完成装卸搬运业务而发生的全部费用，包括装卸搬运业务人员费用，装卸搬运设施折旧费、维修保养费、燃料与动力消耗等</td></tr>
<tr><td>流通加工成本</td><td>指一定时期内，企业为完成货物流通加工业务而发生的全部费用，包括流通加工业务人员费用，流通加工材料消耗，加工设施折旧费、维修保养费，燃料与动力消耗费等</td></tr>
<tr><td colspan="2">物流信息成本</td><td>指一定时期内，企业为采集、传输、处理物流信息而发生的全部费用，指与订货处理、储存管理、客户服务有关的费用，具体包括物流信息人员费用，软硬件折旧费、维护保养费、通信费等</td></tr>
<tr><td colspan="2">物流管理成本</td><td>指一定时期内，企业物流管理部门及物流作业现场所发生的管理费用，具体包括管理人员费用、差旅费、办公费、会议费等</td></tr>
</table>

表11.11(续)

成本类别	成本项目	说明
存货相关成本	资金占用成本	指一定时期内，企业在物流活动过程中负债融资所发生的利息支出（显性成本）和占用内部资金所发生的机会成本（隐性成本）
	物品损耗成本	指一定时期内，企业在物流活动过程中所发生的物品跌价、损耗、毁损、盘亏等损失
	保险和税收成本	指一定时期内，企业支付的与存货相关的财产保险费以及因购进和销售物品应缴纳的税金支出

采用成本项目类别计算物流成本，有利于分析不同功能的物流成本所占的比例，从而发现物流成本问题的所在。

（2）范围类别物流成本。它是指以物流活动的范围作为物流成本计算的对象，具体包括供应物流、企业内物流、销售物流、回收与废弃物流等不同阶段发生的各项物流成本支出。如表11.12所示。

表11.12　　范围类别物流成本构成表

范围类别	说明
供应物流成本	指经过采购活动，将企业所需原材料（生产资料）从供给者的仓库运回企业仓库为止的物流过程中所发生的物流费用
企业内物流成本	指从原材料进入企业仓库开始，经过出库、制造形成产品以及产品进入成品库，直到产品从成品库出库为止的物流过程中所发生的物流费用
销售物流成本	指为了进行销售，产品从成品仓库运动开始，经过流通环节的加工制造，直到运输至中间商的仓库或消费者手中的物流活动过程中所发生的物流费用
回收物流成本	指退货、返修物品和周转使用的包装容器等从需方返回供方的物流活动过程中所发生的物流费用
废弃物流成本	指将经济活动中失去原有使用价值的物品，根据实际需要进行收集、分类、加工、包装、搬运、储存等，并分送到专门处理场所的物流活动过程中所发生的物流费用

采用范围类别计算物流成本，有利于分析物流活动各阶段的成本支出情况，比较适合生产企业。

（3）形态类别物流成本。它是指以物流成本的支付形态作为物流成本计算的对象，具体包括委托物流成本和企业内部物流成本。其中，委托物流成本是货主企业支付给物流企业的物流服务费用，而企业内部物流成本的支付形态具体包括材料费、人工费、维护费、一般经费和特别经费。如表11.13所示。

表11.13　　形态类别物流成本构成表

成本支付形态		说明
企业内部物流成本	材料费	包括资材费、工具费、器具费等
	人工费	包括工资、福利、奖金、津贴、补贴、住房公积金等
	维护费	包括土地、建筑物及各类物流设施设备的折旧费、维护维修费、租赁费、保险费、税金、燃料与动力消耗费等
	一般经费	包括办公费、差旅费、会议费、通信费、水电费、煤气费等
	特别经费	包括存货资金占用费、物品损耗费、存货保险费和税费
委托物流成本		指企业向外部物流机构所支付的各项费用

采用成本支付形态来计算物流成本，便于检查物流成本用于各项日常支出的数额和所占的比例，对比与分析各项成本水平的变化情况，比较适合生产企业和专业物流机构的物流成本管理。

事实上，物流企业的物流成本计算可以从成本项目和形态类别两个方面展开。如表11.14所示。

表11.14　　物流成本支付形态表

编制单位：　　年　月　　单位：元

成本项目 \ 内部支付形态			材料费	人工费	维护费	一般经费	特别经费	合计
物流功能成本	物流运作成本	运输成本						
		仓储成本						
		包装成本						
		装卸搬运成本						
		流通加工成本						
		小计						
	物流信息成本							
	物流管理成本							
	合计							
存货相关成本	资金占用成本							
	物品损耗成本							
	保险和税收成本							
	其他成本							
	合计							
物流成本合计								

2. 作业成本法

作业成本法（Activity-Based Costing，ABC）是美国芝加哥大学的青年学者库伯和哈佛大学教授卡普兰于1988年提出的，目前被认为是确定和控制物流成本最有前途的方法。

（1）作业成本法的概念与原理。作业成本法是一种新的物流成本计算方法。它是以成本动因理论为基础，通过对作业进行动态追踪，评价作业业绩和资源利用情况的方法。

在作业成本法中引入了许多新概念，图11.21显示了各概念之间的关系。资源按资源动因分配到作业或作业中心，作业成本按作业动因分配到产品。分配到作业的资源构成该作业的成本要素，多个成本要素构成作业成本池，多个作业构成作业中心。作业动因包括资源动因和成本动因，分别是将资源和作业成本进行分配的依据。

作业成本法的基本原理是，产品消耗作业，作业消耗资源并导致成本的发生。作业成本法把成本核算深入到作业层次，它以作业为单位收集成本，并把“作业”或“作业成本池”的成本按作业动因分配到产品。

作业成本法的提出有重要的意义。一方面，作业成本法根据不同的作业类型，利用多个成本动因进行核算，不仅能够准确提供产品或服务的成本，尤其是间接成本，而且有助于企业了解客户是如何影响其成本结构的；另一方面，作业成本法着眼于企业生产中的价值增值活动，在整个供应链管理过程中有助于去除无效成本，优化流程。

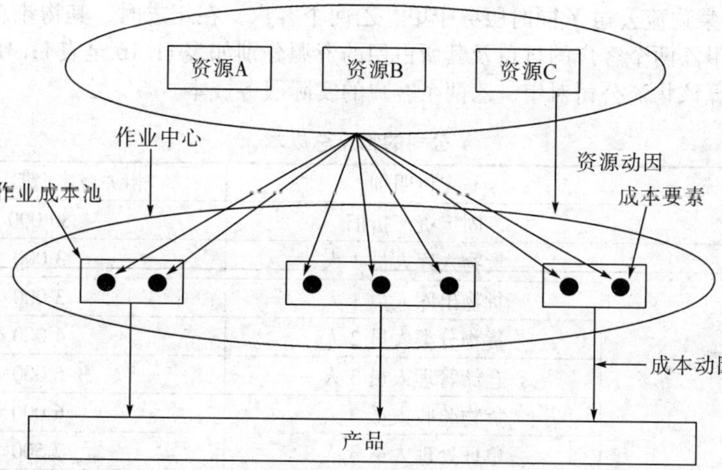

图 11.21 作业成本模型

（2）作业成本法在物流管理中的应用。通常将作业成本法在物流领域的应用称为物流作业成本法（Logistics Activity-Based Costing），它是“以特定物流活动成本为核算对象，通过成本动因来确认和计算作业量，进而以作业量为基础分配间接费用的物流成本管理方法”（GB/T18354-2006）。

物流作业成本分析的基本步骤如下：①确定企业物流系统中涉及的各项作业。作业是工作的基本单位，作业的类型和数量随企业的不同而不同。该步骤主要是确定企业作业中心，比如一个退货处理部门就是一个作业中心，其作业包括产品回收、运输、拆卸、零件翻新再利用以及材料再生等。②确认企业物流系统中涉及的资源。物流活动消耗的资源主要包括劳动力、设施设备以及能源等，资源的界定建立在作业分类的基础上，与作业无关的资源不能计入成本核算的范围。③确认资源动因，将资源分配到作业。作业决定着资源的耗用量，这种关系称作资源动因。在计算作业资源要素成本额时，应注意产品性质的不同会引起作业方式的不同，比如药品适合独立小包装，大宗消费品适合整盘包装，包装方式的不同会进一步造成运输方式的不同。资源的耗费总是与一定的作业相关联，作业方式的不同会带来资源消耗的差异。④确认成本动因，将作业成本分配到产品或服务中。成本动因反映了成本对象对作业消耗的逻辑关系。例如，问题最多的产品产生的客户服务电话最多，故按照电话数的多少（作业动因）把解决顾客问题的作业成本分配到相应的产品中去。

在物流作业成本分析中，确定作业类别和成本动因是最核心的两个环节，企业根据自身的情况所做出的决定也各不相同。在这里，我们给出最基本的物流活动——运输所涉及的最一般的作业及成本动因。如表 11.15 所示。

表 11.15 主要运输作业及其成本动因

作业	成本动因
将货物运送到客户处	距离及箱子体积
空包装箱回运	占用空间及时间
在客户处卸载货物	发货数量及客户类型
在发货处收集货物	距离及货物数量
分拣	发货数量（总箱数）
中转	距离及物流箱体积
预订产品接收时间	有此项要求的客户需求量

例 11-7 某物流公司 Y 同时服务于甲、乙两个客户，在年末时，其物流总成本、员工总工作时间和甲乙两个客户的订单及其所占用的资源分别如表 11.16 至表 11.18 所示。请用作业成本法计算该物流公司对甲、乙两个客户的实际服务成本。

表 11.16 Y 公司的物流总成本

支付形态	支付明细	相关成本/费用（元）
维护费	固定资产折旧	80 000
人工费	货物入库人员 1 人	3 000
	货物出库人员 1 人	3 000
	货物分类人员 2 人	4 000
	仓储管理人员 3 人	6 000
	货物验收人员 3 人	6 000
	单证处理人员 3 人	7 500
材料费	办公费	10 000
一般经费	水电费	5 000
合计		124 500

表 11.17 Y 公司员工的总工作时间

员工类别	总工作时间（小时/月）
货物入库人员	250
货物出库人员	250
货物分类人员	350
仓储管理人员	500
货物验收人员	500
单证处理人员	500

表 11.18 甲、乙两个客户的订单及其所占用的资源

项目	甲客户	乙客户
租赁仓库面积（平方米）	10 000	6 000
月订单总数（笔）	200	120
占用托盘总数（个）	700	300
货物入库比例	0.625	0.375
货物出库比例	0.625	0.375
货物分类比例	0.625	0.375

解：

（1）确定作业内容。Y 公司的物流作业包括订单处理、货物验收、货物入库、货物分类、货物出库以及仓储管理等六项作业①。

（2）确定资源成本库（作业成本池）。资源的界定是在作业界定的基础上进行的，每

① 采用作业成本法（ABC）计算物流成本时，"作业"与"活动"同义。尽管管理活动和作业活动是两类不同性质的活动，但仓储管理同样要产生成本，在此一并纳入物流成本计算的范畴。

项作业必定涉及相关的资源，与作业无关的资源应从物流成本核算中剔除。Y 公司的资源成本库如表 11.19 所示。

表 11.19　　Y 公司的资源成本库（作业成本池）

成本＼作业	订单处理	货物验收	货物入库	货物分类	货物出库	仓储管理
人工费（元）	7 500	6 000	3 000	4 000	3 000	6 000
折旧费（元）	7 000	7 000	15 000	7 000	15 000	29 000
办公费（元）	3 000	1 000	1 000	1 000	1 000	3 000
水电费（元）	600	600	1 000	600	1 000	1 200
合计（元）	18 100	14 600	20 000	12 600	20 000	39 200

（3）确定作业动因。作业动因必须是可量化的，如人工工时、距离、时间、次数等。Y 公司的作业动因如表 11.20 所示。

表 11.20　　Y 公司的作业动因

作业	作业动因
订单处理	订单数量
货物验收	托盘数量
货物入库	人工工时
货物分类	人工工时
仓储管理	租赁仓库面积
货物出库	人工工时

（4）计算作业成本。首先计算作业分配系数，然后计算单项物流作业成本，最后求和，即得到甲、乙两个客户的实际物流服务成本。

根据公式：作业分配系数=作业成本÷作业量

可求得各项作业的作业分配系数，如表 11.21 所示。

表 11.21　　作业分配系数表

作业	订单处理	货物验收	货物入库	货物分类	货物出库	仓储管理
作业成本（A）	18 100 元	14 600 元	20 000 元	12 600 元	20 000 元	39 200 元
作业量（B）	320（订单数）	1 000（托盘数）	250（人工时）	350（人工时）	250（人工时）	16 000（面积）
作业分配系数（A/B）	56.6	14.6	80	36	80	2.45

根据公式：作业成本=作业分配系数×作业动因数，可求得甲、乙两个客户的实际物流服务成本，如表 11.22 所示。

表 11.22　　甲、乙两个客户的实际物流服务成本

作业	作业分配系数	实际耗用成本动因数		实际成本（元）	
		甲	乙	甲	乙
订单处理（订单数）	56.6	200	120	11 320	6 792
货物验收（托盘数）	14.6	700	300	10 220	4 380

表11.22(续)

作业	作业分配系数	实际耗用成本动因数		实际成本（元）	
		甲	乙	甲	乙
货物入库（人工时）	80	156.25	93.75	12 500	7 500
货物分类（人工时）	36	218.75	131.25	7 875	4 725
货物出库（人工时）	80	156.25	93.75	12 500	7 500
仓储管理（面积）	2.45	10 000	6 000	24 500	14 700
合计				78 915	45 597

注：①甲实际耗用货物入库成本动因数156.25（250×0.625），乙实际耗用货物入库成本动因数93.75（250×0.375）。

②甲实际耗用货物分类成本动因数218.75（350×0.625），乙实际耗用货物分类成本动因数131.25（350×0.375）。

③甲实际耗用货物出库成本动因数156.25（250×0.625），乙实际耗用货物出库成本动因数93.75（250×0.375）。

第六节　物流标准化

[案例11-12]　亟需出台统一规范的赔付标准

母亲节前夕，北京的金先生想送一套从英国带回来的水晶玻璃杯给在绍兴的妈妈。发货前，金先生反复确认运输过程中水晶杯是否有破损危险。收快递的小伙拍着胸脯保证："您放心！我们贴上易碎标志，然后给您好好包装一下，塞上报纸和泡沫塑料，保证没问题。"为此，金先生多付了10元钱的包装费。

可杯子到了绍兴，还是破了两个。两个杯子合计人民币1 000多元呢，金妈妈心疼坏了，找快递公司索赔。快递公司说，按照发货单背面的规定，只能赔偿运费30元。金妈妈戴上老花镜，在发货单背面的小字里找啊找，果然有这样的说法，金妈妈无奈吃了个哑巴亏。

物流标准化是实现物流现代化的基础。近年来，随着我国物流产业的快速发展，物流标准化建设滞后问题越来越突出。加强物流标准化建设已成为加快推进我国物流产业发展的迫切需要。

一、物流标准化的含义

标准化是指在经济、技术、科学及管理等社会实践中，对产品、工作、工程、服务等普遍的活动制定、发布和实施统一的标准的过程。标准化的内容，实际上就是经过优选之后的共同规则，为了推行这种共同规则，世界上大多数国家都有自己的标准化组织，如英国的标准化协会（BSI）、我国国家标准化管理委员会等。在国际上，设在日内瓦的国际标准化组织（ISO）负责协调世界范围内的标准化问题。标准化是国民经济中一项重要的技术基础工作，它对于改进产品、过程和服务的适用性，防止贸易壁垒，促进技术合作，提高社会经济效益具有重要的意义。

物流标准化是指以物流系统为对象，围绕运输、储存、装卸、包装以及物流信息处理等物流活动制定、发布和实施有关技术和工作方面的标准，并按照技术标准和工作标准的配合性要求，统一整个物流系统的标准的过程。

物流标准化工作是实现物流系统化的一项重要内容，它不仅是实现物流各环节衔接的一致性、降低物流成本的有效途径，而且也是进行科学化物流管理的重要手段。

二、物流标准化的特点

物流标准化对物流业的发展具有划时代的意义，物流标准化具有以下主要特点：

（1）物流标准化涉及面较广。物流标准化涉及机电、建筑、工具、工作方法等领域，这些标准虽处于一个大系统，但缺乏共性，造成标准种类繁多、内容复杂，给标准的统一性和配合性带来很大的困难。

（2）物流标准化系统属于二次系统（也称后标准化系统）。即指物流标准在诞生之前，物流相关行业及领域的标准就已经存在，这些标准被物流标准直接引用。如一些运输标准和仓储标准。

（3）物流标准化要求体现科学性、民主性、经济性。科学性要求体现现代科技成果，不仅要以科学试验为基础，还要求与物流的现代化（包括现代技术和管理）相适应，要求将现代科技成果运用到物流系统中。民主性是指标准的制定应采用协商一致的办法，广泛考虑各种现实条件，广泛听取意见，使标准更具权威性，减少阻力，易于贯彻执行。经济性是指标准的贯彻，能降低物流成本、产生经济效益，这是物流标准化的主要目的之一，也是标准化生命力的决定因素。

（4）物流标准化具有国际性。经济全球化进程加快，国际贸易迅猛增涨，而国际贸易离不开国际物流的有力支撑。各国都应重视本国物流与国际物流的衔接，促进本国物流与国际物流标准化体系一致，才能降低国际交往的技术难度，降低外贸成本。

（5）贯彻安全与保险的原则，即指物流标准中对物流安全性与可靠性的规定以及为安全性与可靠性统一技术标准和工作标准。

三、物流标准化的内容

按照标准化工作应用的范围，物流标准可分为基础标准、技术标准、工作标准和作业标准。

（1）基础标准是制定其他物流标准应遵循的、全国统一的标准，是制定物流标准必须遵循的技术基础与方法指南。它主要包括专业计量单位标准、物流基础模数尺寸标准、物流术语标准等。

（2）技术标准是指对标准化领域中需要协调统一的技术事项所制定的标准。在物流系统中，主要指物流基础标准和物流活动中采购、运输、装卸、仓储、包装、配送、流通加工等方面的技术标准。

（3）工作标准是指对工作的内容、方法、程序和质量要求所制定的标准。物流工作标准是对各项物流工作制定的统一要求和规范化制度，主要包括：①各岗位的职责及权限范围；②完成各项任务的程序和方法以及与相关岗位的协调、信息传递方式、工作人员的考核与奖惩方法；③物流设施、建筑的检查验收规范；④吊钩、索具使用、放置规定；⑤货车和配送车辆运行时刻表、运行速度限制以及异常情况的处理方法。

（4）物流作业标准是指在物流作业过程中，物流设备运行标准以及作业程序和作业要求等标准。这是实现作业规范化、效率化以及保证作业质量的基础。

为方便标准的贯彻，中国标准出版社汇编出版了《物流标准汇编》，收录了我国已经颁布实施的物流国家标准和行业标准，按照内容分为物流基础、管理与服务，物流信息分类编码，物流信息采集，物流信息交换，物流技术五个部分。

四、物流标准化的方法

视频链接：韩国托盘共用公司（KPP）和韩国物流箱共用公司（KCP）

目前，物流体系的标准化工作在各个国家都处于初始阶段，标准化的重点在于通过制定标准规格尺 寸来实现全物流系统的贯通，从而提高物流活动的效率。因此，物流标准化的方法，主要指初步规格化的方法。具体包括以下内容：

（一）确定物流基础模数尺寸

物流标准化的基础是物流基础模数尺寸，它的作用和建筑模数尺寸的作用大体相同，考虑的基点主要是简单化。基础模数尺寸一旦确定，设备的制造、设施的建设、物流系统中各个环节的配合协调、物流系统与其他系统的配合就有了依据。目前国际标准化组织（ISO）制定的物流基础尺寸的标准为：

（1）物流基础模数尺寸：600 毫米×400 毫米。

（2）物流集装基础模数尺寸：以 1 200 毫米×1 000 毫米为主，也允许 1 200 毫米×800 毫米和 1 100 毫米×1 100 毫米的规格。

（3）物流基础模数尺寸与集装基础模数尺寸的配合关系，见图 11.22。

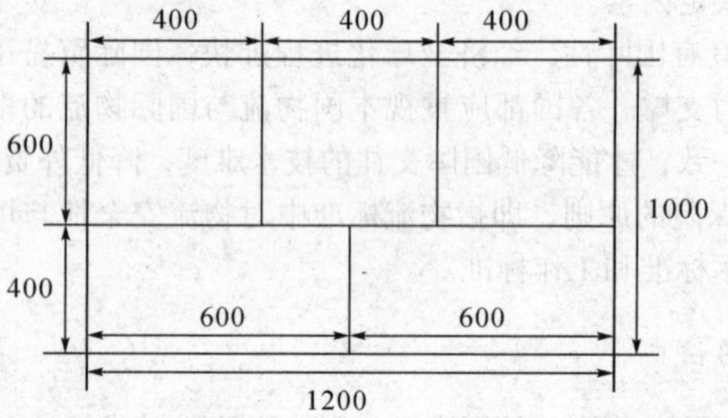

图 11.22　模数尺寸的配合关系（以 1 200 毫米×1 000 毫米为例）

（二）确定物流模数

物流模数即集装基础模数尺寸（亦即最小的集装尺寸）。集装模数尺寸影响和决定着与其有关的各个环节的标准化。集装基础模数尺寸可以从 600 毫米×400 毫米按倍数系列推导出来，也可以在满足 600 毫米×400 毫米的基础模数的前提下，从卡车或大型集装箱的“分割系列”推导出来。物流基础模数尺寸与集装基础模数尺寸的配合关系，可用集装基础模数尺寸的 1 200 毫米×1 000 毫米为例来说明，如图 11.22 所示。从图 11.22 中可以看出，集装基础模数尺寸可以由五个物流基础模数尺寸组成。

（三）以分割及组合的方法确定物流各环节的系列尺寸

物流模数作为物流系统各环节标准化的核心，是形成系列化的基础。可依据物流模数进一步确定有关系列的大小及尺寸，再从中选择全部或部分，作为定型的生产制造尺寸，这就完成了某一环节的标准系列。由物流模数体系可以确定包装容器、运输装卸设备、保管器具等系列尺寸。物流模数体系的构成如图 11.23 所示。

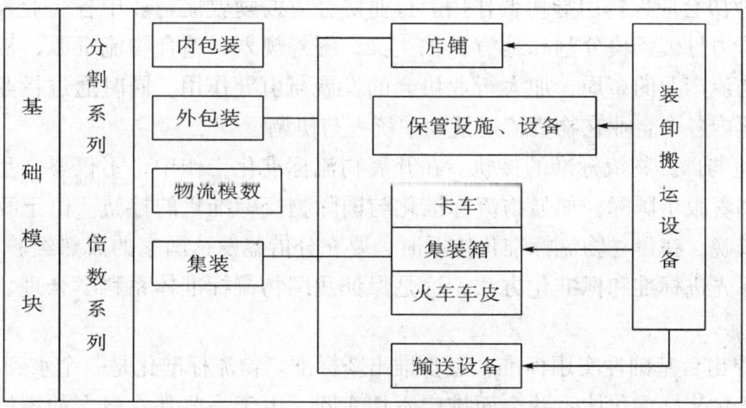

图 11.23 物流模数体系的构成

根据图 11.22 所示的关系，可以确定各环节的系列尺寸。例如，日本工业标准 JIS 规定的“输送包装系列尺寸”，就是按照 1 200 毫米×1 000 毫米推算的最小尺寸为 200 毫米×200 毫米的整数分割系列尺寸。

五、我国物流标准化现状与对策

（一）我国物流标准化现状

目前，我国物流标准化工作取得了一系列成绩，具体体现在以下几方面：

（1）制定了一系列物流或与物流相关的标准。目前，我国制定并颁布实施的物流或与物流相关的标准近千个，涵盖国家标准、行业标准、地方标准和企业标准等层次。

（2）建立了与物流有关的标准化组织与机构。我国建立了以国家技术监督局为首的全国性的标准化研究管理机构体系，成立了中国物品编码中心、全国物流信息技术委员会和全国物流标准化技术委员会，具体负责制定现代物流标准体系。

（3）积极参与国际物流标准化活动。我国参加了国际标准化组织（ISO）和国际电工委员会与物流有关的各技术委员会与技术处，并明确了各自的技术归口单位。此外，我国还参加了国际铁路联盟（UIC）和社会主义国家铁路合作组织（OSJD）两大国际铁路的权威机构。

（4）积极采用国际物流标准。在近百个有关包装、标志、运输、储存等方面的国家标准中，大约有 30%采用了国际标准；有关公路、水路运输的国家标准中，大约有 5%采用了国际标准；有关铁路运输的国家标准中，大约有 20%采用了国际标准；有关车辆方面的国家标准中，大约有 30%采用了国际标准。

（5）积极开展物流标准化研究工作。在加入 WTO 的今天，中国物流国际化是必然的趋势，因此物流标准化工作被提到了前所未有的高度，全国不少相关科研院所、高等院校的科研机构，都投入到了这项研究工作当中。

（二）推进我国物流标准化工作的对策

（1）鼓励企业积极参与物流标准化建设。政府部门是国家标准的组织制定者和推广者，在国家标准的制定中扮演着重要角色。而企业是标准的最终执行者，物流标准的推广必须有企业的配合。企业是务实的，利益是它们平衡取舍的关键。政府可以在推广物流标准化工作中予以政策支持和制约。

（2）行业协会应发挥引导协调作用。行业协会应鼓励敦促行业中各企业参照国际先进物流标准，努力打破条块分割和地方保护主义，统筹规划，整合物流资源，从经济发展的需要来规划物流产业的布局，加大行业协会的发展与引导作用。同时通过行业协会的纽带作用，使行业内各个企业在物资流通活动中统一与协调。

（3）注重与国际物流标准的接轨。在开展物流标准化工作中，不仅要立足国内实际情况，同时还要着眼于国际，加强物流标准化与国际物流标准化的接轨。由于我国物流标准化工作起步较晚，在建立物流标准化体系时，要充分借鉴发达国家的成熟经验和先进技术，积极采用国际先进标准和标准化方法，这是保证我国物流标准体系科学合理、少走弯路的有效举措。

（4）尽快出台基础性实用标准，逐步推出新标准。物流标准化是一个水到渠成的过程，在短期内完善物流标准化体系并全面推广不切实际。由于一些基本概念的模糊和基础资料的匮乏，严重影响了我国物流业的发展，所以应尽快出台基础性实用标准，进而在考虑物流各环节协调的基础上，对现行的国家已颁布实施的与物流有关的标准进行深入的研究分析与比较，全面整理，淘汰影响物流业整体发展的旧标准，尽可能以国际标准为基本参照系逐步推出新标准，同时保持各种相关标准的协调一致性，逐步完善物流标准化体系。

（5）重视物流标准化人才的培养。目前，我国物流标准化人才奇缺，这将直接影响行业企业物流的发展。为此，要积极培养现代物流人才，包括多种方式的培训，比如从企业现有人员中选择部分有学历、高素质的管理人员到有关大专院校深造，也可以引进国外物流人才。同时，还要尽快建立起人才激励机制，培养造就一大批熟悉物流业务、具有跨专业学科，具有较强综合能力的物流管理人才和专业技术人才，才能更好地开展物流标准化工作。

小结：

物流管理是对物流活动进行计划、组织、协调与控制。物流组织有多种形式，在设计时应遵循一些基本原则。物流服务是为满足客户需求所实施的一系列物流活动过程及其产生的结果。物流服务已成为企业经营差异化的重要手段，成为提升企业竞争力的关键。物流质量管理包括商品质量保证及改善，物流服务质量、工作质量和工程质量等内容，具有全员参与、全程控制、全面管理、整体发展等特点。物流质量管理的方法包括质量目标管理、PDCA 循环等。库存是储存作为今后按预定的目的使用而处于闲置或非生产状态的物品，对企业经营有利有弊，是一把“双刃剑”。库存成本包括购入成本、订货成本、储存成本和缺货成本。库存管理的评价指标主要有平均库存值、可供应时间和库存周转率等，库存控制是库存管理的关键。常见的库存分类方法有 ABC 分类法和 CVA 分类法。“零库存”的实质是库存最少化。物流成本是物流活动中所消耗的物化劳动和活劳动的货币表现。作业成本法是确定和控制物流成本最有前途的方法。我国物流标准化建设滞后，加强物流标准化建设已成为加快推进我国物流产业发展的迫切需要。

同步测试：

一、判断题

1. 有效物流管理的目标，就是要在高服务水平的同时，使得物流成本达到最低。（　　）

2. 定量订货法库存控制的关键在于确定订购点和订货量。（　　）

3. 物流质量管理是企业全面质量管理的重要一环，其核心是物流服务质量管理。（　　）

4. 为客户提供个性化的物流服务，就是增值物流服务。（　　）

5. 从“第三利润源”学说中，人们应该认识到：物流活动和其他独立的经济活动一样，它不仅是“成本中心”，而且可以成为“利润中心”。（　　）

二、单项选择题

1. 要实现物流客户增值服务，关键取决于物流服务中的运输服务、仓储服务和其他功能的（　　）。

A. 信息化程度　　B. 作业规范化程度

C. 综合程度　　D. 业务市场化程度

2. 对较贵重物品、需要实施严格管理的重要货物，应采取（　　）方法进行库存控制。

A. 定量订货库存控制　　B. 定期订货库存控制

C. 需求驱动精益供应库存控制　　D. 准时生产制库存控制

3. 对那些品种多、通用性强、单价较低，但需求预测较困难的物品，在进行库存控制时适合使用（　　）。

A. 定期订货法　　B. 定量订货法　　C. 准时化管理　　D. 供应商管理法

4. 在定期订货法中既是安全库存水平的决定因素，又是自动确定每次订货批量的基础的指标是（　　）。

A. 订货周期　　B. 订货点　　C. 最大库存水平　　D. 产品需求量

5. 定期库存控制的关键在于确定（　　）。

A. 最大库存量　　B. 订购周期

C. 订购点　　D. 订购周期和最大库存量

三、名词解释

物流服务　商品完好率　订单满足率　库存　安全库存　ABC 分类法

存货控制　EOQ　EOI　物流成本　物流作业成本法　物流标准化

四、计算题

1. 某物流中心在 2013 年 9 月份收到 800 份订单，总发货量为 1.8 万吨，其中，624 份订单是按客户要求的时间发运并交货的。由于种种原因导致 950 吨货物延迟发运。客户为解决货物的短缺，又向该中心补充发送了 50 份紧急订单，中心组织人力，在 12 小时内完成了 36 份。现对该中心的订单处理进行评价，请计算订单延迟率、订单货物延迟率和紧急订单响应率，并提出提高紧急订单响应率的主要措施。

2. 某商业企业的×型彩电年销售量为 10 000 台，订货费用为 100 元/次，每台彩电年平均储存成本为 10 元/台，订货提前期为 7 天，安全库存为 100 台。求订货点和经济订货批量。

3. 某超市的花生食用油平均日需求量为186瓶，此食用油的需求情况服从标准差为9瓶/天的正态分布。若提前期是固定常数4天，而且客户服务水平不低于98%，请计算该种食用油的安全库存量是多少？（98%的客户服务水平对应的安全系数为2.05）

4. 某超市某种婴儿奶粉的需求量和订货提前期都随机变化并服从正态分布，且需求量和提前期相互独立，平均日需求量为65罐，标准差为12罐/天，平均订货提前期为3天，标准差为1天。若客户服务水平不低于97.7%，请问该超市婴儿奶粉的安全库存量应该为多少？（已知97.7%的客户服务水平对应的安全系数为2）

五、简答（述）题

1. 简述物流运营组织机构的基本形式及其优缺点。
2. 简述物流服务对企业经营的重要意义。
3. 简述提升物流质量管理水平的策略与举措。
4. 简述库存的利弊。
5. 简述库存管理的评价指标及其内涵。
6. 怎样理解“零库存”？
7. 如何进行库存控制？
8. 简述作业成本法的基本原理。
9. 简述物流作业成本分析的步骤。
10. 简述我国物流标准化的现状与对策。

六、情境问答题

1. 某零售企业为了降低成本，每次订货都严格采用EOQ模型计算经济订货批量，但经过一段时间后发现总成本并无明显下降。你认为问题可能出在哪里？

2. 某医疗用品批发商经营的商品包括：①骨科材料、心脏支架等昂贵器材；②输液器、注射器等常用产品；③消毒棉等一次性耗材。如果你是该企业的仓库主管，应该如何对这些产品进行管理？

3. 有人认为零库存是“双刃剑”，虽然可以减少浪费、使物流活动更加合理，但不能保障供应、难以应对意外变化。你同意该观点吗？为什么？

4. 丁一是某零售企业集团的仓库部门主管，负责制定公司的库存策略，并对仓库日常管理工作进行监督。对于自己的工作，他的理解是：库存策略的制定并不是孤立的，而是需要考虑企业发展各方面的因素。对此，你是如何理解的？

5. 摩托罗拉公司位于天津保税区的原料库存采用全球先进的HUB模式。大约有30家零部件供应商在其天津工厂的周边地区设有工厂或仓库。摩托罗拉公司每天将原材料、零部件等物料的需求计划提供给供应商，供应商据此管理库存，并且每天安排4次送货，使其真正实现了JIT生产。请问这是何种库存管理模式？有何优点？可能存在哪些风险？你认为摩托罗拉公司成功的原因是什么？

6. Y公司为海南省一家果蔬批发企业，其主要客户为北京、天津、上海等地的大型连锁超市。企业在年终进行年度成本核算时，库存成本一栏包含了库存持有成本、订货成本和缺货成本三项。你认为是否合理？为什么？

7. 某物流公司仓库的固定资产价值超过8 000万元，而每年的利润不足500万元，资产回报率较低。公司领导认为，为提升利润率，需开展物流增值服务，开发更多利润贡献率高的优质客户。你认为可以通过哪些手段达到该目标？

8. 连赢电器是一家电连锁经营企业，公司为了提高销量和顾客忠诚度，决定对客户服务质量进行考核并有针对性地改善销售服务水平。为此，销售部打算通过发放“客户满意度调查问卷”来收集有关信息。假如由你承担调查问卷的设计工作，你认为该问卷应包括哪些内容才能达到调查的目的？

七、实训题

学生以小组为单位，课余寻找一家物流企业，对其组织结构和开展的业务进行调研，并撰写一份不低于1 000字的调查报告。

八、案例分析题

ABC公司的困惑

ABC公司主要从事复印机耗材和零件的进口和销售业务，进行国际贸易及区域贸易代理，并为中国地区用户提供复印机耗材和零部件的供应。

为了使公司更具竞争力，2010年公司专门设立了物流部门，下设采购、仓储、报关、客户服务等几个分部。物流部门的大致工作流程如下：

采购部门每月根据销售部门提供的销售计划，结合前三个月的实际销量和现有库存情况制订订货计划（包括一个月的实际订货和后两个月的预测），发送订单，并进行订单的跟踪管理。

所订货物到达后，由报关员准备相关资料（如发票、装箱单、提单等），进行入境备案，备案结束后将货物存放到保税仓库。

在此期间，订单管理人员会将相关的到货信息输入系统，以备客户服务人员随时了解库存情况并将信息及时传达给客户。客户根据需要进行选择并通过因特网将订单发到客户服务部，客户服务人员核对订单后，按照客户所属的分仓库发货（公司为了顺利开展工作，缩短客户的订货周期，按照区域划分，在国内建立了四个分仓库）。

采购和仓库管理人员根据实际销售情况，确定从保税仓库报关调入国内仓库的机器类型与数量，再由客户服务部门的客户订单信息和即时销售信息确定调拨到各分仓库的数量和种类。

影响物流工作效率的因素包括：

（1）销售预测的不准确性；

（2）市场的进一步扩大和销售策略的改变；

（3）每种复印机的零件超过2 000种，除了常规的耗材，其他零件根本无法预计销量和预备库存量。

一直以来，以上问题困惑着物流部门的日常运作。由于物流部和销售、技术、市场等各部门都有非常密切的联系，如果在该环节上出现问题，将会对公司的整体运转产生难以估量的损失。

根据案例提供的信息，请回答以下问题：

1. 对该公司来说，怎样才能做到既有效地预防库存积压和缺货，又能满足市场需求？

2. 怎样设定零部件的安全库存量，防止缺货从而提高客户满意度？

第十二章　物流中心与物流园区

【引例】

意大利 A 公司的销售物流系统

意大利 A 公司精品鞋业（以下简称 A 公司）于 2004 年进入中国市场，经过两年多的精心布局后，业务遍及全国。在产品销售过程中，客户服务需求不断增长，对公司的供应链管理提出了更高的要求。A 公司加大了新产品研发的力度，不断创新。服装鞋帽类企业有其特殊的行业特性，其产品的款式、颜色、尺码组合的特点决定了其单品数量随款式的增加而呈几何级增长，品种变化很快。为此，过季的品种要很快清出柜台，换上新的品种。存货不能积压，否则会给企业带来很大的资金压力。为更有效地解决存货积压问题，加快库存周转，更有效地响应市场需求，高效地管理其日益庞大的供应商队伍及客户，优化公司的物流配送网络，A 公司在供应商集中的华南和华东地区成立了广州区域分拨中心（RDC）和上海 RDC，用于向北京配送中心（DC）、沈阳 DC 及成都 DC 进行产品分拨并向客户直接配送。其广州 RDC 坐落于白云区物流中心，是一座面积约 4 000 平方米的现代化仓库。库内分为仓储好货区、仓储坏货区、仓储搁置区、入库缓冲区、出库缓冲区等储存区，仓储区布置了四层的立体货架，每个货位按排列层规则编号并贴有相应的条形码，共有 13 000 多个货位。

引导问题：

1. A 公司为什么要设立 RDC 和 DC？
2. RDC 和 DC 在功能上有什么区别？
3. 什么是物流中心？物流中心与配送中心有什么关系？
4. 什么是物流园区？构筑物流园区有什么作用？

物流中心是随着生产的发展和社会分工的细化而产生的，是主要面向社会提供服务的物流活动场所或组织。物流中心作为物流活动的据点，在物流的综合管理中发挥着重要作用。物流园区作为物流业发展到一定阶段时产生的新兴物流集疏方式，在日本、德国等发达国家已经得到了快速发展，我国不少地区目前也正在大力发展物流园区，以此来推动本地区的经济和社会的发展。通过本章内容的学习，读者应掌握物流中心与配送中心的概念、功能及运营模式；了解物流中心网络布局的原则及类型；理解物流园区的作用，了解物流园区的产生和发展。

第一节　物流中心概述

一、物流中心的概念

物流中心（Logistics Center）是“从事物流活动且具有完善信息网络的场所或组织。应基本符合以下要求：①主要面向社会提供公共物流服务；②物流功能健全；③集聚辐射范围大；④存储、吞吐能力强；⑤对下游配送中心客户提供物流服务”（GB/T18354-2006）。

视频链接：物流中心周转箱分拣、自动识别与信息处理

物流中心、配送中心、分拨中心、分销中心的关系（微课）

由此可见，物流中心是组织、衔接、调节、管理物流活动的据点，是大规模集结、吞吐货物的物流结点，具备运输、储存、保管、分拣、配送、装卸、搬运、包装、加工、单证处理、信息传递、结算等主要功能，以及贸易、展示、货运代理、报关、商检、物流方案设计等一系列延伸功能。

［案例 12-1］**中外运集团的物流中心**

物流中心是为客户提供货物中转服务和物流增值服务的基地。中外运集团在全国各地设立了 160 座仓库，仓储总面积达 550 万平方米。很多仓库与铁路专用线连接并与集装箱堆场结合在一起，俨然天然的物流流转中心。为了能为客户提供更好的服务，中外运集团在全国重点省市设立了 12 个大型物流中心，并加快了仓储信息化建设，同时在物流中心设立了海关、商检等部门的办事处，使商品可以现场报关和查验，提高了通关速度，加快了商品流转。

物流中心与仓库既有区别又有联系。传统仓库是“储存和保管物品的场所”，是静态的。现代物流中心由传统仓库演变而来，对仓库的管理是动态的。无论是仓储设施设备、仓库内部结构、仓储作业流程，还是物流功能等均发生了变化，传统仓库逐渐发展、演变为现代物流中心。

二、物流中心的作用

物流中心是综合性、地域性、大批量的物品物理位移集中地，它把商流、物流、信息流、资金流融为一体，成为产销企业之间的中介、企业或组织。在现代物流条件下，物流中心是物流系统的枢纽，对物流过程的优化起着十分重要的作用。

（一）有利于节约商品流通时间，提高生产企业的经济效益

物流中心以自身优势承担了生产企业的某些流通活动，有利于生产企业减少商品流通时间，节约成本，加快资金周转，提高经济效益。

（二）集中储备，提高物流调节水平

由于物流中心有一定的储存能力，由物流中心集中储备，既可提高储存设施的利用率、降低储存成本，又便于进行产、供、销调节，从而提高物流的经济效益和社会效益。

（三）实现有效衔接，加快物流速度

一是衔接不同的运输方式。通过散装整车转运、集装箱运输等方式，减少装卸次数、

缩短暂存时间，既可加快物流速度，又可降低货物破损率。二是衔接不同的包装。物流中心根据运输和销售的需要变换包装重量、方式，可以免除用户大量接货增加库存和反复倒装之苦。三是衔接产、需数量差异。生产者和需求者之间不仅有时间和空间的差异，而且有数量的差异。物流中心既可以通过集货，积少成多，大批量供货，还可分货，以大分小，分散供应。通过解决产需数量上的矛盾，有利于资源开发利用，活跃市场，满足各种形式的生产和需求。

(四) 有利于物流信息的收集、处理和反馈

物流中心不仅是实物的集聚中心，而且是信息的汇集中心。由于物流中心连接产、供、销各方，辐射面广，具有很强的信息汇集功能，因此通过大量信息的收集、整理、快速反馈，不仅能为商品流通提供决策依据，还能对物流活动起到指挥协调作用。

(五) 有利于提高物流现代化水平

物流中心是人、财、物的聚集实体，资金雄厚，有利于进一步改善物流设施，提高物流技术与管理水平，加快物流现代化建设的进程。

三、物流中心的分类

[案例 12-2] **京东商城的无人物流中心**

2017 年 10 月 9 日，京东商城首个全流程无人物流中心正式在中国上海亮相。这是全球首个落成并规模化投入运营的全流程无人物流中心，也是全球首个大型绿色无人物流中心。物流中心的顶部全部是太阳能电池板，白天充电，以供库房晚上使用。该无人物流中心实现了入库、存储、包装、分拣全流程、全系统的智能化和无人化，这对全球物流的发展具有重要的里程碑意义。

有数据显示，中国快递行业一年消耗的纸箱费用超过 100 亿元，而京东的智能打包机器人可以保证纸箱、包装袋等包装物能够精确地使用，不浪费每一厘米纸箱。

京东的无人物流中心正式投入运营后，每日的订单处理量超过 20 万单，而传统仓库的日订单处理量只有 3 万至 4 万单，其订单处理效率是人工仓库的 4 至 5 倍。

无人物流中心的运营成本非常便宜。因为其节省了 90% 以上的人工费用，也不需要额外的管理费用、财务费用和行政费用。物流中心的运营只需要支付仓库租金、水电费用与每月的机器检测与维修费用。更重要的是，机器可以 24 小时工作，无需休息；而其 1 天的工作量是人工的 4 倍以上。

不仅是无人仓库，无人送货车也已投入运营。无人送货车具有自动驾驶、路线自动规划、主动换道、车位识别、自主泊车等功能。它通过搭载的雷达、传感器、高精地图以及定位系统，可以提前感知 150 米外的障碍物，重新规划道路。遇到信号灯，前视摄像头也同样可以感知。无人驾驶+感知系统，物流运输被重新定义！

想一想：京东商城的无人物流中心属于哪种类型的物流中心？

物流中心有多种分类方法。一般地，可以按照物流中心的功能、处理的货物种类、服务范围与服务对象等标准进行划分。

(一) 按照物流中心的功能分类

物流中心主要有集散、周转、保管、分拣、配送和流通加工等功能。按照物流中心功能侧重点的不同，可以将其划分为以下几种类型：

(1) 储存型物流中心。这类物流中心拥有较大规模的仓储设施，具有很强的储存功能，

能够把下游批发商、零售商的商品储存时间和空间降至最低程度，从而实现有效的库存调节。储存型物流中心多起源于传统的仓库。如瑞士 GIBA-GEIGY 公司属下的物流中心，以及美国福来明公司的仪器配送中心，就是储存型物流中心的典型。而中国物资储运总公司天津储运公司唐家口仓库即是储存型物流中心的雏形。

（2）流通型物流中心。在一般情况下，流通型物流中心主要以随进随出的方式实现货物的分拣、组配和递送。其典型方式是整进零出，商品在物流中心停留的时间较短。近年来，在我国一些大中城市建立或正在建立的商品流通中心多属于这种类型的物流中心。

（3）加工型物流中心。这类物流中心的主要功能是对产品进行再生产或再加工，如食品或农副产品的深加工、木材或平板玻璃的再加工、混凝土及预制件的加工等。其目的是强化服务，为用户提供更多的便利。我国上海地区六家造船厂共同组建的钢板配送中心就属于这种类型的物流中心。

（4）配送中心。配送中心是物流中心的典型形态，是专门从事配送业务的组织或场所，是物流中心中数量较多的一类。

（5）转运中心。转运中心也称转运站或转运终端，主要从事货物转运业务，可以承担载货汽车到载货汽车、载货汽车到火车、载货汽车到轮船、载货汽车到飞机、火车到轮船等不同运输方式之间的转运任务。转运中心可以是两种运输方式之间的转运点，也可以是多种运输方式的终点。

（二）按照物流中心处理货物的种类分类

按照物流中心处理货物的种类，可将其划分为综合性物流中心和专业性物流中心两种类型。

（1）综合性物流中心。综合性物流中心是指储存、加工、分拣、配送多种商品的物流中心。这类物流中心加工、配送的品种多、规模大，能适应不同用户的服务要求，应变能力较强。

（2）专业性物流中心。专业性物流中心是指专门服务于某些特定用户或专门从事某大类商品（如煤炭、钢材、建材等）服务（如食品冷藏）的物流中心。

（三）按照物流中心的服务范围与服务对象分类

按照物流中心的服务范围与服务对象，可将其划分为区域性物流中心和城市型物流中心两种类型。

视频链接：丹麦电信物流中心运作

（1）区域性物流中心。区域性物流中心是物流网络的主要结点。这类物流中心的辐射能力较强，可以在省际、全国乃至国际范围内向用户提供物流服务。其物流设施设备齐全，储存规模较大，用户较多，物流业务量较大。区域性物流中心通常为下一级城市的配送中心提供供货服务，也可以为批发商或产业用户提供供货服务。区域性物流中心在国外十分普遍，如荷兰 Nedlloyd 集团所属的“国际配送中心”就是这种类型的物流组织。

（2）城市型物流中心。这是以所在城市区域为配送范围的物流中心。由于城市区域一般处于公路运输的经济里程范围之内，因此这类物流中心一般采用机动灵活的汽车进行货物运输，并直接配送到最终用户，提供“门到门”配送服务。如北京食品配送中心、无锡物资配送中心等就属于城市型物流中心。

第二节　物流中心网络布局

［案例 12-3］沃尔玛的配送中心网络布局

“配送中心是沃尔玛帝国物流畅通无阻的奔腾之芯”。沃尔玛物流配送中心一般设立在100 多家零售店的中央位置，也就是配送中心设立在销售主市场。这使得一个配送中心可以满足附近周边城市 100 多个销售网点的需求；另外，运输、配送的半径既短又比较均匀，基本上是以 320 千米为一个商圈建立一个配送中心。配送中心的商品种类超过 8 万种，从牙膏到电视机，从卫生巾到玩具，应有尽有。沃尔玛在美国拥有 62 个以上的配送中心，服务着 4 000 多家商场。

单独的物流中心只能在局部范围内起作用，其作用范围是有限的。对大范围甚至全国的经济区域来讲，多个物流中心进行合理布局才能满足组织物流的需要，这种多个物流中心的合理布局及合理分工、合理衔接，就是物流中心网络，简称物流网络（Logistics Network）。

一、建立物流中心网络的原则

物流网络设计需要根据其地理位置，原材料和零部件来源、销售渠道、物流对象等确定承担某地区、某范围物流工作所需的各类结点的数量和地点，进而确定每一种结点的作业性质及服务内容。物流网络基于物流业务的结构，融入信息和运输能力，包括与订货处理、维持存货以及材料搬运等有关的具体工作。典型的物流结点是制造工厂、仓库、码头以及零售商店等。

物流效率直接依赖和受制于物流系统的网络结构。在动态的、竞争性的环境中，产品的分类、客户的供应量以及生产制造需求等都在不停地变化，所以必须不断地调整物流网络以适应供求基本结构的变化。随着时间的推移，还应该对所有的设施重新进行评估。所以，物流网络设计的定位决策是一个相当复杂的问题。

建立物流中心网络，就是要确定各个物流中心的宏观布局以及据以确定的具体物流中心的任务规模。

建立物流中心网络，必须遵循以下原则：

（一）按经济区域建立物流中心

经济区域是在经济上有较密切联系的地区，在我国尤其指交通联系便利的区域，这种区域往往是跨行政区域的。按经济区域建立物流中心，能借助物流中心将区域内的企业密切联系起来，物流中心的工作可以和区域发展相结合，同时，在具体组织物流活动时可以避免不合理运输，实现物流活动的优化。

（二）以城市为中心组织物流

城市是货物的集中生产地与集中消费地，因此，物流中心的设置，必须首先满足城市生产及消费的需要，要以城市为中心考虑其布局问题。此外，城市的周围地区尤其是中心城市的周围地区，即受城市经济影响和辐射的区域，其交通网络也是以城市为中心的，所以，从一个区域来看，城市也必然是该区域的物流中心。在建立物流中心网络时，应当充分考虑到物流中心和城市的结合。

（三）物流中心网络应在商物分离的基础上形成

商物分离是物流合理化的一个核心问题，商业交易中心和物流中心在性质上、作用上和功能上有很大区别，但又有密切联系。商业交易中心往往需要处于市区繁华地带，以利于联系客户及谈判交易；而物流中心应主要考虑物流过程本身的合理化，物流中心源源不断地为商业提供货源，但与商业交易中心不是合一的，而是分离的。不能将物流中心（场址）和贸易中心混设在一起。物流中心的设置原则是：宜建在城市范围内，但不宜建在繁华商业区；宜建在交通枢纽处，但不宜建在繁华市区的交通要道；应有足够容量的停车和装卸场地。

（四）物流中心网络同时应是高效的信息网络

现代物流水平在很大程度上取决于信息管理水平，在建立物流网络时，必须同时或率先考虑信息网络的建设问题。每一个物流中心，都应是信息网络的一个分支或终端。

（五）用比较分析方法分析物流中心的建立

建立物流中心是一项投资比较大的经济行为，建立前要进行科学的分析论证，判断其投资效益。物流中心作为服务企业，判断其投资的合理性，一般运用比较分析方法，即把建立物流中心的投资费用与提供满足用户需求的经常性物流费用之和同各个用户采用物流自给服务成本之和进行比较，只有前者小于后者时才算是经济合理的。

二、物流中心的布局类型

物流中心是某一专业范畴的综合性大型物流结点或其物流设施，可以与干线运输相衔接，也可以从物流基地转运。按物流中心所发挥作用的范围与模式可以分为以下几种布局方式：

（一）辐射型物流中心

如图 12.1 所示，该类物流中心位于许多用户的一个居中位置，产品从此中心向各方向用户运送，形成辐射。如果用户较为固定，则此物流中心所处位置与各用户距离之和应为各待选位置与各用户距离之和中的最低值。辐射型物流中心适合在以下几种条件下采用：

（1）物流中心附近是用户相对集中的经济区域，而辐射所达用户只起吸收作用。这种形式对于所辐射之产品来讲，形成单向物流。

（2）物流中心是主干输送线路的一个转运站，通过干线输送的货物到达物流中心后，从物流中心开始，采取终端输送或配送形式将货物分送至各个用户。

（二）吸收型物流中心

如图 12.2 所示，该类物流中心位于许多货主的某一居中位置，货物从各个产点向此中心运送，形成吸收。同样，此物流中心所处位置与各货主位置通行距离之和，也应为各待选位置中的最低者。这种物流中心大多属于集货中心。

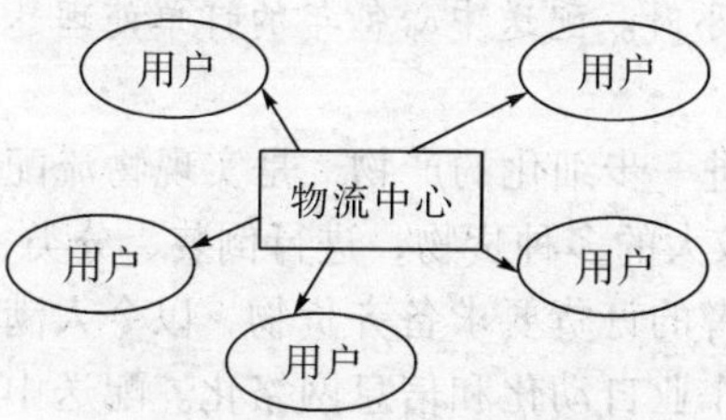

图 12.1　辐射型

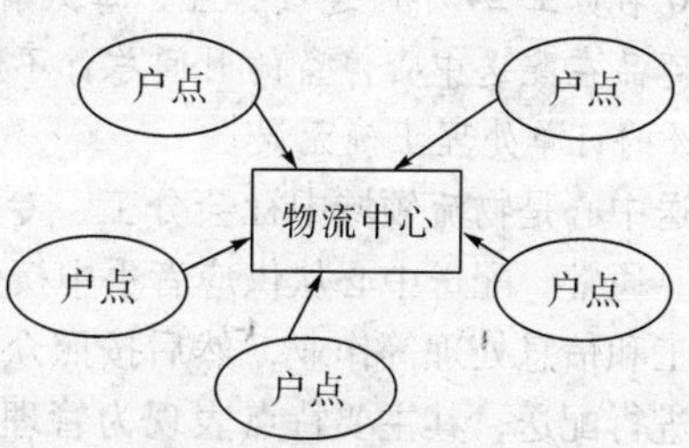

图 12.2　吸收型

(三) 聚集型物流中心

如图 12.3 所示，该类物流中心的布局形式类似吸收型，但处于中心位置的不是物流中心，而是一个生产企业密集的经济区域，四周分散的是物流中心而不是货主或用户。

这种形式的布局，往往是因为经济区域内生产企业十分密集，不可能设置若干物流中心，或是交通条件所限，无法在生产企业密集区域内再设物流中心，这样，在周围地区，尽可能靠近生产企业集中的地区设置若干个物流中心。如果这一经济区域所辐射的范围较广，则可考虑各物流中心的最优供应区域，实行合理的专业分工。

(四) 扇型物流中心

如图 12.4 所示，产品从物流中心向一方向运送，这种单向辐射称为扇型结构。这种布局形成的特点，是产品有一定的流向，物流中心可能位于干线中途或终端，物流中心的辐射方向，与产品在干线上的运动方向一致。

在运输主干线上，物流中心距离较近，下一物流中心的上风向区域，恰好是上一物流中心合理运送区域时，适合采取这种布局形式。

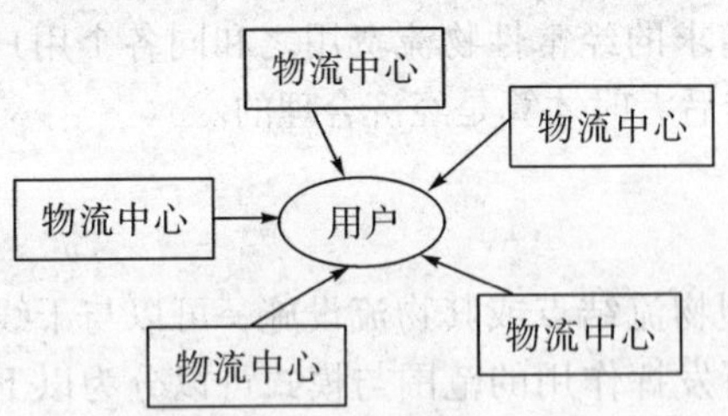

图 12.3 聚集型

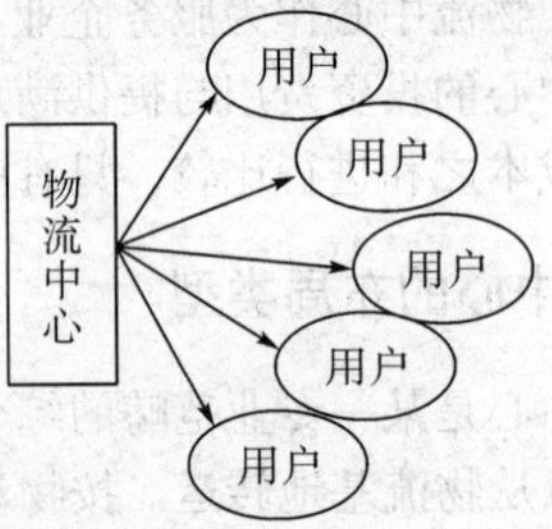

图 12.4 扇型

第三节 配送中心

[案例 12-4] 沃尔玛配送中心的运作

沃尔玛配送中心的运行完全实现了自动化。每个配送中心约 10 万平方米，相当于 23 个足球场的面积。配送中心的货物从牙膏、卫生纸、玩具到电视、自行车等应有尽有。每种商品都印制了条码，由十几千米长的传送带来传送，同时采用电脑来追踪每件商品的储存位置及运送情况。配送中心每天能处理约 20 万箱的货物配送业务。配送中心的一端是装货月台，可供 130 辆卡车同时装货；另一端是卸货月台，有 135 个车位。每个配送中心有 600~800 名员工 24 小时连续作业，每天有 160 辆货车开进来卸货，150 辆车装好货物开出。全年，商品在配送中心停留的时间总计不超过 48 小时。配送中心每年的订单处理达到数亿次，99%的订单处理正确无误。

视频链接：现代配送中心

配送中心是物流领域中社会分工、专业分工进一步细化的产物，是实现物流配送的重要载体。通常，配送中心从供应者手中接受数量较大的多种货物，进行倒装、分类、保管、流通加工和信息处理等作业，然后按照众多需求者的订货要求备齐货物，以令人满意的服务水平进行配送，其主要特点表现为管理系统、作业自动化和信息网络化。配送中心是销售物流系统的重要组成部分，是目前连锁经营得到迅速发展的一个重要前提条件。

一、配送中心的概念

配送中心的形成是有其历史原因的。一般认为配送中心是在仓库的基础上发展起来的。由于经济的发展、生产总量的逐步扩大，仓库的功能也不断地演变和分化，在以长期贮藏为主要功能的“保管仓库”基础上，出现了以货物流转为主要功能的“流通仓库”，流通仓库的进一步发展，使仓库和连接仓库的流通渠道形成一个整体，起到了对整个物资渠道的调节作用。为了和仓库进行区别，越来越多的人便称其为“配送中心”和“流通中心”。从整个国际物流的发展来看，配送中心的形成和不断完善是社会生产力发展的必然结果，也是实现物流合理化的客观要求。

配送中心（Distribution Center）是“从事配送业务且具有完善信息网络的场所或组织。应基本符合下列要求：①主要为特定客户或末端客户提供服务；②配送功能健全；③辐射范围小；④提供高频率、小批量、多批次配送服务”（GB/T18354-2006）。

配送中心是集多种流通功能（商品分拣、加工、配装、运送等）于一体的物流组织，是利用先进的物流技术和物流设施开展业务活动的大型物流基地。配送中心实际上是集货中心、分货中心、加工中心功能的综合，应具备集货、储存、分拣配货、配载、配送运输、送达服务、流通加工和信息处理等综合物流服务功能。建立配送中心的主要目的在于加快货物流通速度并避免不必要的配送成本，以满足客户的需求，为企业赢得市场。

二、配送中心的分类

［案例 12-5］沃尔玛公司配送中心的种类

沃尔玛公司共有六种形式的配送中心。第一种是普通配送中心，也称“干货”配送中心，目前这种配送中心的数量最多。第二种是食品配送中心，可以配送的商品包括不易变质的饮料等食品，以及易变质的生鲜食品等，需要有专门的冷藏仓库和运输设备，直接送货到店。第三种是山姆会员店配送中心。这种业态批零结合，有 1/3 的会员是小零售商，配送商品的内容和方式同其他业态不同，使用独立的配送中心。由于这种商店 1983 年才开始建立，数量不多，有些商店使用第三方配送中心的服务。考虑到第三方配送中心的服务费用较高，沃尔玛公司已决定在合作期满后，用自行建立的山姆会员店配送中心取代之。第四种是服装配送中心，不直接送货到店，而是分送到其他配送中心。第五种是进口商品配送中心，为整个公司服务，主要作用是大量进口以降低进价，再根据要货情况送往其他配送中心。第六种是退货配送中心，接收店铺因各种原因退回的商品，其中一部分退还给供应商，一部分送往折扣商店，一部分就地处理，其收益主要来自出售包装箱的收入和供应商支付的手续费。

随着社会生产的发展和流通规模的不断扩大，配送中心的数量也在不断增加。然而，在为数众多的配送组织（或称配送设施）中，由于各自的服务对象、组织形式和服务功能不尽相同，因而，从理论上可以把配送中心分为若干类型。

（一）按照配送中心的经济功能分类

按照配送中心的经济功能，可将其划分为供应型、销售型、储存型和流通加工型四种类型。

配送中心(DC)的功能与类型(微课)

1. 供应型配送中心

供应型配送中心是专门向某个或某些用户供应货物，充当供应商角色的配送中心。供应型配送中心对用户起后勤保障作用。服务对象主要是生产企业和大型商业组织（超市或联营商店），所配送的货物有原料、元器件、半成品和其他商品。例如，为大型连锁超市供货的配送中心，代替零件加工厂对零件装配厂送货的零件配送中心。又如，上海六家造船厂共同组建的钢板配送中心，也属于供应型配送中心。

2. 销售型配送中心

销售型配送中心是以销售商品为主要目的，以开展配送为手段而组建的配送中心。销售型配送中心完全是围绕着市场营销（销售商品）而开展配送业务的。商品生产者和商品经营者通过采取降低流通成本和完善其服务的办法和措施，来提高商品的市场占有率。销售型配送中心在国内外普遍存在，如我国近年来由商业和物资部门改组重建的生产资料和生活资料配送中心均为这种类型的配送中心。总体而言，无论是国内还是国外，销售型配送中心都是未来的发展方向。

3. 储存型配送中心

储存型配送中心是充分强化商品的储备和储存功能，在充分发挥储存作用的基础上开展配送活动的配送中心。实践证明，储存一定数量的物质乃是生产和流通得以正常进行的基本保障。例如，美国福来明公司的食品配送中心，是典型的储存型配送中心。该配送中心有7万多平方米的储备仓库，经营商品达8万多种，具有较大规模的仓库和储存场地。在我国，储存型配送中心多起源于传统的仓储企业，如中国物资储运总公司天津物资储运公司唐家港仓库即是国内储存型配送中心的雏形。这种配送中心在物资紧缺条件下，能形成丰富的货源优势。

4. 流通加工型配送中心

该类配送中心的主要功能是对商品进行清洗、下料、分解、集装等加工活动，以流通加工为核心开展配送活动。在对生产资料和生活资料进行配送的配送中心中，有许多属于加工型配送中心。例如，深圳市菜篮子配送中心，就是以肉类加工为核心开展配送业务的加工型配送中心。再如，以水泥等建筑材料以及煤炭等商品的加工配送为主的配送中心也属于这类配送中心。

［**案例12-6**］**联华生鲜食品加工配送中心**

联华生鲜食品加工配送中心是我国国内目前设备最先进、规模最大的生鲜食品加工配送中心，总投资6 000万元，建筑面积3.5万平方米，年生产能力2万吨。其中，肉制品1.5万吨，生鲜盆菜、调理半成品3千吨，西式熟食制品2千吨，产品结构分为15大类约1 200种生鲜食品。在生产加工的同时，配送中心还从事水果、冷冻品以及南北货的配送任务。

（二）按照配送中心的权属性质分类

按照配送中心的权属性质，可将其划分为自有型、公共型和合作型三种类型。

1. 自有型配送中心

这类配送中心是指隶属于某一个企业或企业集团，通常只为本企业服务，不对本企业或企业集团以外的客户开展配送业务的配送中心。配送中心内的各种物流设施和设备归一家企业或企业集团所有，是企业或企业集团的一个有机组成部分。例如，美国沃尔玛公司的配送中心，即为该公司独资建立，专门为本公司所属的零售门店配送商品。随着经济的发展，大多数自有型配送中心均可转化为公共型配送中心。

2. 公共型配送中心

这类配送中心是以赢利为目的的，面向社会提供服务的配送组织，其主要特点是服务范围不局限于某一企业或企业集团内部。只要支付服务费，任何用户都可以使用这种配送中心。

随着物流业的发展，物流服务将逐步分化独立出来，向社会化方向发展，公用型配送中心作为社会化物流的一种组织形式在国内外迅速普及。

3. 合作型配送中心

这类配送中心是由几家企业合作兴建、共同管理的物流设施，多为区域性配送中心，可以是系统内企业之间的合作（如北京粮食局系统的八百佳物流中心），也可以是区域内的联合（如上海市政府、流通主管部门所规划发展的百货、粮食、副食品等四大配送中心）。

（三）按照配送中心的辐射范围分类

按照配送中心的辐射范围，可将其划分为城市配送中心和区域配送中心两种类型。

1. 城市配送中心

城市配送中心的配送范围以城市为中心，其配送运输距离通常在汽车运输的经济里程之内，可以采用汽车作为运输工具，将商品直接配送到最终用户，运输距离较短，反应能力强，其服务对象多为连锁零售商业的门店或最终消费者。城市配送中心适于多品种、小批量、多用户的配送。我国一些城市（如上海、北京等）所建立的配送中心绝大多数属于城市配送中心。

2. 区域配送中心

区域配送中心的库存商品储备量大，辐射能力强，因而其配送范围广，可以跨省市，甚至跨国开展配送业务，经营规模较大，配送批量也较大，其服务对象往往是配送给下一级城市的配送中心、零售商或生产企业用户。虽然也从事零星的配送，但不是主体形式。这种类型的配送中心在国外十分普遍。例如：美国沃尔玛公司的配送中心，每天可为分布在六个州的 100 家连锁店配送商品；荷兰的“国际配送中心”业务活动范围更广，该中心在接到订（货）单之后，24 小时之内即可将货物装好，仅用三四天的时间就可以把货物运到欧洲共同体成员国的客户手中。

（四）按照配送中心的运营主体分类

按照配送中心的运营主体，可将其划分为以下四种类型。

1. 以制造商为主体的配送中心

这种配送中心处理的商品 100%是制造商自己生产的。这样，可以降低流通费用，提高售后服务质量，及时将预先配齐的成组元器件运送到指定的加工和装配工位。从产品制造到条码印制以及包装组合等都比较容易控制，所以按照现代化、自动化的配送中心设计比较容易，但不具备社会化的要求。

2. 以批发商为主体的配送中心

商品从制造者到消费者手中，传统的流通过程中有一个环节叫批发。一般是按部门或商品种类的不同，把每个制造厂的商品集中起来，然后以单一品种或搭配形式向消费地的零售商进行配送。这种配送中心的商品来自各个制造商，它所进行的一项重要活动便是对商品进行汇总和再分拨，而它的全部进货和出货都是社会配送的，社会化程度高。

3. 以零售商为主体的配送中心

零售商发展到一定规模后，就可以考虑建立自己的配送中心，为专业商品零售店、超级市场、百货商店、建材商场、粮油食品商店、宾馆饭店等服务，其社会化程度介于前两者之间。

4. 以物流商为主体的配送中心

这种配送中心最强的是运输配送能力，而且地理位置优越（如港口、铁路和公路枢纽），可迅速将到达的货物配送给用户。它提供仓储货位给制造商或供应商，而配送中心的货物仍属于制造商或供应商所有，配送中心只是提供仓储管理和运输配送服务。这种配送中心的现代化程度往往较高。

三、配送中心的功能

从配送中心的形成和发展历程来看，多数配送中心是在仓储、批发等企业的基础上发展起来的，所以，配送中心具有存储、集散等传统功能，而且在物流现代化的进程中，不断地强化拣货、加工、配送、信息等功能。因此，配送中心是一种多功能、集约化的物流据点。作为现代物流方式和优化销售体制手段的配送中心，它把收货验货、储存保管、装卸搬运、拣选、分拣、流通加工、配送、结算和信息处理，甚至包括订货等作业，有机地结合起来，形成多功能、集约化和全方位服务的供货枢纽。通过发挥配送中心的各项功能，可大大压缩连锁企业的库存费用，降低整个系统的物流成本，提高连锁企业的服务水平。

一般地，配送中心应具备以下功能：

（一）集货功能

配送中心必须具备集货功能，才能及时、正确无误地为其用户供应货品。配送中心应根据市场的供求变化情况，制订并及时调整统一的、周全的进货计划，并由专门的人员与部门组织实施。

（二）储存功能

配送中心必须按照用户的要求，将其所需要的商品在规定的时间送到指定的地点，以满足生产和消费的需要，因此，配送中心需要兴建现代化的仓库并配备一定数量的仓储设备，储存一定数量的商品。利用配送中心的储存功能，可以有效地组织货源，调节商品的生产与消费、进货与销售之间的时间差。虽然配送中心不是以储存商品为目的，但为了保证及时供货，确保配货、流通加工等环节的正常运转，也必须保持一定的库存量。这种集中储存较之商场“前店后库”的分散储存，可大大降低库存总量，增强供应保障能力。这就是为什么配送中心一定要在达到相当规模后，才能获得良好效益的缘故。配送中心按照网点反馈的信息，及时组织货源，始终保持最经济的库存量，从而既保证了满足门店的要货需求，将缺货率降低到最低程度，又减少了流动资金的占用和利息费用的支付。所以，加快库存商品的周转，是配送中心获取效益的重要手段之一。

（三）组配功能

由于每个用户对商品的品种、规格、型号、数量、质量、送达时间和地点等的要求不同，配送中心就必须按用户的要求对商品进行分拣和组配。配送中心的这一功能是其与传统仓储企业的明显区别之一，这也是配送中心最重要的特征之一。可以说，没有组配功能，就无所谓配送中心。

（四）分拣功能

配送中心的客户数量多，差异大，不仅各自的性质不同，而且经营规模也大相径庭。因此，在订货或进货时，不同的用户对货物的种类、规格、数量会提出不同的要求。针对这种情况，为了能同时向不同的用户配送多种货物，配送中心就必须采取适当的方式对货物进行分拣，并在此基础上，按照配送计划分装和配装货物。这样，在商品流通实践中，配送中心就必然要增加货物分拣功能，发挥分拣中心的作用。

[**案例 12-7**] **A 配送中心管理者的困惑**

A 配送中心是在原有仓库的基础上发展起来的，由于长期以来主要从事仓储业务，因此配送中心其他功能的作业效率都不高，尤其是分拣作业，效率非常低，往往出现找不着货、分拣商品时出错等情况。

想一想：怎样才能改变 A 配送中心的现状？

(五) 分装功能

随着经济的发展，物流活动已从过去的少品种、大批量时代发展到多品种、小批量或多批次、小批量时代。从配送中心运营的角度来看，管理者往往希望采用大批量的进货方式来降低进货价格和进货成本，但用户为了降低库存量、加快资金周转、减少资金占用，往往要采用小批量的进货方式。为了能有效满足用户的需求，配送中心就必须具备分装功能。

(六) 集散功能

凭借配送中心的特殊地位及其拥有的各种先进设施与设备，配送中心能够将分散在各个生产企业的产品集中到一起，经过分拣、组配后，向多家用户发运，这即是货物的集散。

(七) 加工功能

配送中心能够按照用户的要求并根据合理配送的原则，将组织进来的货物加工成一定的规格、尺寸和形状。这些加工功能是现代配送中心服务职能的具体体现。

加工货物是配送中心的重要活动。配送中心具备加工功能，积极开展加工业务，既方便了用户、省却了其繁琐劳动，又有利于提高物质资源的利用率和配送效率。此外，对于配送活动本身来说，客观上则起着强化其整体功能的作用。

配送中心应该添置必要的机器设备，以便满足用户，特别是生产企业对物料的不同需求。为了扩大经营范围和配送水平，目前，国内外许多配送中心都配备了各种加工设备，因此形成了一定的加工能力。

(八) 信息功能

配送中心不仅能实现物的流通，而且能通过信息协调各环节的作业，协调生产与消费。

配送信息随着物流活动的开展而产生，特别是多品种、小批量生产和多频次、小批量配送，不仅使信息量增加，而且对信息处理的速度和准确性也提出了更高的要求。

[**案例 12-8**] **美国大型配送企业的现状**

电子商务的快速发展，催生了电子物流。在美国大型的配送公司里，往往建立了 ECR 和 JIT 系统。所谓 ECR，即有效客户反应，它可以实现适时订单处理，使仓库货物的周转次数提高到每年约 24 次。通过 JIT 系统，企业可以从零售商店很快得到销售反馈信息，不仅实现了信息网络化，而且增强了对货物信息的跟踪与反馈能力，从而大大提高了物流企业的服务水平，降低了服务成本，增强了企业的竞争力。

四、配送中心的基本模式

配送中心由于产权不同，货物所有权不同，经营方式不同，其模式也不尽相同。尽管如此，作为一种特殊的经济实体，其基本要素及其运作规律却有着共同特征，由此构成了配送中心的基本模式。

(一) 基于销售的配送中心模式

这是一种集商流和物流为一体的配送中心模式。其行为主体是生产企业或销售企业，配送仅作为一种促销手段而与商流融合在一起。事实上，无论是在国内还是国外，往往从事某种货物配送活动的配送中心，恰恰就是这种货物的生产者或经销者，甚至有的配送中心本身就是某个企业或企业集团附属的一个机构。

［案例 12-9］**海尔集团的物流配送**

海尔集团的物流推进本部管辖的自有成品库负责向全国 42 个配送中心准时供应制成品。成品库建成后，库存占压的资金由原来的 15 亿元降至 7 亿元。海尔的配送体系建立以后，已经实现了中心城市 6~8 小时配送到位，区域销售门店 24 小时配送到位，全国主干线平均 3.5 天分拨、配送到位。

上述这种模式的配送中心，从表象上看是在独立地从事货物的大批量进货、存储、保管、分拣和小批量、多批次的运送活动，但这些活动只是产品销售活动的延伸。其实质是企业的一种营销手段或营销策略。就这类配送中心的运作而言，在流通实践中，它们既参与商品交易活动，向用户让渡其产品的所有权；同时又向用户提供诸如货物分拣、加工、配货和送达等一系列的物流服务。在这里，商品的销售和配送是合二为一的。不难看出，这种商流物流合二为一的配送，主要是围绕着企业的产品销售、增加市场份额的根本目的而展开的。

（二）基于供应的配送中心模式

采用该运营模式的行为主体是拥有一定规模的库房、站场、车辆等物流设施和设备以及具备专业管理经验和操作技能的物流企业。其本身并不直接参与商品交易活动，而是专门为用户提供诸如货物的保管、分拣、加工、运送等系列化服务。这类配送中心的职能通常是从工厂或转运站接收所有权属于用户的货物，然后代客户存储，并按客户的要求分拣货物，即时或定时，小批量、多批次地将货物分拣配送至指定的地点。

［案例 12-10］**中国物资储运总公司唐家口配送中心**

中国物资储运总公司唐家口配送中心的用户天津通讯广播器材公司把从日本进口的电视机元器件直接送到唐家口配送中心保管。配送中心负责按用户的要求进行分类、配货、装车并直接送到生产厂的生产流水线上。每天配送 20 车次。在配送元器件的同时，又将成品电视机运回，由配送中心负责保管并代理发运。

很明显，这类配送中心所从事的配送活动是一种纯粹的物流活动，其业务属于交货代理服务。从运作形式来看，其活动是与商流活动相分离的，只不过是物流企业服务项目的增加和服务内容的拓展而已。

（三）基于资源集成的配送中心模式

这是一种以资源集成为基础，集商流、物流、信息流和资金流四流合一的配送中心模式。这类配送中心的行为主体是虚拟物流企业，其服务对象是大中型生产企业或企业集团，其运作形式是由虚拟物流企业和供应链上游的生产、加工企业（供方）建立广泛的代理或买断关系，并和下游的大中型生产企业（需方或用户）形成较稳定的契约关系。虚拟物流企业的配送中心依据供方的交货通知完成运输、报关和检验、检疫并入库，而后按照需方的要求，经过拣选、加工、配料、装车、运输并送达需方，完成配送作业。

上述从供应商到用户的所有信息都是由企业的物流信息系统来管理的，而作业活动都是由其组织、调度和控制的。高效、及时的信息交换和处理，为配送中心作业的顺利完成提供了保证。信息技术的支撑是这类配送中心的突出特点。作业完毕之后，依照物流状况和配送中心与供、需双方的合同，各种费用就会在电脑中自动生成，并各流其向。

第四节 物流园区

[案例 12-11] **青岛六大物流园区**

青岛在推进“企业物流”向“物流企业”转化、推动物流社会化进程、争取在全国率先培育出一批第三方物流企业的同时，不失时机地提出，要建设六个各具特色的物流园区，最终形成多层次、社会化、专业化、国际化的现代物流服务网络体系。青岛物流园区的规划和建设引起了业内人士的广泛关注。这六大物流园区是：一是依托前湾港的集装箱、矿石、煤炭、原油四大货种及铁路、公路集疏运网络，建设前湾港物流园区；二是依托海尔、海信、澳柯玛等大企业集团千口开发区的优势，建设开发区综合物流园区；三是依托粮食、化肥、纯碱等货种建设老港物流园区；四是依托青岛航站，建设为航空物流提供各种服务的航空物流园区；五是按照公路主枢纽规划，建设为公路运输提供仓储、配载、信息等服务的综合物流园区；六是在高科技园建设为城市服务的货物配送物流园区。

物流园区是中国物流发展中一个重要组成部分，物流园区及其配套设施建设是物流领域最重要的投资，因此，是物流热衷的热点。

一、物流园区的概念

物流园区（Logistics Park）是指“为了实现物流设施集约化和物流运作共同化，或者出于城市物流设施空间布局合理化的目的而在城市周边等各区域，集中建设的物流设施群与众多物流业者在地域上的物理集结地”（GB/T18354-2006）。

物流园区也称物流园地，是一家或多家物流中心在空间上集中布局的场所，是具有一定规模和综合服务功能的物流集结点。它最早出现在日本东京，近几年来在我国也开始出现，它是政府从城市整体利益出发，为解决城市功能紊乱，缓解城市交通拥挤，减轻环境压力，顺应物流业发展趋势，实现“货畅其流”，在郊区或城乡接合部主要交通干道附近专辟用地，通过逐步配套完善各项基础设施、服务设施，提供各种优惠政策，吸引大型物流（配送）中心在此聚集，使其获得规模效益，降低物流成本，同时减轻大型配送中心在市中心分布所带来的种种不利影响。简言之，物流园区是对物流组织管理节点进行相对集中建设与发展的，具有经济开发性质的城市物流功能区域；同时，也是依托相关物流服务设施降低物流成本，提高物流运作效率，改善企业服务有关的流通加工、原材料采购、便于与消费地直接联系的生产等活动，具有产业发展性质的经济功能区。

物流园区本身主要是一个空间概念，与工业园区、科技园区等概念一样，是具有产业一致性或相关性，且集中连片的物流用地空间。物流园区与物流中心这两个概念既有区别又有联系。物流园区是物流中心的空间载体，与从空间角度所指的物流中心往往是一致的。但是，它不是物流的管理和经营实体，而是数个物流管理和经营企业的集中地。

二、物流园区的产生

物流园区最早出现在日本东京。日本政府为了解决东京由里到外、由外到里、星星点点的各种产业大量批发和进出，商流与物流混成一体的交通混杂，车辆空驶率高，城市功能低下的状况，从 1965 年起，便着手将流通机能从市中心分离出去，由政府统一规划、集资，在东京近郊的东南西北部分分别建设了葛西、和平岛、阪桥和足立四个现代化的流通基地，并相应建立了商务交易大楼、大型仓库团地和公路货物集散中心等物流设施，通过逐步配套完善各项基础设施，提供各种优惠政策，吸引大型物流企业在此聚集，使其获得规模效益，降低物流成本，改善城市环境，提升城市的综合竞争力。物流园区的建设是现代物流产业发展的一个新趋势，在西方国家也属于新事物，正处在迅速的发展过程中。

据不完全统计，日本从1965年以来已建成物流园区20个，荷兰拥有14个物流园区，韩国在“富各”“梁山”建立了2个物流园区，我国台湾最近在高雄已建立了大型物流园区，德国的“不来梅”货运中心占地数千亩以上；另外，英国、比利时、加拿大、法国、墨西哥等都先后建立了物流园区和货运配送中心。

从各国的发展来看，物流园区的产生主要有以下几个方面的原因：

（一）减轻物流对城市交通的压力

交通问题是世界各国任何大城市都难以避免的，通过建立物流园区，将货物运输尽量安排在市中心以外是国外不少城市缓解交通压力的主要举措。例如，20世纪60年代，日本东京在其内环线以外的市郊边缘地带建设了4个物流园区，使进入市区的货物先集中在物流园区，化整为零，按市内运输路线统一配送，限制大型运输车辆进入市区；运出市区的货物先集中到物流园区，集零为整，便于统一运输，提高车辆利用率。

（二）减小物流对城市环境的种种不利影响

物流活动除了会对城市交通带来压力和产生噪声污染外，物流中心本身也会对城市环境造成一些不利的影响，因而，在空间布局上会受到城市规划的限制和制约。例如，大型仓库本身就不太容易与周围的建筑环境相协调，往往会对城市景观造成一定程度的破坏。另外，物流园区将散布的物流中心集中于一处，有利于对物流中心产生的废弃物进行集中处理，有利于环境保护，这是近年来大型物流园区出现在欧洲一些城市周边地区的主要原因之一。

（三）促进城市用地结构的调整

随着市区的不断扩展，原来的城市边缘区逐渐变成市中心区，商贸、金融、饮食服务等第三产业在此集中，大型配送中心因无力支付上涨的地价（如扩建）以及无法改变对城市交通和环境造成的不良影响，不得不迁出市中心区，物流用地的性质发生变化，城市用地的结构亟须调整。物流园区的出现，既为配送中心提供了新的发展空间，也为城市用地结构的调整创造了条件。

物流园区的出现，极大地促进了日、德等发达国家物流企业的快速发展。根据德国权威机构的研究，未来10年，即使在日本、德国这样运输业高度发达的国家，物流基地的建设仍将处于蓬勃发展时期。在我国，物流业的发展正在起步，深圳、上海等物流业较为发达的城市，对物流园区的建设已经开始了大量积极有益的理论探索和实践尝试，深圳、北京、天津、青岛、成都等地均已规划投入巨资建设物流园区，目前数量已达数百家。随着这些物流园区的规划与建设，我国的物流产业必将迎来一个崭新的发展机遇。

三、物流园区的作用

作为城市物流功能区，物流园区包括物流中心、配送中心、运输枢纽设施、运输组织及管理中心和物流信息中心，以及适应城市物流管理与运作需要的物流基础设施；作为经济功能区，其主要作用是开展满足城市居民消费、就近生产、区域生产组织所需要的企业生产和经营活动。

物流园区具有以下主要作用：

(1) 集约作用。一是量的集约，即将过去许多个货站、货场集约在一处；二是货物处理的集约，主要表现在将过去多处分散进行的货物处理活动集约在一处；三是技术的集约，表现为物流园区中采用类似生产方式的流程和大规模货物处理设备；四是管理的集约，即可以利用现代化手段进行有效的组织和管理。

(2) 有效衔接作用。这主要表现在实现了公路、铁路、航空、水路等不同运输方式的有效衔接。

(3) 对联合运输的支撑作用。这主要表现在对已经应用的集装、散装等联合运输形式，通过物流园区使这种联合运输形式获得更大的发展。

(4) 对联合运输的扩展作用。过去由于受条件的限制，联合运输仅仅只在集装系统等领域才获得了稳固的发展，其他散杂和分散接运的货物很难进入联合运输的领域。采用物流园区之后，可以通过物流园区之间的干线运输和与之衔接的配送、集货运输使联合运输的对象大为扩展。

(5) 对提高物流水平的作用。这主要表现在缩短了物流时间，提高了物流速度，减少了多次搬运、装卸、储存环节；提高了准时服务水平，减少了物流损失，降低了物流费用。

(6) 对改善城市环境的作用。这主要表现在减少了线路、货站、货场、相关设施在城市内的占地，减少了车辆出行次数，集中进行车辆出行前的清洁处理，从而起到了减少噪声、尾气、货物对城市环境的污染作用。

(7) 对促进城市经济发展的作用。这主要表现在，由于降低物流成本，导致降低企业生产经营成本，从而促进经济发展的作用，以及完善物流系统在保证供给、降低库存，从而解决企业后顾之忧等方面的作用。

四、国内外物流园区的发展

由于物园区在经济规模、地理分布、建设运作方式和政府发挥作用等方面具有明显的发展物的开发效应和宣传效应，我国政府及企业在近两三年中不约而同地将其作为推动地区、区域和城市物发展的重点工程，给了大力支持。目前，基本上形成了全国从南到北、从东到西的物园区建设发展局面，特别是以深圳为代表的珠江三角洲地区以及上海、北京等经济发达地区，城市的物园区建设步伐更快。

[案例 12-12] **青岛市物流园区的建设**

青岛市发展现代物流的方针是：政府推动、市场引导、企业运作、加快发展。在海尔、海信、澳柯玛等大企业邻近地区，中国储运总公司建立了专门为这些大企业提供物流与配送服务的物流中心。青岛经委等有关部门与中储大力配合，政府有关方面大力协助，使中储物流园的建设规划得以顺利实施。

前湾国际物流园是一个颇有“青岛特色”的例子。这个物流园由市政府规划占地 93.38 公顷，而具体运作交由特地组建的前湾国际物流园有限公司实施。园区的路、水、气、电等基础设施以及保税仓库、办公楼等公用设施统一规划建设，并由物流园有限公司作为投资主体，在园区进行招商。现在，园区用于物流运作的地块已被马士基、伊藤忠、韩进等国际著名公司和中外合资物流公司“瓜分”一空。而且这些外来物流企业热情很高，甚至提议要求签约 30 年。青岛市经济委员会副主任王宇礼说，作为政府主管部门，我们的职责是协调物流园区与海关、商检等部门的关系，推动各有关方面齐心协力把园区的事情办好；而不是要政府部门作为投资主体去搞物流园区的开发、招商和经营，那是费力不讨好的傻事。不用投资一分钱就能把物流园区的事办好，政府部门何乐而不为呢？无论是搞企业物流还是搞物流园区的建设，物流市场都是第一位的。

目前，全国各地大兴土木搞物流“项目热”“物流园区热”，相比之下，青岛政府坚持以市场为导向，循序渐进、求真务实发展物流的工作思路和工作作风更加显得难能可贵。

想一想：青岛市物流园区建设的成功经验是什么？

物园区的发展历史要比物发展历史短许多，在西方物较为发达的国家，物园区也属于近10余年发展起来的新事物。因此，物园区作为现代物业发展的一个新趋势，目前仍处于迅速发展的过程中，其建设与经营经并不多且不是很成熟。

在经济发达国家中，日本建设物园区的历史稍长，建设较早的日本东物园区是以缓解城市交通压力为主要目的而兴建的，在建设中积累了一定的经，表现在重视规划、优惠的土使用和政府投政、良好的市政设施配套及投环境等方面。

德国政府在物园区的规划和建设上与日本存在一定区别，也是近几年国内较为推崇的物流园区发展经。德国一般采取联邦政府统筹规划，州政府、市政府扶持建设，公司化经营管理，入驻企业自主经营的发展模式。

小结：

物流中心是从事物流活动且具有完善信息网络的场所或组织，它是随着社会生产的发展和社会分工的细化而产生的。在现代物流条件下，物流中心是物流活动的枢纽，对物流过程的优化起着重要作用。物流中心有辐射型、吸收型、聚集型和扇型等几种布局类型。配送中心是从事配送业务且具有完善信息网络的场所或组织，它是在仓库的基础上发展起来的，但其与传统仓库有着本质的区别。配送中心一般应具备采购、储存、组配、分拣、分装、集散、加工等功能。配送中心有基于销售、基于供应、基于资源集成等几种模式。物流园区，也称物流园地，是为了实现物流设施集约化和物流运作共同化，或者出于城市物流设施空间布局合理化的目的而在城市周边等各区域，集中建设的物流设施群与众多物流业者在地域上的物理集结地。它是一家或多家物流中心在空间上集中布局的场所，是具有一定规模和综合服务功能的物流集结点，具有集约、有效衔接、对联合运输的支撑、对联合运输的扩展、提高物流水平、促进城市经济发展等主要作用。

同步测试：

一、判断题

1. 配送中心的形成和发展是物流系统化和规模化的必然结果。（　）

2. 由于市场是千变万化的，商品的需求量也在不断地变化，因此配送中心只有将商品储存量无限放大，才能以不变应万变，极大地满足顾客的需求。（　）

3. 配送中心的位置是否恰当关系到配送效率、物流成本和客户服务水平，因此，配送中心的选址十分重要。（　）

4. 对于综合型配送中心来说，应具有储存、分拣和流通加工等功能。（　）

5. 物流信息系统是物流中心的灵魂，物流信息系统的构建是物流中心能否发挥作用的关键。（　）

二、单项选择题

1. 海尔配送中心已实现中心城市6~8小时配送到位，区域销售24小时配送到位，全国主干线分拨配送平均3.5天到位。这种配送中心属于（　　）的配送中心模式。

A. 基于供应　　B. 基于资源集成　　C. 基于销售　　D. 基于生产

2. 配送中心的选址首先要能保证在一定的物流服务水平下满足顾客的订货要求，必须在充分考虑配送距离、配送时间和配送成本的基础上，确定（　　）。

A. 配送圈　　B. 配送路线　　C. 配送对象　　D. 配送数量

3. 物流中心在供应链上所处的位置，主要是针对（　　）而言的。物流中心在供应链上的位置不同，其服务的内容也截然不同。

A. 制造商　　B. 批发商　　C. 零售商　　D. 消费者

4. 配送中心是从事配送业务且具有完善信息网络的场所或组织。下列选项中，不是配送中心应具备的条件的是（　　）。

A. 主要为特定客户或末端客户提供服务

B. 配送功能健全

C. 辐射范围大

D. 提供高频率、小批量、多批次配送服务

5. 由专业物流公司根据用户的要求进行货物的分类、配货、装车，并定时将货物送到生产厂的生产流水线上。这种配送方式属于（　　）的配送中心模式。

A. 基于供应　　B. 基于销售　　C. 基于资源集成　　D. 基于生产

三、多项选择题

1. 配送中心的形成和发展是（　　）的必然结果，为了更好地满足用户对商品处理上的更高要求，必须引进先进设备，建立现代配送中心。

A. 客户需求多样化　B. 物流系统化　　C. 物流网络化　　D. 物流规模化

E. 物流全球化

2. 配送中心按功能可分为（　　）及其他功能区，在预定的空间范围内合理布置好各功能区的相对位置是非常重要的。

A. 生活区　　B. 进货区　　C. 储存区　　D. 分拣区

E. 辅助生产区

3. 海尔的配送中心属于（　　）配送中心。

A. 批发商主导型　　B. 零售商主导型　　C. 厂商主导型　　D. 公共

E. 个别企业

4. 按照配送中心的功能，可将其划分为（　　）等类型。

A. 共同型　　B. 批发型　　C. 通过型　　D. 集中库存型

E. 流通加工型

5. 物流中心是从事物流活动且具有完善信息网络的场所或组织。它应基本符合下列要求（　）。

A. 主要面向社会提供公共物流服务　　B. 对下游配送中心客户提供物流服务

C. 物流功能健全　　D. 集聚辐射范围大

E. 存储、吞吐能力强

四、名词解释

物流中心　配送中心　物流园区　物流网络

五、简答（述）题

1. 简述物流中心与配送中心的区别与联系。
2. 简述物流中心的形成原因。
3. 简述物流中心的分类。
4. 简述物流中心的作用。
5. 简述建立物流中心网络的原则。
6. 简述物流中心的布局类型。
7. 简述配送中心的分类。
8. 简述配送中心的功能。
9. 简述配送中心的基本模式。
10. 简述物流园区的作用。
11. 简述物流园区的发展趋势。

六、情境问答题

1. 上海某连锁超市投资6 000万元建立了一个生鲜食品加工配送中心。对此，有人认为，这些加工作业完全可以在产地进行，投资建立加工配送中心是浪费，没有必要。你是否同意该观点？请阐述理由。

2. 某钢材加工贸易企业拟在全国设立一级配送中心。起初为了靠近市场，公司选择了在接近北京、上海、广州三大城市中心城区的仓库为一级配送中心，然而并未达到预想的快速配送效果，而且物流成本飙升。物流部研究人员经过讨论，决定将一级配送中心重新设置在三大城市边缘，并在成都新增一个一级配送中心。请问：物流部研究人员做出的选址修改方案是否合理？为什么？

3. M公司是山东省一家著名的连锁超市集团。近年来，M公司开始开展特许连锁经营，公司的业务迅速扩张，目前已在山东省17个地市建立了40余家店铺。在公司规模迅速扩大的同时，许多问题也开始出现。其中一个突出的问题就是配送成本居高不下。如果你是该公司的物流部经理，你将采取哪些措施来解决该问题？

七、实训题

学生以小组为单位，课余对学校所在地的物流园区规划、建设及发展现状进行调研，并分析其对城市经济发展的影响，撰写一份不低于1 000字的调查报告。

八、案例分析题

百达物流公司的经营策略

百达物流公司的领导认为，电子商务企业和本公司合作，最关注的就是能不能“省钱”，能不能“省事”，能不能“省时间”。为此，百达物流公司为入驻物流园区的电子商务企业“量身定制”了“降少省”的服务策略。

帮客户“降低成本”

仓库利用率高帮客户省钱。百达物流中心的仓库在设计之初就增加了库房的层高，最高一层净高达9米，有效地提高了仓库空间的利用率。仓库层高越高，货物堆码的空间就越大，单位仓储成本也就越低。百达公司的物流专家在客户入驻物流园区之初，就与客户一起，针对储存货物的单体规格，进行进出库轨道及多层叠码的层次等设计。在货物分类的基础上，通过对货架的优化设计，提高了仓库空间利用率，大大降低了仓储成本。

电子商务综合配套全帮客户省钱。据统计，目前入驻百达物流园区的电子商务企业有30余家。受电子商务企业集聚效应的影响，“四通一达”等国内知名快递公司均有入驻。

快递公司之间的竞争，使签约客户单件商品的物流成本大大降低。另外，为了满足电子商务企业在淡季和旺季对仓储面积的不同需求，百达物流公司根据客户的需要进行临时的升仓和减仓，大大降低了客户在运营过程中的仓储成本。

使客户“少麻烦”

电子商务企业在物流管理中面临着一些共同难题。其中，比较突出的问题有物流人才流失率过高、促销导致仓储成本增加以及管理成本过高等。

物流人才流失率过高的主要原因是：仓储基地一般位置较偏，员工工作、生活的配套设施不完善。而百达物流公司给客户提供的办公设施设备齐全，生活条件优越，且在行业内一直保持着较高水平，成为物流行业众多仓储公司学习的榜样。由于员工的工作和生活条件优越，人员流失率大大降低。

促销导致仓储成本和管理成本过高，这是由电子商务企业的营销特性所决定的。由于受季节和节假日等因素的影响，电子商务企业的业务波动较大，促销时业务常呈“井喷式”增长，一般是平常业务量的几倍甚至是几十倍，所需仓储面积和人手大大增加。对于客户多变的物流服务需求，百达公司全力配合，尽量予以满足。无论哪家电子商务企业因促销临时需要增加仓储资源，百达公司都会想办法调配，不用时再将多余的仓库退回。由于入驻物流园区的电子商务企业的促销并非都在同一时间，再加上百达物流公司的物流资源丰富，类似的问题不难解决。

在降低促销带来的人员管理成本方面，百达公司同样有妙招。在百达物流园区内活跃着一支由一线技能娴熟的物流专业人员组成的队伍，他们可以快速处理拣货、包装、打包、扫描等电子商务物流中最繁琐的工作。这支队伍日常整装待发，无论哪家电子商务企业有重大促销措施，只要客户提前告知，他们都可以快速帮助其“灭火”。

此外，百达公司还能为客户提供电子商务物流“一站式”解决方案，即为客户提供电子商务增值服务，可以满足电子商务企业的所有仓储服务需求。电子商务企业只需专注于自身的核心业务，其他所有仓储业务都交给百达公司去运作，这样更加省事。

为客户“省时间”

如果说帮客户“省钱”和“省事”是仓储型物流企业提供的基本服务，那么“省时”则最受电子商务企业的青睐。百达物流公司在这方面具有先天优势。

百达公司优越的地理位置能帮客户“省时”。百达公司非常注重物流中心选址，所有物流中心均建在交通枢纽，比邻海港、空港及陆路运输的中心，货物进出非常方便。以百达（北京）公司为例，公司40万平方米的物流中心位于大兴芦城、京南物流园，地处南四环、南五环、京开高速、京石高速之间，距市中心只有30多千米，不仅方便客户企业货物的集中储存，而且避开了城市早晚交通高峰大型货车不得进出城区的规定，提高了货物集散速率，大大节省了货物的集散时间。

根据案例提供的信息，请回答以下问题：

1. 众多电子商务企业选择和百达物流公司合作的理由是什么？

2. 百达（北京）公司在进行物流中心选址时主要考虑了哪些影响因素？

3. 如果你是百达物流公司的仓库主管，你将用哪些指标向客户证明百达公司为其保有的库存是合理的？

4. 请就百达物流公司如何增加电子商务增值服务种类，提高客户服务水平提出你的建议。

第十三章 国际物流

【引例】

视频链接：BLG 物流集团

联邦快递的国际物流服务

国际优先快递业务（International Priority Distribution，IPD）是联邦快递（FedEx）公司向客户提供的新型业务。它可以将发往相同国家不同地址的大批量货物整合为一票货，统一报关，并享有快递业务先放行后报关的特权。同时，FedEx 为 IPD 货物提供舱位保证，从而使货物作为一个整体到达 FedEx 指定的目的港。在目的港统一清关后，货物将根据其不同的收件地址，通过支线飞机运达最终目的地的收货人手中。

FedEx 可以提供“美洲一日达”服务，其在美国的“隔夜快递”业务很成熟，加上双边通关时间，由 FedEx 提供的门到门服务，标准的运送过程可在 5 天内完成，比传统空运节省 3 天的时间。

FedEx 还免费提供一整套配送管理软件，该软件可以安装在客户的局域网中，并将系统产生的订单信息直接转化为提单、发票等其他相关文件。同时，软件可以根据需要自动产生发货通知，收件人马上可以获得自动发出的标准格式的通知，内容包括提单号、货物描述、总重量、总件数等基本信息。在货物顺利送达之后，系统将自动产生签收通知，并以电子邮件的形式通知发货人。此外，在各种文书准备完毕之后，系统可以自动产生取件通知，联邦快递在确认其准确性后将根据货物情况安排取件时间、人员和车辆。

由于联邦快递的信息系统直接连接到海关的通关系统，联邦快递公司在收到客户的取件通知时，已经获取该票货物的详细信息，公司的数据录入人员只需做少许修改即可完成整个录入工作。这样来自客户专业详细的信息将大大提高通关速度，保证配送的顺利进行。该系统的使用，可以大大缩减发货人的文书时间，减少因缺乏沟通而造成延误的可能性。

引导问题：

1. FedEx 向客户提供了哪些国际物流服务？
2. 为什么 FedEx 具有强大的竞争优势？
3. 什么是国际物流？有何特点？如何运作？

国际物流是指跨越不同国家（地区）之间的物流活动，它是国际贸易的重要组成部分，各国之间的相互贸易最终要通过国际物流来实现。通过本章内容的学习，读者应掌握国际物流的概念与特点；了解国际物流与国际贸易之间的关系；熟悉国际物流各环节业务；掌握在国际物流发展中有着重要作用的保税制度、保税区、保税仓库及相关内容；了解国际物流的运作与发展。

第一节 国际物流概述

国际物流是现代物流系统的一个重要领域，近十余年来发展较快。东西方冷战结束以后，贸易国际化的趋势越来越明显，随着国际贸易壁垒的拆除，新的国际贸易组织的建立，若干地区已突破国界的限制形成了统一市场，这又使国际物流出现了新的情况，国际物流形式也随之不断变化。所以，近年来，各国学者及业界都非常关注国际物流问题，物流的观念及方法也随着物流国际化进程的加快而不断扩展。

从企业角度来看，近十余年跨国公司发展很快。越来越多的企业在推行全球战略，在全世界范围内寻找贸易机会，寻找最理想的市场和最好的生产基地，这就必然使企业的经营活动领域从一个地区、一个国家扩展到国际。这样一来，企业的国际物流也被提到议事日程上来，企业为支持这种国际贸易战略，必须更新自己的物流观念，扩展物流设施，按国际物流要求对原来的物流系统进行改造。对跨国公司来讲，国际物流不仅是由商贸活动决定的，而且也是自身生产活动的必然产物。企业国际化战略的实施，要求分别在不同国家生产零部件、配件，在另一些国家组装或装配成整机，企业这种生产环节之间的衔接也需要依靠国际物流来支撑。

一、国际物流的概念

国际物流是“跨越不同国家（地区）之间的物流活动”（GB/T18354-2006）。与其他类型的物流活动相比，国际物流具有其明显的特殊性。国际物流包含以下四层含义：

（1）国际物流是不同国家（地区）之间，伴随着相互间经济往来、贸易活动和其他国际交流活动而发生的物流活动，它是国内物流的延伸和扩展，是超越国界，更大范围内的货物流通。同时，它也是国际贸易最重要的组成部分，国际贸易的最终实现要依靠国际物流来完成。

（2）国际物流是现代物流系统的重要领域，是后起的具有较大发展潜力的物流形态，正处于上升过程之中，具有广阔的发展前景。

（3）随着国际分工的细化和逐步完善，全球经济一体化进程日益加快，国与国之间的关税壁垒相继拆除，国际贸易总量迅猛增长，相应地，国际物流总量也迅速增加。我国在加入 WTO 以后，国际贸易飞速发展，对外贸易总额继 2004 年首次突破 1 万亿美元以后，2007 年进出口总额达到 21 761.75 亿美元，首次跃上 2 万亿美元的新台阶，连续 5 年的增长幅度在 20%以上，继续稳居世界第 3 位，出口名列世界第 2 位。2011 年进出口总额达到 36 418.64 亿美元，突破 3 万亿美元大关。2013 年、2014 年和 2017 年进出口总额均突破 4 万亿美元。2012—2017 年出口总额均超过 2 万亿美元，如表 13.1 所示。

表 13.1　十余年来中国进出口总额增长情况①　　单位：亿美元

年份	进出口		出口		进口		进出口差额
	金额	增幅（%）	金额	增幅（%）	金额	增幅（%）	
2003	8 509.88	37.1	4 382.28	34.6	4 127.60	39.8	254.68

① 2009 年我国进出口总额出现负增长，是受 2008 年全球金融风暴的影响。而最近几年我国进出口总额增幅变缓乃至出现负增长，一方面是因为我国经济总量已跃居世界前列，不可能再保持前些年的增长幅度，另一方面也与世界经济不景气有关。

表13.1(续)

年份	进出口		出口		进口		进出口差额
	金额	增幅（%）	金额	增幅（%）	金额	增幅（%）	
2004	11 545.54	35.7	5 933.26	35.4	5 612.29	36	320.97
2005	14 219.06	23.2	7 619.53	28.4	6 599.53	17.6	1 020.01
2006	17 604.38	23.8	9 689.78	27.2	7 914.61	19.9	1 775.17
2007	21 761.75	23.6	12 200.60	25.9	9 561.15	20.8	2 639.44
2008	25 632.55	17.8	14 306.93	17.3	11 325.62	18.5	2 981.31
2009	22 075.35	-13.9	12 016.12	-16.0	10 059.23	-11.2	1 956.89
2010	29 740.01	34.7	15 777.54	31.3	13 962.47	38.8	1 815.07
2011	36 418.64	22.5	18 983.81	20.3	17 434.84	24.9	1 548.97
2012	38 671.19	6.2	20 487.14	7.9	18 184.05	4.3	2 303.09
2013	41 589.93	7.5	22 090.04	7.8	19 499.89	7.2	2 590.15
2014	43 015.27	3.4	23 422.93	6.0	19 592.35	0.5	3 830.58
2015	39 530.33	-8.1	22 734.68	-2.9	16 795.65	-14.3	5 939.04
2016	36 855.57	-6.8	20 976.31	-7.7	15 879.26	-5.5	5 097.05
2017	41 071.64	11.4	22 633.71	7.9	18 437.93	16.1	4 195.78

资料来源：国家统计局。

由此可见，国际物流面临着新的发展机遇，但挑战同样存在，国际物流必须跟上甚至超过国际贸易的发展势头，为国际贸易活动提供更加有效和便捷的物流服务支持。

（4）国际物流是现代物流系统的一个子系统，同时又是一个相对独立、完整的复杂系统。其涉及面不仅仅是物流的七大功能要素，还包括国家政策、法规、金融、保险等各个相关领域，是一项综合的系统工程。在国际物流系统中，很少有企业单独依靠自身力量来完成包括进出口货物在内的各项复杂的国际物流业务，而必须依靠众多企业（包括国际贸易公司、货运代理公司、内陆货运公司、船公司、航空公司和报关行）以及政府部门（海关、商检、卫检、动植检）的通力合作才能圆满完成国际物流业务运作。

二、国际物流的产生和发展

第二次世界大战以后，国际的经济交往越来越频繁。尤其是20世纪70年代爆发了石油危机以后，国际贸易总量空前增长，对交易水平和交货质量的要求也越来越高。在这种情况下，原来为满足运送必要商品的运输观念已不能适应新的要求，系统物流观念进入国际领域，国际物流的概念正式提出，并越来越受到人们的重视。总的来说，国际物流活动是伴随着国际贸易和跨国经营的发展而发展的，国际物流的发展主要经历了以下几个阶段：

（一）第一阶段（20世纪50年代至70年代）

在20世纪五六十年代，国际物流业务量激增，出现了大型物流工具，如20万吨的油轮、10万吨的矿石船等。进入70年代，国际物流的业务量进一步扩大，船舶大型化趋势越来越明显，货主对国际物流服务水平的要求也越来越高。业务量大、服务水准高的物流活动从石油、矿石等物流领域向难度较大的中、小件杂货物流领域延伸，其标志是国际集装箱（船）得到了迅速发展。国际各主要航线的定期班轮都投入了集装箱船，散杂货国际运输的水平迅速提高，国际物流服务水平显著提升。在这一阶段，还出现了国际航空物流和国际联运，而且增长幅度都比较快。

（二）第二阶段（20 世纪 70 年代末至 80 年代中期）

这一阶段国际物流的突出特点是出现了“精益物流”，物流的机械化、自动化水平提高，物流设施和物流技术得到了快速发展。很多企业建立了配送中心，并广泛运用电子计算机进行管理。出现了无人立体仓库，一些国家还建立了本国的物流标准化体系。同时，伴随着新时代人们需求观念的转变，国际物流着力解决“小批量、高频度、多品种”的物流问题，出现了不少新技术和新方法，这就使现代物流不仅覆盖了少品种、大批量商品和集装杂货，而且也覆盖了多品种、小批量商品，几乎涉及所有的物流活动对象，基本解决了所有货物的现代物流问题。

（三）第三阶段（20 世纪 80 年代中期至 90 年代初）

在这一阶段，随着经济、技术的发展和国际贸易的日益扩大，物流国际化趋势开始成为世界性的共同问题。各国企业越来越强调改善国际物流管理，以此来降低产品成本，提高服务水平，扩大产品销量，期望在日益激烈的国际竞争中取得成功。此外，伴随着国际联运的发展，出现了电子数据交换（EDI）技术和物流信息系统。信息的共享，使国际物流向成本更低、服务更好、业务量更大以及精细化方向发展。可以说，20 世纪八九十年代，国际物流已进入信息时代。

（四）第四阶段（20 世纪 90 年代初至今）

在这一阶段，国际物流的概念及其重要性已为各国政府和外贸部门所普遍接受。贸易伙伴遍布全球，必然要求物流国际化，具体表现为物流设施国际化、物流技术国际化、物流服务国际化、货物运输国际化、包装国际化和流通加工国际化等。世界各国广泛开展国际物流理论和实践的大胆探索。人们已经达成共识，只有广泛开展国际物流合作，才能促进世界经济繁荣。“物流无国界”的理念被人们广泛接受。

国际物流融入全球供应链，服务范围不断扩大、服务质量不断提高，以及信息化、智能化、绿色环保是国际物流的发展方向。

二、国际物流的特点

国际物流主要是为跨国经营和对外贸易服务的，它要求各国之间的物流系统相互衔接。与国内物流系统相比，国际物流具有以下特点：

（一）渠道长、环节多

国际物流活动往往要跨越多个国家和地区，地理范围大。需要跨越海洋和大陆，物流渠道长。此外，还需要经过报关、商检等业务环节。这就需要在物流运营过程中合理选择运输方式和运输路线，尽量缩短运输距离，缩短货物在途时间，合理组织物流过程中的各个业务环节，加速货物的周转并降低物流成本。

（二）环境复杂

由于各国的社会制度、自然环境、经营管理方法以及生产习惯不同，特别是在物流环境上存在差异，就使得国际物流活动变得极为复杂。物流环境存在差异，就迫使国际物流系统需要在几个不同的法律、人文、习俗、语言、科技和设施的环境下运行，无疑会加大物流活动的难度并使系统变得复杂化。例如，不同国家不同的物流法律法规，使国际物流的复杂性远远高于一般的国内物流活动，甚至会阻断国际物流活动的进行；不同国家不同的经济和科技发展水平，会造成国际物流活动处于不同的科技条件支撑下，甚至有些地区根本无法应用某些技术而导致国际物流系统水平下降；不同国家的不同物流标准，也造成国际“接轨”困难，从而使国际物流系统难以建立；不同国家的不同人文环境和风俗习惯也使国际物流活动的开展受到很大的局限。

（三）对标准化程度要求高

对国际物流而言，统一标准非常重要。如果没有统一的标准，国际物流水平就无法提高。目前，美国、欧洲基本上实现了物流工具、物流设施标准的统一。例如，托盘采用1 000毫米×1 200毫米的规格，集装箱采用几种统一的规格以及条码技术的采用等，这样可以降低物流作业难度，降低物流成本。而不向这一标准靠拢的国家，必然在转运等诸多环节耗费更多的时间和费用，从而降低其国际竞争力。在物流信息技术的使用方面，不仅要实现企业内部标准化，而且要实现企业间以及物流市场的标准化，这将使得各国之间、各企业之间物流系统的信息交换变得更加简单有效。

（四）风险高

国际物流环境复杂必然会导致风险高。国际物流的风险主要包括政治风险、经济风险和自然风险。政治风险主要指由于国际物流活动所经过国家的政局动荡（如罢工、战争等）可能会造成货物受损或灭失；经济风险包括汇率风险和利率风险，主要指从事国际物流活动必然会引发资金流动，从而产生汇率风险和利率风险；自然风险则主要指在国际物流过程中，可能因自然因素，如台风、潮汐、暴雨等因素引起运送延迟以及货物破损等风险。

（五）需要开展国际多式联运

国际物流运距长，运输方式多样。运输方式包括海洋运输、铁路运输、航空运输、公路运输以及由这些运输方式组合而成的国际多式联运。运输方式的选择以及运输组合的多样性是国际物流的一个显著特征。近年来，在国际物流活动中，“门到门”的运输组织方式越来越受到货主的欢迎，这使得能满足这种需求的国际多式联运得到了迅速发展，逐渐成为国际物流中运输的主流。

四、国际物流的分类

分类标准不同，分出的类别也不一样。国际物流通常有以下几种分类方法：

（一）根据货物在国与国之间的流向分类

按照货物在国与国之间的流向，可将国际物流划分为进口物流和出口物流两类。当国际物流服务于一国的商品进口时，称之为进口物流；反之，为出口物流。各国在物流进出口政策，尤其是海关管理制度上存在一定的差异，而进口物流与出口物流的业务环节也有所不同（存在交叉的部分），这些都需要物流经营管理人员区别对待。

（二）根据货物流动的关税区域分类

按照这一标准，可以将国际物流划分为不同国家之间的物流和不同经济区域之间的物流。区域经济的发展是当今国际经济发展的一大特征。例如，由于欧盟各国属于同一关税区，成员国之间物流的运作与成员国和其他国家或经济区域之间的物流运作，在方式和环节上就存在着较大的差异。

（三）根据跨国运送的货物特性分类

按照这一标准，可以将国际物流划分为国际军火物流、国际商品物流、国际邮品物流、国际捐助或救助物资物流、国际展品物流等。本章所论述的国际物流主要指国际商品物流。

五、国际物流与国际贸易的关系

（一）国际贸易与国际贸易术语

国际贸易也称世界贸易，是指不同国家（或地区）之间的商品或劳务的交换活动。国际贸易由进口贸易和出口贸易两部分组成，故有时也称为进出口贸易。国际贸易是商品和劳务的国际转移。

国际贸易术语，又称价格术语。在国际贸易中，买卖双方所承担的义务，会影响到商品的价格。在长期的国际贸易实践中，逐渐形成了把某些和价格密切相关的贸易条件与价格直接联系在一起，形成了若干种报价的模式。每一模式都规定了买卖双方在某些贸易条件中所承担的义务。用来说明这种义务的术语，称之为贸易术语。

根据国际商会《2010年国际贸易术语解释通则》① 的解释，共有11种贸易术语，按照卖方责任由小到大、交货地点与卖方所在地距离由近到远以及各种术语的共同特点，可将其划分为E、F、C、D四组，如表13.2所示。

表13.2　国际贸易术语分类

E组 启运	EXW（Ex Works）	工厂交货
F组 主运费未付	FCA（Free Carrier） FAS（Free Alongside Ship） FOB（Free On Board）	货交承运人 装运港船边交货 装运港船上交货
C组 主运费已付	CFR（Cost And Freight） CIF（Cost Insurance & Freight） CPT（Carriage Paid To） CIP（Carriage & Insurance Paid To）	成本加运费 成本加保险费加运费 运费付至 运费和保险费付至
D组 到达	DAT（Delivered At Terminal） DAP（Delivered At Place） DDP（Delivered Duty Paid）	终点站交货 目的地交货 完税后交货

（二）国际贸易与国际物流的关系

国际物流是伴随着国际贸易的发展而产生和发展起来的，并已成为影响和制约国际贸易发展的重要因素。国际贸易与国际物流之间是相互促进、相互制约的关系。

1. 国际贸易是国际物流产生和发展的基础与条件

最初，国际物流只是国际贸易的一部分，但是随着生产的国际化以及国际分工的深化，促进了国际贸易的快速发展，也促使国际物流从国际贸易中分离出来，以专业化物流经营的姿态出现在国际贸易中。跨国经营与国际贸易在规模、数量和交易品种等方面大幅度的增长，也促进了商品和信息在世界范围内的大量流动与广泛交换，物流国际化成为国际贸易和世界经济发展的必然趋势。

2. 国际物流的高效运作是国际贸易发展的必要条件

国际市场竞争日益激烈，对国际贸易商们提出了以客户和市场为导向，及时满足国内外消费者定制化需求的要求。消费者多品种、小批量的需求使得国际贸易中的商品品种和数量成倍增长，并且客户对国际物流运作条件的要求也各不相同。在这种情况下，专业化、

---

① 国际商会第715号出版物，2011年1月1日开始实施。

高效率的国际物流运作对于国际贸易的发展是一个非常重要的保障。缺少高效国际物流系统的支持，国际贸易中的商品就有可能无法按时交付，并且物流成本也将提高。只有把物流工作做好，才能使商品适时、适地、按质、按量、低成本地在不同国家之间流动，从而提高商品在国际市场上的竞争力，扩大对外贸易。

（三）国际贸易对国际物流提出的新要求

随着世界经济的飞速发展和政治格局的风云变幻，国际贸易表现出一些新的趋势和特点，从而对国际物流也提出了越来越高的要求。

1. 质量要求

国际贸易结构正发生着巨变，传统的初级产品、原料等贸易品种正逐步让位于高附加值、精密加工的产品。由于高附加值、高精密商品流量的增加，对物流工作质量提出了更高的要求。同时，由于国际贸易需求的多样化，造成物流多品种、小批量化，要求国际物流向优质服务和多样化方向发展。

2. 效率要求

国际贸易活动的集中表现就是合约的订立和履行，而国际贸易合约的履行是由国际物流系统来完成的，因而要求物流高效率地履行合约。从进口国际物流看，提高物流效率最重要的是如何高效率地组织所需商品的进口、储备和供应。也就是说，从订货、交货，直至运入国内保管、组织供应的整个过程，都应加强物流管理。根据国际贸易商品的不同，应采用与之相适应的巨型专用货船、专用泊位以及大型物流机械和专业化的运输，这对提高物流效率起着重要作用。

3. 安全要求

由于国际分工和专业化生产的发展，大多数商品在世界范围内进行着生产和分配。例如，美国福特公司某一品牌型号的汽车要在20个国家中30个不同的厂家联合生产，产品销往100个不同国家或地区。国际物流所涉及的国家多，地域辽阔，商品在途时间长，受气候条件、地理条件等自然因素和政局、罢工、战争等社会政治经济因素的影响。因此，在组织国际物流活动时，应正确地选择运输方式和运输路径，要密切注意所经地域的气候条件、地理条件，还应注意沿途所经国家和地区的政治局势、经济状况等，以防止这些人为因素和不可抗拒的自然力造成货物灭失。

4. 经济要求

国际贸易的特点决定了国际物流的环节多，备运期长。在国际物流领域，控制物流费用，降低成本具有很大潜力。对于国际物流企业来说，选择最佳的物流方案，提高物流经济性，降低物流成本，保证服务水平，是提高竞争力的有效途径。

总之，国际物流必须适应国际贸易结构和商品流通形式的变革，不断向合理化方向发展。

第二节　国际物流业务

国际物流是跨国物流活动，主要包括发货、国内运输、出口国报关、国际运输、进口国报关、送货等业务环节。其中，国际运输是国际物流的关键和核心业务环节。通过开展国际物流活动，实现商品的国际移动，创造时间价值和空间价值，满足国际贸易活动和跨国公司经营的需要。

典型的国际物流系统流程如图 13.1 所示。整个物流过程可以委托一家国际物流服务商完成，也可以分别由各地的仓储企业、运输企业和货代企业来完成。

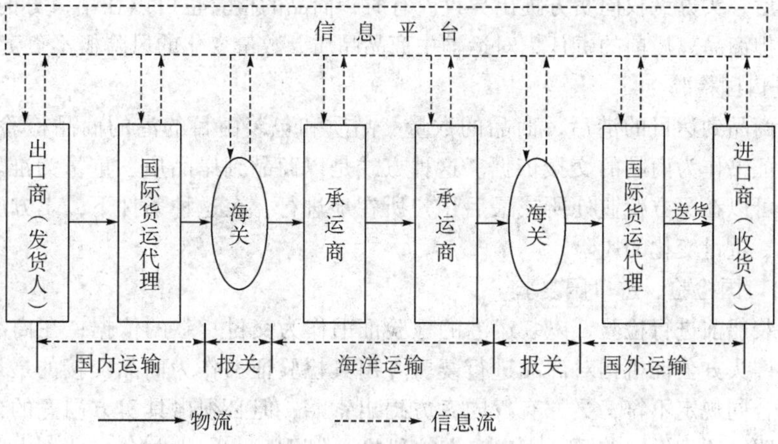

图 13.1 典型的国际物流系统流程

一、商品检验

商品检验是国际物流系统中的一个重要子系统。进出口商品的检验，就是对卖方交付商品的品质和数量进行鉴定，以确定交货的品质、数量和包装是否与合同的规定一致。如发现问题，可分清责任，向有关方索赔。在国际贸易买卖合同中，一般都订有商品检验条款，其主要内容有检验时间与地点、检验机构与检验证明、检验标准与检验方法等。

（一）实施商品检验的范围

我国对外贸易中的商品检验，主要是对进出口商品的品质、规格、数量以及包装等实施检验，对某些商品进行检验以确定其是否符合安全、卫生的要求；对动植物及其产品实施病虫害检疫，对进出口商品的残损状况和装运某些商品的运输工具等亦需进行检验。

我国进出口商品检验的范围主要有以下几个方面：

（1）商检机构实施检验的进出口商品种类表（以下简称种类表）所规定的商品。种类表是由国家商品检验局根据对外经济贸易发展的需要和进出口商品的实际情况制定的，不定期地加以调整和公布。

（2）《中华人民共和国食品卫生法（试行）》和《中华人民共和国进出境动植物检疫法》所规定的商品。

（3）船舶和集装箱。

（4）海运出口危险品的包装。

（5）对外贸易合同规定由商检局实施检验的进出口商品。

我国进出口商品实施检验的范围除以上所列之外，根据《中华人民共和国进出口商品检验法》的规定，还包括其他法律、行政法规规定需经商检机构或由其他检验机构实施检验的进出口商品或检验项目。

（二）商品检验的时间和地点

根据国际贸易惯例，对商品检验时间与地点的规定有以下三种：

1. 在出口国检验

这是指出口国装运港的商品检验机构在商品装运前对商品品质、数量及包装进行检验，并出具检验合格证书作为交货的最后依据。具体而言，商品以离岸品质、重量为准，商品到达目的港后，买方无权向卖方提出异议。有时，商品的检验也可以在出口方的工厂进行，出口方只承担商品离厂前的责任，对运输中商品品质、数量变化的风险概不负责。

2. 在进口国检验

这是指商品到达目的港后，商品的数量、品质和包装由目的港的商品检验机构检验，并出具检验证书作为商品的交接依据。这种方式是以商品到岸品质、重量为准。有时，商品的检验也可以在买方营业处所或最后用户所在地进行，在这种条件下，卖方应承担运输过程中品质、重量变化的风险。

3. 在出口国检验、进口国复验

商品在装船前进行检验，以装运港的检验证书作为交付货款的依据；在商品到达目的港之后，允许买方公证机构对商品进行复验并出具检验证书作为商品交接的最后依据。如复验结果与合同规定不符，买方有权向卖方提出索赔，但必须出具卖方同意的公证机构出具的检验证明。这种做法兼顾了买卖双方的利益，在国际上采用较多。

商品检验的时间与地点不仅与贸易术语、商品及包装性质、检验手段的具备与否有关，而且还与国家的立法、规章制度等有密切关系。为使商检工作顺利进行，预防产生争议，买卖双方应将检验时间与地点在合同的检验条款中具体订明。

（三）检验机构

国际贸易中的商品检验工作，一般由专业性的检验部门或检验企业来办理，有时由买卖双方自己检验商品。国际贸易中从事商品检验的机构大致有以下几类：

（1）官方机构。官方机构是由国家设立的检验机构。

（2）非官方机构。非官方机构是由私人和行业协会等开设的检验机构，如公证人、公证行等。

（3）企业或用货单位设立的化验室、检验室。

在我国，根据《中华人民共和国进出口商品检验法》的规定，从事进出口商品检验的机构，是国家设立的商检部门和设在全国各地的商检局。在实际交易中选用哪类检验机构检验商品，取决于各国的规章制度、商品性质以及交易条件等。

检验机构的选定一般是与检验的时间和地点联系在一起的。在出口国工厂或装运港检验室检验时，一般由出口国的检验机构检验；在目的港或买方营业处、所检验时，一般由进口国的检验机构检验。究竟选定由哪个机构实施和提出检验证明，在买卖合同条款中，必须明确加以规定。

（四）检验证书

商品检验证明即进出口商品经检验、鉴定后，由检验机构出具的具有法律效力的证明文件。检验证书是证明卖方所交商品在品质、重量、包装、卫生条件等方面是否与合同规定相符的依据。如与合同规定不符，买卖双方可据此作为拒收、索赔和理赔的依据。

目前在国际贸易中，常见的检验证书主要有品质证明书、重量证明书、卫生证明书、兽医证明书、植物检疫证明书、价值证明书、产地证明书等。在国际商品买卖业务中，卖方究竟提供何种证书，要根据成交商品的种类、性质、有关法律和贸易习惯以及政府的涉外经济政策而定。

二、报关业务

所谓报关，是指商品在进出境时，由进出口商品的收、发货人或其代理人，按照海关规定的格式填报进出口商品报关单，随附海关规定应交验的单证，请求海关办理商品进出口手续。

（一）海关的职责

海关是国家设在进出境口岸的监督机关，在国家对外经济贸易活动和国际交往中，海关代表国家行使监督管理的权利。通过海关的监督管理职能，保证国家进出口政策、法律、法令的有效实施，维护国家的权利。

1987年7月1日实施的《中华人民共和国海关法》（以下简称《海关法》）是现阶段我国海关的基本法规，也是海关工作的基本准则。中华人民共和国海关总署为国务院的直属机构，统一管理全国海关，负责拟定海关方针、政策、法令、规章。国家在对外开放口岸和海关监管业务集中的地点设立海关。中国海关按照《海关法》和其他法律法规的规定，履行下列职责：①对进出境的运输工具、商品、行李物品、邮递物品和其他物品进行实际监管；②征收关税和其他税费；③查缉走私；④编制海关统计和办理其他海关业务。

（二）报关单证和报关期限

经海关审查批准予以注册、可直接或接受委托向海关办理运输工具、商品、物品进出境手续的单位叫“报关单位”。报关单位的报关员需经海关培训和考核认可，发给报关员证件，才能办理报关业务。报关员需在规定的报关时间内，备有必要的报关单证，办理报关手续。

对一般的进出口商品，需要交验的报关单证包括：

（1）进出口商品报关单（一式两份）。这是海关验货、征税和结关放行的法定单据，也是海关对进出口商品汇总统计的原始资料。为了及时提取商品和加速商品的运送，报关单位应按海关规定的要求准确填写报关单，并需加盖经海关备案的报关单位的“报关专用章”和报关员的印章并签字。

（2）进出口商品许可证或国家规定的其他批准文件。凡国家规定应申领进出口许可证的商品，报关时都必须交验外贸管理部门签发的进出口商品许可证。凡根据国家有关规定需要有关主管部门批准的还应交验有关的批准文件。

（3）提货单、装货单或运单。这是海关加盖放行章后发还给报关人据以提取或发运商品的凭证。

（4）发票。它是海关审定完税价格的重要依据，报关时应递交载明商品真实价格、运费、保险费和其他费用的发票。

（5）装箱单。单一品种且包装一致的件装商品和散装商品可以免交。

（6）减免税或免检证明。

（7）商品检验证明。

（8）海关认为必要时应交验的贸易合同及其他有关单证。

《海关法》规定，出口商品的发货人或其代理人应当在装货的24小时前向海关申报。进口商品的收货人或其代理人应当自运输工具申报进境之日起14天内向海关申报。逾期罚款，征收滞报金。如自运输工具申报进境之日起超过3个月未向海关申报，其商品可由海关提取变卖。如确因特殊情况未能按期报关，收货人或其代理人应向海关提供有关证明，海关可视情况酌情处理。

(三) 进出口商品报关程序

《海关法》规定，进出口商品必须经设有海关的地点进境或者出境，进口商品的收货人、出口商品的发货人或其代理人应当向海关如实申报、接受海关监管。对一般进出口商品，海关的监管程序是：接受申报、查验商品、征收税费、结关放行。而相对应的收、发货人或其代理人的报送程序是：申请报送、交验商品、缴纳税费、凭单取货。

海关在规定时间内接受报关单位的申报后，审核单证是否齐全、填写是否正确，报关单内容与所附各项单证的内容是否相符，然后查验进出口商品与单证内容是否一致，必要时海关将开箱检验或者提取样品。商品经查验通过后，如属应纳税商品，由海关计算税费，填发税款缴纳证，待报关单位交清税款或担保付税后，海关在报关单、提单、装货单或运单上加盖放行章后结关放行。

(四) 关税及其他税费的计算征收

关税政策和税法是根据国家的社会制度、经济政策、社会生产力发展水平、外贸结构和财政收入等因素综合考虑制定的。依法对进出口商品征税是海关行使国家外贸管理职权的重要内容。进出口商品应纳税款是在确定单货相符的基础上，对相关商品进行正确分类，确定税率和完税价格后，据以计算得到的。其基本公式为：

关税税额=完税价格×关税税率

其中，进口商品以海关审定的正常成交价为基础的到岸价格为完税价格。到岸价格包括货价、运费、保险费及其他劳务费用。出口商品以海关审定的商品售予境外的离岸价格扣除出口税后作为完税价格。

准许进出口的商品和物品，除《海关法》另有规定外，应由海关征收关税，但国家可以因政治或外交需要对某些国家或某些人员的进口商品或物品给予关税减免，或者由于经济发展需要，在一定时间内对某些进出口商品实行减征或免征关税。关税的减免权属于中央。

另外，当商品由海关征税进口后，由于其在国内流通，与国内产品享有同等待遇，因而也需缴纳国内应征的各种税费。为简化手续，可以把一部分国内税费的征收在商品进口时就交由海关代征。目前我国由海关代征的国内税费有增值税、城建税、教育费附加等。

当进出口商品、进出境物品放行后，海关发现有少征或漏征税款时，可在自物品放行之日起一年内，向纳税义务人补征，因纳税义务人违反规定造成的，可延至3年内追征；当海关发现多征税款后，应立即退还，纳税义务人也可在自缴纳税款之日起一年内要求海关退还。

三、国际货运代理

国际贸易中的跨国货物运输和配送可以由进出口双方自行组织，也可以委托跨国第三方物流企业组织完成。其中，国际货运代理是方便、节约地执行国际物流不可或缺的一个重要环节。

国际货运代理人是接受货主委托，办理有关货物报关、交接、仓储、调拨、检验、包装、转运、租船和订舱等业务的人。其身份是货主的代理人并按代理业务项目和提供的劳务向货主收取劳务费。

(一) 国际货运代理的业务范围

国际货运代理的业务范围有大有小，大的兼办多项业务，如海陆空及多式联运，货运代理业务齐全；小的则专办理一项或两项业务，如某些空运货运代理和速递公司。较常见的货运代理主要有以下几类：

（1）租船订舱代理。这类代理与国内外货主企业有广泛的业务关系。

（2）货物报关代理。有些国家对这类代理应具备的条件规定较严，必须向有关部门申请登记，并经过考试合格，发给执照才能营业。

（3）转运及理货代理。其办事机构一般设在中转站及港口。

（4）储存代理，包括货物保管、整理、包装以及保险等业务。

（5）集装箱代理，包括装箱、拆箱、转运、分拨以及集装箱租赁和维修等业务。

（6）多式联运代理。即多式联运经营人或称无船承运人，是与货主签订多式联运合同的当事人。不管一票货物运输要经过多少种运输方式，要转运多少次，多式联运代理必须对全程运输（包括转运）负总的责任。无论是在国内还是国外，对多式联运代理的资格认定都比其他代理要严格一些。

（二）国际货运代理在国际物流中的作用

在国际物流中，国际货运代理具有以下作用：

（1）能够安全、迅速、准确、节省、方便地组织进出口货物运输。根据委托人托运货物的具体情况，选择合适的运输方式、运输工具、最佳的运输路线和最优的运输方案。

（2）能够就运费、包装、单证、结关、检查检验、金融、领事要求等提供咨询，并对国外市场的价格、销售情况提供信息和建议。

（3）能够提供优质服务。为委托人办理国际货物运输中某一个环节的业务或全程各个环节的业务，手续方便简单。

（4）能够把小批量的货物集中为成组货物进行运输，既方便了货主，也方便了承运人，货主因得到优惠的运价而节省了运输费用，承运人接收货物时省时、省力，便于货物的装载。

（5）能够掌握货物全程的运输信息，使用现代化的通信设备随时向委托人报告货物在途的运输情况。

（6）货运代理不仅能组织协调运输，而且影响到新运输方式的创造、新运输路线的开发以及新费率的制定。

总之，国际货运代理是整个国际货物运输的组织者和设计者，特别是在国际贸易竞争日益激烈、社会分工越来越细的情况下，它的地位越来越重要、作用越来越明显。

（三）国际货运代理应具备的条件

按照我国有关法规规定，国务院对外贸易经济合作主管部门负责对全国的国际货运代理业实施监督管理。在我国，从事国际货物运输代理的企业必须具备以下条件：

（1）必须依法取得中华人民共和国企业法人资格；

（2）拥有与其从事的国际货物运输代理业务相适应的专业人员；

（3）拥有固定的营业场所和必要的营业设施；

（4）拥有稳定的进出口货源市场；

（5）注册资本最低限额应符合下列要求：经营海上国际货物运输代理业务的，注册资本最低限额为500万元人民币；经营航空国际货物运输代理业务的，注册资本最低限额为300万元人民币；经营陆路国际货物运输代理业务或国际快递业务的，注册资本最低限额为

200 万元人民币；经营前述两项以上业务的，注册资本最高限额为其中最高一项的限额；国际货物运输代理企业每设立一个从事国际货物运输代理业务的分支机构，应当增加注册资本 50 万元。

四、理货业务

理货是对外贸易与国际货物运输配送中不可缺少的一项重要工作，它履行判断货物交接数量和状态的职能，是托运和承运双方履行运输契约、分清货物短缺和毁损责任的重要过程。

（一）理货的概念

理货是随着水上贸易运输的出现而产生的，最早的理货工作就是计数，现在理货的工作范围已经发生了变化。理货是指船方或货主根据运输合同在装运港和卸货港收受和交付货物时，委托港口的理货机构代理完成的在港口对货物进行计数、检查货物残损、指导装舱积载、制作有关单证等工作。

（二）理货工作的内容

1. 理货单证

理货单证是理货机构在理货业务中使用和出具的单证，它反映船舶载运的货物，在港口交接当时的数量或状态的原始记录，因此它具有凭证和证据的性质。理货机构一般是公正性或证明型的机构，理货人员编制的理货单证，其凭据或证据就具有法律效力。

理货单证是承运人与托运人或提单持有人之间办理货物数字和外表状态交接的证明，是港口安排作业，收货人安排提货的主要依据，是买卖双方履行合同情况的主要凭证和理货机构处理日常业务往来的主要依据，也是承运人、托运人、提单持有人以及港方、保险人之间处理货物索赔案件的凭证。主要的理货单证有：

（1）理货委托书；

（2）计数单，这是理货员理货计数的原始记录；

（3）现场记录，这是理货员记载商品异常状态和现场情况的原始凭证；

（4）日报单，这是理货长向船方报告各舱货物装卸进度的单证；

（5）待时记录，这是记载由于船方原因造成理货人员停工待时的证明；

（6）货物溢短单，这是记载进口商品件数溢出或短少的证明；

（7）货物残损单，这是记载进口商品原残损情况的证明；

（8）货物积载图，这是出口货物实际装舱部位的示意图。

2. 分票和理数

分票是理货员的一项基本工作。分票就是依据出口装货单或进口舱单分清货物的主标志或归属，分清混票和隔票不清货物的归属。分票是理货工作的起点，理货员在理数之前，首先要按出口装货单或进口舱单分清货物的主标志，明确货物的归属；然后才能根据理货数字，确定货物是否有溢短或残损，以便进行处理。分票也是提高货物运输质量的重要保障。卸船时，如理货人员发现舱内货物混票或隔票不清，应及时通知船方人员验看，并编制现场记录且取得船方签认，然后指导装卸工组按票分批装卸。

理数是理货员的一项最基本的工作，是理货工作的核心内容，也是鉴定理货质量的主要依据。理数就是在船舶装卸货物过程中，记录起吊货物的钩数，点清钩内货物细数，计算装卸货物的数字，称为理数，亦称计数。

货物溢短是指船舶承运的货物，在装运港以装货单数字为准，在卸货港以进口舱单数字为准，当理货数字比装货单或进口舱单数字溢出时，称为溢货，短少时，称为短货。在船舶装卸货物时，装货单和进口舱单是理货的唯一凭证和依据，也是船舶承运货物的凭证和依据。理货结果就是通过将装货单和进口舱单进行对照，来确定货物是否溢出或短少。货物装卸船后，由理货长根据计数单核对装货单或进口舱单，确定实际装卸货物是否有溢短。

3. 理残

凡货物包装或外表出现破损、污损、水湿、锈蚀、异常变化等现象，可能危及货物的质量或数量，称为残损。理残是理货人员的一项主要工作，其工作内容主要是船舶承运的货物在装卸时，检查货物包装或外表是否有异常状况。理货人员为了确保出口货物完整无损，进口货物分清原残和工残，在船舶装卸过程中，剔除残损货物，记载原残货物的积载部位、残损情况和数字的工作叫理残，亦称分残。

残损是指由于意外事故、自然灾害或其他人力不可抗拒的因素导致的货物残损。其中，意外事故残损是指在装卸船过程中，因各种潜在因素造成意外事故，导致货物残损。这类残损责任比较难以判断，容易发生争执。自然灾害事故残损是指在装卸船过程中，由于不可抗拒的因素造成自然灾害给货物造成的残损。如突降暴雨，水湿货物等，对此，理货人员要慎重判断责任方。

4. 绘制实际货物积载图

装船前，理货机构从船方或其代理人处取得货物配载图，理货人员根据配载图来指导和监督工人装舱积载。但是由于各种原因，在装船过程中经常会发生调整和变更配载的情况。理货长必须参与配载图的调整和变更，在装船结束时，理货长还要绘制实际装船位置的示意图，即实际货物积载图。

5. 签证和批注

理货机构为船方办理货物交接手续，一般要取得船方签认，同时，承运人也有义务对托运人和收货人履行货物收受和交付的签证责任。因此，船方为办理货物交付和收受手续，在货物残损单、货物溢短单、大副收据和理货证明书等理货单证上签字，称为签证。签证是船方对理货结果的确认，是承运人对托运人履行义务，划分承、托双方责任的依据。签证工作一般在船舶装卸货物结束后、开船之前完成。我国港口规定，一般在船舶装卸货物结束后两小时内完成。

在理货或货运单证上书写对货物数字或状态的意见，称为批注。按加批注的对象不同，批注可分为船方批注和理货批注两类。批注的目的和作用，一是为了说明货物的数字和状态情况，二是为了说明货物的责任关系。

6. 复查和查询

如果卸货港理货数字与舱单记载的货物数字出现不一致，则需要进行复查。对此，国际航运习惯的做法是，船方在理货单上批注“复查”的内容，即要求理货机构对理货数字进行重新核查。然后，理货机构采取各种方式对所理货物数字进行核查，以证实其准确性。当然，当理货数字与舱单记载的货物数字差异较大时，理货机构也可以主动进行复查，以确保理货数字的准确性。

理货查询有多种形式。如果船舶卸货时发生货物的溢出或短少，理货机构为查清货物溢短情况，可以向装运港理货机构发出查询文件或电报，请求进行调查并予以答复；或者在船舶装货后，发现理货、装舱、制单有误，或有疑问，理货机构可以向卸货港理货机构发出查询文件或电报，请求卸货时予以注意、澄清，并予以答复；或者船公司向理货机构发出查询文件或电报，请求予以澄清货物有关情况并予以答复。

第三节　保税制度与保税物流

一、保税制度、保税区和保税仓库

保税制度是各国政府为了促进对外加工贸易和转口贸易而采取的一项关税措施。它是对特定的进口商品，在进境后，尚未确定内销或复出的最终去向前，暂缓缴纳进口税，并由海关监管的一种制度。

保税区又称保税仓库区，是海关设置的或经海关批准注册的，受海关监管的特定地区和仓库。国外商品存入保税区内，可以暂时不缴进口税；如再出口，不缴出口税；如要进入所在国的国内市场，则要办理报关手续，交纳进口税。进入保税区的国外商品，可以进行储存、分装、混装、加工、展览等。有的保税区还允许在区内经营保险、金融、旅游、展销等业务。

［**案例 13-1**］**上海外高桥保税区**

上海外高桥保税区是我国最早设立、规模最大的综合性、多功能对外贸易区域。保税区位于上海浦东新区北端，面积约 10 平方千米。目前，区内已有超过 400 家国际贸易公司和相关企业在此开展业务，包括诸多进口贸易、转口贸易的涉外服务企业以及保税工厂和免税商场等工商企业。经过 20 多年建设，外高桥保税区已成为上海外经贸的高速增长点。

保税仓库是经海关批准专门用于存放保税商品的仓库。它必须具备专门储存、堆放商品的安全设施；健全的仓库管理制度和详细的仓库账册，配备专门的经海关培训认可的专职管理人员。

保税区和保税仓库的出现，为国际物流的海关仓储提供了既经济又便利的条件。有时会出现对商品不知最后作何处理的情况，买主（或卖主）将商品在保税仓库暂存一段时间。若商品最终复出口，则无须缴纳关税或其他税费；若商品将内销，可将纳税时间推迟到实际内销时为止。而从物流角度看，应尽量减少储存时间、储存数量，加速商品和资金周转，实现国际物流的高效率运转。保税区可分为以下几种形式：

1. 指定保税区

这是为了在海港或国际机场简便、迅速地办理报关手续，为外国商品提供装卸、搬运和临时储存的场所。商品在该区内储存的期限较短，限制较严。

2. 保税货栈

这是指经海关批准用于装卸、搬运或暂时储存进口商品的场所。

3. 保税仓库

这是经海关批准，外国商品可以连续长时间储存的场所。保税仓库便于货主把握交易时机出售商品，有利于业务的顺利进行和转口贸易的发展。从经营方式上看，保税仓库主要有以下三种类型：

（1）专业性保税仓库。它由有外贸经营权的企业自营，一般只储存本企业经营的保税货物，如纺织品进出口公司自营的保税仓库，专用于储存进口的纺织品原料和加工复出口的成品。

（2）公共保税仓库。具有法人资格的经济实体，可向海关申请建立公共保税仓库，专营仓储业务。其本身一般不经营进出商品，而是面向社会和国内外保税货物持有者。外运公司经营的保税仓库即属于这一类型。

（3）海关监管仓库。海关监管仓库主要用于存放货物以及行李物品进境而所有人未来提取，或者无证到货、单证不齐、手续不完备以及违反海关章程，海关不予放行，需要暂存海关监管仓库听候海关处理的货物。这种仓库可以由海关自行管理，也可以交由专营的仓储企业经营管理，海关行使行政监管职能。

4. 保税工厂

这是经海关批准，可以对外国商品进行加工、制造、分类以及检修等业务活动的场所。

5. 保税展厅

这是经海关批准，在一定期限内用于陈列外国货物进行展览的保税场所。保税展厅通常设置在本国政府或外国政府、本国企业或外国企业等直接举办或资助举办的博览会、展览会上，它除了具有保税的功能外，还可以展览商品、加强广告宣传、促进贸易的发展。

目前，各国为了提高其经济开放程度，更好地融入国际经济交流，纷纷实行各种经济特区政策。除了保税区政策之外，与国际贸易和国际物流相关的经济特区政策还包括自由贸易港政策和出口加工区政策。

二、自由贸易港（自由口岸/自由贸易区）

这是指在关境以外，对进出口商品全部或大部分免征关税，并且准许在港内或区内开展商品自由储存、展览、拆散、改装、重新包装、整理、加工和制造等业务，以便于促进本地区的经济和对外贸易发展，增加财政收入和外汇收入。

自由港或自由贸易区一般分为两种类型：一类是把港口或设区的所在城市都划为自由港或自由贸易区，另一类是把港口或设区的所在城市的一部分划为自由港或自由贸易区。各国对自由港或自由贸易区的规定一般有以下内容：

1. 关税方面的规定

对于允许自由进出港口或自由贸易区的外国商品，不必办理报关手续，免征关税。少数已征收进口税的商品如烟、酒等的再出口，可退还进口税。但这些商品如果进入所在国国内市场销售，则必须办理报关手续，缴纳进口税。有些国家对在港内或区内进行加工的外国商品往往有特定的征税规定。如美国规定，用美国的零配件和外国的原材料装配或加工的产品进入美国市场时只对该产品所包含的外国原材料的数量或金额征收关税。

2. 业务活动的规定

对于允许进入自由港或自由贸易区的外国商品，可以储存、展览、拆散、分类、分级、修理、改装、重新包装、重新贴标签揭洗、整理、加工和制造、销毁、与外国或所在国原材料混合、再出口或向所在国国内市场出售。

三、出口加工区

出口加工区是一个国家或地区在其港口或机场附近，划出一定的区域范围，建造码头、道路、车站、厂房、仓库等基础设施，并提供免税等一系列优惠政策，鼓励外国企业在区内投资生产以出口为主的工业品的加工区域。出口加工区是20世纪60年代后期，首先在一些发展中国家建立和发展起来的。其目的在于吸引外国资本，引进先进技术和设备，促进工业和外贸的发展，带动该地区经济发展，提高生产技术水平。

出口加工区起源于自由港或自由贸易区，但两者又有所不同。自由港或自由贸易区以转口贸易为主，侧重商业；而出口加工区以出口加工工业为主，侧重工业。

1. 出口加工区的类型

出口加工区一般分为两类，即综合性出口加工区和专业性出口加工区。综合性出口加工区是指区内可以生产经营多种出口加工产品，目前世界上绝大多数出口加工区属于这种类型。而专业性出口加工区是指区内只准生产经营某种特定的出口加工产品。

由于在出口加工区投资的外国企业所需的设备和原材料大部分依靠进口，产品全部或大部分输出国外市场销售，因此出口加工区应设在交通便利，运输费用低廉的地方。通常在国际性的空港或海港附近设区最为理想。

2. 出口加工区的一般规定

为了发挥出口加工区的作用，吸引外国企业前来投资设厂，各国、各地区都制定了许多具体的政策措施。主要包括：

（1）关税的优惠规定。对在区内投资设厂的外国企业，从国外进口的生产设备、原材料、燃料、零部件及半成品等，免征进口税。生产的产品出口时，免征出口税。

（2）国内税的优惠规定。许多国家和地区的出口加工区为区内企业提供减免所得税、营业税、贷款利息税等优惠待遇。

（3）放宽外汇管制的规定。在出口加工区的外国企业，允许其资本、利润、股息可以全部汇出。

（4）投资保证的规定。许多国家或地区不仅保证各项有关出口加工区的规定长期稳定不变，而且保证对外国投资不没收或征用。如因国家利益或国防需要而征用时，政府保证给予合理的经济赔偿。

（5）其他相关政策。对于报关手续，土地、仓库、厂房的租金，贷款利息，外籍员工及其家属的居留权等都给予优惠待遇。

四、我国保税区国际物流的发展

我国目前批准设立的保税区，有依托港口的，如天津港、沙头角、上海外高桥、广州、青岛、宁波、汕头保税区；有依托开发区的，如大连、厦门、福州的保税区；有既不在开发区，又不临港口的，如福田保税区；还有唯一依托内河港口的张家港保税区。从1990年5月国务院批准建立第一个保税区到现在，经过20多年来的发展，全国保税区的保税仓储、转口贸易、商品展示功能有了不同程度的发展，具备了一定规模的国际物流基础。其中，保税仓储功能作为保税区与其他各类经济区域相区别的功能特征，总体发展较快。为了达到吸引外资的目的，各保税区都投入了大量的资金用于保税区的基础设施建设。同时，参照国外自由贸易区的有关经验，结合我国具体情况，制定了一系列政策法规，以确保保税区按国际惯例办事，为投资者提供可靠的保障。自从保税区建立以来，就吸引了大批国内外投资者，招商势头良好，成绩显著。

第四节　国际物流运作

［案例 13-2］跨国公司的国际物流运作实例

大型跨国物流公司在全球范围内利用自身规模优势建立起国际物流网络，开展各项物流服务。例如，DHL 利用其在全球 100 多个国家和地区建立起来的国际物流网络，开展国际物流快件运送业务。以中国到日本为例，从上海客户处取件到送达日本东京客户处，一般只需 36~48 小时，其间要经过电话受理、上门收件、快件中心集货分理、机场送达（有时还需要办理通关手续）、分拨、客户送达等环节业务。如果 DHL 没有庞大的国际物流网络，要提供这样便捷的服务是不可想象的。

跨国公司的跨国经营以及货主企业的国际化产品分销是国际物流发展的原动力。随着经济全球化进程的加快，企业的国际化运作越来越普及，尤其是随着跨国公司的迅速发展，它们为实现全球利益最大化，在全球范围内组织采购、生产和营销活动，其物流运作的地理范畴也突破国境，成为国际物流。

一、货主企业的国际物流运作

货主企业的国际化采购、生产、分销和配送，使很多公司迫切需要发展国际物流系统来实现产品的顺畅跨国流动。目前，物流已经成为众多跨国公司的战略性工具。有效的国际物流运营，已经成为企业降低经营成本、扩大销售市场、增加市场份额的有效手段。

货主企业在国际物流运作中，一般可以采取以下几种模式。

（一）构建自有的全球性物流系统

企业可以构建自身的全球性物流系统，建立全球性物流管理机构，并构筑全球性的物流网络。在这种方式下，物流运营的总成本相对较低，并且公司可以通过对物流系统设施的投资参与到东道国的经济中去，也有利于对物流进行有效的控制。其不利之处在于，存在巨额的初始投资以及物流组织管理的复杂性较高。

（二）物流业务的分段外包

这种方式在企业中应用比较广泛。货主企业依据进出口贸易合同的不同组织形式，将各环节的物流业务分别外包给不同的物流企业来具体运作。例如，将物流业务分段外包给国内运输企业、国内货运代理企业、船务公司、远洋运输企业、国外货运代理企业以及国外配送企业等。这种方式的主要特点是：由货主企业自身的物流管理部门来协调组织物流活动的全过程，而把不同环节的物流业务分别外包；其缺点是：物流部门面对的参与体多，组织工作量大，不利于统一安排，协调性相对较差。

（三）引入一体化的第三方物流服务商来完成企业的国际物流运作

随着第三方物流的崛起，这种物流业务模式被货主企业越来越多地应用在国际物流业务运作中。第三方物流企业的介入可以减少货主企业的投资，并能够随时根据客户需求的变化调整服务外包的内容及规模，在使用物流新技术方面也更具灵活性。目前，第三方物流企业提供的服务已从传统的运输、仓储等基本服务扩展到材料采购、订货处理、库存管理、信息系统、物流系统设计以及提供物流解决方案等领域。物流外包第三方，可以使货主企业只和一家物流服务商合作，降低物流组织的难度，但这可能会导致货主企业的单位物流运营成本上升，且难于控制第三方物流公司的业务运作。因此，货主企业应与国际物流一体化服务商建立长期稳定的战略伙伴关系，以保证国际物流运营策略的相对稳定性。

一家公司应该采用哪种国际物流运作方式取决于诸多因素。如果国外市场较大，保护性强，物流费用高，且公司实施的是全球战略，则最好采用第一种方式；而对于那些刚开始从事全球采购或分销业务且对全球物流运作不甚了解的公司来说，第三方物流服务可能是最佳的选择。

二、物流企业的国际化运营策略

物流业作为流通产业的一个重要组成部分，在国民经济中起着不可或缺的作用。随着全球经济一体化进程的加快，物流在国民经济中的地位在不断提高。我国自改革开放以来，工业生产领域的对外开放取得了长足的进展。越来越多的工业企业参与外向型经营，它们需要从国外进口大量的设备和原材料，同时也向国外出口商品。这就为我国的物流企业提供了国际化经营的机遇，促使物流企业向国际化方向发展。另外，由于中国在人力成本、改革开放环境以及市场等方面存在优势，越来越多的跨国公司到中国投资建厂，中国越来越成为全球的一个“制造中心”，这也要求我国物流企业能为其提供高效、高质量的国际物流服务。我国物流企业正面临着一次大规模国际化发展的机遇和挑战。

然而我国许多物流企业在观念和体制上存在诸多弊端，已不能适应发展的需要。为此，我国物流企业的管理者应审时度势，冷静分析自身的优势和劣势，正确定位，制定相应的国际化运营策略。

(一) 立足核心主业，拓展全程物流服务

物流与供应链服务是跨地区、跨部门、跨行业的一项庞大系统工程，物流企业都希望能进入客户更多的物流服务环节，为客户提供更优质的服务，但各家企业的资源毕竟是有限的。我国的物流企业只有在充分挖掘自身潜能的基础上，利用信息技术与信息网络，与整个供应链上的节点企业合作，向综合物流方向拓展，才能形成逐步发展、以点带面的发展战略。

(二) 强化国际业务能力，建立、完善国际物流网络

物流企业在战略制定上，必须突破地域和行业限制，以全球为着眼点。只有这样，才能最大限度地抓住机遇，规避风险。在具体战略的选择上，首先应该以中国为主要拓展市场，获得本地竞争优势，再以近致远，争取全球竞争优势。在物流运营网络的建设上，应依托多年来在国内发展已形成的网络优势，加强跨区域联合，借船出海，充分利用国内网络和业务优势，通过与实力雄厚的国外物流公司的合作，引进资金、先进的物流技术和管理经验，达到提高国内物流市场占有率，并快速跻身国际物流市场的目的。

(三) 开展虚拟经营，实施战略联盟，争做联盟中心

物流企业为发挥自身优势，弥补自身不足，可与其他企业结成战略联盟，开展虚拟经营，实现物流与供应链全过程的有机融合。通过多家企业的共同努力，形成合力，最终提高行业竞争力，成员企业也将从中获益。战略联盟的实施，可将有限的资源集中在高附加值的功能上，而将低附加价值的功能虚拟化。虚拟经营能够在组织上突破有形的界限，实现企业的精简高效，从而提高物流企业的竞争力和生存能力。在缔结联盟的过程中，为避免成为附庸，就需要掌握主动权，就要争做盟主，以此来增加获利的潜力。

(四) 建立全球性的物流信息网络

随着世界经济一体化进程的加快，物流业正逐步向全球化、信息化、一体化方向发展。

高新技术在物流业中的应用，电子数据交换技术与国际互联网的应用，使物流效率得到了大幅度提高。目前，国外许多大型物流企业都建立了全球物流信息网络，并取得了良好的效果。借助全球性的信息网络，企业可以系统、高效、快速地组织管理好物流各个环节的活动。我国物流企业要参与国际物流市场的竞争，首先必须逐步建立和完善自身的全球物流信息网络，并努力提高全员的物流信息网络化意识，使自身的物流信息网络系统不断向世界先进水平迈进。

［**案例 13-3**］**美国洛杉矶西海岸报关公司的物流信息网络**

美国洛杉矶西海岸报关公司与码头、机场、海关都有信息联网。当货物从世界各地起运时，客户便可以从该公司获得准确的到达时间、到泊（岸）位置等信息，使收货人与各仓储、运输公司做好准备，以便货物快速流动，安全、高效地直达目的地。

小结：

国际物流是指跨越不同国家（地区）之间的物流活动，是国际贸易的重要组成部分。国际物流具有渠道长、环节多、风险高、环境复杂、对标准化程度要求高等特点。国际物流是伴随着国际贸易和跨国经营的发展而发展的，并已成为影响和制约国际贸易发展的重要因素。国际物流主要包括发货、国内运输、出口国报关、国际运输、进口国报关、送货等业务。国际贸易与国际物流之间是相互促进、相互制约的关系。国际货运代理是方便、节约地执行国际物流不可或缺的重要环节。跨国公司的国际化经营以及货主企业的国际化货物分销是国际物流的原动力。货主企业可以采取构建自有的全球性物流系统、物流业务分段外包、引入一体化的第三方物流服务商等方式来完成国际物流运作。物流企业则应立足核心业务，拓展全程物流服务，健全国际物流网络，开展虚拟经营，建立全球物流信息网络等，以此来提高国际物流服务能力。

同步测试：

一、判断题

1. 国际物流是跨越不同国家（地区）之间的物流活动。（　　）

2. 根据国际商会《2010 年国际贸易术语解释通则》的解释，共有 13 种贸易术语，可将其划分为 E、F、C、D、G 五组。（　　）

3. FOB 即装运港船上交货，采用该条款，买方风险更小。（　　）

4. 国际物流会影响国际贸易，但国际贸易对国际物流没有影响。（　　）

5. 国际货运代理只是一个中介，对国际物流活动的成功开展所起的作用不是很大。（　　）

二、多项选择题

1. 国际物流具有（　　）特点。

A. 渠道长、环节多　　B. 环境复杂

C. 风险高　　D. 对标准化程度要求高

E. 需要开展国际多式联运

2. 根据跨国运送的商品特性，可以将国际物流划分为（　　）几类。

A. 国际军火物流　　B. 国际商品物流

C. 国际邮品物流　　D. 国际捐助或救助物资物流

E. 国际展品物流

3. 在我国，从事国际货物运输代理的企业必须具备（　　）条件。

A. 必须依法取得中华人民共和国企业法人资格

B. 有与其从事的国际货物运输代理业务相适应的专业人员

C. 有固定的营业场所和必要的营业设施

D. 有稳定的进出口货源市场

E. 注册资本不低于500万元

4. 理货业务涉及的主要单证包括（　　）。

A. 理货委托书　　B. 日报单　　C. 货物溢短单　　D. 货物残损单

E. 货物积载图

5. 保税区包括（　　）形式。

A. 指定保税区　　B. 保税货栈　　C. 保税仓库　　D. 保税工厂

E. 保税展厅

三、简答（述）题

1. 什么是国际物流？国际物流有哪些特点？
2. 国际物流的发展主要经历了哪几个阶段？
3. 简述国际物流与国际贸易的关系。
4. 国际物流包括哪些业务环节？
5. 简述保税制度、保税区、保税仓库、出口加工区的含义。
6. 国际货运代理在国际物流中的作用体现在哪些方面？
7. 简述理货业务。
8. 货主企业的国际物流运作，一般可以采取哪几种方式？
9. 简述我国物流企业的国际化运营策略。
10. 简述国际物流的发展趋势。

四、实训题

学生以小组为单位，课余对学校所在地的某保税仓库进行调研，了解其储存对象及作业流程，分析其作用，并撰写一份不低于1 000字的调查报告。

五、案例分析题

上海铁联走向国际的成长历程

上海铁联国际储运有限公司由上海外高桥保税区三联发展有限公司和上海铁路局合资组建而成。公司使用物流管理信息系统后，发展快速。如今，公司在服务实践中逐渐成长为以仓储业务为主，运输、货代业务为辅的国际性物流企业。

上海铁联是上海外高桥保税区内最大的物流企业之一。上海外高桥保税区是国务院批准成立的中国第一个保税区，是浦东开发最早启动的四大功能小区之一，规划建设面积10平方千米，已开发面积7.5平方千米。经过十余年的建设，外高桥保税区的展示、贸易、加工和研发功能初具规模，IT芯片封装，第三方物流、高科技的机电一体化、新材料产业发展迅猛，已成为世界经济登陆中国的桥梁、中国经济向外辐射的窗口。目前，外高桥保税区的GDP、工业生产总值、进出口额、集装箱吞吐量、税收收入在全国12个保税区中排名第一。

上海铁联国际储运有限公司地处外高桥保税区内。公司在保税区占地40 000多平方米，拥有三座共21 000平方米的大型单层钢结构室内保税仓库、10 000平方米的集装箱堆场，并享有保税区各类优惠政策。公司具有中国外经贸部批准的海、陆国际一级货代经营权，是集国际贸易、国际货代、报关报检、海陆联运、保税仓储等为一体的综合性国际储运公司。作为保税区内成长型企业，上海铁联如何在发展中不断提升企业管理水平、增强企业竞争力、成功地向国际性物流企业转型呢?

上海铁联的领导认为："我国保税区国际物流的发展趋势是不仅需要依托保税区其他各项主体功能的发展，更要依托高水平的物流运作来促进保税区其他各项主体功能的深化，使保税区各种功能形成协调互动的发展格局。作为保税内的企业，就必须实现物流流程的合理化和物流服务的规范化，提高自身的经营管理水平和物流服务质量，从而使企业真正具有独特的市场竞争能力。"

上海铁联与上海博科资讯股份有限公司在物流管理信息化方面的合作，保证了上海铁联更加贴近国际化客户的需求，成为国际性物流专业公司。而博科资讯也在上海铁联原有的国际贸易项目基础上，进一步树立起保税物流管理信息化领先品牌的形象。双方的强强合作，加快了上海铁联国际化的进程。

针对上海铁联提出的发展目标和公司目前存在的问题，博科资讯的咨询顾问进行了深入细致的调研，在调研中发现，由于长期采用人工操作，物流管理无法实现细化和量化，当货流量大时，手工操作的出错率较高，成本增加，企业效益得不到提高。

面对这些亟须解决的问题，博科资讯开发出了包括集中处理、进出货作业、报关业务、库存管理、物流计费、运输管理等在内的性能良好的物流信息系统。这套系统首先解决了上海铁联人工管理物流信息无法量化的问题，建立了货主及其客户的档案资料，对货主或其客户提供满足其要求的服务，为货主提供进、出、存精细化管理，对货物进出库和库存情况进行实时查询和跟踪。对不同的货主设定不同的物流计费策略，提供各种物流作业计费的设定功能，从而进行物流自动计费。在进出库管理模块及库存管理模块中，博科资讯使用先进的射频识别（RFID）技术和条码技术，使货物的进库、出库、装车、库存盘点、货物的库位调整、现场库位及商品查询等数据实现实时双向传输，做到了快速、准确、无纸化，大大提高了效率，人为因素造成的出错率降到了最低限度，从而降低了仓储成本。在物流计费模块中，增加了应收应付功能，对货主的代垫费用进行记录和管理，并将相关数据传输至财务系统，从而大大提高了财务人员的工作效率。使用运输管理模块后，通过设置车辆的基本资料、记录车辆的业务情况和运行中发生的各种费用，实现了对车辆的有序管理，减少了流转过程，提高了营运效率，缩减了人员编制，降低了营运成本。

通过使用博科资讯开发的物流信息系统，上海铁联已与国际运输方式接轨，实现了国际国内"门到门"的物流服务，现已通过了ISO9002质量体系认证。目前，公司提供仓储物流服务的客户，多数为世界五百强企业，如德国巴斯夫、美国杜邦、法国埃尔夫阿托等。受马士基物流公司、道康宁公司的委托，上海铁联还输出管理服务，提供从换单、报关、进库、运输到客户的一条龙服务。随着保税区和港区的融合，上海铁联已成功转型为国际性物流公司。

根据案例提供的信息，请回答以下问题：

1. 上海铁联成功走向国际的根本原因是什么?
2. 面对国际物流市场的发展，国内物流企业如何才能更好地参与国际市场竞争?

第十四章　供应链管理

视频链接：供应链管理-协调供需关系　供应链管理产生的历程（微课）　管理模式与企业经营环境的关系（微课）

【引例】

沃尔玛“无缝”式供应链管理

物流的含义不仅包括物资流动和存储，还包含上下游企业的紧密配合。沃尔玛之所以取得成功，很大程度上在于沃尔玛采取了“无缝点对点”的物流系统。“无缝”的意思是指，使整个供应链达到一种非常顺畅的联结。沃尔玛所指的供应链是指产品从工厂到商店的货架，这个过程应尽可能平滑，就像一件外衣一样是没有缝的。每一个供应者都是供应链中的一个环节，沃尔玛使整个供应链成为一个非常平稳、光滑、顺畅的过程。这样，沃尔玛的运输、配送、订单处理与顾客购买等所有过程，都是一个完整网络当中的一部分，这样就大大降低了物流成本。

在与上游供应商衔接时，沃尔玛有一个非常好的系统，可以使供应商直接进入沃尔玛的系统中，沃尔玛称之为“零售链接”。通过零售链接，供应商就可以随时了解沃尔玛的销售情况，对其货物的需求量进行预测，以便制订生产计划，避免盲目生产，这样就可以降低产品成本，从而使整个流程成为一个“无缝”的过程。

引导问题：

1. 沃尔玛成功的关键是什么？
2. 什么是供应链？供应链有哪些特征？
3. 怎样理解物流与供应链之间的关系？
4. 怎样才能实施有效的供应链管理？

供应链上升为我国国家战略（微课）

进入20世纪90年代以后，由于信息技术的飞速发展，企业经营环境变得高度动态、复杂与多变，企业间的竞争逐渐演变为供应链与供应链的竞争，更上升为企业核心能力的较量。国际上很多大公司的经营管理者将目光转向供应链管理，并把成功的供应链管理作为提升企业核心能力的重要手段。通过本章内容的学习，读者应掌握供应链的概念、结构、特征，了解供应链的分类；掌握供应链管理的概念、要旨、特点与要求，明确供应链管理的目标，了解供应链管理的领域、优势与发展趋势；掌握供应链的设计策略、原则和步骤，了解供应链管理策略及第四方物流。

第一节 供应链概述

美国供应链管理专业协会（CSCMP）认为："物流是供应链流程的一部分，是以满足客户要求为目的，对货物、服务及相关信息在产出地和销售地之间实现高效率和高效益的正向和反向流动及储存所进行的计划、执行与控制的过程。"目前，物流管理已经发展到了供应链管理阶段。

一、供应链的概念

供应链的概念（微课）

供应链的概念是在发展中形成的。供应链的概念经历了传统供应链（企业内部供应链）、集成供应链（整合供应链）、协同供应链等阶段，在云计算、大数据、移动互联网、人工智能快速发展的今天，供应链已经发展到了智慧供应链的新阶段。

我国国家标准《物流术语》（GB/T18354-2006）对供应链（Supply Chain）的定义是："生产及流通过程中，涉及将产品或服务提供给最终用户所形成的网链结构。"

本书认为，供应链是围绕核心企业，通过对物流、资金流、信息流等流程的控制，从原材料、零部件等生产资料的采购与供应开始，经过生产制造、分销（拨）、零售以及售后服务等活动，由供应商、制造商、分销商、零售商、相关服务商（如物流服务商、银行等金融机构、IT 服务商等）和终端用户连成的整体功能网链结构模式。

供应链涵盖所有成员企业，它不仅是一条从供应源到需求源的物流链、资金链、信息链，更是一条增值链。物料及产品因加工、包装、运输等过程而增加价值，给消费者带来效用，同时也给供应链其他成员企业带来收益。

二、供应链的网链模型

供应链的结构（微课）　供应链的典型流程（微课）　供应链成员企业的角色分类（微课）　典型行业企业的供应链结构（微课）

供应链有多种结构模型，如静态链状模型、动态链状模型、网状模型和石墨模型等，其中最常见的是网链结构模型，如图 14.1 所示。

从供应链的网链结构模型可以看出，供应链由节点组成，节点代表加盟的成员企业。通常，节点具有双重身份，它既是其供应商的客户，又是其客户的供应商。节点企业在需求信息的驱动下，通过供应链的职能分工与合作，以资金流、物流/服务流为媒介实现供应链的增值。

供应链的结构要素主要包括：供应链的长度、供应链的宽度（集约度）、节点企业间的关系。一般认为，供应链的长度即是满足顾客需求所涉及的环节数，同类企业处于同一层

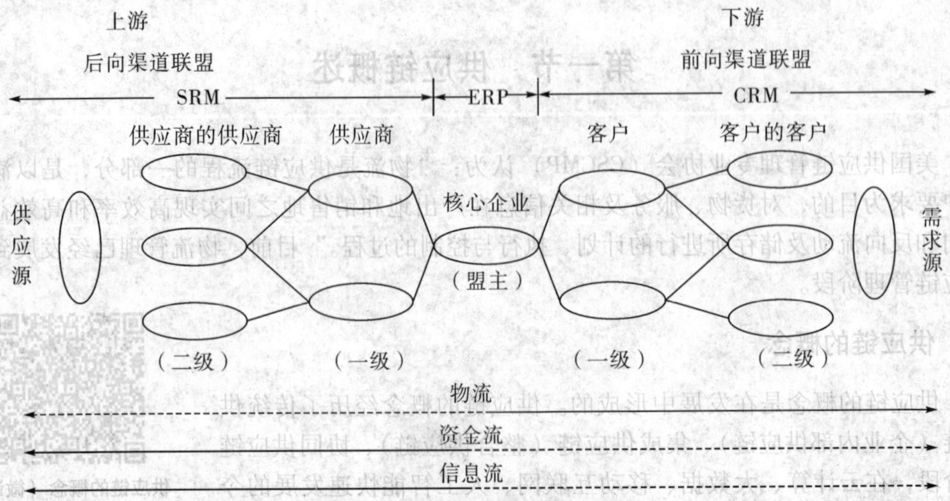

图 14.1　供应链的网链结构模型

面。而供应链的宽度亦即供应链的集约度，它可以由供应链中同类企业的数量来衡量。

从严格意义上讲，物流、资金流和信息流都是双向的，但它们都有一个主要流向（在图 14.1 中以实线箭线表示）。通常，物流从上游往下游流动，其表现形态包括原材料、零部件、在制品、产成品等实体的流动，称为正向物流；但当发生退货、回收包装物或其他废旧物品时，物流的流向与正向流恰恰相反，称为逆向物流或反向物流①。在供应链的“三流”中，物流比较外显，最容易被观察到。

供应链中的信息主要包括需求信息和供应信息。需求信息主要有客户订单、企业与客户签订的销售合同等，其流向与正向物流相反，当其从下游往上游流动时，即引发正向物流；供应信息通常由需求信息引发，如货物发运单、提前装运通知（Advanced Shipment Notification，ASN）等，其流向与正向物流相同，与需求信息的流向相反。其中，需求信息流的方向是供应链信息流的主要流向。在市场转型的今天，供应链成员企业的经营活动一般是在需求信息的驱动下开展的，因而，辨识并获取客户的需求信息是供应链经营活动的起点。

物流或服务流本质上反映了资金的运动过程。顾客的需求信息引发物流或服务流，与之相伴而生的是资金流。与正向物流相对应，资金流主要从下游往上游流动，与正向物流反向；而当发生逆向物流时，资金流与正向物流同向。总之，物流与资金流是反向的。

三、供应链的特征

一般的，供应链具有以下主要特征。

供应链的特征（微课）

（一）需求导向性

供应链的存在、优化与重构，都是基于一定的市场需求。在供应链运营的过程中，用户的需求成为信息流、物流/服务流、资金流的驱动源。因此，及时、准确地获取不断变化的市场需求信息，并快速、高效地满足顾客

① 中华人民共和国国家标准《物流术语》（GB/T13854-2006）中提及，逆（反）向物流（Reverse Logistics）是指“物品从供应链下游向上游的运动所引发的物流活动”。

的需求，成为供应链运营成功的关键。

（二）增值性

供应链是一个高度一体化的提供产品和服务的增值过程。所有成员企业都要创造价值。制造商主要通过对原材料、零部件进行加工转换，生产出具有价值和使用价值的产品来实现增值（形质价值或形式价值）；物流商主要通过提供仓储、运输服务来创造时间价值和空间价值，通过提供流通加工服务来创造形质（式）价值；银行等金融机构主要通过为供应链中的企业提供融资服务来创造价值；IT 服务商主要通过为工商企业和物流企业提供软件开发、系统维护与升级等服务来创造价值。供应链时代的来临，要求各成员企业分工协调、同步运作，实现供应链的增值。

（三）交叉性

一家供应商可同时向多家制造商供应原材料等生产资料，一家制造商生产的产品也可以由多个分销商分销，一个零售商可同时销售多家制造商生产的产品，一个第三方物流企业可同时向多条供应链中的工商企业提供物流服务。某条供应链中的节点企业还可以成为其他供应链的成员。众多的供应链错综复杂地交织在一起，大大增加了协调管理的难度。

（四）动态性

供应链的动态性首先来源于企业经营环境的动态性、复杂性与多变性。为了适应竞争环境的变化，管理者需要对供应链进行不断优化，从而使其呈现出动态性的特征。此外，供应链的结构与类型因行业而异。即使是同一行业中的企业，其供应链的类型与结构也不可能完全相同。伴随着企业的发展，供应链的类型与结构也需要动态地更新。

（五）复杂性

供应链同时具有交叉性和动态性等特征，因而是错综复杂的。供应链的有效运作还需要协调控制物流、资金流、信息流等多种“流”，这进一步增大了供应链管理的复杂性。此外，虽然供应链成员企业都有通过满足顾客需求来实现盈利这一共同目标，但毕竟每个成员企业都拥有独立的产权，并存在一定程度上的利益冲突①，因而更增大了核心企业协调管理供应链的复杂性。

在上述特征中，顾客需求是供应链存在和运营的前提，而增值性是供应链的本质特征。

四、供应链的分类

供应链有多种分类方法，以下是几种常见的分类。

（一）根据供应链存在的稳定性划分

根据供应链存在的稳定性，我们可将其划分为稳定供应链和动态供应链两种类型。稳定供应链面临的市场需求相对单一、稳定，而动态供应链面临的市场需求相对复杂且变化频繁。在实际运作中，需要根据不同的市场需求特点来构建不同的供应链，且应根据变化的市场需求来修正、优化乃至重构供应链。

（二）根据供应链的容量与用户需求的关系划分

根据供应链的容量与用户需求的关系，我们可将其划分为平衡供应链和倾斜供应链两种类型。平衡供应链是指用户需求不断变化，但供应链的容量能满足用户需求而使之处于相对平衡的状态、供需能够匹配的供应链。倾斜供应链则是指当市场变化剧烈时，企业不

① 供应链成员企业间本质上是竞争与合作关系。

是在最优状态下运作而处于倾斜状态、供需不平衡的供应链。平衡供应链具有相对稳定的供需平衡能力，而倾斜供应链则会导致库存积压或缺货成本上升，供应链总体拥有成本（Total Cost of Ownership，TCO）增加。

（三）根据产品类型划分

1. 产品的基本类型

根据产品生命周期（Product Life Cycle，PLC）、产品边际利润、需求的稳定性以及需求预测的准确性等指标，我们可以将产品划分为功能型产品（Functional Products）和创新型产品（Innovative Products）两种类型，其需求特征如表 14.1 所示。

功能型产品与创新型产品需求特征的比较（微课）

表 14.1　　功能型产品与创新型产品需求特征的比较

产品类型 / 需求特征	功能型产品	创新型产品
产品生命周期（PLC）	>2 年	1~3 年
边际贡献率（%）	5~20	20~60
产品多样性	低（10~20）	高（上百）
平均需求预测偏差率（%）	10	40~100
平均缺货率（%）	1~2	10~40
平均季末降价比率（%）	几乎为 0	10~25
产品生产的提前期（LT）	6 个月~1 年	1 天~2 周

由表 14.1 可知，功能型产品用于满足用户的基本需求，具有较长的生命周期，需求比较稳定、一般可预测，但边际利润较低，如日用百货等。而创新型产品的生命周期较短，产品更新换代较快，需求不太稳定、需求预测的准确度较低，但其边际利润较高，如时装、IT 产品等。

根据产品类型，我们可将供应链划分为功能型供应链和创新型供应链两种类型。

产品类型与供应链类型的匹配（微课）　　功能型供应链与创新型供应链运营成功的关键（微课）

2. 功能型供应链和创新型供应链

（1）功能型供应链。功能型供应链是指以经营功能型产品为主的供应链。因功能型产品的市场需求比较稳定，容易实现供需平衡，故这种供应链运营成功的关键是通过减少供应链的环节来实现供应链的简约化和精益化，通过供应链的规模运作（包括采购、生产和物流）来降低运营成本，通过非核心业务外包和设置适量的库存等策略和举措来提高供应链的效率、降低供应链的成本。

（2）创新型供应链。创新型供应链是指以经营创新型产品为主的供应链。因创新型产品的市场需求不太稳定，供求关系不容易保持平衡，故这种供应链运营成功的关键是利用链上的信息来协调成员企业间的活动，以实现供需平衡。为此，供应链成员企业应实时信息共享，联合预测需求，协同制订计划，同步协调运作；应增强供应链的系统性和集成性，提升供应链的敏感性和响应性。

（四）根据供应链的功能模式划分

供应链的功能模式主要有物理功能和市场中介功能。根据供应链的功能模式，我们可将其划分为效率型供应链和响应型供应链两种类型。

效率型供应链也称有效性供应链（Efficient Supply Chain），是指以较低的成本将原材料转化成零部件、半成品、产成品，以及在运输等物流活动中体现物理功能的供应链；响应型供应链也称反应性供应链（Responsive Supply Chain），是指把产品分拨到各目标市场，对不可预知的需求做出快速反应等体现市场中介功能的供应链。这两种类型供应链的比较见表 14.2。

表 14.2　**效率型供应链与响应型供应链的比较**

供应链类型 / 比较项目	效率型供应链	响应型供应链
主要目标	高效、低成本地满足可预测的需求	对不可预测的需求做出快速响应，避免缺货及削价损失
制造的核心	提高生产资源的平均利用率	拥有弹性的生产能力
库存策略	供应链库存最小化	设置足够的缓冲库存(零部件、产成品)
提前期（LT）管理的重点	在不增加成本的前提下缩短提前期	尽量缩短提前期
选择供应商的准则	重点关注成本、质量	重点关注速度、柔性和质量
产品设计策略	产品标准化，成本最小化	模块化设计，尽可能实施延迟策略

（五）根据供应链的运作模式划分

根据供应链的运作模式，我们可将其划分为推式供应链、拉式供应链、推-拉式供应链三种类型。

推式、拉式、推-拉式供应链之比较(微课)

推式供应链是指企业根据对市场需求的预测进行生产，然后将产品通过分销商逐级推向市场的供应链。这是一种有计划地将产品推销给用户的传统的供应链模式，其本质特点是预测驱动供应链的运作。而拉式供应链则是顾客需求驱动型供应链，体现了现代的供应链运作模式。例如，企业按订单生产（Make to Order，MTO）就是拉式供应链中常见的需求响应策略。在拉式供应链中，零售商通过 POS[①] 系统及时准确地获取销售时点信息，并通过 EDI 将其传递给制造商共享。制造商根据需求信息制订生产计划，采购原料并安排生产，通过上下游企业的实时信息共享，动态地调整生产计划，使供、产、销与市场保持同步，真正做到生产的产品适销对路。

推式供应链和拉式供应链流程的比较如图 14.2 所示。

① 中华人民共和国国家标准《物流术语》（GB/T18354-2006）中提及，销售时点系统（Point of Sale，POS）是指“利用光学式自动读取设备，按照商品的最小类别读取实时销售信息以及采购、配送等阶段发生的各种信息，并通过通讯网络将其传送给计算机系统进行加工、处理和传送的系统”。

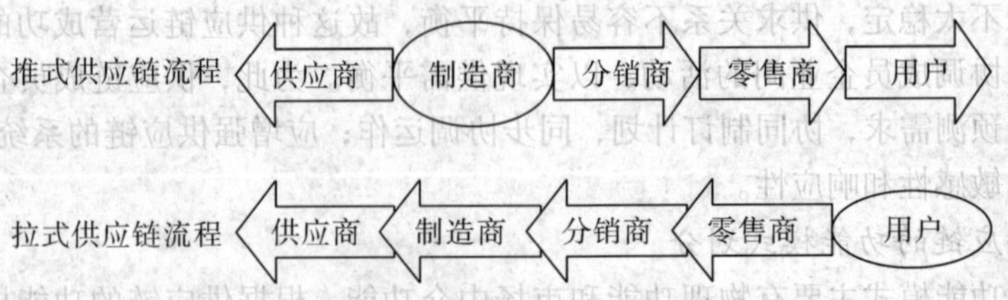

图 14.2　推式供应链和拉式供应链流程的比较

[案例 14-1] 戴尔与康柏的供应链运作模式

戴尔（Dell）公司自20世纪90年代以来，通过直销模式，变传统的推式供应链为拉式供应链①，以价格低、响应快赢得客户青睐，迅速成为全球电脑业界的巨头；而同一时期的康柏（Compaq）公司，尽管技术实力比戴尔雄厚，但由于采用传统的推式生产与多级分销模式，在供应链上积压了大量库存，导致连年亏损，由全球最大的电脑制造商一落千丈，最终被惠普（HP）公司收购。

需要说明的是，推式供应链和拉式供应链代表两种极端的情形，在实务中常常需要将其有机结合，这样就形成了推-拉式供应链。在推-拉式供应链中，需要将供应链流程进行分解，共性流程由预测驱动（推），个性化（差异化）流程由订单驱动（拉）。这样，合理界定推-拉的分界线就显得格外重要②。如图 14.3 所示。

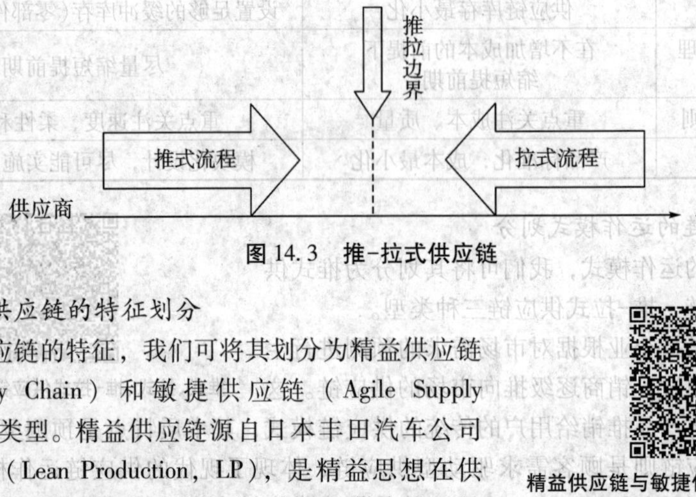

图 14.3　推-拉式供应链

（六）根据供应链的特征划分

根据供应链的特征，我们可将其划分为精益供应链（Lean Supply Chain）和敏捷供应链（Agile Supply Chain）两种类型。精益供应链源自日本丰田汽车公司的精益生产（Lean Production，LP），是精益思想在供应链中的应用。精益供应链是精干、高效的供应链，是消除非增值环节、杜绝浪费、追求持续改善的供应链。敏捷供应链则强调供应链的"敏捷性"和"反应性"，它是企业在复杂、多变的环境下，针对特定的市场机会，为获得最大化的价值而形成的基于一体化动态联盟、协同运作的供应链。其特点是根据动态联盟的形成和解体，进行快速重构和调整。其实质是借助信息技术、先进制造技术和现代管理方法及手段的多企业资源的集成。它强调信息共享、流程整合、虚拟企业（动态联盟）、快速响应。敏捷性是敏捷供应链的核心。

精益供应链与敏捷供应链之比较（微课）

① 准确讲，是推-拉式供应链。
② 胡建波. 延迟策略的实质与缓冲点决策 [J]. 企业管理，2017（2）.

[案例 14.2] 思科公司的敏捷供应链

思科公司是实施敏捷供应链的典范。思科公司 90%以上的订单来自互联网，而其过手的订单不超过 50%。思科公司通过公司的外部网连接零部件供应商、分销商和合同制造商，构成一个虚拟的制造环境。当客户通过思科公司的网站订购一种典型的思科产品（如路由器）时，订单将触发一系列的信息给为其生产电路板的合同制造商，同时分销商也会被通知提供路由器的通用部件（如电源插件）。那些为思科公司生产路由器机架、组装成品的合同制造商，通过登录思科公司的外部网并连接至其生产执行系统，可以事先知道可能产生的订单类型和数量。第三方物流服务商则负责零部件和产成品在整个供应链中的储存、运输与配送，并通过实时信息共享实现供应链的可视化。

除了上述分类外，供应链还有其他分类方法。例如，按照供应链中核心企业的类型，可以将供应链划分为制造商主导型供应链、批发商主导型供应链①、零售商主导型供应链、物流商主导型供应链等类型。

核心企业主导型供应链（微课）　　按照管理对象划分的供应链（微课）

第二节　供应链管理概述

供应链管理的产生顺应了时代要求，它不仅关注企业内部的资源和能力，而且关注企业外部的资源和联盟竞争力，强调企业内外资源的优化配置以及整个供应链上企业能力的集成，是一种全新的管理思想和方法。

戴尔公司的供应链管理（微课）　　供应链管理的概念与内涵（微课）　　供应链管理的流程（微课）

一、供应链管理的概念与要旨

我国国家标准《物流术语》（GB/T18354-2006）对供应链管理（Supply Chain Management，SCM）的定义是："对供应链涉及的全部活动进行计划、组织、协调与控制。"

本书认为，供应链管理是在满足服务水平需要的同时，通过对整个供应链系统进行计划、组织、协调、控制和优化，最大限度地减少系统成本，实现供应链整体效率优化而采用的从供应商到最终用户的一种集成的管理活动和过程。

供应链管理涉及战略性供应商和合作伙伴关系管理，供应链产品需求预测与计划，供

① 在农副产品、服装等轻工业产品市场上，批发商仍然占据着主导地位。

应链设计，企业内部与企业间物料供应与需求管理，基于供应链管理的产品设计与制造管理，基于供应链的服务与物流，企业间资金流管理，供应链交互信息管理。

核心企业通过与供应链成员企业的合作，对供应链系统的物流、资金流、信息流进行控制和优化，最大限度地减少非增值环节，提高供应链的整体运营效率；通过成员企业的协同运作，共同对市场需求做出快速响应，及时满足顾客需求；通过调和供应链的总成本与服务水平之间的冲突，寻求服务与成本之间的平衡，实现供应链价值最大化，提升供应链系统的整体竞争力。

二、供应链管理的特点

供应链管理的特点（微课）

一般地，供应链管理具有以下主要特点：

（一）需求驱动

供应链的形成、存在、重构都是基于特定的市场需求，用户的需求是供应链中物流、资金流、信息流的驱动源。一般地，供应链的运作是在客户订单的驱动下进行的，由客户订单驱动企业的产品制造，产品制造又驱动采购订单，采购订单驱动供应商。在订单驱动的供应链运作中，成员企业需要协同，需要努力以最小的供应链总成本最大限度地满足用户的需求。

（二）系统优化

供应链是核心企业和上下游企业以及众多的服务商（包括物流服务商、信息服务商、金融服务商等）结合形成的复杂系统，是将供应链各环节有机集成的网链结构。供应链的功能是系统运作体现出的整体功能，是各成员企业能力的集成。因此，通过系统优化提高供应链的整体效益是供应链管理的特点之一。

（三）流程整合

供应链管理是核心企业对企业内部及供应链成员企业间物流、资金流、信息流的协调与控制过程，需要打破企业内部部门间、职能间的界限，需要打破供应链成员企业间的阻隔，将企业内外业务流程集成为高效运作的一体化流程，以降低供应链系统成本，缩短供应提前期，提高顾客满意度。

（四）信息共享

供应链系统的协调运行是建立在成员企业之间高质量的信息传递和信息共享的基础之上的，及时、准确、可靠的信息传递与共享，可以提高供应链成员企业之间沟通的效果，有助于成员企业的群体决策。信息技术的应用，为供应链管理提供了强有力的支撑，供应链的可视化（Visibility）极大地提高了供应链的运行效率。

（五）互利共赢

供应链是核心企业与其他成员企业为了适应新的竞争环境而组成的利益共同体，成员企业通过建立协商机制，谋求互利共赢的目标。供应链管理改变了企业传统的竞争方式，将企业之间的竞争转变为供应链与供应链之间的竞争，强调供应链成员之间建立起战略伙伴关系，扬长避短，优势互补，强强联合，互利共赢。

三、供应链管理的领域

供应链管理主要涉及需求管理、生产计划管理、物流管理、供应管[illegible]如图 14.4 所示。

供应链管理的领域（微课）

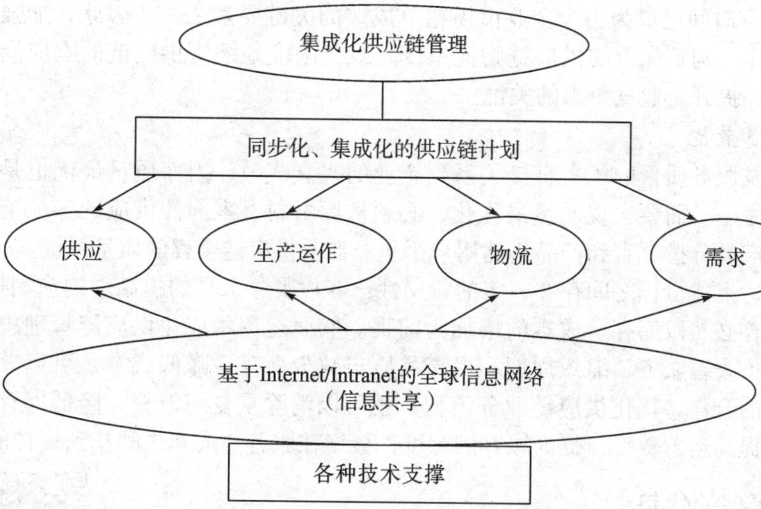

图 14.4　供应链管理涉及的领域

由图 14.4 可知，供应链管理以同步化、集成化的供应链计划（如供应链综合计划、销售与运作计划）为指导，以先进的制造技术（如计算机集成制造系统）、现代物流技术、信息技术（云计算、移动互联网等）以及人工智能技术等为支撑，围绕供应、生产运作、物流以及满足需求来实施。供应链管理是“应用系统的方法来管理从原材料供应商通过工厂和仓库直到最终顾客的整个信息流、物流、资金流的过程”①。

四、供应链管理的目标

供应链管理的目的是增强企业竞争力，首要的目标是提高顾客满意度，具体目标是通过调和总成本最小化、总库存最少化、响应周期最短化以及服务质量最优化等多元目标之间的冲突，实现供应链绩效最大化。

供应链管理的目标（微课）

（一）总成本最低

总成本最低并非是指供应链中某节点企业的运营成本最低，而是指整个供应链系统的总成本最低。为了实施有效的供应链管理，必须将供应链成员企业作为一个有机的整体来考虑，以实现供应链运营总成本最小化。

（二）库存总量最少

传统管理思想认为，库存的设置是为了应对供需的不确定性，是必须的。然而，按照精益管理思想，库存乃“万恶之源”，会导致成本上升。因此，为了控制成本，企业就必须将供应链系统的库存控制在最低的程度。总库存最少化目标的达成，需要核心企业在集成供应链各库存点信息的基础上对供应链中的库存进行集中控制，抑或上下游企业协同对供应链库存进行控制。

（三）响应周期最短

供应链的响应周期是指从客户发出订单到获得满意交货的总时间。如果说 20 世纪 80 年代企业间的竞争是“大鱼吃小鱼”，那么，进入 90 年代以后企业间的竞争更多地演变为

① Chase Production & Operations Management-Manufacturing & Services 1998.

“快鱼吃慢鱼”。时间已成为当今企业市场竞争成败的关键要素之一。因此，加强供应链成员企业间的合作，构筑完善的供应链物流系统，最大限度地缩短供应链的响应周期，是提高顾客满意度、提升企业竞争力的关键。

（四）服务质量最优

企业产品及服务质量的优劣直接关系到企业的兴衰成败，因而质量最优也是供应链管理的重要目标之一。而要实现质量最优化，必须从原材料、零部件供应的零缺陷开始，经过生产制造、产品分拨，直到产品送达用户手里，涉及供应链全程的质量最优。

一般而言，上述目标之间存在一定的背反性：客户服务水平的提高、响应周期的缩短、交货品质的改善必然以库存、成本的增加为前提。然而运用集成化供应链管理思想，从系统的观点出发，改善服务、缩短周期、提高品质与减少库存、降低成本是可以兼顾的。只要加强企业间的合作，优化供应链业务流程，就可以消除重复与浪费，降低库存水平，降低运营成本，提高运营效率，提高顾客满意度，最终在服务与成本之间找到最佳的平衡点。

五、供应链管理的优势

供应链管理的优势（微课）

成功的供应链管理能够协调整合供应链所有活动，使之成为无缝连接的一体化流程。具体而言，供应链管理主要有以下几方面的优势：

（1）加强供应链管理能够减少非增值环节，消除无效的劳动与浪费，避免库存的重复设置，减少流通费用，创造竞争的成本优势；

（2）实施供应链管理能够通过成员企业的快速重构形成动态联盟，对市场需求做出快速反应，实现供求良好结合，创造竞争的时空优势；

（3）实施供应链管理可以在成员企业之间构筑战略伙伴关系，实现成员企业在战略、战术和运作层面的协同，实现核心能力的协同整合，创造强大的竞争优势；

（4）实施供应链管理还可以促使企业采用现代化的信息技术和物流技术手段。在供应链管理中，信息技术的广泛应用是其成功的关键，而先进的物流设施设备、科学的管理方法则是其成功的重要保障。

总之，实施供应链管理可以提高供应链的运营效率，降低供应链的运营成本，提高客户服务水平，提高顾客满意度，给企业带来强大竞争优势。

小资料：

实施有效供应链管理的优势

PRTM 公司曾经做过一项关于集成化供应链管理的调查，涉及 6 个行业共 165 家企业。调查结果显示，企业实施有效的供应链管理，可以获得以下竞争优势：①供应链总成本降低 10%（占销售收入的百分比）以上，订单响应周期缩短 25%~35%；②中型企业的准时交货率提高 15%，其资产运营绩效提高 15%~20%，库存降低 3%；③绩优企业的库存降低 15%，而现金流周转周期比一般企业少 40~65 天。

六、供应链管理的基本要求

供应链管理的基本要求（微课）

供应链是具有供求关系的多个企业的组织，成员企业各有各的产权，各有各的利益，彼此间还存在竞争。因而，供应链管理的成功实施有一定的难度，对核心企业的要求较高。一般而言，实施供应链管理对成员企业有以下基本要求。

（一）根据客户所需的服务特性进行市场细分

传统意义上的市场细分一般是根据顾客的产品需求特性划分目标客户群体，往往忽视了客户的服务（尤其是物流服务）需求特性；而供应链管理则强调根据客户的服务需求特性进行市场细分，并在此基础上决定提供的服务方式和服务水平，尽可能满足客户的个性化需求。

［案例 14-3］**根据客户需求进行市场细分**

一家造纸企业在市场调查的基础上，按照传统的市场细分原则划分客户群，其结果是，有三种类型的客户群对纸张有需求：印刷企业、经营办公用品的企业和教育机构。接下来，该公司针对这三类客户制定差别化的服务策略。但若是实施供应链管理，还须进一步按客户所需的服务特性来细分客户群。比如印刷企业，就应再细分为大型印刷企业和小型印刷企业，因为这两类企业的需求有差异，前者允许较长的供应提前期，而后者则要求 JIT 供货（要求在 24 小时内供货）。

（二）根据客户需求和盈利率设计企业的物流网络

客户需求是供应链运作的驱动源，而盈利率是企业实施供应链管理要达成的目标。因此，在设计企业的物流网络时，企业必须考虑这两个重要因素。

［案例 14-4］**根据客户需求和盈利率设计物流网络**

在上例中，这家造纸企业过去无论是针对大型印刷企业还是针对小型印刷企业，均只设计一种物流网络，即在印刷企业较集中的地区设立一个中转站，并建立仓库。这往往造成对大型印刷企业的供应量不足；而小型印刷企业则持有较多的库存，引起小型印刷企业的不满。因为这既不能满足小型印刷企业的个性化需求，还占用了其较多的资金，成本与风险均上升。实施供应链管理后，这家造纸企业建立了 3 个大型配送中心和 46 个紧缺物品快速反应中心，分别满足了这两类企业的不同需求。

（三）实施延迟策略

实施延迟策略是供应链管理的一条重要原则。所谓延迟策略（Postponement Strategy）是指“为了降低供应链的整体风险，有效地满足客户个性化的需求，将最后的生产环节或物流环节推迟到客户提供订单以后进行的一种经营策略”（GB/T18354-2006）。通常，实施延迟策略包括形式延迟策略、生产延迟策略、物流延迟策略和完全延迟等几种策略。延迟策略在戴尔、松下、福特、惠普、耐克等公司得到了广泛的应用。

（1）形式延迟策略，也称结构延迟策略，是指在产品设计阶段，采用模块化设计理念，使零部件或工艺流程标准化、通用化和简单化，尽量减少产品设计中的差异化部分，使产品由结构简单、具有通用性的模块构成。

（2）生产延迟策略。生产延迟策略是指尽量使产品处于“基型”或“雏形”的状态，由分销中心完成最后的生产或组装。

（3）物流延迟策略。物流延迟策略是指在供应链中，产品的实物配送尽量被延迟，产品仅储存在工厂成品库中，接到订单后，采用直接配送的方式将产成品送到零售商或顾客手中。

（4）完全延迟策略。对于客户的个性化需求，订单直接（或经由零售商）传递给制造商。在得到产成品后，由制造商直接将产品运送给顾客或零售商。顾客的订货点已经移至生产流程阶段，生产和物流活动完全由订单所驱动。

［案例 14-5］**阿迪达斯的鞋店**

阿迪达斯公司在美国开了一家鞋店，该店不卖成品，仅有鞋底 8 种、鞋面 85 种、鞋带

10种，顾客可自由选配，10分钟后即可完成成品，该店生意兴隆。

实施延迟策略，一般需要具备以下条件：模块化产品设计、零部件通用化与标准化、产品规格标准化、业务流程再造（BPR）、IT手段的支撑（信息共享）、经济合理。

（四）建立双赢/共赢合作机制

供应链成员企业间的合作必须建立在双赢/共赢的基础之上。核心企业把上下游企业及其他服务商整合起来形成集成化的供应链网络，各成员企业仍然从事本企业的核心业务，保持自己的经营特色，但它们必须为供应链价值的最大化而通力合作。为此，企业间首先应建立共赢合作机制，这是实施供应链管理的基本要求。

（五）实时信息共享

供应链成员企业间的协同，必须建立在实时信息共享的基础上。而传统供应链渠道长、环节多，需求信息易扭曲、失真。为此，一方面企业要优化供应链的结构，实现供应链的简约化，另一方面企业要借助EDI、（移动）互联网以及物联网等现代信息技术手段，打造透明的供应链，实现供应链的可视化（Visibility），为成员企业的协同运作奠定良好的基础和条件。

（六）实施供应链协同管理

供应链协同是指供应链成员企业为实现共同的目标而共同制订计划，在实时信息共享的基础上同步协调运作，以实现供应链流程的无缝衔接。供应链协同应以信息共享、相互信任、群体决策、流程无缝衔接和共同的战略目标为基础。供应链协同管理包括战略层、战术层和运作层三个层次。

（七）实施供应链绩效评估

绩效评估是管理工作的重要环节之一，但供应链绩效评估有别于传统的企业绩效评价。其区别在于，既要对供应链上的企业进行绩效评价，又要对供应链的整体绩效进行评估。供应链管理成功与否的最终检验标准是顾客的满意度。

七、供应链管理的发展趋势

供应链管理的发展趋势主要表现为：全球供应链管理、电子供应链管理、绿色供应链管理、弹性供应链管理以及供应链金融等。

供应链管理的发展趋势（微课）

（1）全球供应链管理。全球供应链管理是指企业在全球范围内构筑供应链系统，根据企业经营的需要在全球范围内选择最具竞争力的合作伙伴，实现全球化的产品设计、采购、生产、销售、配送和客户服务，最终实现供应链系统成本和效率的最优化。构筑全球供应链的策略主要包括生产专门化（规模经济）、库存集中化、延迟与本土化。构筑全球供应链应遵循决策与控制全球化、客户服务管理本土化、业务外包最大化、供应链可视化等原则。

（2）电子供应链管理。因特网的飞速发展，改变了企业的性质及其竞争方式，基于网络技术协同的电子供应链（e-Supply Chain）应运而升。电子供应链建立在一体化供应链网络之上，而一体化供应链网络则通过物流网络和信息网络连接在一起。电子供应链管理（e-SCM）是核心企业将电子商务理念和互联网技术应用于供应链管理，通过电子市场将供应商、客户及其他交易伙伴连接在一起，形成电子供应链，或将传统供应链转变成电子供应链。电子市场主要有专有市场和公共市场两种类型。专有市场由核心企业开发和运作，包括电子采购（E-Procurement）平台和电子销售平台；公共市场由平台服务商开发和运作，是为核心企业提供定位、管理支持以及核心企业与合作伙伴协同的平台。

（3）绿色供应链管理。面对全球资源的枯竭以及环境污染的加剧，绿色供应链（Green Supply Chain）作为现代企业可持续发展的模式，越来越受到关注。我们可以把从产品形成、消费一直到最终废弃处理作为一个环境生命周期（ELC），通过生命周期评价（LCA）来评估整个供应链对环境的影响。如果企业及其供应链伙伴相互协作能够减少供应链活动对环境的影响，就可以逐步形成环境友好型的绿色供应链。绿色供应链管理（GrSCM）将环境管理与供应链管理整合在一起，可以识别供应链流程对环境的影响。它倡导企业通过内外变革来对环境产生积极的影响，包括要求合作伙伴通过ISO14001环境管理体系认证等。绿色供应链管理不仅可以通过确保供应链符合环境法规、将环境风险最小化、维护员工健康以及采取环境保护等措施来避免额外的供应链成本，而且可以通过提高生产率、促进供应链关系、支持创新以及加快增长等途径形成供应链的环境价值。

［案例14-6］上海市绿色供应链促进平台

上海市从2013年起启动了绿色供应链促进平台的构建。在硬件方面，上海市建立了绿色供应链公共网站，为供应商、制造商、分销商、零售商和消费者提供绿色产品信息以及相关技术服务支持，为多方互动交流搭建平台；在软件方面，上海市针对供应链的环境绩效评估手段以及供应链绿色改善的技术方法，为企业在开展供应链管理尤其是供应商评估方面提供支持，并通过绿色供应链案例库的形式为更多企业普及绿色供应链管理的理念和技术。目前，上海市绿色供应链促进平台已经吸纳了宜家家居、上汽通用、百联集团、苹果（中国）等大型企业和正丰易科、通标标准技术服务有限公司等环境咨询公司，并依托平台组织培训、研讨和绿色供应链案例征集评选活动，为上海市企业开展绿色供应链管理创造了条件。

（4）供应链金融。供应链金融（Supply Chain Finance）是面向供应链成员企业的一项金融服务创新，主要通过将供应链核心企业的信用价值有效传递给上下游众多的中小企业，提高其信贷可得性，降低其融资成本，进而提高整个供应链的财务运行效率。供应链金融的行为主体包括核心企业、上下游企业、物流企业、商业银行、电子商务平台以及保险公司和抵押登记机构等其他供应链服务成员。供应链金融包括前向物流金融和后向物流金融等模式。其中，前向物流金融模式最典型的是“厂商银”，又称买方信贷或保税仓融资模式。后向物流金融最典型的是基于应收账款的物流金融服务。基于物流产生的应收账款融资主要包括应收账款质押融资和应收账款保理两种方式。

［案例14-7］天物大宗的在线供应链金融服务

天物大宗是一家为大宗商品贸易提供在线服务的电子商务企业。近年来，该公司大力开发大宗商品贸易的在线供应链金融服务，逐步实现了大宗商品供应链的商流、物流和资金流的在线整合。其中，利用电子商务平台为贸易双方提供在线供应链金融服务是天物大宗业务的最大特色。天物大宗通过真实的交易信息确定贸易双方的信用等级，并利用网络化、信息化的“物流监管”优势，有效降低了在线供应链金融服务的风险。凭借母公司丰富的自有资金和银行的授信额度优势，天物大宗可以为客户提供订货融资、合同融资、仓单融资和应收款保险理赔融资四种在线融资服务。

天物大宗的在线供应链金融服务（微课）

［案例 14-8］**沃尔玛供应商的应收账款保理融资**

沃尔玛的供应商利用沃尔玛延迟支付的应收账款作为信用凭证，以获得银行的融资服务。其基本流程为：供应商在网上接到沃尔玛的订单后，向银行提出融资申请，用于组织生产和备货；获得融资并生产产品后，向沃尔玛供货，供应商将发票、送检入库单等单据提交银行，银行即可办理应收账款保理融资，归还订单融资；应收账款到期，沃尔玛按约定支付货款资金到供应商在银行开设的专项收款账户，银行收回保理融资，从而完成供应链融资的整套办理流程。

第三节　供应链的设计

设计和构建一个有效的供应链，对于企业的成功至关重要。有效率和有效益的供应链可以增强企业的运作柔性，降低运作成本，提高客户服务水平，提升企业竞争力。

惠普打印机供应链的优化（微课）

一、供应链的设计策略

基于产品的供应链设计策略（微课）　基于成本的供应链设计策略（微课）　基于多代理的供应链设计策略（微课）

供应链的设计策略主要有基于产品的供应链设计策略、基于成本的供应链设计策略、基于多代理的供应链设计策略等策略。其中，比较成熟、应用较广的是基于产品的供应链设计策略。该策略的提出者费舍尔（Marshall L. Fisher）认为，供应链的设计要以产品为中心。供应链的设计者首先要清楚顾客对产品的需求，包括产品类型以及需求特性（不同的产品可以满足不同的客户需求）。此外，还应该明确不同类型供应链的特征，在此基础上，设计出与产品特性相一致的供应链。

我们知道，根据产品生命周期、产品边际利润、需求的稳定性以及需求预测的准确性等指标可以将产品划分为功能型产品和创新型产品两种基本类型，而根据供应链的功能模式可以将供应链划分为效率型供应链和响应型供应链两种类型。根据这两类产品的特性以及这两种类型供应链的特征，就可以设计出与产品需求相一致的供应链。基于产品的供应链设计策略矩阵如图 14.5 所示。

	功能型产品	创新型产品
效率型供应链	匹配	不匹配
响应型供应链	不匹配	匹配

图 14.5　基于产品的供应链设计策略矩阵

策略矩阵中的四个元素分别代表四种不同的产品类型与供应链类型的组合，从中可以看出产品和供应链的特征，管理者据此就可以判断企业的供应链类型是否与产品类型相匹配。显然，这四种组合中只有两种是有效的，即效率型供应链与功能型产品相匹配以及响应型供应链与创新型产品相匹配的组合。

显然，上述供应链设计思想主要考虑了产品类型及需求特性，忽略了供应特性（如供应市场的复杂度与不确定性）。事实上，不同的行业，不同的产品市场领域，企业所面临的供应风险是不同的。如果综合考虑需求的不确定性以及供给的不确定性，上述供应链设计策略矩阵可以进一步得到优化，如图 14.6 所示。

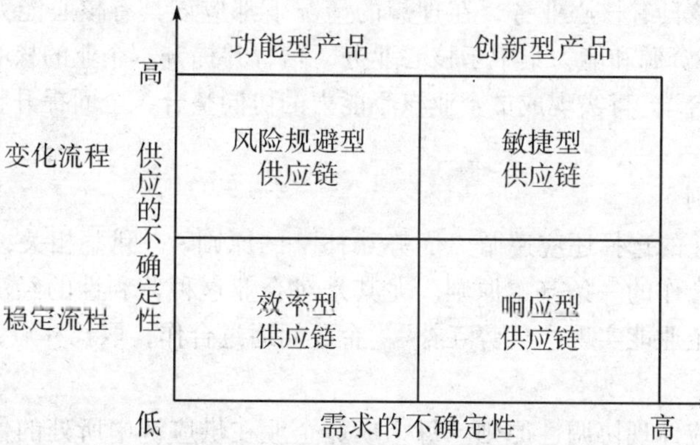

图 14.6　供应链设计策略矩阵

若需求与供给都相对稳定，我们可以设计为效率型供应链；若需求与供给的不确定程度都高，我们可以设计为敏捷型供应链；若供给稳定而需求的不确定性程度高，我们可以设计为响应型供应链；若需求稳定而供给的不确定程度高，我们可以设计为风险规避型供应链。

需要指出，基于产品的供应链设计策略应该与公司的业务战略相适应，并能最大限度地支持公司的竞争战略。许多学者也认为应该在产品开发的初期设计供应链。因为产品生产和流通的总成本最终取决于产品的设计，这样就能使与供应链相关的成本和业务得到有效的管理。

二、供应链的设计原则

设计供应链时，应遵循如下一些基本原则，其目的是确保在供应链的设计、优化乃至重构过程中能贯彻落实供应链管理的基本思想。

供应链的设计原则（微课）

（一）双向原则

该原则是指自上而下与自下而上相结合。自上而下即从全局到局部，是设计目标和任务逐级分解的过程；自下而上则是从局部到全局，是设计方案的系统集成的过程。在进行供应链设计时，企业供应链管理者（如供应链总监 CSCO）一般会根据企业所在的产品市场领域以及客户的产品与服务需求特性进行供应链规划，再结合采购与供应、生产运作、分销（拨）、客户服务以及物流等相关职能领域的业务流程特点进行详细设计。在供应链运营过程中，供应链管理者还要充分利用自下而上不断反馈的信息，对供应链进行优化、整合。因而供应链的设计与优化是自上而下与自下而上两种策略的有机结合。

（二）简约化原则

该原则也称简洁性原则。为了能使供应链具有快速响应市场需求变化的能力，供应链的环节要少，同时每个节点都应该是敏捷的，能够根据客户订单进行供应链的快速重构。因此，合作伙伴的选择就应该遵循“少而精”的原则。企业通过和少数业务伙伴建立战略联盟，努力实现从精益采购到精益制造，再到精益供应链这一目标。

（三）集优原则

供应链成员企业的选择应遵循“强强联合”的原则，以实现企业内外资源的优化整合。每个节点企业都应该具有核心业务，在理想的情况下都应该具有核心能力。并且需要实施“归核化”战略，将资源和能力集中于核心业务，培育并提升本企业的核心能力。通过成员企业间的“强强联合”，将实现成员企业核心能力的协同整合，全面提升整个供应链系统的核心竞争力。

（四）优势互补原则

供应链成员企业的选择还应遵循“优势互补”的原则。“利益相关，优势互补”是组织之间或个体之间合作的一条基本原则。尤其是对企业这种营利性的经济组织而言，企业合作的前提是成员企业能实现“优势互补”。企业间通过合作，取长补短，实现共赢。

（五）协调性原则

供应链的设计应体现协调性原则。每个成员企业在供应链中所处的位置与作用，在很大程度上取决于供应链管理目标实现的程度。为此，供应链中各个参与体的存在，应当根据供应链管理目标的达成进行取舍。同时，各成员企业至少要能够承担供应链的某一项职能，要能够从供应链绩效目标达成的角度体现出整个供应链的协调性。

（六）动态性原则

动态性是供应链的一个显著特征。一方面，企业经营环境是动态、复杂多变的，另一方面，由于成员企业间的相互选择，必然使供应链的构成发生变化。为了能适应竞争环境，供应链节点应根据企业经营的需要动态更新。因此，供应链的设计应符合动态性原则，应根据企业发展的需要优化乃至重构供应链，以适应不断变化的竞争环境。此外，处于不同产业的企业，其供应链的类型与结构也有所不同，在设计、构建供应链时应体现权变、动态的原则，不可盲目照搬。

（七）创新性原则

创新是供应链设计的一条重要原则。在对供应链进行创新设计时，企业要注意以下几点：一是目标导向，即创新必须在企业总体目标和战略的指导下进行，并与企业的战略目标保持一致；二是客户导向，即供应链的设计要从用户的需求出发，体现市场导向、需求导向的理念，最大限度地满足客户需求；三是集思广益，即要充分发挥企业采购、生产、物流以及客户服务等相关人员的积极性、主动性和创造性，并加强与关键供应商和关键客户及其他关键合作伙伴的沟通，群策群力，确保供应链创新设计的有效性；四是科学决策，即要建立科学的供应链设计项目评价体系和组织管理体系，并进行技术经济分析以及可行性论证。

（八）战略性原则

供应链的设计应具有前瞻性，应在企业竞争战略和供应链管理策略的指导下进行。供应链的规划与设计应从长计议，不能仅仅着眼于满足眼前企业运营的需要，还应该能够满足企业未来发展的需要。为此，供应链高级经理应至少对企业未来5年涉足的产品市场领域进行展望，并在此基础上进行供应链的顶层设计，确保战略性原则的贯彻与落实。

三、供应链的设计步骤

基于产品的供应链设计主要有以下八个步骤，如图 14.7 所示。

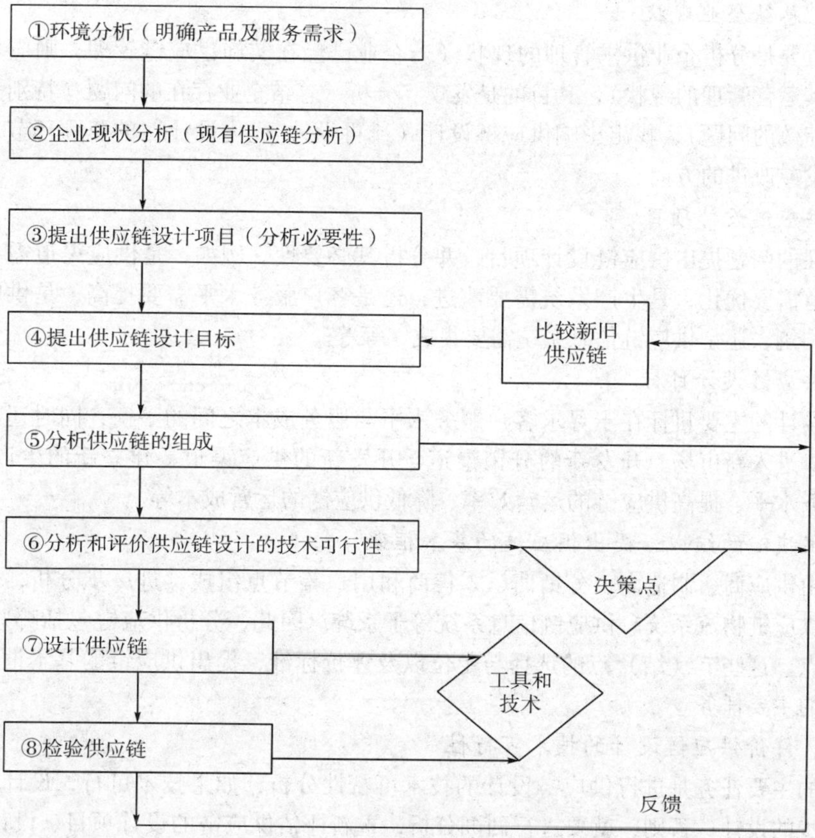

图 14.7　供应链的设计步骤模型

供应链的设计步骤(微课)

日本某服装制造商的经营策略(微课)

波特竞争模型和 PEST 模型在公司环境分析中的应用(微课)

（一）环境分析

市场竞争环境分析的主要目的是明确顾客的产品需求及相关服务需求，包括产品类型及其特征、相关服务需求及其特性。为此，我们需要运用 PEST 模型、波特竞争模型、产品生命周期（PLC）模型[①]等多种管理工具，分析企业经营环境，包括环境的不确定性、所在

① 产品生命周期是分析企业所在行业成长性的一种重要工具。

行业的成长性、市场的竞争性（特别是同业竞争者、关键的用户、关键原料或产品供应商、替代品或替代服务供应商、新入侵者/潜在进入者等特殊环境要素所构成的竞争威胁）。我们在市场调查、研究、分析的基础上确认用户的需求以及市场竞争压力。第一步输出的结果是按每种产品的重要性排列的市场特征。

（二）分析、总结企业现状

这一步主要是分析企业供求管理的现状（若企业已经在实施供应链管理，则应着重分析供应链及其运营管理的现状），其目的是发现、分析、总结企业存在的问题（特别是影响供应链运营绩效的问题），找出影响供应链设计（或再设计/优化设计）的瓶颈环节，并明确供应链开发或改进的方向。

（三）提出供应链设计项目

针对存在的问题提出供应链设计项目，并分析其必要性。例如，是供应渠道需要优化还是分销渠道需要优化；是生产系统需要改进，还是客户服务水平需要提高；是供应链物流系统需要构筑，还是供应链信息系统需要集成，等等。

（四）提出供应链设计目标

供应链设计的主要目标在于寻求客户服务水平与服务成本之间的平衡，同时还可能包含以下目标：进入新市场、开发新的分销渠道、开发新的供应渠道、建立新的生产基地、改善售后服务水平、提高供应链的运营效率、降低供应链的运营成本等。

（五）分析供应链的组成，提出供应链的基本框架

供应链由供应商、制造商、分销商、零售商和用户等节点组成，进一步分析，供应链系统还包括供应链物流系统、供应链信息系统等子系统。因此，分析供应链包括哪些节点、哪些物流结点、这些节（结）点的选择与定位以及评价标准，提出供应链的基本框架，就成了这一步的主要任务。

（六）分析、评价供应链设计的技术可行性

本阶段的主要任务是进行供应链设计的技术可行性分析，如果技术可行，设计者就可以进行下一步的设计；否则，就要进行回溯分析，重新评估供应链的设计项目、设计目标、供应链的组成等。

（七）设计供应链

这一步是供应链设计的主要环节，包括以下主要内容：

（1）确认供应链的成员组成。主要包括供应商、制造商、分销商、零售商、用户、物流服务商、银行等金融机构、IT服务商等成员。

（2）明确物料的来源。需要考虑以下问题：是企业内部自制还是外购，是直接供应还是间接供应，是采用多层次的供应商网络还是单源供应等。

（3）生产系统设计。主要包括产品决策、生产能力规划、生产物流系统设计等问题。

（4）分销系统与能力设计。主要包括需求预测、目标市场选择、分销渠道设计（如采用多级分销还是直销模式，抑或采用多渠道系统）等问题。

（5）供应链物流系统设计。包括：生产资料供应配送中心、成品库、物流中心、区域分拨中心（RDC）、成品配送中心等物流结点的选择、选址与定位；运输方式的规划；物流管理信息系统的开发，包括仓库管理系统（WMS）、运输管理系统（TMS）、库存管理系统（IMS）以及进货管理系统等子系统的开发与集成；物流系统流量预估等。

（6）供应链信息系统设计。主要解决基于Internet/Intranet、EDI的供应链成员企业间

的信息组织与集成问题。

在供应链设计中，需要用到许多设计方法、工具和技术。前者如网络图形法、数学模型法、计算机仿真分析法、CIMS-OAS框架法，后者如设计软件、流程图等。

（八）检验供应链

供应链设计完成以后，应采用一些方法和技术进行测试，抑或通过试运行进行检验。如果不可行，则要返回到第四步进行重新设计；如果可行，便可实施供应链管理。

第四节　供应链管理策略

随着供应链管理在企业竞争战略中地位的加强，人们对供应链管理战略目标实现策略的研究与实践也在不断深化，先后开发出了快速反应、有效客户反应等策略。实践证明，供应链管理策略的成功实施，能有效支持企业的竞争战略，能提高顾客满意度，能提升企业竞争力。

供应链管理策略与企业竞争战略的关系（微课）

一、快速反应

快速反应是美国纺织与服装行业发展起来的一种供应链管理策略。

QR策略产生的背景（微课）

（一）快速反应的内涵

快速反应（Quick Response，QR）是指“供应链成员企业之间建立战略合作伙伴关系，利用电子数据交换（EDI）等信息技术进行信息交换与信息共享，用高频率小批量配送方式补货，以实现缩短交货周期，减少库存，提高顾客服务水平和企业竞争力为目的的一种供应链管理策略”（GB/T18354-2006）。换言之，QR策略是供应链成员企业为了实现共同的目标，如缩短供应提前期、降低供应链系统库存量、避免大幅度降价、避免产品脱销、降低供应链运作风险、提高供应链运作效率等而加强合作，实现供应链的可视化和协同化，其重点是对消费者的需求做出快速反应。

QR策略的内涵（微课）

实施QR策略，要求零售商和供应商一起工作，通过共享POS数据来预测补货需求，不断监测环境变化以发现新产品导入的机会，以便对消费者的需求做出快速反应。从业务运作的角度看，贸易伙伴需要利用EDI来加快供应链中信息的传递，共同重组业务活动以缩短供应提前期并最大限度地降低运作成本。

（二）QR策略的实施步骤

QR策略的实施包括以下几个主要步骤：

（1）商品单元条码化，即对所有商品消费单元用EAN/UPC条码标识，对商品贸易单元用ITF-14条码标识，对物流单元则用UCC/EAN—128条码标识。

QR策略的实施阶段和步骤（微课）

（2）POS数据的采集与传输。零售商通过RF终端扫描商品条形码，从POS系统得到及时准确的销售数据，并通过EDI传输给供应商共享。

（3）补货需求的预测与补货。供应商根据零售商的POS数据与库存信息，主动预测补货需求，制订补货计划，经零售商确认后发货。

（三）QR策略成功实施的条件

QR策略的成功实施，需要具备以下基本条件：

QR策略成功实施的条件（微课）

1. 供应链成员企业间建立战略伙伴关系

企业必须改变通过“单打独斗”来提高经营绩效的传统理念，要树立通过与供应链成员企业建立战略伙伴关系，实现资源共享，共同提高经营绩效的现代供应链管理理念。

2. 供应链成员企业间建立有效的分工协作关系的框架

明确成员企业间分工协作的方式和范围，加强协同，消除重复作业。特别地，零售商在QR系统中起主导作用，零售店铺是构筑QR系统的起点。

3. 实现供应链的可视化

开发和应用现代信息技术手段，打造透明的供应链（实时信息共享）。以供应链的可视化促进供应链的协同化。这些信息技术手段包括条码技术、条码自动识别技术、物流信息编码技术、物流标签、电子订货系统（EOS）、销售时点系统（POS）、射频识别（RFID）、电子数据交换（EDI）、提前装运通知（ASN）、电子资金转账（Electronic Funds Transfer，EFT）等。

4. 采用先进的物流技术和管理方法

在QR策略的实施过程中，需要采用供应商管理库存（VMI）、连续补货计划（CRP）①、越库配送/直接换装（CD）② 等先进的物流管理方法和手段，以减少物流作业环节，降低供应链系统的库存量，实现及时补货。

5. 柔性生产与供应

在供应链中需建立柔性生产系统，实现多品种小批量生产，努力缩短产品生产周期，满足客户的订货需求。

（四）QR策略的实施效果

对于零售商来说，大概需要投入占销售收入1.5%~2%的成本以支持条码、POS系统和EDI的正常运行。这些投入主要用于以下几方面：EDI启动软件，现有应用软件的改进，租用增值网（VAN），产品查询，系统开发，教育与培训，EDI工作协调，通信软件，网络及远程通信，CPU硬件，条码标签打印的软件与硬件等。

实施QR策略的收益是巨大的，远远超过其投入。Kurt Salmon协会的David Cole在1997年曾说过：“在美国那些实施QR第一阶段的公司每年可以节省15亿美元的费用，而那些实施QR第二阶段的公司每年可以节省27亿美元的费用。”他提出，如果企业能够过渡到

---

① 连续补货计划（Continuous Replenishment Program）是“利用及时准确的销售时点信息确定已销售的商品数量，根据零售商或批发商的库存信息和预先规定的库存补充程序确定发货补充数量和配送时间的计划方法”。——中华人民共和国国家标准《物流术语》（GB/T18354-2006）

② 越库配送/直接换装（Cross Docking）是指“物品在物流环节中，不经过中间仓库或站点存储，直接从一个运输工具换载到另一个运输工具的物流衔接方式”。——中华人民共和国国家标准《物流术语》（GB/T18354-2006）

第三阶段——协同计划、预测与补货（CPFR）①，每年可望节约60亿美元的费用。

［**案例 14-9**］**沃尔玛的 CPFR 实践**

沃尔玛利用信息技术手段有效整合物流和资金流，是基于 CPFR 供应链计划管理模式的理论和实践。在供应链运作的整个过程中，CPFR 应用一系列技术模型，对供应链中的不同客户、不同节点的执行效率进行信息交互式管理和监控，对商品资源、物流资源进行集中的管理和控制。通过共同管理业务过程和共享信息来改善零售商和供应商的伙伴关系，提高采购订单的计划性、市场预测的准确度、供应链运作的效率，控制存货周转率，并最终控制物流成本。

二、有效客户反应

有效客户反应是1992年从美国食品杂货业发展起来的一种供应链管理策略。

（一）有效客户反应的内涵

有效客户反应（Efficient Customer Response，ECR）是“以满足顾客要求和最大限度降低物流过程费用为原则，能及时做出准确反应，使提供的物品供应或服务流程最佳化的一种供应链管理策略”（GB/T18354-2006）。

ECR 策略的目标是建立一个具有高效反应能力和以客户需求为基础的系统，在零售商与供应商等供应链成员企业之间建立战略伙伴关系。其目的是最大限度地降低供应链系统的运营成本，提高供应链系统的运营效率，提高客户服务水平。

ECR 策略的优势在于供应链成员企业为了提高消费者满意度这个共同的目标而结盟，共享信息和诀窍。它是一种把以前处于分离状态的供应链各方联系在一起以满足消费者需求的有效策略。

ECR 策略的核心是品类管理，即把品类（商品品种类别）作为战略业务单元（SBU）来管理，通过满足消费者需求来提高经营绩效。品类管理是以数据为决策依据，不断满足消费者需求的过程。品类管理是零售业精细化管理之本。

品类管理主要由贯穿供应链各方的四个关键流程（即 ECR 的四大要素）组成，包括有效的新产品导入、有效的商品组合、有效的促销以及有效的补货。如图 14.8 所示。

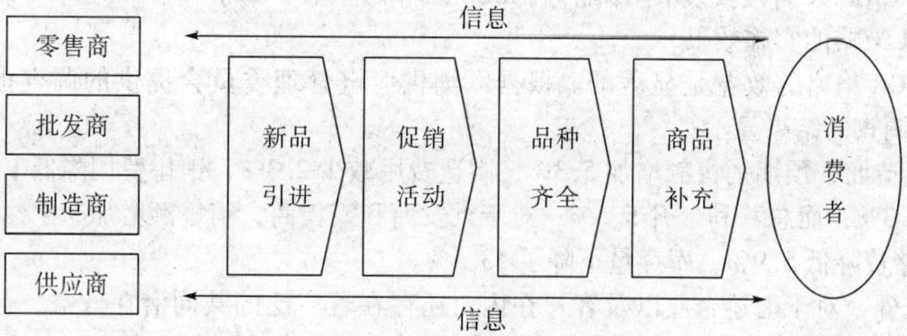

图 14.8 ECR 的运作过程

在上述四个关键流程中，品种管理是 ECR 策略的核心。

（二）ECR 策略的实施

1. ECR 策略在实施中的注意事项

① 协同计划、预测与补货（Collaborative Planning; Forecasting and Replenishment）是指“应用一系列的信息处理技术和模型技术，提供覆盖整个供应链的合作过程，通过共同管理业务过程和共享信息来改善零售商和供应商之间的计划协调性，提高预测精度，最终达到提高供应链效率、减少库存和提高客户满意程度为目的的供应链库存管理策略”。——中华人民共和国国家标准《物流术语》

（1）确保给消费者提供更高的让渡价值。传统的贸易关系是一种此消彼长的对立型关系，即贸易各方按照对自己有利的条件进行交易，这是一种零和博弈。ECR 策略强调供应链成员企业建立战略伙伴关系，通过合作，最大限度地压缩物流过程费用，以更低的成本向消费者提供更高的价值，并在此基础上获利。

（2）确保供应链的整体协调。传统流通活动缺乏效率的主要原因在于制造商、批发商和零售商之间存在企业间联系的非效率性和企业内采购、生产、销售和物流等部门或职能之间存在部门间联系的非效率性。传统的企业组织以部门或职能为基础开展经营活动，以各部门或职能的效益最大化为目标。这样，虽然能够提高各个部门或职能的效率，但容易引起部门或职能间的摩擦。同样，在传统的业务流程中，各个企业以本企业的效益最大化为目标，这样虽然能够提高各个企业的经营效率，但容易引起企业间的利益摩擦。ECR 策略要求去除各部门、各职能以及各企业之间的隔阂，进行跨部门、跨职能和跨企业的管理和协调，使商品流和信息流在企业内和供应链系统中顺畅地流动。

（3）需要对关联行业进行分析研究。既然 ECR 策略要求对供应链整体进行管理和协调，ECR 策略所涉及的范围必然包括零售业、批发业和制造业等相关的多个行业。为了最大限度地发挥 ECR 策略所具有的优势，必须对关联行业进行分析研究，对组成供应链的各类企业进行管理和协调。

2. ECR 策略的实施原则

在实施 ECR 策略时应遵循以下基本原则：①以更低的成本向消费者提供更优质的产品和服务；②核心企业主导供应链的运作；③供应链成员企业实时信息共享，科学决策；④最大限度压缩物流过程费用，确保供应链的增值；⑤重视供应链绩效评估，成员企业共同获利。

3. ECR 策略在实施中使用的关键技术与方法

ECR 策略在实施中使用的关键信息技术手段包括条码技术、销售时点系统（POS）、射频识别（RFID）、电子数据交换（EDI）、电子订货系统（EOS）、提前装运通知（ASN）以及产品、价格和促销数据库（Item, Price and Promotion Database）等。

ECR 策略在实施中使用的关键物流技术和管理方法包括供应商管理库存（VMI）、连续补货计划（CRP）、直接换装/越库配送（CD）、品类管理（CM）等。

4. ECR 策略的实施效果

实施 ECR 策略的效益是显著的。根据欧洲供应链管理委员会提供的调查报告，在对 392 家企业调查的结果显示：

对于制造商，预期销售额增加 5.3%，制造费用减少 2.3%，销售费用降低 1.1%，仓储费用减少 1.3%，而总营利上升 5.5%；对于批发商和零售商，销售额增加 5.4%，毛利增加 3.4%，仓储费降低 5.9%，库存量下降了 13.1%。

除此之外，对于上述企业以及客户在内，还存在着广泛的共同潜在效益，包括信息通畅、货物品种规格齐全、减少缺货、提高企业信誉、改善贸易双方的关系、消费者购货便利、增加了可选择性以及货品新鲜等。由于减少了商品流通环节，消除了不必要的成本和费用，最终消费者、制造商、零售商均受益。

QR 策略和 ECR 策略的主要区别(微课)

需要指出的是，ECR 策略的主要目的是降低供应链系统的总成本，而 QR 策略的目标则是对客户的需求做出快速反应，这两种供应链管理策略的侧重点是不同的。

第五节　第四方物流

随着物流业的进一步发展，行业内以及行业间企业并购、整合风潮促使以利用信息技术手段、为供应链提供完整解决方案的“第四方物流”产生。

一、第四方物流的概念与内涵

美国埃森哲公司最早提出第四方物流的概念，他们认为：“第四方物流服务商（Fourth-Party Logistics Service Provider，4PLs）是一个供应链的集成商，它对公司内部和具有互补性的服务供应商所拥有的资源、能力和技术进行整合和管理，提供一整套供应链解决方案。”

我们从上述定义可以看出，第四方物流服务商的主要作用是对供应链进行整合和优化，在物流、信息等服务商及客户之间充当唯一“联系人”的角色。第四方物流服务商是具有领导力量的供应链集成商，它通过设计、实施综合完整的供应链解决方案来提升供应链影响力并实现供应链的增值。

第四方物流的基本运作模式如图14.9所示。

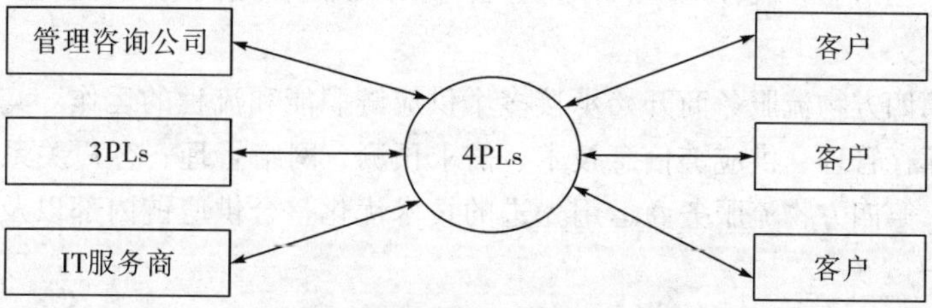

图14.9　第四方物流的基本运作模式

由图14.9可知，第四方物流服务商集成了管理咨询公司、第三方物流服务商及IT服务商的资源和能力，利用分包商来管理和控制客户企业点到点的供应链运作活动。它在整合上述企业资源和能力的基础上，设计、实施能够实现价值最大化的供应链解决方案。第四方物流在运作中，不但强调业务外包的重要性，而且对人员的素质和能力的要求比较高。

［案例14-10］**第四方物流公司——维克多（Vector）供应链管理公司**

维克多（Vector）供应链管理公司在通用汽车（GM）集团的供应链管理中扮演的是典型的第四方物流服务商的角色——LLP①。通用汽车集团每年的物流费用超过50亿美元。针对公司物流业务量大、第三方物流商众多以及供应链系统复杂的现状，通用汽车集团提出进一步整合第三方物流商及简化其物流系统的要求。为此，通用汽车集团投资60亿美元与门罗物流（Menlo Worldwide）合作成立了维克多（Vector）供应链管理公司，为通用汽车集团管理所有的物流外包业务，并为其管理几十家第三方物流服务商。维克多供应链管理公司通过整合通用汽车集团的第三方物流商资源，提供供应链优化解决方案，不仅从通用汽车集团的运输、仓储和库存管理等多个环节挖掘利润空间，而且通过绩效评估，可以直接参与通用汽车集团主营业务的利润分成，成为通用汽车集团真正的战略合作同盟。

① 美国的物流实践表明，第四方物流发展的重要条件之一便是在这个供应链的集成商中，能有一个公司充当所谓的领导型物流服务商（LLP），作为这些集成商的龙头。

二、第四方物流的特征

第四方物流具有再造、变革、实施和执行等几个特征。

（一）再造

再造是供应链流程协作和供应链流程的再设计。第四方物流服务商提供的最高层次的供应链解决方案就是流程再造。供应链业务流程的显著改善是通过供应链各环节计划与运作的协调一致或通过参与各方的通力合作来实现的。再造是对客户企业的供应链管理进行优化，并使供应链各节点的业务策略保持协调一致。

（二）变革

变革是通过新技术来实现供应链职能的加强，变革的努力集中在改善某一具体的供应链职能上，包括销售与运作计划、分销管理、采购策略和客户支持等。领先的技术，高明的战略思维，卓越的流程再造以及强有力的组织变革管理，共同组成最佳方案，对供应链流程进行整合和改善。

（三）实施

实施是进行流程一体化、系统集成及运作交接。第四方物流服务商应能帮助客户实施新的业务方案，包括业务流程重组、客户企业与服务供应商之间的系统集成等。

（四）执行

执行是指第四方物流服务商开始承接多个供应链职能和流程的运作。其运营范围包括制造、采购、库存管理、供应链信息技术、需求预测、网络管理、客户关系管理以及行政管理等。同时，第四方物流服务商运用先进的技术优化整合供应链内部以及与之交叉的供应链运作。

三、第四方物流的服务内容

第四方物流服务商不仅管理和控制特定的物流服务，而且对整个供应链物流过程提出策划方案，并通过电子商务进行集成。因此，第四方物流成功的关键在于为顾客提供最优的增值服务，即快速、高效、低成本和个性化的服务。发展第四方物流，需要充分利用第三方物流的能力、技术且使贸易流畅，为客户提供全方位、一体化、多功能的综合服务，并扩大运营的自主性。第四方物流主要提供以下几方面的服务：

（一）物流服务

通过有效整合物流资源，为工商企业提供货物运输、仓储、加工、配送、货代、商检、报关等服务和全程物流数字化服务，以及整体物流方案策划服务。

（二）金融服务

为工商企业提供基于“电子银行”的企业间结算服务，与多家银行联合推出商品质押融资业务。

（三）信息服务

为工商企业提供来自物流终端的统计信息，帮助企业科学决策。通过整合传统资源及网络资源，为企业提供信息搜集、信息发布、商品展示及广告宣传服务。

（四）管理、技术及系统服务

为工商企业提供基于供应链管理的全程物流管理及网络技术支持服务。为工业原料流通领域的企业提供管理需求界定、业务流程分析与规范、业务流程再造以及建立 ISO 质量管理体系等服务。

四、第四方物流的价值

第四方物流服务商通过整合社会资源，提供综合性的供应链解决方案，有效满足客户企业多样化、复杂化、个性化的服务需求。第四方物流服务商通过影响整个供应链来实现增值，并带给客户可感知的效用。

（一）实现供应链一体化

第四方物流服务商通过与第三方物流企业、信息技术服务商和管理咨询公司等的协同运作，使物流的集成一跃成为供应链的一体化。业务流程再造将使客户、制造商、供应商的信息和技术系统实现一体化，把人的因素和业务规范有机结合，使整个供应链的战略规划和业务运作能够得到高效的贯彻实施。

（二）提高资产利用率

工商企业通过实施第四方物流，将减少固定资产投资，并提高资产利用率。与此同时，工商企业可实施“归核化”战略，通过扩大生产规模及投资新品研发来获取规模经济和范围经济性收益。

（三）优化客户企业组织结构

第四方物流通过“再造”来实现客户企业业务流程的优化。随着物流及其他业务外包的不断扩展，必然使客户企业的一些传统职能“虚拟”化，从而使组织结构变平化，使组织结构具有柔性，更能适应经营环境的变化。

（四）降低成本，增加利润

第四方物流的运作强调物流数字化的作用，通过有效的物流数字化作业，为物流信息系统提供强有力的信息源保证，从而使物流信息系统强大的分析决策功能得以有效发挥，并促进工商企业的利润增长。

第四方物流采用现代信息技术手段、科学的管理方法和优化的运作流程，使库存及资金的周转次数减少，从而降低交易费用。通过供应链规划、业务流程再造以及一体化流程的实现，最大限度地降低供应链运营成本，实现利润增长。

第四方物流利润的增长取决于其服务质量的提高以及成本的降低。第四方物流服务商是通过为供应链提供全方位、一体化、多功能的综合服务来获利的。

五、第四方物流的运作模式

第四方物流的运作模式主要有协同运作型、方案集成型和行业创新型三种。

（一）协同运作型

这是第四方物流服务商与第三方物流企业共同开发市场的一种模式。第四方物流服务商向第三方物流企业提供供应链整合策略、进入市场的能力、项目管理能力以及技术服务等支持。第四方物流服务商在第三方物流企业内部运作，第三方物流企业成为第四方物流服务商的思想与策略的具体实施者，以达到为客户服务的目的。双方一般会采取战略联盟或合同治理的方式进行合作。其运作模式如图 14.10 所示。

图 14.10　第四方物流的协同运作模式

（二）方案集成型

在该模式中，第四方物流服务商整合了自身以及第三方物流企业的资源、技术和能力，并充分借助第三方物流企业为客户提供服务。第四方物流服务商作为一个“枢纽”，可以集成多个服务商的能力以及客户的能力。其运作模式如图 14.11 所示。

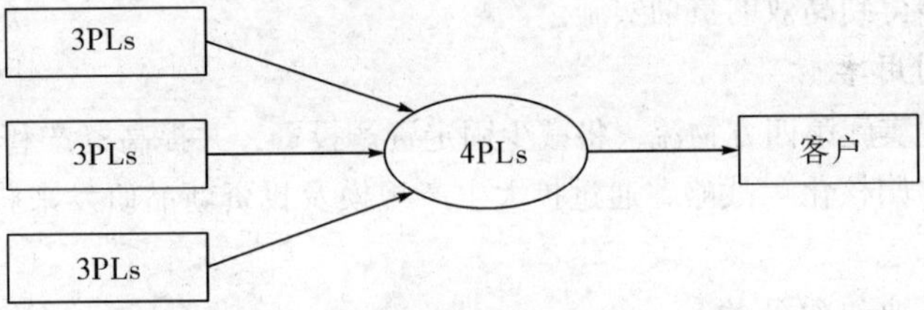

图 14.11　第四方物流的方案集成型运作模式

（三）行业创新型

在该模式中，第四方物流服务商将多个第三方物流企业的资源和能力进行集成，以整合供应链的职能为重点，为多个行业的客户提供完整的供应链解决方案，其运作模式如图 14.12 所示。在该模式中，第四方物流服务商这一角色非常重要，因为它是第三方物流企业集群和客户集群的枢纽。

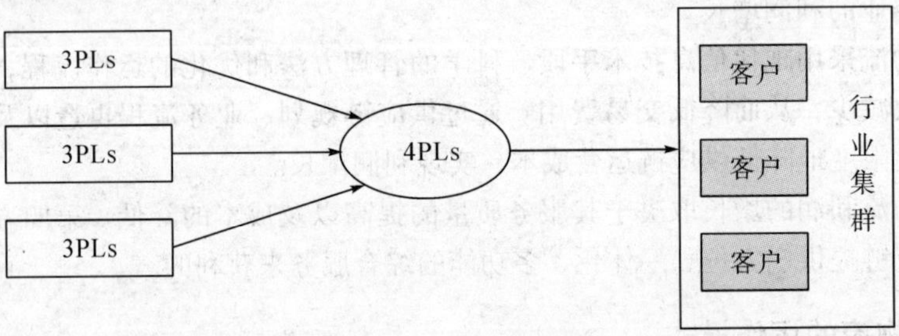

图 14.12　第四方物流的行业创新型运作模式

校园超市供应链的设计（微课）

实训项目 1：校园超市供应链的设计

实训项目描述

学校后勤公司打算在学生生活区设立一家超市，面积约 150 平方米，经营的商品拟以小食品、学生生活用品以及学习用品等为主。假如你是学校后勤公司的业务主管，请你完成“校园超市供应链的设计方案”。

实训目标

通过实训，应达到以下目标：

1. 能有效开展市场调查；
2. 能正确进行市场竞争环境分析；
3. 能正确进行校园超市目标客户群体的需求分析；
4. 能正确进行校园超市经营商品的品类决策；
5. 能正确进行校园超市的选址决策；
6. 能正确绘制校园超市供应链的网链结构图；
7. 能正确绘制校园超市供应链的业务流程图。

实训内容

学生以小组为单位，完成以下实训内容：

1. 开展校园超市所在区域或服务区域的市场调查，并完成调查报告；
2. 进行校园超市所在区域或服务区域的市场竞争环境分析；
3. 进行校园超市服务的目标客户群体的需求分析；
4. 进行校园超市经营商品的品类决策；
5. 进行校园超市的选址决策；
6. 绘制校园超市供应链的网链结构图；
7. 绘制校园超市供应链的业务流程图；
8. 完成校园超市供应链的设计方案。

建议实训时间

8h（其中课内 4h，课余 4h）。

注意事项

1. 校园超市供应链主要涉及供应商、零售商、消费者三个层级；

2. 供应商可能包括学习用品供应商、日用品供应商、食品供应商、饮料供应商、假日用品供应商等类型；

3. 校园超市的目标客户群体主要是在校大学生，此外还涉及老师、外来人员等参与体；

4. 校园超市供应链的流程包括：需求预测、销售与运作计划的制订、商品采购与供应、退货、客户服务等。

实训项目 2：供应链运作与管理

实训项目描述

教师将全班同学分为 8 个小组，每个小组分别扮演供应商、制造商、批发商、零售商、顾客、银行等供应链参与体的角色。供应链企业群体经营的产品是标准帽，标准帽由制造商生产。生产标准帽用的原材料是 A6 纸，由供应商提供。标准帽通过批发商、零售商等中间商向用户销售。企业开展经营活动所需的资金可以向银行借贷。各小组模拟的企业的经营周期是一个月，在月底时各小组计算盈亏，以此决定胜负。

实训目标

通过实训，各组应达到以下目标：

1. 能做出正确的经营决策；
2. 能正确制订供应链计划；
3. 能正确开展供应链运作活动；
4. 能正确处理供应链成员企业的关系（竞争/合作）；
5. 能与企业内部成员及外部业务伙伴进行有效沟通；
6. 能正确进行需求与供给预测；
7. 能正确进行供应链库存计划与控制；
8. 能正确核算运营成本并进行盈亏分析；
9. 能通过游戏体验供应链运作活动，并能从游戏中总结供应链运作与管理的经验。

实训内容

全班同学以小组为单位，共同参与，密切配合，完成以下实训内容。

1. 分组并确定所扮演的角色。教师将全班同学分为 8 个小组，每个小组分别扮演供应商（1 家）、制造商（2 家）、批发商（1 家）、零售商（2 家）、顾客（1 组）、银行（1 家）等供应链参与体的角色。

2. 需求与供给预测。用户对标准帽的需求是波动的。在模拟的情境中，小镇的居民在每个月的 17 日（第三周的星期六）领工资。这意味该镇的居民在每个月第四周的购买力比较强，在第五周有一定的购买力，在第三周的购买力最弱。各组在制订供应链运作计划时应考虑到这一点。

3. 制造商采购原材料。制造商生产的产品是标准帽，生产标准帽所用的原材料是 A6 纸（A4 纸的 1/4，约 5 厘米×14.5 厘米），由供应商提供。生产每顶标准帽的原材料的采购价格是 40 元，供应商回购原材料的价格是 20 元。

4. 制造商生产标准帽。步骤如下：①取一张原材料（A6 纸，呈长方形）；②将 A6 纸较长的一个纸边折叠 2 厘米；③将纸较短的两侧对接；④将一侧插入另一侧的折边中。这样就制成了一个简易的标准帽。

5. 产品分销。制造商的产品可以通过批发商、零售商等中间商向用户销售。批发商每周只从每家制造商处收购 3 顶质量合格的标准帽，收购价格是每顶 80 元。制造商也可以将标准帽销售给零售商，但是他们必须就产品的质量、购销数量和价格（包括是否允许赊销/赊购）等交易条件进行谈判并达成协议。

6. 关于赊销/赊购。游戏假定赊销不限量，且标准帽的赊销价格是每顶90元。如果制造商和零售商就赊销/赊购一事进行协商，制造商必须考虑货款能否收回。一旦双方达成赊销/赊购协议，接下来双方通过掷骰子决定制造商的赊销货款能否收回、何时收回及收回的款额。如果掷骰子后骰子正面显示的数字是1，预示着货款收不回；若显示2，本周四前收回一半货款；若显示3，本周四前收回全部货款；若显示4，本月底前收回一半货款；若显示5，本月底前收回全部货款；若显示6，重新掷骰子。

7. 关于资金。假定每组有100元存款。每组在每月的第一天可以从银行获得200元贷款。每组在当月29日连本带息将贷款还给银行，共计250元。每组在当月27日（星期二）支付100元房租。每组在每周星期六支付110元薪金给员工。

8. 每周的工作安排。各组每周的工作安排如下：星期一，制造商采购原材料；星期二，制造商生产标准帽；星期三，制造商销售标准帽，零售商采购标准帽；星期四，零售商销售标准帽，制造商收回货款；星期五，各组制订下周的工作计划，零售商公布下周的市场状况；星期六，各组支付员工的薪金；星期日，各组休息。

9. 计算盈亏。在每月的最后一天，各组计算当月的盈亏。各组应该扣除100元存款，在此基础上计算利润额。

10. 讨论与分享。在游戏结束以后，各组对游戏过程及其结果进行总结，并在全班范围内开展交流，分享成功的经验和失败的教训，以促进共同提高。随后教师点评。

建议实训时间

4小时（或利用课余时间进行）

注意事项

1. 教师利用计时器控制每一天的开始和结束；
2. 市场信息也可以由教师发布；
3. 各组应坚持制订工作计划，并把本组的工作目标写在白板上；
4. 各组在采购与供应谈判达成协议以后要签订购销合同；
5. 如果有时间，全班同学可以多做几次游戏，每次做游戏都会产生不同的感受；
6. 如果有可能，各组可以轮流扮演不同的角色；
7. 做游戏的时间可以灵活安排，在同学们熟悉游戏内容以后可以缩短每轮做游戏的时间；
8. 不是为做游戏而做游戏，而是达到寓教于乐的目的。

小结：

供应链是描述商品或服务的需-产-供过程中的实体活动及其相互关系动态变化的网络。其概念的演变经历了传统供应链、集成供应链、协同供应链和智慧供应链等阶段。供应链具有需求导向、增值性、交叉性、动态性、复杂性等特征。供应链管理主要是对成员企业之间的合作关系进行协调，并对物流、资金流、信息流进行控制。其管理范围涉及需求、生产计划、物流及供应等领域。供应链管理具有需求驱动、系统优化、流程整合、信息共享、互利共赢等特点。供应链管理的主要目标是消除重复与浪费，寻求总成本与服务水平之间的平衡，并对市场需求做出快速响应。供应链管理必须建立在双赢的基础之上，并能实现实时信息共享。全球供应链管理、电子供应链管理、绿色供应链管理、弹性供应链管理以及供应链金融等是供应链管理的主流发展趋势。供应链的设计策略包括基于产品的供应链设计策略、基于成本的供应链设计策略以及基于多代理的供应链设计等策略。供应链的设计需遵循双向、简洁、集优、协调、动态、战略、创新等原则。实施 QR 策略能对客户的需求做出快速反应，而实施 ECR 策略则能有效降低供应链系统的总成本。第四方物流服务商能为企业提供完整的供应链解决方案。

同步测试：

一、判断题

1. 供应链上各企业之间不存在竞争关系，只存在合作联盟关系。（ ）
2. 供应链是实现物流现代化、降低物流成本的手段和工具。（ ）
3. 供应链管理强调供应链企业间的协同。（ ）
4. 供应链的简约化标志着物流科学已发展到供应链管理时代。（ ）
5. 供应链上的资金流、信息流和物流的方向都是一致的。（ ）

二、单项选择题

1. 供应链是一个（　　），包括不同环节之间持续不断的信息流、物流和资金流。

A. 动态系统　B. 固定系统　C. 独立系统　D. 灵活系统

2. 供应链由所有加盟的节点企业组成，其中一般有一个（　　），节点企业在需求信息的驱动下，通过供应链的职能分工与合作，以资金流、物流和服务流为媒介实现整个供应链的增值。

A. 大型企业　B. 外资企业　C. 联合企业　D. 核心企业

3. 在供应链中，企业之间形成一种（　　）关系。这实际上也体现出核心竞争力的互补效应。

A. 合作性竞争　B. 互利互惠　C. 相互配合　D. 对抗性竞争

4. 实施供应链管理，意味着上游企业的功能不是简单地提供物料，而是要以最低的成本提供最好的服务。这反映了供应链管理具有以（　　）为目标的服务化管理的基本特征。

A. 整体效益　B. 满足生产企业的需要

C. 充分利用社会资源　D. 顾客满意度

5. 供应链管理关注的不仅仅是物料实体在供应链中的流动，而是更加关注供应链系统的物流成本与（　　）之间的平衡。

A. 物流效益水平　B. 企业利润水平

C. 客户服务水平　D. 企业效率

三、简答（述）题

1. 什么是供应链？供应链概念的演变经历了哪几个阶段？
2. 供应链的结构要素有哪些？
3. 供应链中物流、资金流和信息流的方向一致吗？为什么？
4. 供应链有哪些主要特征？为什么说增值性是供应链的本质特征？

5. 供应链有哪些分类方法？有哪些类别？
6. 推式供应链、拉式供应链和推-拉式供应链有什么不同？
7. 什么是供应链管理？怎样才能实施有效的供应链管理？
8. 供应链管理有哪些主要特点？
9. 与传统企业管理相比，供应链管理有哪些优势？
10. 供应链管理主要涉及哪些领域？
11. 实施供应链管理对企业有什么基本要求？
12. 供应链管理有什么发展趋势？
13. 供应链金融有哪些业务种类？
14. 供应链的设计策略有哪些？基于产品的供应链设计策略的要旨是什么？
15. 在设计供应链时应遵循哪些基本原则？
16. 产品类型、供应链类型、供应链管理策略、企业竞争战略之间存在什么匹配关系？

产品类型与供应链类型以及需求响应策略等的匹配关系（微课）

17. QR 策略与 ECR 策略有何异同？
18. 第四方物流与第三方物流有何区别与联系？

四、案例分析题

戴尔公司的供应链管理

在信息技术快速发展的今天，面对电子商务的兴起，企业最关心的问题是如何通过电子商务来实施有效的供应链管理。

戴尔公司成立于 1984 年。戴尔是目前全球领先的计算机系统直销商，同时也是实施电子商务较为成功的企业。戴尔公司能够有如此成就离不开它日渐完善的供应链管理。戴尔公司的供应链管理具有以下特点：

（1）零库存。零库存能最大限度地降低成本。实现零库存的关键是按订单生产（MTO），这就要求公司准确把握用户的需求。戴尔在全球有 6 个生产基地，包括马来西亚的槟城和中国的厦门。它将原本下给 200 多家供应商的订单，集中下给其中的 50 家，但条件是要求供应商在戴尔的工厂旁边设立仓库，以便就近供货。不愿意配合的供应商就从供应链网络中剔除。戴尔公司零配件的库存周转期不到 2 小时。公司接到订单后，再通知供应商将零配件配送到工厂。从配件供应到产品组装完成后发运只需 4 小时，这样就实现了零库存，降低了库存成本。

（2）信息共享。戴尔公司借助现代信息技术手段，实现了信息的实时传递，增强了供应链上信息的透明度。和戴尔公司合作的供应商实质是在帮戴尔公司管理库存，因此供应商必须清楚戴尔公司未来的供应计划，以免出现库存过多、库存不足等问题。对戴尔公司来说，必须随时掌握供应链上的库存情况，确保每个节点企业的正常运作，而这涉及双向的信息沟通和相互信任。戴尔公司必须确保整条“神经”活得好好的，如果一小段“神经”出现问题，整条“神经”就会瘫痪。在供应链的运作上，供应商的转换成本很高，因为学习曲线是效率的损失。戴尔充分运用信息科技，在客户、生产基地和供应商之间建立了信息高速公路，实现了实时信息共享。

（3）短路化。戴尔公司必须找到产品到达用户的最短路径，而实现这一目标的最好办法就是直销。通过直销，公司可以在第一时间明确客户的需求，因为用户最“懂”市场。戴尔采用直销模式，导致其成品库存量低于同业竞争者，公司可以将节省的成本迅速回馈给消费者。

(4) 低成本。戴尔根据订单生产、采用直销模式以及实施有效的供应链管理都有助于降低成本。但这并非以牺牲产品质量为代价。这些削减的成本最后会反映到用户身上，他们买产品的价格就会趋于更加合理。从这个意义上说，戴尔公司喜欢进入技术标准化但是“利润不合理（很高）”的行业。通过这种“低成本”运作，戴尔在这个行业中就具备领先优势，迫使竞争对手调整自己的经营管理策略，从而降低产品价格。

(5) 强化客户关系管理。戴尔公司重点关注客户服务。公司强化了客户关系管理，让订单状况透明，这有利于工厂和供应商之间的配合，同时使需求预测更加准确。

(6) 接单生产的模式。电子商务的出现以及互联网的普及，使得戴尔公司可以采用按订单生产的模式。这种模式使戴尔公司越过经销商，直接和消费者打交道，可以更准确地知道客户的需求。由于没有存货在店面的货架上，所以一旦产品从戴尔的工厂送出，就等于已经卖掉。这样就实现了零库存，大大提高了供应链的运作效率。从顾客下订单到出货，库存周转天数只有4天，交货期缩短到8个小时。

目前戴尔公司的供应链运作可以说是业界最成功的。无论是公司与上下游企业的整合还是采用的营销模式都具有独特性。从研发、设计、生产到营销，环环相扣，无缝衔接，将供应链的运作过程彻底e化，将电子商务与供应链完美结合，戴尔在日益激烈的市场竞争中获得了强大竞争优势。

根据案例提供的信息，请回答以下问题：

1. 戴尔公司的供应链有什么特点？
2. 戴尔公司的供应链管理有什么特点？
3. 戴尔公司为什么会取得成功？
4. 戴尔公司是如何实现零库存的？
5. 戴尔公司采用了何种需求响应策略？
6. 戴尔公司采用了何种延迟策略？为什么？
7. 戴尔公司采用了何种库存管理策略？为什么？

参考文献

［1］胡建波. 物流基础［M］. 5版. 成都：西南财经大学出版社，2019.

［2］胡建波. 供应链管理实务［M］. 3版. 成都：西南财经大学出版社，2019.

［3］胡建波. 现代物流概论［M］. 北京：清华大学出版社，2018.

［4］胡建波. SCOR模型助力供应链改善［J］. 企业管理，2018（10）：82-85.

［5］胡建波. 延迟策略的实质与缓冲点决策［J］. 企业管理，2017（2）.

［6］胡建波. 产品生命周期（PLC）理论在企业管理中的应用［J］. 现代商业，2016（36）：97-98.

［7］胡建波，陈敏. 供应链库存管理策略［J］. 企业管理，2013（4）：66-68.

［8］胡建波. 管理学［M］. 2版. 成都：西南财经大学出版社，2013.

［9］胡建波. 延迟策略在供应链管理中的应用［J］. 企业管理，2012（2）：100-102.

［10］胡建波. 探析物流外包的风险与对策［J］. 企业导报，2012（4）：34-36.

［11］胡建波. 物流外包的风险成因与对策［J］. 中国物流与采购，2011（17）：56-57.

［12］胡建波. ABC分类法及其在物流管理中的应用［J］. 商业时代，2011（27）：45-46.

［13］胡建波. 工商企业物流外包的动因探析［J］. 中国水运，2011（3）：35-36.

［14］胡建波. 合理设置缓冲存货点［J］. 企业管理，2011（6）：75-77.

［15］胡建波. 不同生产方式的库存管理策略［J］. 企业管理，2011（10）：74-76.

［16］胡建波. 牛鞭效应的成因与减弱对策［J］. 企业管理，2011（8）：77-79.

［17］胡建波. 供应链管理的两种策略［J］. 企业管理，2011（7）：80-83.

［18］胡建波. 基于产品类型的供应链管理策略研究［J］. 中国物流与采购，2011（14）：74-75.

［19］胡建波. 物流案例与习题集［M］. 成都：西南财经大学出版社，2011.

［20］胡建波. 供应链设计与优化［M］. 成都：电子科技大学出版社，2011.

［21］胡建波. 企业核心竞争力的培育方法与途径［J］. 商场现代化，2007（20）：75-76.

［22］胡建波，王东平. 供应链管理能力的提升策略［J］. 企业改革与管理，2006（7）：15-16.

［23］胡建波，王东平. 企业核心竞争力的关键构成要素及分析［J］. 华东经济管理，2006（7）：103-106.

［24］胡建波. 基于供应链管理的成都统一企业核心竞争力研究［M］. 成都：电子科技大学，2005.

[25] 胡建波. 职业能力的内涵与要素分析 [J]. 职教论坛，2008 (2)：25-27.

[26] 汤伶俐，胡建波. 西部科技孵化载体的路径重建 [J]. 企业改革与管理，2006 (10)：26-27.

[27] 中华人民共和国国家质量监督检验检疫总局，中国国家标准化管理委员会. 物流术语 (GB/T18354—2006) [M]. 北京：中国标准出版社，2007.

[28] 汝宜红，郑凯，朱煜. 现代物流 [M]. 2 版. 北京：清华大学出版社，2012.

[29] 马士华，林勇. 供应链管理 [M]. 5 版. 北京：机械工业出版社，2016.

[30] 朱占峰，陈勇. 供应链管理 [M]. 2 版. 北京：高等教育出版社，2014.

[31] 田学军. 供应链管理 [M]. 北京：中国财富出版社，2013.

[32] 魏际刚. 物流战略 [M]. 北京：中国财富出版社，2013.

[33] 郑称德. 采购与供应管理 [M]. 北京：高等教育出版社，2013.

[34] 李学工. 商业物流学 [M]. 北京：中国铁道出版社，2011.

[35] 王转，张庆华，鲍新中. 物流学 [M]. 北京：中国物资出版社，2006.

[36] 吴清一. 现代物流概论 [M]. 2 版. 北京：中国物资出版社，2005.

[37] 吴清一. 物流管理 [M]. 2 版. 北京：中国物资出版社，2005.

[38] 吴清一. 物流实务 [M]. 2 版. 北京：中国物资出版社，2005.

[39] 王之泰. 物流基础 [M]. 北京：高等教育出版社，2005.

[40] 刘德武. 企业物流 [M]. 北京：电子工业出版社，2006.